Wörterbuch
zur Valenz und Distribution
deutscher Verben

Gerhard Helbig · Wolfgang Schenkel

Wörterbuch zur Valenz und Distribution deutscher Verben

8., durchgesehene Auflage

Max Niemeyer Verlag
Tübingen 1991

Die Deutsche Bibliothek – CIP-Einheitsaufnahme

Helbig, Gerhard:
Wörterbuch zur Valenz und Distribution deutscher Verben / Gerhard Helbig ; Wolfgang Schenkel. – 8., durchges. Aufl. – Tübingen : Niemeyer, 1991
NE: Schenkel, Wolfgang

ISBN 3-484-10456-2

© Max Niemeyer Verlag GmbH & Co. KG, Tübingen 1991
Das Werk einschließlich aller seiner Teile ist urheberrechtlich geschützt. Jede Verwertung außerhalb der engen Grenzen des Urheberrechtsgesetzes ist ohne Zustimmung des Verlages unzulässig und strafbar. Das gilt insbesondere für Vervielfältigungen, Übersetzungen, Mikroverfilmungen und die Einspeicherung und Verarbeitung in elektronischen Systemen.
Printed in Germany.
Druck: Weihert-Druck GmbH, Darmstadt.
Einband: Heinr. Koch, Tübingen.

Vorwort

Das „Wörterbuch zur Valenz und Distribution deutscher Verben" ist aus den praktischen Belangen des Ausländerunterrichts entstanden. Es enthält die gebräuchlichsten und schwierigsten deutschen Verben mit der Beschreibung ihrer notwendigen und möglichen syntaktischen und semantischen Umgebungen und soll den Lehrenden wie den Lernenden befähigen, ungrammatische Sätze nicht nur „intuitiv" unter Berufung auf das „Sprachgefühl", sondern an Hand eines festen Regelmechanismus zu erkennen und auszuschließen.
Bevor das Verzeichnis der Verben, das eigentliche Anliegen des Buches, erarbeitet werden konnte, mußten die theoretischen Grundlagen den Grad der Klarheit und Widerspruchsfreiheit erreicht haben, der die Voraussetzung für eine Anwendung in der Praxis bildet. Von diesen Bemühungen um gesicherte theoretische Grundlagen zeugt die „Einführung in die Valenztheorie", die dem Wörterverzeichnis vorangestellt ist. Diese Einführung ist für den Benutzer von zweifachem Interesse. Einmal befähigt die Beschäftigung mit dem theoretischen Fundament zur sicheren Anwendung des Regelmechanismus auch auf Verben, die im Wörterverzeichnis keinen Platz finden konnten. Zum anderen soll mit dem Überblick über die Entwicklung und den Stand der Forschung auf dem Gebiet der Valenz ein Beitrag zu der heute mehr als je aktuellen Frage nach der Bindefähigkeit des Verbs als des zentralen Gliedes im Satz geleistet werden.
Lesern, die mit dem Problem der Valenz und Distribution noch wenig vertraut sind, seien die „Hinweise zur Benutzung" (S. 93) und das „Abkürzungsverzeichnis" (S. 97) — wo die im Wörterbuch benutzten Symbole und Konventionen erläutert werden — besonders empfohlen. Da die Verben aus praktischen Gründen nicht alphabetisch, sondern nach formaler und inhaltlicher Zusammengehörigkeit geordnet sind, sei auch auf das alphabetische Register am Ende des Buches verwiesen.
Das „Wörterbuch zur Valenz und Distribution deutscher Verben" ist das Ergebnis eines Arbeitsvorhabens der Abteilung Deutsche Sprache am Institut für Fremdsprachen (von 1967 an am Herder-Institut) der Karl-Marx-Universität Leipzig. Die theoretischen Grundlagen wurden in den Arbeiten „Der Begriff der Valenz als Mittel der strukturellen Sprachbeschreibung und des Fremdsprachenunterrichts"[1] und „Untersuchungen zur Valenz und Distribution deutscher Verben"[2] gelegt.

Das Vorhaben steht unter der wissenschaftlichen Leitung von Prof. Dr. Gerhard HELBIG und unter der redaktionellen Leitung von Dr. Wolfgang SCHENKEL. An der Beschreibung der einzelnen Verben waren bis zum Frühjahrssemester 1966 alle Kollegen der Abteilung Deutsche Sprache am Institut für Fremdsprachen der Karl-Marx-Universität Leipzig, ab Herbstsemester 1966 die Lektoren Herta GEORGI, Annerose SCHIMANSKI, Dr. Siegfried COLDITZ und Eike FORSTREUTER beteiligt. Als Ergebnis dieser Arbeiten sind bisher einige „Listen zur Valenz und Distribution deutscher Verben"[3] erschienen.

Ein Wort des Dankes möchten wir Herrn Prof. Dr. Rudolf GROSSE und Herrn Dr. Walter FLÄMIG sagen, die uns durch wertvolle Hinweise unterstützten. Zu Dank sind wir auch dem Institut für Fremdsprachen an der Karl-Marx-Universität Leipzig verpflichtet, vor allem dem Direktor des Institutes, Herrn Prof. Dr. Lothar HOFFMANN, der durch Aufnahme der Arbeiten in das Forschungsprogramm des Institutes den kontinuierlichen Fortgang sicherte. Frau Maria SPIELVOGEL und Frau Eva DÉVÉNYI sind bei den mühevollen Schreibarbeiten nicht verzagt. Auch ihnen sei an dieser Stelle gedankt.

Ein letztes Wort des Dankes richten wir an den Verlag für die Bereitschaft und die aufgewendete Mühe, eine Arbeit unserer Zielsetzung und Einrichtung zu übernehmen und zu betreuen.

Leipzig, im März 1968   Die Autoren

Vorwort zur zweiten Auflage

Die zweite Auflage des vorliegenden Buches ist *erweitert* und *überarbeitet*. Die *quantitative* Erweiterung besteht vor allem darin, daß es nicht mehr 341 Verben in 672 Varianten enthält – wie die erste Auflage –, sondern nunmehr etwa 500 Verben, daß der Bestand der nach ihrer Valenz und Distribution beschriebenen deutschen Verben also um mehr als 150 vermehrt worden ist. Eine *qualitative* Überarbeitung wurde notwendig teils auf Grund eigener weiterer Untersuchungen[4], teils auf Grund des Standes der Valenztheorie überhaupt, die sich in der Zwischenzeit nahezu zu einer eigenen Disziplin entwickelt hat. Einen Überblick über diese Entwicklung enthält der kürzlich erschienene Sammelband „Beiträge zur Valenztheorie"[5]. So sind in der Zwischenzeit an anderen Stellen Spezialarbeiten zur Valenz im Deutschen vorgelegt worden[6], z. T. auch Arbeiten an anderen Wortarten[7], an anderen Sprachen[8] bzw. Arbeiten konfrontativer Natur[9]. Viele von diesen Arbeiten nehmen auf unser Valenzmodell Bezug und bestätigen die Richtigkeit des von uns seit 1965 eingeschlagenen Weges. Sowohl die weiteren eigenen Studien – für die auch die Rezensionen des Valenzwörterbuches in seiner 1. Auflage[10] wertvolle Anregungen und Hinweise geliefert haben – als auch die Entwicklung der Valenztheorie insgesamt führten zu einigen Verbesserungen und Präzisionen, die sowohl in die „Einführung in die Valenztheorie" als auch in das „Verzeichnis der Verben" Eingang gefunden haben. Sie betreffen auf der einen Seite theoretisch-methodologische Präzisierungen (z. B. in der schärferen Trennung von obligatorischen Aktanten, fakultativen Aktanten und freien Angaben mit den dazu notwendigen Kriterien und Testverfahren, in der genaueren Trennung von syntaktischer, semantischer und logischer Valenz mit jeweils spezifischen Eigenschaften); auf der anderen Seite handelt es sich auch um mehr praktisch-technische Veränderungen im Beschreibungsmechanismus (z. B. um eine veränderte Schreibung der Quantität der Aktanten auf der I. Beschreibungsstufe, um eine andere Auffassung der zusammengesetzten Tempusformen, wie sie sich unter anderem aus dem Konzept einer Grammatik des Deutschen für Zwecke des Unterrichts an Ausländer[11] ergeben hat). Die Autoren hoffen, daß diese Veränderungen dem Gegenstand und dem Zweck des Buches noch besser entsprechen.

Leipzig, im Mai 1971   Die Autoren

Inhaltsverzeichnis

Einführung in die Valenztheorie 11

1. Ausgangspunkt der Untersuchungen 11
2. Der Valenzbegriff in der Linguistik 12
3. Voraussetzungen für einen formalisierbaren Valenzbegriff 24
3.1. Das Verb als strukturelles Zentrum des Satzes 24
3.2. Strukturelle Notwendigkeit; Einteilung in obligatorische Valenz, fakultative Valenz und freie Angaben 31
3.3. Rolle der Satzglieder für die Valenz 40
4. Bestimmung der Begriffe „Valenz" und „Distribution" 49
5. Aufbau des Wörterbuchs (Beschreibung der Verben auf drei Stufen) 50
6. Klärung von Einzelproblemen 53
6.1. Rolle des Kontextes 53
6.2. Bewertung des prädikativen Adjektivs und der zusammengesetzten Verbformen 55
6.3. Einfluß anderer Kategorien auf die Valenz des Verbs 58
7. Verhältnis von Syntax und Semantik; verschiedene Ebenen der Valenz 60
8. Modellierung der Kombinierbarkeit 66
9. Theoretischer und praktischer Zweck des Regelmechanismus 68
9.1. System sprachlicher Regelmäßigkeiten 68
9.2. Zum Problem der Synonymie und Homonymie 73
9.3. Bedeutung für den Fremdsprachenunterricht 76

Literaturangaben und Hinweise 77

Hinweise zur Benutzung 93

Abkürzungsverzeichnis 97

Verzeichnis der Verben 101

Alphabetisches Register 454

Einführung in die Valenztheorie

1. Ausgangspunkt der Untersuchungen

Ausgangspunkt für unsere Untersuchungen war die Tatsache, daß selbst fortgeschrittenen Ausländern beim Gebrauch der deutschen Sprache zahlreiche Fehler in der Valenz und Distribution deutscher Verben unterlaufen, die mit den herkömmlichen Begriffen der Transitivität und Intransitivität von Verben nicht hinreichend beschrieben und ausgemerzt werden können. So bilden Ausländer immer wieder falsche Sätze wie „*Ich besuche", „*Ich gebe" in Analogie zu den richtigen Sätzen „Ich trinke", „Ich höre". In beiden Fällen handelt es sich aber um transitive Verben im herkömmlichen Sinne. So werden immer wieder Sätze gebildet wie „*Ich erblicke ihn kommen", „Er fragt den Weg", „* Er konnte so nicht machen", „*Er besucht jeden Mittwoch", „*Er erzählt das Abkommen" usw. Es handelt sich um Fehler, die in vielen Unterrichtsstunden auftauchen und denen mit den Mitteln der traditionellen Grammatik kaum beizukommen ist. Es handelt sich um spezielle Fehler bei Ausländern, da der Muttersprachler in solchen Fällen auf Grund seines Sprachgefühls – seiner sprachlichen Kompetenz – die richtige Entscheidung zu treffen vermag. Ein solches unmittelbares Sprachgefühl fehlt aber dem Ausländer, und der Lektor war bisher meist nur in der Lage, auf Grund seiner linguistischen Intuitionen (aber nicht auf Grund eines bestimmten Regelmechanismus) dem Ausländer zu verdeutlichen, wann er etwa „wissen" oder „kennen", wann er „sagen", „sprechen" oder „reden" verwenden muß. Das „Wörterbuch zur Valenz und Distribution deutscher Verben" soll einen solchen Regelmechanismus schaffen, der es erlaubt, in dieser Hinsicht richtige Sätze der deutschen Sprache zu bilden.
Daß die Begriffe der Transitivität und Intransitivität für die wissenschaftliche Beschreibung nicht genügen, ist mehrfach betont worden.[12] Es läßt sich theoretisch leicht zeigen, daß es einerseits transitive Verben gibt, die kein Passiv bilden können – also im herkömmlichen Sinne des Wortes eigentlich gar nicht transitiv sind („Ich bekomme den Brief" – Aber: „*Der Brief wird von mir bekommen") –, daß aber andererseits intransitive Verben bisweilen durchaus mit einem Akkusativ – des Inhalts bzw. des inneren Objekts – vorkommen können („Er stirbt einen schweren Tod"). Darüber hinaus führt im Fremdsprachenunterricht der Begriff der Transitivität

sogar manchmal zur Verwirrung: So erkennt etwa ein englischer Sprecher in Sätzen wie „I see him", „I help him", „I remember him" durchaus keinen strukturellen Unterschied, obwohl wir in der deutschen Übersetzung („Ich sehe *ihn*", „Ich helfe *ihm*", „Ich erinnere mich *seiner*") entsprechend dem herkömmlichen Verständnis nur im ersten Falle von Transitivität sprechen können.[13] Wir sehen dabei ab von Versuchen – bei PFLEIDERER[14], REGULA[15], RENICKE[16] und ADMONI[17] –, den Begriff der Transitivität vom Semantischen her über den Akkusativ hinaus auch auf die anderen Kasus- und Präpositionalobjekte auszudehnen.

Da die Begriffe der Transitivität und Intransitivität zur Erklärung der genannten Fehlerquellen nicht ausreichen, mußte ein anderer Weg beschritten werden, der die Zahl und Art der Umgebungen des Verbs mit Hilfe der Valenz und Distribution einzufangen versucht. Allerdings ist namentlich der Begriff der Valenz in der theoretischen Beschreibung noch nicht so einhellig geklärt, daß wir ihn ohne weiteres übernehmen könnten. Es bedarf also zunächst eines Überblickes über die verschiedenen Fassungen des Valenzbegriffes in der Linguistik und einer daraus resultierenden theoretischen Festlegung.

2. Der Valenzbegriff in der Linguistik

Dem Sinne nach (noch nicht dem Begriffe oder gar dem Terminus nach) erscheint der Valenzbegriff in der Unterscheidung der älteren Grammatik – etwa bei BEHAGHEL[18] und HEYSE[19] – in absolute bzw. subjektive (d. h. keine Ergänzung fordernde) und relative bzw. objektive (d. h. eine Ergänzung fordernde) Verben. Zu den absoluten (bzw. subjektiven) Verben gehören solche, die außer dem Subjekt keine weitere Ergänzung brauchen, damit ein grammatisch korrekter Satz entsteht (z. B. Er *schwimmt, raucht, ißt* . . .), zu den relativen (bzw. objektiven) Verben solche, die umgekehrt außer dem Subjekt noch mindestens eine weitere Ergänzung brauchen, damit ein grammatisch korrekter Satz entsteht (z. B. *Er erwartet, *Er legt, *Er bewerkstelligt . . .). Vorher hatte MEINER bereits zwischen einseitig-unselbständigen („absoluten"), zweiseitig-unselbständigen („relativischen") und dreiseitig-unselbständigen Prädikaten geschieden und damit dem Subjekt seine Vorrangstellung abgesprochen.[20] Später erkannte dann BÜHLER, »daß die Wörter einer bestimmten Wortklasse eine oder mehrere *Leerstellen* um sich eröffnen, die durch Wörter bestimmter anderer Wortklassen ausgefüllt werden müssen«.[21] Allein diese Bemerkungen blieben Ansätze und wurden systematisch kaum weiter verfolgt; sie sind nichts als Vorläufer für den modernen Valenzbegriff.

Dieser Valenzbegriff wurde in der Linguistik erst heimisch durch TESNIÈRE, der im Rahmen seiner Abhängigkeitsgrammatik[22] bei seiner strukturellen Satzanalyse vom Verb ausgeht und als dessen »subordinés immédiats« die »actants« und die »circonstants«, d. h. die Handelnden und die Umstände, ansieht.[23] Im Unterschied zu den »circonstants« sind die »actants« im Satz zahlenmäßig durch das Verb begrenzt. Die Fähigkeit der Verben, eine bestimmte Anzahl von »actants« zu sich zu nehmen, vergleicht TESNIÈRE mit der Wertigkeit eines Atoms und nennt sie Valenz.[24] Für das Französische nimmt er drei Arten von Aktanten an, die in gleicher Weise direkt vom Verb abhängig sind und im Abhängigkeitsstammbaum auf der gleichen Ebene stehen: Subjekt, Akkusativ- und Dativobjekte.[25] Ausgeschlossen aus den Valenzbeziehungen sind damit bei TESNIÈRE die Adverbialbestimmungen und die Prädikativa. Das Subjekt verliert jedoch seine Sonderstellung im Satz und wird »un complément comme les autres«.[26] TESNIÈRE lehnt die traditionelle Subjekt-Prädikat-Opposition im Satz ab, weil sie nicht nur die Valenz-Beziehungen, sondern auch die Aktiv-Passiv-Beziehung verdunkelt.[27] Das Subjekt ist für ihn nur ein semantischer Name für den ersten Aktanten; aus der traditionellen semantischen Opposition zwischen Subjekt und Objekt wird die strukturelle Differenz zwischen dem ersten und dem zweiten Aktanten.[28] Nach der Zahl der »actants« unterscheidet TESNIÈRE avalente Verben (ohne »actant«), monovalente Verben (mit einem »actant«), divalente Verben (mit zwei »actants«) und trivalente Verben (mit drei »actants«).[29] Die Verben werden nur hinsichtlich der Zahl, nicht auch hinsichtlich der Art der Aktanten klassifiziert. Von den beiden Untergeordneten des Verbs werden die »actants« durch Substantive oder Äquivalente für sie ausgedrückt; die – der Zahl nach unbegrenzten – »circonstants« dagegen werden durch Adverbien oder Äquivalente für sie ausgedrückt.[30] Es kann jedoch auch vorkommen, daß einige Valenzen »inemployées ou libres« bleiben.[31]
Für die deutsche Grammatik ist der TESNIÈREsche Valenzbegriff zunächst von BRINKMANN und ERBEN nutzbar gemacht worden. BRINKMANN nennt mit TESNIÈRE »die Fähigkeit des Verbums, weitere Stellen im Satz zu fordern«, »Valenz« und die »Stellen selbst, die für weitere Beziehungen offen sind«, »Mitspieler«.[32] Das Verb bestimmt wie bei TESNIÈRE darüber, »wieviel Stellen im Satz besetzt werden müssen (oder können)« und stiftet somit im Satz eine Hierarchie.[33] BRINKMANN bleibt seinem Vorgänger TESNIÈRE aber insofern verpflichtet, als auch er nur die Aktanten, nicht die Umstandsbestimmungen in die Valenz einbezieht, obwohl auch diese Umstandsbestimmungen im deutschen Satz strukturell notwendig sein können: Sätze wie „Er legt das Buch auf den Tisch" oder „Berlin liegt an der Spree" können ohne Zweifel nicht um die Umstandsbestimmung reduziert werden, ohne daß sie ihren Charakter als Satz verlieren. Überdies

kann sich BRINKMANN von der Sonderstellung des Subjekts nicht völlig lösen; denn er will die Verben einteilen danach, »wieviel Stellen sie (außer dem Subjekt) fordern oder ermöglichen«[34], einteilen nach den Stellen, »die durch ein Substantiv in einem anderen Kasus (als dem Nominativ) besetzt werden«.[35] Entsprechend weist BRINKMANN unter den vier Kasus dem Nominativ »eine besondere Stellung« zu, weil er »als Kasus des Subjekts Geltung für das ganze Prädikat und dadurch für den ganzen Satz hat«, während die anderen Kasus nur »einen Platz als Glied im Satz oder innerhalb eines Satzgliedes« haben, also »stets nur Bauglieder eines Satzes realisieren«.[36]

Diese Inkonsequenz rächt sich in der Einteilung der Verben nach ihrer Valenz, bei der BRINKMANN unterscheidet:

1. nullstellige Verben (»Es friert«)
2. beschränkt einstellige Verben (»Der Versuch ist mißglückt«)
3. unbeschränkt einstellige Verben (»Der Vater schläft«)
4. erweitert einstellige Verben mit Dativ (»Er dankt dir«)
5. erweitert einstellige Verben mit Genitiv (»Wir gedachten der Toten«)
6. notwendig zweistellige Verben (»Du hast den Brief geschrieben«)
7. erweitert zweistellige Verben (»Man hat ihn des Diebstahls beschuldigt«)
8. dreistellige Verben (»Er hat mir das Haus übertragen«).[37]

Bei dieser Einteilung werden offensichtlich die Kasus im Hinblick auf die Sättigung der Valenz ganz unterschiedlich behandelt. Der Dativ und der Genitiv bei „danken" (4) und „gedenken" (5) ergeben nur erweitert einstellige Verben, der Akkusativ bei „schreiben" (6) dagegen ergibt bei BRINKMANN ein zweistelliges Verb. Syntaktisch liegt aber gerade beim Genitiv, nicht bei dem genannten Akkusativ, eine Notwendigkeit vor: „Ich schreibe" ist – auch ohne Akkusativ – grammatisch, aber „*Ich gedenke" ist – ohne Genitiv – ungrammatisch. In ähnlicher Weise sieht BRINKMANN den Genitiv bei „beschuldigen" (7) nur als Erweiterung, den Dativ bei „übertragen" (8) aber als selbständige Stelle an. Der Akkusativ gilt bei ihm immer als Stelle, der Dativ manchmal, der Genitiv nie. Für diese verschiedene Behandlung der einzelnen Kasus werden jedoch keine Motive angegeben.

Bei ERBEN taucht der Valenzbegriff unter dem Terminus »Wertigkeit« auf. Für ihn bildet das Verb »im deutschen (Verbal-) Satz den charakteristischen Aussagekern«. »Von seiner Art und ‚Wertigkeit' – man kann sie geradezu mit der Valenz des Atoms vergleichen – hängt es wesentlich ab, welche und wie viele Ergänzungsbestimmungen im Vor- und Nachfeld des Verbs auftreten und das Satzschema ausgestalten.«[38] Von dieser Wertigkeit der Verben her, die gemessen wird an der Zahl der Ergänzungsbestimmungen (E_1, E_2 usw.), entwickelt ERBEN seine Grundmodelle des deutschen Satzes[39], etwa

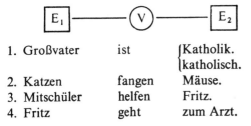

1. Großvater ist {Katholik.
{katholisch.
2. Katzen fangen Mäuse.
3. Mitschüler helfen Fritz.
4. Fritz geht zum Arzt.

oder:

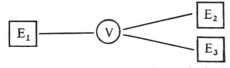

1. Fritzchen nennt Anton faul.
2. Mutter lehrt Berta das Stricken.
3. Gastwirte geben Stammgästen Freibier.
4. Mädchen stellen Blumen auf den Tisch.
5. Freunde stehen Fritz zur Seite.

ERBEN erhält im Resultat seiner Aufgliederung vier Grundmodelle, entsprechend den ein-, zwei-, drei- und vierwertigen Verben. Allerdings gibt ERBEN für die Aufnahme der Glieder in seine Satzmodelle keine präzisen Kriterien an. Deshalb darf es auch nicht verwundern, wenn er bei der Beurteilung der Notwendigkeit eines Satzgliedes eher zu großzügig ist: So erläutert er das vierwertige Verb an dem Beispiel »Er schleudert ihm den Handschuh ins Gesicht«[40], in dem der possessive Dativ ganz sicher weggelassen werden kann, ohne daß der strukturelle Bestand des Satzes gefährdet wird. Auch in den Beispielen »Fritz putzt das Messer blank«, »Mitschüler helfen Fritz« und »Besucher nähern sich dem Marktplatz« erscheint es zweifelhaft, ob alle genannten Glieder tatsächlich syntaktisch obligatorisch sind.[41] Diese Schwierigkeiten sind offensichtlich nur zu überwinden, wenn man genauere Kriterien für die Beurteilung der Notwendigkeit eines Satzgliedes angibt und zwischen obligatorischer und fakultativer Valenz unterscheidet. Erst von dieser Unterscheidung her kann das Problem der vierwertigen Verben neu durchdacht werden. Bei ERBEN werden außer den in die Satzmodelle aufgenommenen »syntaktisch erforderlichen (obligatorischen) Ergänzungsbestimmungen« (die – wie wir sahen – durchaus nicht immer syntaktisch obligatorisch sind) »fakultative« Ergänzungen angenommen, die aber aus der »Situation« und dem »Ausdrucksbedürfnis« erklärt werden und die zu verschiedenen »Ausbauvarianten« der Satzmodelle führen.[42]
Im Unterschied zu TESNIÈRE und BRINKMANN sieht ERBEN als gleichberechtigte Ergänzungsbestimmungen des Verbs nicht nur Subjekte und Objekte, son-

dern auch Prädikativa, notwendige Präpositionalobjekte und Adverbialbestimmungen an. Im Begriff seiner »Ergänzungsbestimmung« (die die Valenz des Verbs sättigt) fließen somit Subjekt, Objekt, Prädikativum und notwendige Adverbialbestimmung zusammen. Dabei werden die Mitspieler mit und ohne Präpositionen, die Fälle des unmittelbaren und des mittelbaren Kontakts nicht mehr geschieden (wie noch bei BRINKMANN): Fälle wie »Er schreibt *dem Vater*« und »Er schreibt *an den Vater*« müssen in der Tat nebeneinandergestellt werden.

Trotzdem bleiben noch zwei weitere Bedenken gegen den Wertigkeitsbegriff bei ERBEN:

1. Theoretisch hat ERBEN zwar die Sonderstellung des Subjekts aufgegeben, indem er es als eine Ergänzungsbestimmung neben die anderen Ergänzungsbestimmungen einreiht. Er betont auch ausdrücklich, daß sich die Ziffern in E_1, E_2 usw. »nur auf die Anzahl der hinzutretenden Ergänzungsbestimmungen, nicht auf Rang oder Wortfolge« beziehen.[43] Entgegen dieser theoretischen Einsicht bedeutet E_1 bei ERBEN jedoch praktisch immer das Subjekt. Seine Numerierung drückt *doch* einen gewissen Rang aus; denn bei der Aufstellung seiner Grundmodelle bedeutet die links vom Verb stehende E_1 stets das Subjekt, und an anderer Stelle[44] definiert ERBEN E_1 geradezu als »Agens« (und bringt damit nicht nur einen traditionell-syntaktischen, sondern sogar einen sachbezogenen Terminus in die an sich strukturell aufgebauten Modelle hinein).

2. Auch wenn ERBEN einige notwendige Adverbialbestimmungen in seine Satzmodelle aufnimmt, handelt es sich bei ihm fast ausschließlich um Orts- und Richtungsangaben, um Lokalbestimmungen im traditionellen Sinne.

In dieser Beziehung geht GREBE weiter, der in der Mannheimer Duden-Grammatik alle »Grundformen der deutschen Sätze« – unabhängig von der Häufigkeit ihres Vorkommens – zusammengestellt hat,[45] obgleich er nicht explizit mit dem Begriff der Valenz arbeitet. Unter diesen Grundformen tauchen nicht nur solche mit Lokalbestimmung (»München liegt *an der Isar*«), sondern auch solche mit Temporalbestimmung (»Die Beratung dauerte *zwei Stunden*«), mit Modalbestimmung (»Er gibt sich *wie ein Fürst*«) und mit Kausalbestimmung (»Das Verbrechen geschah *aus Eifersucht*«) auf. In den meisten Fällen sind sie in der Tat syntaktisch obligatorisch, d. h., ohne sie wird der Satz ungrammatisch. GREBE findet diese Grundformen mit Hilfe seiner »Abstrichmethode«.[46] Von den in den Grundformen erscheinenden strukturell notwendigen Adverbialbestimmungen (bei ihm »Umstandsergänzungen« genannt) unterscheidet er »freie Umstandsangaben«.[47]

GREBES Übersicht hat den ERBENschen Grundmodellen die Vollständigkeit voraus; allein durch diese Vollständigkeit wird der Rahmen eher zu weit als zu eng gefaßt, noch weiter als bei ERBEN. Nicht in jedem Falle sind wir davon überzeugt, daß die entsprechenden Satzglieder seiner Grundformen syntaktisch obligatorisch sind. So erscheint uns der Satz »Karl spielt mit ihr« durchaus möglich als „Karl spielt", der Satz »Der Forschungsreisende sprach zu den Schulkindern über seine Reise nach Afrika« ohne weiteres möglich als „Der Forschungsreisende sprach zu den Schulkindern" oder als „Der Forschungsreisende sprach über seine Reise nach Afrika", wahrscheinlich in bestimmten Situationen sogar als „Der Forschungsreisende sprach". Daß die Sätze bei Weglaßprobe bzw. Eliminierungstest grammatisch möglich bleiben, ist uns ein Zeichen dafür, daß die eliminierten Glieder nicht obligatorisch zum strukturellen Bestand des Satzes gehören. Umgekehrt beweist eine durch diese Proben entstehende Ungrammatikalität des Satzes den syntaktisch obligatorischen Charakter des betreffenden Satzgliedes (»München liegt *an der Isar*« → »*München liegt«).

In ähnlicher Weise wie GREBE gehen auch GRIESBACH und SCHULZ in ihrer Aufgliederung des Satzes praktisch vom Verb aus und trennen zwischen obligatorischen »Prädikatsergänzungen« und nicht obligatorischen, sondern weglaßbaren »freien Angaben«.[48] Zu den Prädikatsergänzungen gehören unter anderem die syntaktisch obligatorischen Adverbialbestimmungen sämtlicher Arten (»Mein Freund wohnt *in einem Hotel*«, »Das Fest dauerte *bis zum Morgen*«, »Der Vogel fliegt *schnell*«, »Das Feuer entstand *durch Leichtsinn*«), zu den »freien Angaben« die nicht obligatorischen Adverbialbestimmungen sämtlicher Arten (»Ich will *in Berlin* einen Freund besuchen«, »Wir blieben *wegen des schlechten Wetters* zu Hause« u. a.) und der freie Dativ.

Damit ist der Kreis der Linguisten, die mit dem Begriff der Valenz arbeiten, noch keineswegs geschlossen. Auch HOCKETT gebraucht den Begriff und den Terminus der »Valence«;[49] auch für ihn können Valenzen »unsaturated«[50] sein. Bei GLINZ erscheint – wenn auch nicht an zentraler Stelle – zwar nicht der Terminus, wohl aber der Begriff der Valenz: Das Verb verlangt nach ihm »einen Ausgangspunkt und Zielpunkt«, die dazu dienenden »Beziehungsmarken« werden zu »Dienern des Verbs; sie versehen die durch das Verb geschaffenen Systemplätze.«[51] In ähnlicher Weise sieht KURYŁOWICZ das Prädikat als »membre constitutif (central)« des Satzes, weil es allein »présente la même valeur syntaxique qu'une proposition complète«; das Subjekt dagegen und alle anderen Satzteile erscheinen als »complémentaire«.[52]

W. SCHMIDT trennt eine syntaktische – quantitative – Wertigkeit (im Sinne von ERBEN) von einer semantischen – qualitativen – Valenz; diese macht

»die in einer aktuellen Wortbedeutung gesetzten Bedingungen zur Verbindung des Wortes mit Kontextpartnern« aus, bedeutet »die lexikalisch-semantischen Bedingungen, unter denen allein eine bestimmte aktuelle Wortbedeutung in der Rede realisiert werden kann«.[53] Diese Unterscheidung ist sehr fruchtbar; denn ohne Zweifel setzt die syntaktische Wertigkeit in vielen Fällen eine semantische Valenz voraus. Wenn die syntaktische Wertigkeit allerdings als durch semantische Faktoren grundsätzlich bedingt angesehen wird, setzt das eine 1:1-Entsprechung von Struktur und Inhalt voraus, wie sie in der Sprache nicht durchgängig existiert. Wenn SCHMIDT an GREBES Grundformen die Einbeziehung von Präpositionalphrasen kritisiert, weil diese »keinen weiteren ‚Mitspieler' ... zum Verb« setzen,[54] so beruht das auf BRINKMANNS Auffassung von der Valenz, die dem Wesen des deutschen Satzes, in dem es durchaus syntaktisch notwendige Präpositionalphrasen gibt, nicht völlig gerecht wird.

Was TESNIÈRE und BRINKMANN als »Valenz« bezeichnen und ERBEN »Wertigkeit« nennt, erscheint bei ADMONI als »Fügungspotenz« oder »Fügungswert«.[55] ADMONI spricht von Fügungspotenzen oder Valenzen, die »jeder Redeteil enthält« und die »unter dem Einfluß von Kontext und Situation zum Teil aktualisiert werden. Diese Potenzen ‚schlummern' im Redeteil und werden erst durch Berührung mit dem konkreten Redeprozeß zum Leben erweckt.«[56] Im Anschluß an BÜHLER, aber im Unterschied zu TESNIÈRE, BRINKMANN und ERBEN werden solche Fügungspotenzen jedem Redeteil und jeder Wortform zugesprochen. Im Unterschied zu BÜHLER jedoch – dessen Leerstellen immer obligatorisch zu besetzen waren – trennt ADMONI obligatorische und fakultative Fügungspotenzen; denn »einige Beziehungen sind obligatorisch, d. h., ohne an ihnen teilzunehmen, kann der Redeteil überhaupt im Satz nicht erscheinen. Die anderen sind fakultativ, d. h., der Redeteil kann sie auch entbehren.«[57] Die Beziehung des attributiven Adjektivs zum Substantiv etwa ist obligatorisch, die des Substantivs zum attributiven Adjektiv dagegen in der Regel fakultativ. Auf diese Weise berühren sich die Begriffe »obligatorisch« und »fakultativ« mit denen des »abhängigen« und des »dominierenden« Gliedes: Die Beziehung des »abhängigen« Redeteils zum »dominierenden« ist für ADMONI immer »obligatorisch«, die des »dominierenden« Redeteils zum »abhängigen« kann jedoch sowohl »fakultativ« als auch »obligatorisch« sein; das hängt jedoch für ADMONI »gewöhnlich nur von semantischen Gründen ab«.[58]

Was ADMONI unter obligatorischen und fakultativen Fügungspotenzen versteht, wird am greifbarsten in seiner Skizze der »Fügungspotenzen des Substantivs im Akkusativ«[59]: In diesem Fall sind obligatorisch für ADMONI die Fügungspotenzen, die der Akkusativ zu den ihm *über*geordneten Gliedern hat (vor allem zum Verb, zum Adjektiv und zu bestimmten Präpositionen), zu Gliedern, von denen er syntaktisch abhängig ist. Als fakultativ erscheinen die Fügungspotenzen, die der Akkusativ zu den ihm *unter*geordneten Gliedern hat (vor allem zu Attributen und Pronomina), zu Gliedern also, die vom Akkusativ syntaktisch abhängig sind. Damit sind die Begriffe »obligatorisch« und »fakultativ« weitgehend mit den Begriffen »abhängig« und »dominierend« identifiziert; auf jeden Fall wird unter ihnen etwas anderes verstanden als dann, wenn man von einer obligatorischen oder fakultativen Valenz des Verbs spricht (die ja in beiden Fällen vom Verb „abhängt"). Überdies wird man diese Valenzen oder Fügungspotenzen nicht einfach dem lexikalisierten Bereich der „parole" zusprechen dürfen, bevor nicht die syntaktischen Regularitäten genügend studiert sind.

Die gegenwärtige Situation auch der deutschen Grammatik ist dadurch gekennzeichnet, daß der Valenzbegriff in der Sprachbeschreibung eine immer größere Rolle zu spielen beginnt. Bezeichnend dafür ist, daß er auch bei JUNG, in dessen »Kleiner Grammatik der deutschen Sprache«[60] er noch nicht vorkommt, in der »Grammatik der deutschen Sprache« von 1966 eine wichtige Rolle spielt. Freilich werden die verschiedenen Valenzbegriffe – und auch das ist wieder charakteristisch für die gegenwärtige Situation – von JUNG[61] nur nebeneinandergestellt, ohne daß ihre grundsätzlichen Unterschiede sichtbar gemacht, herausgearbeitet, diskutiert und zum Ausgangspunkt für eine eigene Fixierung gemacht werden. Deshalb ist es auch nicht verwunderlich, wenn die Übernahme verschiedener und divergierender Ausgangspunkte zu Widersprüchen in der eigenen Konzeption führt. Das beginnt schon damit, daß JUNG einerseits gegen den formalen Begriff des Satzkerns polemisiert und unter dem Satzkern – entsprechend der Valenz des Verbs – nicht nur Subjekt und Prädikat, sondern bisweilen auch mehr, aber immer »das kleinste sinnvolle Satzgebilde innerhalb des Satzganzen«[62] verstehen möchte, daß er aber andererseits noch im traditionellen Sinne eine Satzgründung von Subjekt und Prädikat annimmt.[63] Auf der einen Seite nimmt JUNG entsprechend der Konzeption von GLINZ und ERBEN an, daß sich der deutsche Satz vom Verb her gliedert, daß das Prädikat nach der Wertigkeit des Verbs die Leerstellen des Satzes bestimmt,[64] daß folglich auch die prädikative Ergänzung ein selbständiges Satzglied und das kopulative Verb ein »Vollverb« ist.[65] Andererseits bleibt er jedoch der traditionellen Grammatik verpflichtet, wenn er im Sinne von BRINKMANN und W. SCHMIDT von einer Satzgründung durch Subjekt und Prädikat spricht. Bei der Füllung des Satzes mit Hilfe des Valenzbegriffes orientiert sich JUNG in stärkerem Maße an ERBEN, nimmt allerdings zusätzlich die Trennung einer obligatorischen und einer fakultativen Valenz an (nach ADMONI).[66] Diese Annahme führt zwar einerseits – mit SCHULZ/GRIESBACH – zu einer Scheidung von notwendigen Umstandsergänzungen (»Berlin liegt *an der*

Spree«) und nichtnotwendigen adverbialen Angaben (»Wir gehen *heute* baden«),[67] aber andererseits – da ADMONIS fakultative Fügungspotenz doch etwas anders verstanden wird – zu manchen Unsicherheiten: Im Satz »Das kostete *ihn* viel Mühe«[68] würden wir den ersten Akkusativ nicht als obligatorisch, sondern als fakultativ ansprechen.

Wieweit der Valenzbegriff auch im muttersprachlichen Unterricht und für die Schulgrammatik Bedeutung hat, zeigt eine Arbeit FLÄMIGs, die das Resultat von Beratungen der Arbeitsgruppe »Deutsche Sprache und Literatur beim Wissenschaftlichen Rat des Ministeriums für Volksbildung« war.[69] FLÄMIG geht von einer konsequenten Kritik der herkömmlichen Schulgrammatik aus, die – auf Grund der bloßen Scheidung in transitive und intransitive Verben – die große Gruppe der intransitiven Verben undifferenziert läßt und überhaupt nur unzureichend die Fähigkeit der Verben berücksichtigt, quantitativ und qualitativ unterschiedliche Ergänzungsbestimmungen zu binden. Mit Recht nennt er die »inhaltliche« Ergänzung der Schulgrammatik durch die Unterscheidung von Vorgangs-, Handlungs-, Urteilssätzen usw., da ihr keine eindeutigen syntaktischen Kriterien zugrunde liegen, grammatisch nicht zureichend.[70] Die Folgerungen[71], die FLÄMIG aus der Kritik der herkömmlichen Schulgrammatik zieht, bestehen darin, daß das Verb als strukturell-syntaktisches Zentrum des Satzes verstanden wird, das – durch den Begriff der Valenz – Zahl und Art der notwendigen Ergänzungsbestimmungen festlegt. Zu diesen notwendigen Ergänzungsbestimmungen, die als grammatisch notwendige Glieder durch die Weglaßprobe im Sinne von GLINZ ermittelt werden, gehören nicht nur Objekte, sondern auch – wie bei ERBEN – gewisse Richtungs- und Lagebestimmungen, Subjekte und Prädikativa. Damit wird das Subjekt zu den notwendigen Ergänzungsbestimmungen gerechnet. Der Satz kann nicht mehr ausschließlich durch die Subjekt-Prädikat-Beziehung definiert werden, weil darin keine Aussage enthalten ist, ob es sich um eine strukturell vollständige Einheit handelt oder nicht. »Der bisher gebräuchliche Satzkernbegriff verliert in einer strukturgemäßen Analyse seine Berechtigung.«[72]
Statt dessen ergeben sich die Strukturtypen des deutschen Satzes für FLÄMIG aus der systematischen Erfassung der Zahl und Art der notwendigen Ergänzungsbestimmungen, aus der Valenz der Verben. Mit diesen Valenzmodellen werden die nichtnotwendigen Ergänzungsbestimmungen nicht erfaßt. FLÄMIG gesteht zwar theoretisch die Notwendigkeit zu, zwischen obligatorischen und fakultativen Ergänzungsbestimmungen zu unterscheiden,[73] berücksichtigt diese Unterscheidung aber bei der praktischen Aufstellung der Valenzmodelle nicht, die im wesentlichen an ERBEN orientiert ist. In der als Grundlage für eine Konzeption des muttersprachlichen

Unterrichts in der DDR gedachten „Skizze der deutschen Grammatik"[74] nimmt der Valenzbegriff nicht nur eine dominierende Rolle ein; er wird auch genau definiert und auf die verschiedenen Ebenen präzise aufgeschlüsselt.

Angesichts der Vielfalt der Konzeptionen des Begriffes der Valenz, angesichts vor allem auch der Erweiterung des Begriffes der »Fügungspotenz« darf man heute wohl – grob schematisiert – zunächst drei Gruppen von Linguisten unterscheiden[75]:

1. Von einigen – vor allem sowjetischen – Linguisten wird der Begriff der Valenz bzw. der Fügungspotenz als eine Eigenschaft betrachtet, die allen Wortarten zukommt. Diese Konzeption wurde vorbereitet von BÜHLER, sie wird vertreten von ADMONI, sie wird – unter Einschränkungen und mit aller Vorsicht – wohl auch angenommen von KATZNELSON[76], LOMTEW[77], LEJKINA[78], MELTSCHUK[79] und BRINKMANN[80]. Dabei sehen wir in diesem Zusammenhang von Schattierungen in Einzelheiten ab. So bezeichnet etwa LEJKINA die vom übergeordneten Glied ausgehende – im Sinne ADMONIS oft fakultative – Fügungspotenz als aktive Valenz, die vom untergeordneten Glied ausgehende – im Sinne ADMONIS stets obligatorische – Fügungspotenz als passiv. ABRAMOW versteht in ähnlichem Sinne die vom Verb als strukturellem Zentrum ausgehende Potenz als zentrifugal, die zum Verb hinführende als zentripetal.[81]

2. Im Unterschied dazu versteht eine zweite Gruppe von Linguisten die Valenz im engeren Sinne als eine Eigenschaft, die nur dem Verb zukommt (TESNIÈRE, ERBEN u. a.). In dieser Fassung ist der Valenzbegriff vor allem in der deutschen Grammatik bekannt geworden.

3. Schließlich gibt es einige – wieder vor allem sowjetische – Linguisten, die den Begriff der Valenz nicht nur auf das Verb oder alle Wortarten, sondern sogar auf alle sprachlichen Elemente überhaupt anwenden und Valenz etwa definieren als »potentielle Verknüpfbarkeit von gleichartigen Sprachelementen«.[82] Deshalb spricht man in der sowjetischen Linguistik manchmal nicht nur von syntaktischen und semantischen Valenzarten, sondern auch von phonologischer, morphologischer Valenz usw.[83] Neuerdings wird der Begriff der Valenz – vor allem von M. D. STEPANOWA – auch auf die Wortbildung übertragen[84]; es wird – neben der „äußeren Valenz" zwischen Wörtern – eine „innere Valenz" zwischen Konstituenten eines Wortes (Stämmen, Präfixen, Suffixen usw.) angenommen.

Diese verschiedenen Auffassungen von der Valenz und ihrem Umfang erfordern einige Bemerkungen zur Valenz (oder Fügungspotenz bzw. Wertigkeit) der anderen Wortarten, obwohl wir es im folgenden ausschließlich mit der Valenz des Verbs zu tun haben.

Die Verben nehmen ihre Valenz in völlig regelmäßiger Weise als *Partizipien* in den nominalen Bereich mit hinüber.[85] So erklärt sich etwa die Ungrammatikalität der Äußerung „*der gelegte Bleistift" aus der Ungrammatikalität der zugrunde liegenden Prädikation „*Er legt den Bleistift" („legen" in dieser Variante fordert drei obligatorische Mitspieler, etwa: „Er legt den Bleistift auf den Tisch"), die Grammatikalität der Äußerung „die (frisch) gelegten Eier" aus der Grammatikalität der zugrunde liegenden Prädikation „Die Henne legt die Eier" („legen" in dieser Variante fordert nur zwei Mitspieler, von denen sogar einer eliminiert werden kann). Wenn das Verb als Attribut in Form eines Partizips II verwendet wird, behält es seine syntaktischen Valenzeigenschaften bei (abgesehen von der – auch wieder regelmäßig auftretenden, durch die Passivtransformation bedingten – Reduzierung der Valenz, d. h. der Verwandlung des Subjekts aus einem obligatorischen Mitspieler des Aktivsatzes in einen fakultativen Mitspieler des Passivsatzes).
Während als Bezugswort (und damit obligatorischer Mitspieler) des Partizips I das Subjekt des aktiven Satzes erscheint, kann als Bezugswort (und damit obligatorischer Aktant) des Partizips II sowohl das Subjekt als auch das Objekt des aktiven Satzes erscheinen:

(1) *Der Zug* kommt pünktlich an.
→ der pünktlich ankommende *Zug*.
(2) *Die Rose* ist verblüht.
→ die verblühte *Rose*.
(3) Man beleuchtete *die Straße*.
→ die beleuchtete *Straße*.

Die Verschiedenheit von (2) und (3) erklärt sich aus der Tatsache, daß in (2) das partizipiale Attribut über das Perfekt des Aktivs, in (3) aber über das Vorgangs- und Zustandspassiv abgeleitet ist.[86]
Ähnlich wie das Partizip verfügt auch das *Adjektiv* über syntaktische Valenz.[87] Als *ein* Mitspieler muß dabei jeweils das substantivische Bezugswort des Adjektivs gelten, das für alle Adjektive obligatorisch vorhanden ist und dem Subjekt (als obligatorischem Aktanten) der zugrunde liegenden Prädikation entspricht:

Das interessante *Buch*.
← *Das Buch* ist interessant.

Außer diesem Bezugswort verfügen *einige* Adjektive über einen weiteren Mitspieler. Diese zusätzliche Valenz kann obligatorisch sein (z. B. Der Mann ist ledig, aber: Der Mann ist *seiner Sorgen* ledig – in beiden Äußerungen liegen zwei verschiedene Varianten des Adjektivs „ledig" vor, die sich in der Bedeutung und in der Valenz voneinander unterscheiden) oder fakultativ

(z. B. Die Mutter ist böse, aber: Die Mutter ist *ihrer Tochter* böse – in beiden Fällen liegt kein grundsätzlicher Bedeutungsunterschied vor). Von diesen Fällen einer *syntaktischen* – obligatorischen oder fakultativen – Valenz sind andere Fälle zu unterscheiden, die manchmal als Argument für die syntaktische Valenz des Adjektivs angeführt werden[88]: Wenn etwa das Adjektiv ein Adverb „fakultativ" zu sich nehmen kann (etwa: Die Blume ist *sehr* schön), so handelt es sich um eine Valenz auf anderer Ebene, um eine semantische bzw. logische Valenz (vgl. dazu 7.). Syntaktisch ist dieses Adverb ein Glied, das beliebig frei zu jedem Adjektiv hinzugefügt werden kann und nicht vom Stellenplan des Adjektivs determinierbar ist. Einschränkungen in der Kombinierbarkeit eines Adverbs mit einem Adjektiv sind nicht syntaktischer, sondern semantischer Natur (*Er ist *sehr tot*).

Die Annahme einer syntaktischen Valenz auch des Adjektivs erlaubt es, von einer Hierarchie der Valenz zu sprechen.[89] Sie besteht darin, daß ein Glied, das Mitspieler eines Verbs ist, selbst wieder Mitspieler zu sich nehmen kann. So sind in dem Satz „Die Mutter ist ihrer Tochter böse" der Nominativ („die Mutter") und das Adjektiv („böse") Mitspieler zum Verb, aber vom Adjektiv ist ein weiterer substantivischer Mitspieler abhängig:

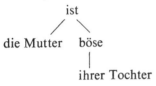

Diese Annahme erlaubt es zugleich, die Valenz des Verbs und des Adjektivs namentlich bei bedeutungsähnlichen Wörtern miteinander in Beziehung zu setzen:

Der Sohn *ähnelt* seinem Vater.
Der Sohn *ist* seinem Vater *ähnlich*.

In beiden Fällen ist das Substantiv im Dativ (obligatorischer) Mitspieler, einmal zum Verb, das andere Mal zum Adjektiv.

Noch komplizierter gestalten sich die Verhältnisse beim *Substantiv*. Substantive können offenbar im syntaktischen Sinne nur über fakultative, nicht über obligatorische Valenz verfügen; es handelt sich um solche deverbativen Substantive, die von Verben abgeleitet sind und – etwa als Verbalabstrakta – die Valenz des zugrunde liegenden Verbs beibehalten haben:

Er *besucht* seinen Freund.
→ der *Besuch* (seines Freundes).

Allerdings geht dabei der obligatorische Charakter der verbalen Valenz verloren.[89a] Substantive haben in diesem Sinne syntaktische – fakultative –

Valenz nur dann, wenn sie Nominalisierungen von Verben sind. In anderen Fällen (*seine* Wichtigkeit, *eine* große Wichtigkeit, das Dach *des Hauses*) – die andernorts als Beweis für die Valenz des Substantivs angeführt werden[90] – handelt es sich um Valenz nicht auf syntaktischer, sondern auf semantischer bzw. logischer Ebene (vgl. dazu 7.).

3. Voraussetzungen für einen formalisierbaren Valenzbegriff

Dieser kritische Überblick über die verschiedenen Fassungen des Valenzbegriffes zeigt, daß der Begriff der Valenz in der wissenschaftlichen Sprachbeschreibung noch sehr unterschiedlich verstanden wird und noch nicht völlig geklärt ist. Das richtet sich nicht gegen den Begriff der Valenz selbst, sondern nur gegen seine Deutung. Für einen klaren und weitgehend formalisierbaren Valenzbegriff, der auch im Fremdsprachenunterricht seinen Platz einnehmen kann, scheinen uns *drei Voraussetzungen* nötig:

3.1. Das Verb als strukturelles Zentrum des Satzes

Eine *erste* Voraussetzung der Beschreibung von Valenzbeziehungen ist die Annahme, daß das Verb als strukturelles Zentrum des Satzes begriffen wird. Das ist keineswegs selbstverständlich, sondern steht im Gegensatz zur traditionellen Satzanalyse und oft auch zum kommunikativen Mitteilungsgehalt. Grundsätzlich bieten sich – je nach der gewählten Ebene – drei Möglichkeiten an:

1. Die Analyse des Satzes geht aus von der Subjekt-Prädikat-Beziehung, die als satzgründend, als Satzkern angesehen wird. Diese Beziehung (der sogenannte »reine einfache Satz«) liegt der Schulgrammatik noch heute zugrunde, geht zurück auf die aristotelischen logischen Kategorien des Hypokeimenon und des Kategoroumenon und ist von K. F. BECKER auch in der Grammatik heimisch gemacht worden.[91] Nachdrücklich vertreten wird die Lehre vom Satzkern, in dem Subjekt und Prädikat nicht viel Eigenwert besitzen, heute noch von H. BECKER.[92] Da Subjekt und Prädikat einander weder *bei*- noch *unter*geordnet, sondern *zu*geordnet sind, handelt es sich bei der Subjekt-Prädikat-Beziehung tatsächlich um eine wesentliche Satzgründung im *logisch-grammatischen* Sinne; damit ist freilich noch nichts gesagt über den kommunikativ-inhaltlichen Wert der einzelnen Glieder oder über ihre strukturellen Beziehungen zueinander.

Auch über die Beziehungen zwischen Subjekt und Prädikat besteht in der linguistischen Forschung keine einheitliche Auffassung. Man darf vereinfachend wohl fünf verschiedene Konzeptionen zu diesem Problem unterscheiden[93]:

a) Von einer Reihe namentlich traditioneller Forscher werden Subjekt und Prädikat als selbständige Satzglieder angesehen. Ihre Beziehungen zueinander werden nicht als Beziehungen der Unterordnung verstanden. Zu diesen Linguisten gehören etwa PAUL[94], SÜTTERLIN[95], MESCHTSCHANINOW[96], LOMTEW[97].

b) Im Unterschied dazu wird von einer Reihe von Forschern das Prädikat als vom Subjekt abhängig interpretiert. Dazu gehören SCHACHMATOW (der die grammatische Dominanz des Subjekts über das Prädikat betont, die sich auch in der Intonation und Wortstellung niederschlage)[98], PESCHKOWSKI (der die Unterordnung des Prädikats unter das Subjekt auch grammatisch – durch die Kongruenz – begründet und sich ausdrücklich gegen die Annahme einer Zuordnung, eines »Parallelismus« wendet)[99], SMIRNITZKI[100] u. a.

c) Am geläufigsten – zumindest in der deutschen Grammatik – ist wohl die Auffassung, daß Subjekt und Prädikat zwar selbständige Glieder sind (wie in a)), daß zwischen ihnen aber ein wechselseitiges Verhältnis der Zuordnung besteht. Darauf laufen etwa die Formulierungen von ADMONI[101], BRINKMANN[102] und W. SCHMIDT[103] hinaus.

d) Eine Weiterführung von c) tritt dann auf, wenn das Verhältnis zwischen Subjekt und Prädikat als so eng angesehen wird, daß beide zusammen einen untrennbaren Satzkern bilden und innerhalb dieses Satzkerns kaum Eigenwert haben. Diese Auffassung wird vor allem von H. BECKER[104] geteilt.

e) Im Gegensatz zu b) wird heute vielfach der Subjektsnominativ dem finiten Verb untergeordnet. Das geschieht etwa bei TESNIÈRE[105] (wie überhaupt bei den meisten Formen der Abhängigkeitsgrammatik), bei ERBEN[106] und bei MELTSCHUK[107], der sich bei seiner »automatischen syntaktischen Analyse« für die Analyse von Beziehungen der unmittelbaren Abhängigkeit entscheidet, bei denen das Prädikat als »Gipfel« des Satzes erscheint, von dem das Subjekt abhängig ist.

2. Im Unterschied dazu ist im *kommunikativ-grammatischen* Sinne in einem Satz oft weder das Subjekt noch das Prädikat das Wesentlichste. In dem Satz „Heute habe ich einen guten Gulasch gegessen" steckt der logisch-grammatische Satzkern in der Subjekt-Prädikat-Beziehung „Ich habe gegessen"; der eigentliche Mitteilungswert dagegen ist enthalten in der Adverbialbestimmung „heute" und dem Objekt „einen guten Gulasch". In ähnlicher Weise müssen in einem Satz wie „*Meinen Freund* habe ich *gestern* gesehen" die kursiv hervorgehobenen Glieder, d. h. gerade diejenigen, die außerhalb des traditionellen Satzkerns stehen, ohne Zweifel als für den Mitteilungswert am wesentlichsten angesehen werden. Dieser

Mitteilungswert ist mit den Mitteln der traditionellen Grammatik logischer Provenienz nicht zu fassen; GLINZ spricht deshalb etwas pointiert von einer erforderlichen »Gegengrammatik«.[108] Wege zur Beschreibung dieses Mitteilungswertes haben vor allem DRACH vom »Sinnwort« (der dominierenden Vorstellung) her[109] und BOOST durch seine Auffassung des Satzes als Spannungsfeld zwischen einem bekannten »Thema« und einem unbekannten, neuen »Rhema«[110] gewiesen. Dieser Ansatzpunkt ist namentlich in der tschechoslowakischen Forschung weiter verfolgt worden.[111]

3. Im *strukturell-grammatischen* Sinne[112] dagegen erscheint es notwendig, nicht von einem Sinnwort auszugehen (das im Grunde durch jedes Satzglied repräsentiert werden kann), auch nicht von der logischen Subjekt-Prädikat-Beziehung oder vom Prädikat allein (das in der alten Form als Satzglied ohnehin durch GLINZ[113] und ERBEN[114] aufgegeben worden ist), sondern das Verb als Festpunkt des Satzes anzunehmen, das bestimmte Leerstellen um sich herum eröffnet, die von Substantiven, Präpositionalfügungen, Adjektiven oder Adverbien besetzt werden können oder müssen.[115] Damit büßt das Subjekt seine Vorrangstellung gegenüber den anderen Mitspielern (oder Ergänzungsbestimmungen) des Verbs ein, was aber aus der Sprache selbst begründet werden kann: Wenn man in dem Satz „Paris ist die Hauptstadt Frankreichs" das traditionelle Prädikat im Sinne von GLINZ oder ERBEN in das Verb und eine Gleichgröße (Ergänzungsbestimmung) auflöst, so offenbart er seine strukturelle Dreigliedrigkeit. Es bedarf nur noch eines weiteren Schrittes, um Grundgröße und Gleichgröße (d. h. die beiden Ergänzungsbestimmungen im Sinne ERBENS) auszutauschen: „Die Hauptstadt Frankreichs ist Paris". Damit wird die strukturelle Gleichstellung von traditionellem Subjekt und Prädikativum sichtbar. Die strukturelle Gleichstellung aller Mitspieler ist auch ablesbar an folgenden Beispielen: „Das bedeutet *einen Erfolg*" – „Das ist *ein Erfolg*" – „Das stellt *einen Erfolg* dar"; „*Mich* friert" – „*Ich* friere"; „Es gibt *einen guten Freund*" – „*Ein guter Freund* ist da"; „Ich helfe *dir*" – „Ich unterstütze *dich*"; „Ich gratuliere *dir*" – „Ich beglückwünsche *dich*". In solchen Fällen wird die Opposition der Kasus offensichtlich aufgehoben,[116] die Kasus werden, wenn man »Funktion« in rein semantisch-kommunikativem Sinn versteht, »funktionslos«.[117]

Damit soll in keiner Weise die verschiedene Bindungsfestigkeit der einzelnen Kasus an das Verb (als strukturelles Zentrum des Satzes) geleugnet werden. Auf diesem Wege ist sogar eine – syntaktisch zu motivierende – Hierarchie in der Bindung der reinen Kasus an das Verb erkennbar: Nominativ – Akkusativ – Dativ/Genitiv.[118] Die engste Bindung an das Verb hat der *Subjektsnominativ*, nicht weil er den „Täter" bezeichnet (das tut er keineswegs immer; in passivischen Sätzen bezeichnet er z. B. das Patiens), sondern weil er durch die Kongruenzbeziehung strukturell mit dem finiten Verb verbunden ist. Dasjenige substantivische Glied ist im aktualen Satz (syntaktisches) Subjekt, das im Nominativ steht und mit dem finiten Verb kongruiert.[118a] Auch beim „doppelten Nominativ" (bei dem beide Nominative – mit verschiedenem Satzgliedwert – sogar den gleichen referentiellen Bezugsgegenstand in der objektiven Wirklichkeit haben) zeigt die Kongruenz, welcher von beiden Nominativen der Subjektsnominativ ist:

Du bist ein fleißiger Schüler.
Ein Bollwerk des Friedens *sind wir*.

Den zweiten Rang nach dem Nominativ nimmt der *Objektsakkusativ* ein; denn durch die Passivtransformation wird der Objektsakkusativ affiziert und zum Subjektsnominativ, während Dativ und Genitiv – als Objekt – von ihr gar nicht berührt werden:[119]

Er liest *den Roman*.
→ *Der Roman* wird (von ihm) gelesen.
Er hilft *seinem Freund*.
→ *Seinem Freund* wird (von ihm) geholfen.
Sie gedachten *der Toten*.
→ *Der Toten* wurde (von ihnen) gedacht.

Außerdem können beim Auftreten mehrerer Kasus bei einem Verb manchmal Dativ oder Genitiv wegfallen und der Akkusativ (als Objekt) erhalten bleiben, kaum aber umgekehrt:[120]

Die Schneiderin näht *der Mutter ein Kleid*.
→ Die Schneiderin näht *ein Kleid*.
→ *Die Schneiderin näht *der Mutter*.
Das Gericht klagt *ihn des Massenmordes* an.
→ Das Gericht klagt *ihn* an.
→ *Das Gericht klagt *des Massenmordes* an.

Für die engere Bindung des Objektsakkusativs an das Verb spricht auch das Verhalten unter einer Nominalisierungstransformation, bei der das Akkusativobjekt meist zum Genitivattribut wird, während das Dativ- und Genitivobjekt zum präpositionalen Attribut werden, das nicht nur hinter das Genitivattribut tritt, sondern für das auch keine generelle Präposition festgelegt ist:

Er schickt *seinem Freund das Buch*.
→ das Schicken *des Buches an seinen Freund*.

Diese Eigenschaft teilt der Objektsakkusativ mit dem Subjektsnominativ; denn auch dieser wird bei einer Nominalisierung zum Genitivattribut:
> *Die Behörde* untersucht *den Fall.*
> → die Untersuchung *der Behörde.*
> → die Untersuchung *des Falles.*

Deshalb entstehen manchmal homonyme Genitivattribute, die beide Interpretationen – als Subjekt oder als Objekt des zugrunde liegenden Satzes – zulassen:
> der Besuch *des Freundes.*
> ← (1) *Der Freund* hat uns besucht.
> ← (2) Man hat *den Freund* besucht.

Allerdings gibt es vereinzelt auch Fälle, bei denen unter einer Nominalisierungstransformation das Akkusativobjekt nicht in ein Genitivattribut (ähnlich dem Subjektsnominativ), sondern in ein präpositionales Attribut (ähnlich dem Dativ- und Genitivattribut) tritt, vor allem dann, wenn neben dem Akkusativobjekt im Satz noch ein Nominativsubjekt erscheint (das seinerseits bei der Nominalisierung zum Genitivattribut wird):
> Der Lehrer besucht *den kranken Schüler.*
> → der Besuch des Lehrers *bei dem kranken Schüler.*

Auf Grund der genannten Hierarchie der Kasus hinsichtlich ihrer Bindungsfestigkeit (Kohäsion) an das Verb stellen Dativ und Genitiv (im Unterschied zu Nominativ und Akkusativ) im syntaktischen Sinne periphere Kasus oder Randkasus dar [121]; daraus dürfen jedoch nicht in direkter Weise semantische Schlußfolgerungen abgeleitet werden.[122]

Über diese Hierarchie hinaus dürfen die Unterschiede innerhalb der einzelnen Kasus nicht herabgesetzt oder gar geleugnet werden. So füllt etwa der Dativ eine ganze Skala der engeren oder loseren Verbindung zum Verb aus. Es gibt einen Dativ, der unmittelbar vom Verb als einziges Objekt regiert und obligatorisch gefordert wird (1), einen Dativ, der mittelbar als zweites Objekt mit dem Verb verbunden ist, zum Teil obligatorisch (2), zum Teil fakultativ auftritt (3), schließlich einen Dativ, der neben einem Akkusativ als freie Angabe (4) oder neben bestimmten Substantiven als freie Angabe (5) verstanden wird:
> (1) Er begegnet *seinem Lehrer.*
> (2) Er gewöhnt *seiner Freundin* das Rauchen ab.
> (3) Er bringt *dem Kranken* das Medikament.
> (4) Die Tochter pflückt *dem Vater* die Blumen.
> (5) Die Mutter wäscht *der Tochter* die Haare.

Diese Hierarchie der einzelnen Kasus im Hinblick auf ihre Bindungsfestigkeit an das Verb führt uns jedoch nicht zur Annahme einer semantischen oder syntaktischen Sonderstellung des Subjektsnominativs. Diese kann allenfalls angenommen werden in einer generativen Grammatik, die in der Tiefenstruktur immer ein obligatorisches Subjekt ansetzt, das dann unter bestimmten Bedingungen in der Oberflächenstruktur eliminiert wird.[123] Eine solche Annahme scheint uns gerechtfertigt nur für Passivsätze (die auch in unserem Wörterbuch – eben weil sie abgeleitet sind – nicht besonders beschrieben werden), kaum aber für unpersönliche Sätze vom Typ „es donnert"; sie führt überhaupt zu der These, daß es keine subjektlosen Sätze im Deutschen gibt.[124] Demgegenüber sehen wir im Verb (als Prädikat) das Zentrum des Satzes, da von ihm die anderen Ergänzungsbestimmungen in Zahl und Art abhängig und determiniert sind.[125]

Die Auffassung, im Verb das strukturelle Zentrum des Satzes zu sehen, ist freilich auch nicht so neu, wie sie scheint: Schon KALEPKY interpretiert den Satz »Pater filio librum dat« nicht als »einen Vater, der ‚Träger', einen Sohn, der ‚Zielpunkt', ein Buch, das ‚Erleider' usw. des Verlaufs des Gebens ist«, sondern als »ein Geben, das sich am Vater, am Sohn, am Buch usw., aber an jedem anders, auswirkt«.[126] Bei JESPERSEN nehmen zwar Subjekt und Objekt die gleiche (»primary«) Rangstufe ein, sind aber dem Verb übergeordnet, da dieses nur die zweite (»secondary«) Rangstufe innehat.[127]

Noch deutlicher wird die Zentrierung des Satzes im Verb dann bei GLINZ, der im finiten Verb als »Leitglied« – völlig strukturell und asemantisch – die feste Achse des Satzes gewinnt.[128] Auch für REGULA, der sonst gerade um semantisch-sachliche Beziehungen bemüht ist, ist das Verb ein bloßes »Richtwort«, da es auf semantischer Ebene sehr verschiedene Sachverhalte – Tätigkeiten, Vorgänge, Eigenschaften und schließlich auch die bloße Existenz – aussagen kann.[129] Erst recht steht bei TESNIÈRE das Verb hierarchisch an der Spitze des Abhängigkeitsstammbaumes[130]:

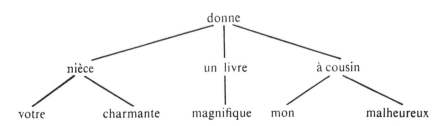

Ganz ähnlich ist auch der »Stellenplan« des Satzes bei ERBEN angelegt[131]:

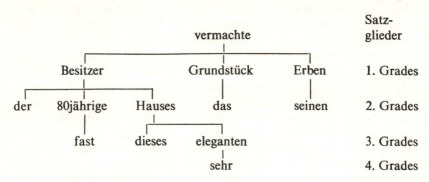

Auch hier steht – wie bei GLINZ und TESNIÈRE – das Verb an der Spitze der hierarchischen Pyramide, auch hier haben die Mitspieler als »Ergänzungsbestimmungen« den gleichen syntaktischen Status.

Diese Zentrierung des Satzes im Verb (als Prädikat) bedeutet freilich die Aufhebung der Binarität des Satzes, wie sie in der traditionellen Grammatik ihren Ausdruck in der Subjekt-Prädikat-Struktur (entsprechend der logischen Zweiteilung des Urteils in Subjekt und Prädikat) fand, wie sie auch in der modernen Phrasenstruktur- und Transformationsgrammatik – vor allem amerikanischer Prägung – in einer Neuformulierung als Nominal- und Verbalphrase (allerdings nicht mehr als funktionale, sondern als kategoriale Termini) zum Ausdruck kommt. Diese Binarität ist aufgegeben nicht nur in der Abhängigkeitsgrammatik – in der der Valenzbegriff seine Heimat hat –, sondern auch in der modernen Relationslogik,[132] die nicht nur zweigliedrige, sondern auch mehrgliedrige Urteile annimmt.

Es ist eine offenkundige linguistische Tatsache, daß nicht jeder Satz aus den beiden Teilen Subjekt und Prädikat und nur aus ihnen besteht; oftmals ist die Anwendung von Manipulationen nötig, um den Satz diesem Schema gefügig zu machen.[133] Die Sonderstellung des Subjekts kann auch nicht dadurch motiviert werden, daß die Notwendigkeit einer *sprachlichen* Zweigliederung des Satzes (in Subjekt und Prädikat) aus einer *realen* Zweigliedrigkeit begründet wird, d. h. daraus, daß es *in der Wirklichkeit* keine Tätigkeit und keinen Zustand ohne entsprechenden Träger gibt, daß immer nur »etwas« geschehen kann.[134] Diese Schlußfolgerung darf nicht ohne weiteres gezogen werden, da sich Sach- und Sprachebene nicht immer decken, da es keine direkte Entsprechung von Wirklichkeit und Sprachstruktur, von Handlungsträger (oder gar Täter) und grammatischem Subjekt, von Handlung und Prädikat gibt.[135] Gegen die Annahme einer solchen Isomorphie spricht schon die Existenz passivischer Sätze, in denen das grammatische Subjekt keineswegs das Agens im realen Sinne bezeichnet. Eine solche

Gleichsetzung von Sach- und Sprachstrukturen ist das Kennzeichen »sachbezogener« Sprachbetrachtung, wie sie WEISGERBER mit Recht ablehnt[136] und auch W. SCHMIDT als nicht ausreichend ansieht[137]. Die Annahme einer solchen Isomorphie versperrt nicht nur den Blick auf die Valenzbeziehungen, sondern auch die Einsicht in die Sprachstruktur, in die inneren Gesetzmäßigkeiten der Sprache überhaupt. Andererseits ist die Auffassung vom Verb als strukturellem Zentrum des Satzes auch nicht eine notwendige Folge der Abhängigkeitsgrammatik. Namentlich REWSIN hat einen Stammbaum konstruiert, in dem die prädikative Beziehung eine Sonderstellung einnimmt (weil sie zweiseitig ist) und neben dieser prädikativen Beziehung nur noch attributive Beziehungen (d. h. einseitige Abhängigkeitsbeziehungen) angenommen werden.[138] In diesem Sinne wären in dem Satz „Der ältere Bruder liest das Buch in der Schule" als primäre Glieder (in prädikativer Beziehung) anzusprechen „Bruder ⇄ liest", alle anderen Glieder aber als sekundäre Glieder, als Attribute (die immer innerhalb der beiden Hauptglieder der prädikativen Beziehung – innerhalb von Subjekt und Prädikat – vorkommen): „ältere" zum Subjekt „Bruder", „das Buch" und „in der Schule" zum Prädikat „liest".[139] Es besteht kein Zweifel daran, daß auch auf diese Weise einige Unzulänglichkeiten der traditionellen Satzgliedlehre überwunden werden können. Wenn wir uns trotzdem für die vom Verb ausgehende Konzeption entschließen, so vor allem deshalb, weil sonst die Mitspieler nicht mehr den gleichen syntaktischen Status haben, die Passivbeziehung nicht mehr adäquat beschrieben werden kann, das Prädikativum anders erklärt werden muß und das (nichtnotwendige) Attribut im traditionellen Sinne mit den anderen (oft notwendigen) „Attributen", d. h. mit den Objekten und Adverbialbestimmungen, auf eine Ebene tritt.

3.2. Strukturelle Notwendigkeit; Einteilung in obligatorische Valenz, fakultative Valenz und freie Angaben

Die *zweite* und schwierigste Frage, die der Valenzbegriff impliziert, ist die, was alles als Sättigung des Verbs anzusehen ist, welche Glieder also als Mitspieler des Verbs aufzufassen sind. Die allgemeinste Antwort auf diese Frage ist einfach: Zur Füllung der Leerstellen gehören alle notwendigen Glieder und nur diese. Allein *was* notwendig ist, um *welche* Notwendigkeit (eine kommunikative, semantische oder syntaktische) es sich handelt und *wie* diese Notwendigkeit ermittelt wird, darüber gehen die Meinungen in der linguistischen Beschreibung noch auseinander.
In vielen Fällen wird diese Notwendigkeit theoretisch überhaupt nicht diskutiert; statt der Angabe eines bestimmten Kriteriums gehen einige Linguisten unreflektiert zur Tagesordnung, d. h. in diesem Falle zur empirischen Aufstellung bestimmter Valenzmodelle, über.[140]

Einen Schritt weiter geht RENICKE, wenn er versucht, ein »*syntaktisches Minimum*« zu ermitteln, das »die minimal notwendigen syntaktischen Grundelemente« enthält.[141] Zwar sieht auch er im Verb »die Zentralgröße des Satzes, ... die Primärgröße unserer Sprache«,[142] aber bei seinen minimal-syntaktischen Gliedern handelt es sich um kommunikationsnotwendige, nicht um strukturell notwendige Glieder. So ist für ihn ein Satz wie „Sie hörten *hinter der Biegung* einen... Ruf" minimalsyntaktisch, weil ihm auch die Lokalbestimmung für die Mitteilung wesentlich erscheint;[143] so schließt er sogar Attribute in das syntaktische Minimum ein.[144] Da es sich um ein semantisch-kommunikatives Satzminimum handelt, führt die Auffassung RENICKES im Hinblick auf eine strukturelle Modellierung nicht weiter und kann die Frage der syntaktischen Notwendigkeit eines Gliedes für den Satz nicht lösen, auf die es aber für die Klärung des Valenzbegriffes ankommt. RENICKE trennt nicht genügend zwischen der semantischen Bedeutungssphäre und der syntaktischen Notwendigkeit. Da er den syntaktischen Beziehungen lexikalische Maßstäbe unterlegt, liegt sein »syntaktisches Minimum« abseits unseres Weges.

Einen wesentlichen Schritt weiter führt uns die von WEISGERBER[145] genannte und von GREBE[146] als Grundlage für die Entwicklung seiner Grundformen deutscher Sätze benutzte »Abstrichmethode«. Mit ihrer Hilfe will man versuchen, beliebige deutsche Sätze »auf ein Mindestmaß zu reduzieren«; es bleiben »beim Abstreichen alles Entbehrlichen teils zweigliedrige, teils dreigliedrige Sätze als für die Bewahrung des Satzcharakters unentbehrlicher Restbestand«[147]. GREBE betont jedoch, daß man sich bei der Bestimmung der notwendigen Glieder in einem Satz mit Hilfe der Abstrichmethode nicht auf die Glieder beschränken darf, »die für den grammatischen Bestand unbedingt erforderlich sind«, weil man dann in den meisten Fällen beim »Kernsatz« oder »Satzkern« der herkömmlichen Grammatik endet; gerade diese »formalistische Theorie von dem Kernsatz und seinen Erweiterungen« will aber GREBE überwinden helfen.[148] Sicher hat er recht insofern, als mit Hilfe der traditionellen, aus der Logik importierten Grammatik das strukturell notwendige Satzgerüst nicht ermittelt werden kann. Als unbegründet aber erweist sich seine Befürchtung, jede Reduzierung des Satzes auf die notwendigen Glieder führe am Ende zum Satzkern zurück. Reduziere ich die Sätze „Berlin liegt an der Spree" oder „Er legt das Buch auf den Tisch" um die Glieder, die für den grammatischen Bestand des Satzes nicht notwendig sind, so erhalte ich keineswegs den traditionellen Satzkern (denn der Satzrest „Berlin liegt" oder „Er legt" ist durchaus ungrammatisch), sondern sowohl das Objekt als auch die Präpositionalphrasen gehören zu diesem notwendigen Satzgerüst hinzu. Im Gegensatz dazu läßt GREBES Abstrichmethode zahlreiche Zweifelsfälle offen[149] und ist eher zu weitherzig.

Die Methode, die zu genaueren und exakter meßbaren Ergebnissen führt, ist die, die wir mit GLINZ *Weglaßprobe*[150] oder auch *Eliminierungstest* nennen. Wir eliminieren ein Satzglied und beobachten, ob der verbleibende Satzrest noch grammatisch oder bereits ungrammatisch ist. Ist er noch grammatisch, dann ist das eliminierte Satzglied syntaktisch nicht obligatorisch; ist er aber ungrammatisch, dann ist das eliminierte Satzglied syntaktisch für den Bestand des Satzes obligatorisch.

Beispiele:

1. *Er* wohnt *in Berlin.* → *Er wohnt.
2. *Ich* besuche *ihn* in Berlin. → Ich besuche ihn.
   *Ich besuche in Berlin.
   *Ich besuche.
3. *Er* legt *das Buch auf den Tisch.* → *Er legt das Buch.
   *Er legt auf den Tisch.
   *Er legt.
4. *Wir* erwarten *ihn* am kommenden Sonntag um 12 Uhr am Bahnhof. →
   Wir erwarten ihn.
   *Wir erwarten am kommenden Sonntag.
   *Wir erwarten am Bahnhof.
   *Wir erwarten um 12 Uhr.
   *Wir erwarten am kommenden Sonntag um 12 Uhr am Bahnhof.

In diesen Beispielen haben wir die syntaktisch für den Bestand des Satzes obligatorischen Glieder (Subjekte, Objekte und Adverbialbestimmungen) kursiv gesetzt. Offensichtlich ist es möglich, durch den Eliminierungstest diese obligatorischen Glieder (ein syntaktisches Minimum) zu ermitteln. Allerdings sind diese obligatorischen (= nicht weglaßbaren) Glieder nicht identisch mit den notwendigen Gliedern, d. h. mit der Gesamtheit der Glieder, die (im Unterschied zu den freien Angaben) vom Verb nach Zahl und Art determiniert und durch die Valenz des Verbs gebunden sind. Deshalb ist es notwendig, eine *dreifache Scheidung* anzunehmen in *obligatorische Aktanten, fakultative Aktanten* und *freie Angaben*, d. h. innerhalb der Valenzbeziehungen noch einmal zu unterscheiden zwischen obligatorischer und fakultativer Valenz. Sowohl die obligatorischen als auch die fakultativen Aktanten (beide sind notwendige Glieder) sind durch die Valenz an das Verb gebunden, sind im Stellenplan des Verbs verankert und deshalb nach Zahl und Art fixierbar. Die freien Angaben dagegen (als nicht-notwendige Glieder) sind nicht an das Verb gebunden, sind zahlenmäßig unbegrenzt und können deshalb nahezu in jedem Satz beliebig weggelassen und hinzugefügt werden. In einem Satz „Der Vater ißt *Fleisch*" ist der Akkusativ nur ein fakultativer Aktant (weil der Satz auch ohne ihn grammatisch bleibt); in einem Satz „Berlin liegt *an der Spree*" stellt die Präpositionalphrase jedoch einen obligatorischen Aktanten dar (weil der Satz ohne sie ungrammatisch wird); in beiden Fällen handelt es sich aber um Glieder, die in Zahl und Art im Stellenplan des Verbs verankert und darum auch zahlenmäßig begrenzt und genau fixierbar sind. In einem Satz „Er besuchte mich *am 22. Februar*" darf die Präpositionalphrase nicht als fakultativer Mitspieler gewertet werden, da sie syntaktisch unbeschränkt verwendet werden kann. Zu einer solchen doppelten Scheidung (einmal zwischen Valenz und freien Angaben, zum anderen zwischen obligatorischer und fakultativer Valenz) sind wir genötigt, weil wir – im Gegensatz zu TESNIÈRE und BRINKMANN – nicht nur Subjekte und Objekte, sondern auch Prädikativa und Präpositionalphrasen in die Valenzbeziehungen einschließen, weil wir aber andererseits – im Unterschied zu GREBE und ERBEN – wirklich nur die im Stellenplan des Verbs verankerten Glieder als Valenz auffassen, da uns nur so eine strengere Modellierung möglich erscheint. Auf diese Weise gewinnen auch die Begriffe „obligatorisch" und „fakultativ" einen fester umrissenen Sinn, als sie ihn bisher hatten.

Um den Unterschied zwischen obligatorischen Aktanten, fakultativen Aktanten und freien Angaben zu verdeutlichen, benutzen wir sechs Beispiele mit verschiedenen Präpositionalgruppen, die jeweils einen verschiedenen syntaktischen Status im Sinne der Valenzbeziehungen haben:[151]

(1) Mein Freund wohnt *in Dresden*.
(2) Er legte das Buch *auf den Tisch*.
(3) Er wartete *auf seinen Freund*.
(4) Er stieg *in die Straßenbahn* ein.
(5) Er aß sein Brot *in der Schule*.
(6) Er besuchte uns *am Vormittag*.

Bei (1) und (2) handelt es sich um obligatorische Aktanten, die nicht weggelassen werden können, ohne daß die Sätze ungrammatisch werden:

(1a) *Mein Freund wohnt.
(2a) *Er legte das Buch.

Bei (3) und (4) handelt es sich um fakultative Aktanten, die zwar auch – wie bei (1) und (2) – fest an das Verb gebunden und im Stellenplan des Verbs verankert sind, die aber – im Unterschied zu (1) und (2), in Übereinstimmung jedoch mit (5) und (6) – weglaßbar sind, ohne daß die Sätze ungrammatisch werden:

(3a) Er wartete.
(4a) Er stieg ein.

Bei den Präpositionalgruppen in (5) und (6) handelt es sich um freie Angaben, die nicht nur weglaßbar sind – wie bei (3) und (4) –, sondern auch in so loser Kohäsion zum Verb stehen, daß sie nahezu beliebig in jedem Satz hinzufüg- und weglaßbar sind. Sie stehen in keiner Valenzbeziehung zum Verb – im Unterschied zu (1), (2), (3) und (4).

Wir haben diese drei Gruppen von Präpositionalphrasen (die natürlich ebensogut durch Adverbien ersetzt werden können, in seltenen Fällen sogar auch durch Substantive ohne Präposition: Die Arbeit dauerte *den ganzen Tag* – entsprechend (1) und (2); Der Maler malte *ein Bild* – entsprechend (3) und (4); Der Maler malte *den ganzen Tag* – entsprechend (5) und (6)) zunächst von Oberflächenproben her klassifiziert. In der Tiefenstruktur entspricht dem folgende Unterscheidung:[152] Sowohl in (1) und (2) als auch in (3) und (4) sind die Präpositionalgruppen enge Verbergänzungen (d. h. solche, die die Subkategorisierung der Verben beeinflussen), in (5) und (6) dagegen sind sie freie Verbergänzungen (d. h. solche, die für die Subkategorisierung der Verben ohne Belang sind).

Entscheidend ist die Tatsache, daß nur die engen Verbergänzungen (EV) in den Bereich der verbalen Subkategorisierung fallen und folglich in der Satzstruktur einen anderen Platz einnehmen als die freien Verbergänzungen (FV):

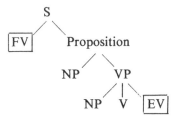

Ein solcher Stammbaum wäre anwendbar auf unsere Beispielsätze (1) bis (6): Die Präpositionalphrasen in (1) bis (4) fallen unter die Kategorie EV, die Präpositionalphrasen in (5) und (6) unter die Kategorie FV. Anders ausgedrückt: Die freien Verbergänzungen (die nicht von der Valenz erfaßt werden) sind direkte Konstituenten des Satzes, die engen Verbergänzungen (die durch die Valenz des Verbs determiniert sind) sind Konstituenten der Verbalphrase. Es steht außer Zweifel, daß diese Unterschiede von der herkömmlichen Abhängigkeitsgrammatik nicht motiviert werden können, wenn sie – wie etwa TESNIÈRE – nur zwischen „Actants" und „Circonstants"

unterscheidet, die Mitspieler-Rolle auf Actants beschränkt und die Circonstants aus den Valenzbeziehungen ausschließt ohne Rücksicht darauf, ob sie zu den EV oder zu den FV gehören.

Es fällt auf, daß von den abstrakteren Beziehungen her von den in (1) bis (6) enthaltenen drei Arten von Präpositionalphrasen (obligatorisch, fakultativ, frei) nur zwei Klassen (EV und FV) unterschieden werden. In der Tat fallen in der Tiefenstruktur die im Sinne der Valenzbeziehungen obligatorischen und fakultativen Mitspieler in der Kategorie der engeren Verbergänzung zusammen: Beide fallen sie in den Bereich der Subkategorisierung des Verbs, beide stehen sie unter dem Knoten der Verbalphrase. Ein Unterschied zwischen (1) und (2) einerseits und (3) und (4) andererseits ist somit in der Tiefenstruktur nicht greifbar. In der Tiefenstruktur gibt es folglich keine fakultative Valenz: Eine fakultative Valenz entsteht erst in der Oberflächenstruktur durch eine Eliminierungstransformation auf Grund bestimmter kontextueller Merkmale (Vorerwähntheit, Kontrastivität, Emphase, Ellipse usw.). Eine fakultative Valenz in der Oberflächenstruktur setzt aber immer voraus, daß es sich in der Tiefenstruktur um eine EV handelt: Diese Tatsache unterscheidet die fakultative Valenz (die – genauso wie die obligatorische Valenz – auf dem Boden der strikten Verbalklassifizierung erwächst) grundsätzlich von der freien Angabe (= FV). Wenn also ein Glied in der Oberflächenstruktur fehlt, kann das eine zweifache Ursache haben:[153]

1) Das betreffende Glied fehlt auch in der Tiefenstruktur; das Glied gehört dann nicht in den Bereich der Subkategorisierung des Verbs, ist eine FV bzw. eine freie Angabe im Sinne der Valenzbeziehungen (unsere Fälle (5) und (6)).

2) Das betreffende Glied ist in der Tiefenstruktur enthalten, gehört also in den Bereich der Subkategorisierung des Verbs, ist eine EV, wird aber durch eine Eliminierungstransformation für die Oberflächenstruktur ausgeschlossen. In diesem Falle handelt es sich um fakultative Mitspieler im Sinne der Valenzbeziehungen (die Präpositionalphrasen in (3) und (4)).

Im Unterschied zu diesen beiden Möglichkeiten kann bei den obligatorischen Aktanten (unsere Fälle (1) und (2)) die Präpositionalgruppe (als EV) weder in der Tiefen- noch in der Oberflächenstruktur fehlen: Eine Eliminierungstransformation ist also in der Regel ausgeschlossen.

Entscheidend dabei ist, daß die Begriffe EV und FV (von der Subkategorisierung in der Tiefenstruktur her gewonnen) nicht völlig identisch sind mit den Begriffen der obligatorischen Valenz, der fakultativen Valenz und der freien Angabe. Das heißt: Eine enge Verbergänzung braucht durchaus nicht obligatorisch in jedem Satz zu sein; sie kann vielmehr unter bestimmten Bedingungen durch eine Eliminierungstranformation wegfallen und deshalb in der Oberflächenstruktur gar nicht erscheinen.

Die bisherige Subklassifizierung erlaubt für unsere Frage nach dem Kriterium für die Valenzbeziehungen folgende Schlußfolgerungen:

1) Da der Unterschied zwischen obligatorischer und fakultativer Valenz nicht in der Tiefenstruktur begründet liegt, kann auch das Kriterium für ihre Unterscheidung nicht aus der Tiefenstruktur gewonnen werden. Das Kriterium muß also eine Oberflächenprobe sein, bei der sich der Eliminierungstest als wichtigste Probe geradezu anbietet. Ein Glied ist ein obligatorischer Mitspieler, wenn es in der Oberflächenstruktur nicht eliminiert werden kann, ohne daß der Satz ungrammatisch wird; sonst ist es ein fakultativer Mitspieler oder eine freie Angabe. Der Eliminierungtest begründet also den Unterschied zwischen obligatorischer Valenz einerseits und fakultativer Valenz sowie freier Angabe andererseits.

2) Da umgekehrt der Unterschied zwischen obligatorischer bzw. fakultativer Valenz (= EV) einerseits und freien Angaben (= FV) andererseits in der Tiefenstruktur begründet liegt, muß das Kriterium für diese Unterscheidung aus der Tiefenstruktur stammen. Als solches Kriterium bietet sich die Zurückführung der freien Angaben auf entsprechende Sätze (meist Adverbialsätze) an, aus denen sie abgeleitet werden können.

So kann unser Satz (5) zurückgeführt werden auf:

(5b) ← Er aß sein Brot, als er in der Schule war.

Ebenso erklärt sich (6) als Reduktion aus

(6b) ← Er besuchte uns, als es Vormittag war.

Eine ähnliche Zurückführung ist bei (1) bis (4) nicht möglich, weil diesen Sätzen eine andere Tiefenstruktur zugrunde liegt. Eine parallele Erklärung würde zu ungrammatischen Sätzen führen bzw. eine Pseudo-Transformation ergeben, die die semantische Invarianz verletzt:

(1) Mein Freund wohnt *in Dresden.*
↔ (1b) *Mein Freund wohnt, *als er in Dresden war.*

Ebenso nicht:

(2) Er legte das Buch *auf den Tisch.*
↔ (2b) *Er legte das Buch, *als er auf dem Tisch war.*

Ebenso nicht:

(3) Er wartete *auf seinen Freund.*
↔ (3b) Er wartete, *als sein Freund da war.*

Ebenso nicht:
- (4) Er stieg *in die Straßenbahn* ein.
- ↮ (4b) Er stieg ein, *als die Straßenbahn kam*.

Durch die Erklärung der freien Angabe als Reduktion aus einem Satz ist somit eine Abgrenzung gegenüber der obligatorischen und fakultativen Valenz vorgenommen. Dieses Kriterium bietet die Handhabe zur Unterscheidung folgender Fälle:

- (7) Er wohnte *in Dresden*.
- ← *Er wohnte, als er in Dresden war.
- (8) Er starb *in Dresden*.
- ← Er starb, als er in Dresden war.

In (7) handelt es sich um eine EV, in (8) um eine FV. Freie Angaben erweisen sich auf diese Weise als so selbständig, daß sie als Sätze über Sätze betrachtet werden können (im Unterschied zu EV). Deshalb ist es auch nicht zufällig, daß die relationslogische Deutung syntaktischer Sachverhalte zu ähnlichen Schlußfolgerungen führt; denn auch diese prädikatenlogische Grundlage kann als eine Art Tiefenstruktur aufgefaßt werden, und von dieser Tiefenstruktur her muß das Kriterium gewonnen werden. Es sei dabei nur auf folgendes Beispiel hingewiesen:[154]

- (9) Die Kinder spielen *hinter dem Hause*.
- (10) Der Obstgarten liegt *hinter dem Hause*.

Die hervorgehobenen Präpositionalgruppen sind nicht unterscheidbar in der traditionellen Grammatik (dort müssen beide als Lokalbestimmungen interpretiert werden) und auch nicht in der älteren Dependenzgrammatik (in der beide als „circonstants" verstanden werden). Trotzdem besteht zwischen ihnen ein wesentlicher Unterschied. In (9) ist die Präpositionalgruppe (= FV) das Bestimmungswort eines potentiellen Determinationsurteils; der Satz kann logisch in zwei Prädikationen aufgelöst werden:

- (9a) Die Kinder spielen. Das Spielen ist (= geschieht) hinter dem Hause.

Eine solche Auflösung ist bei (10) nicht möglich; hier handelt es sich vielmehr um ein aktuales Relationsurteil von der Form R (a, b), in dem eine Beziehung (R) zwischen dem Obstgarten (a) und dem Haus (b) hergestellt wird. Diese logische Differenzierung zwischen (9) und (10) entspricht genau der möglichen (bei (9)) bzw. nicht möglichen (bei (10)) Zurückführung der Adverbialbestimmung auf einen Adverbialsatz in der Tiefenstruktur. Die obligatorische Valenz in (10) ist eine EV, die freie Angabe in (9) ist – in einer tieferen Strukturschicht – ein Satz über einen Satz.

Dabei erscheint es von sekundärer Bedeutung, auf welche Art von Sätzen die freien Glieder zurückgeführt werden müssen oder können. R. STEINITZ hat gezeigt[155], daß subjektbezogene Adverbialien auf Temporalsätze mit einem kopulativen Verb (*sein, sich aufhalten, sich befinden* usw.), daß objektbezogene Adverbialien dagegen auf selbständige, nebengeordnete Sätze zurückgehen:

(11) *In der Schule* lernte sie Französisch.
 ← *Als sie in der Schule war*, lernte sie Französisch.
(12) Er fand eine Mark *in der Hosentasche*.
 ← Er fand eine Mark. *Sie war in der Hosentasche*.

Wesentlicher ist die Tatsache, daß alle freien Angaben auf diese Weise als reduzierte Sätze zu verstehen sind. Das gilt nicht nur für Sätze, die ein Objekt enthalten[156], sondern auch für andere Sätze und durchaus auch für die freien Dative:

(13) Er rauchte *im Schlafzimmer*.
 ← Er rauchte, als er im Schlafzimmer war.
(14) Er wäscht *seinem Vater* das Auto.
 ← Er wäscht das Auto. Das Waschen ist (geschieht) für seinen Vater.

Mit diesem Kriterium der Zurückführung auf einen Satz sind somit die freien (nichtnotwendigen) Angaben von den notwendigen (valenzgebundenen) Gliedern im Satz zu unterscheiden. Damit verbunden ist eine doppelte Differenzierung:

1. eine primäre Differenzierung zwischen notwendigen und nichtnotwendigen Gliedern einerseits, von denen nur die ersten durch Valenz an das Verb gebunden sind, nicht die zweiten, die syntaktisch zahlenmäßig unbegrenzt sind und deshalb nahezu in jedem Satz beliebig weggelassen und hinzugefügt werden können;

2. eine sekundäre Differenzierung zwischen obligatorischen und fakultativen Mitspielern andererseits, die beide im Stellenplan des Verbs verankert, nach Zahl und Art bestimmt und beschränkt sind.

Dabei ist die unter 1. genannte Differenzierung unabhängig vom Kontext und in der Tiefenstruktur angelegt, die unter 2. genannte ist vom Kontext abhängig und eine Oberflächenerscheinung. (Zur Rolle des Kontextes vgl. auch *6.1.*)

Die Kriterien für diese beiden Differenzierungen müssen syntaktischer Natur sein, da es sich um die syntaktische Valenz handelt. Sie können nicht in direkter Weise gewonnen werden aus den außersprachlichen Sachverhalten (schon deshalb nicht, weil der gleiche Sachverhalt in verschiedenen Sprachen und oft auch in einer Sprache durch Verben mit verschiedener syntaktischer Valenz bezeichnet wird) und auch nicht von der Sinnotwendigkeit her (wie sie GREBES und WEISGERBERS Abstrichmethode zugrunde liegt).[157] Diese Eigenschaften müssen der logischen und semantischen Valenz zugeordnet werden, die mit der syntaktischen Valenz zwar zusammenhängt, aber nicht mit ihr identifiziert werden darf. (Vgl. dazu 7.)

Wir haben festgestellt, daß eine FV als freie Angabe „nahezu" unbeschränkt in jedem Satz hinzufüg- bzw. weglaßbar ist, weil sie von den strengen Subkategorisierungsregeln des Verbs nicht erfaßt wird. Dennoch gibt es bestimmte Einschränkungen – deshalb sagten wir „nahezu" – in der Verträglichkeit von FV und Verb; diese Beschränkungen sind jedoch nicht syntaktischer, sondern semantischer Natur:[158]

(15) *Er *beherrscht* mehrere Fremdsprachen *im Garten*.
(16) *Er *kennt auf dem Flughafen* seinen Freund.
(17) *Er *stirbt manchmal*.

Es besteht kein Zweifel, daß die Glieder „im Garten", „auf dem Flughafen" und „manchmal" auf syntaktischer Ebene freie Angaben darstellen, die unabhängig von der Verbalklassifizierung sind (Er arbeitet, schläft, ißt, schwimmt, raucht ... *im Garten, manchmal ...*).
Die semantischen Einschränkungen ergeben sich daraus, daß die FV mit bestimmten inhärenten semantischen Merkmalen des Verbs inkompatibel sind: „beherrschen" und „kennen" etwa bezeichnen einen Zustand und haben deshalb die Merkmale [+Dur, −Loc], die ihrerseits eine freie Lokalangabe ausschließen; „sterben" andererseits bezeichnet einen punktuellen, einmaligen Vorgang – mit dem Merkmal [−Dur, −Freq] – und schließt deshalb eine frequentative Adverbialangabe aus. Unter bestimmten Bedingungen ist sogar ein Satz wie (17) möglich, aber nur dann, wenn das Pronomen „er" als Prowort für eine Gattungsbezeichnung erscheint (etwa: Diese Operation ist für *den Patienten* immer gefährlich. *Er* stirbt manchmal.), nicht dann, wenn es Prowort für eine Individualbezeichnung ist (etwa: Diese Operation ist für *Peter* gefährlich. **Er* stirbt manchmal.). Es handelt sich in diesem Falle um Verträglichkeitsbeziehungen nicht nur zwischen Verb und Adverbiale, sondern sogar zwischen Verb, Adverbiale und Subjekt. Diese Verträglichkeitsbeziehungen sind jedoch keine Frage der syntaktischen Valenz, sondern der semantischen Valenz. (Vgl. dazu 7.)

3.3. Rolle der Satzglieder für die Valenz

Das *dritte* Hauptproblem, das sich für eine präzise Fassung des Valenzbegriffes ergibt, ist die Frage, welche Glieder der traditionellen Grammatik den Rang von syntaktisch notwendigen (= valenzgebundenen) Gliedern einnehmen. Unsere bisher genannten Beispiele lassen keinen Zweifel offen, daß nicht nur Subjekte, Objekte und Prädikativa, sondern auch bestimmte Typen von Adverbialbestimmungen bei einigen Verben syntaktisch notwendig sind. Diese Erkenntnis teilen wir mit ERBEN, GREBE und SCHULZ/ GRIESBACH; sie steht aber im Gegensatz zur Fassung des Valenzbegriffes bei TESNIÈRE und BRINKMANN.

Dabei erhebt sich sogleich die Frage, ob die neue Einteilung in notwendige und nichtnotwendige Satzglieder (die mitten durch die alten Adverbialbestimmungen hindurchgeht) die alte, traditionelle Einteilung in Objekte und Adverbialbestimmungen ersetzen kann oder soll. So hat etwa HARTUNG vorgeschlagen, statt zwischen präpositionaler Adverbialbestimmung und Präpositionalobjekt besser zu scheiden »zwischen potentieller und obligatorischer Präpositionalgruppe«[159]. Damit deutet sich scheinbar eine Möglichkeit an, der bisherigen groben traditionellen semantischen Unterscheidung zwischen Präpositionalobjekt und Adverbialbestimmung eine eindeutigere, von der strukturellen Vollständigkeit des Satzes abgeleitete Scheidung entgegenzustellen.

In ähnlicher Weise faßt auch ERBEN die bisherigen Objekte und notwendigen Adverbialbestimmungen als Ergänzungsbestimmungen (»primäre Satzglieder«) zusammen, zu denen auch die Subjekte und Prädikativa gehören.[160] Auch W. SCHMIDT möchte die alte Einteilung beseitigen, die für ihn »in der Regel von formalen Gesichtspunkten«[161] ausgeht, und unter Objekten »alle sinnotwendigen Ergänzungen des Verbs« verstehen, die »mit dem Verb eine semantische Einheit« bilden. Adverbialbestimmungen wären dann die nicht sinnotwendigen »Ergänzungen zur Aussage des Satzkerns, ... fakultative Sinnergänzungen als Erläuterungen zur Aussage des aus Subjekt und Prädikat bestehenden Satzkerns«, die »sich nur locker mit dem Prädikat verbinden«.[162]

Trotzdem halten wir es nicht für günstig, alle notwendigen Satzglieder einfach als Objekte, alle nichtnotwendigen dagegen als Adverbialbestimmungen zu bezeichnen, und zwar vor allem aus drei Gründen:

1. Obwohl bei der Schaffung der deutschen Schulgrammatik, bei K. F. BECKER und seinen Nachfolgern, Objekte und Adverbialbestimmungen ursprünglich nach Gesichtspunkten der strukturellen Notwendigkeit geschieden worden waren (das Objekt war die *notwendige* Ergänzung, das Adverbiale war die *freie* Bestimmung),[163] sind die Begriffe im Laufe der Zeit stark semantisiert worden:

Ich warte *auf den Freund.*
Ich warte *auf dem Bahnhof.*

Beide Sätze sind aus den gleichen Wortarten und mit fast den gleichen morphologischen Mitteln gebildet: Im ersten Falle jedoch meint das kursiv gedruckte Glied das Objekt, im zweiten Falle den Ort des Wartens; in beiden Sätzen aber sind die kursiv gedruckten Satzteile grammatisch nicht obligatorisch (in dieser Hinsicht verhalten sie sich gleich). Da die Begriffe von der traditionellen Grammatik her zu stark semantisch vorbelastet sind, scheint uns ein Rückweg zu K. F. BECKER kaum möglich.

2. Die Trennung von der syntaktischen Notwendigkeit her betrifft nicht nur die präpositionalen Kasus, sondern auch die reinen Kasus. So erhält der „freie" Dativ bei unserem Aufbau des Satzes seinen Platz nicht mehr unter den – notwendigen – Gliedern ersten Ranges, sondern neben den nichtnotwendigen Adverbialbestimmungen. Es ist dabei unwesentlich, ob er noch als „Objekt" bezeichnet wird[164]; auf jeden Fall ist er durch seinen syntaktischen Rang von den „Objekten" (als notwendigen Gliedern der ersten Ebene) im engeren Sinne geschieden. Es mag dahingestellt bleiben, ob der Begriff des „Objekts" überhaupt anders (auf semantischer Ebene) abgrenzbar ist. Es hat nicht an Versuchen – in den inhaltbezogenen Grammatiken – gefehlt, den Charakter des Dativs als „Objekt" vom Inhalt her in Frage zu stellen.[165]

Die Aussonderung des freien Dativs aus der Reihe der valenzgebundenen Glieder resultiert aus der Möglichkeit, ihn als reduzierten Satz zu verstehen:

Er wäscht *seinem Vater* das Auto.   (= dativus commodi)
← Er wäscht das Auto. *Das Waschen*
ist (geschieht) für den Vater.
Sie wäscht *ihrer Tochter* die Hände.   (= dativus possessivus)
← Sie wäscht die Hände. *Die Hände*
sind (gehören) ihrer Tochter.

Dabei ist es von untergeordneter Bedeutung, daß die zugrunde liegenden Sätze von verschiedener Art sind: Beim dativus commodi handelt es sich um eine Prädikation zum Prädikat, beim dativus possessivus um eine Prädikation zu einem Substantiv des ersten Satzes. Im letzten Falle sind es Substantive, die Körperteile oder Kleidungsstücke bezeichnen, bei denen das Verb in der Oberfläche zwei- oder dreiwertig sein kann (Du wäschst dein Gesicht – Du wäschst dir das Gesicht; Du putzt deine Schuhe – Du putzt dir die Schuhe), die entsprechenden Sätze jedoch synonym sind und auf die gleiche Tiefenstruktur zurückgeführt werden können.[166] Das entspricht der Tatsache, daß dieser possessive Dativ im logisch-grammatischen Sinne eher die Funktion eines Attributs als die eines Objekts ausübt; das spiegelt sich auch im entsprechenden Stammbaum, in dem er unter dem Knoten der Nominalphrase und nicht der Verbalphrase (wie der Objektsdativ) erscheint:

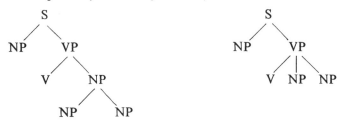

Sie wäscht *dem Kind* die Hände. Sie gibt *dem Kind* einen Apfel.
(= possessiver Dativ) (= Objektsdativ)

3. Neben der Scheidung von valenzgebundenen und freien Gliedern gibt es bestimmte Unterschiede zwischen Objekten und Adverbialbestimmungen, die nicht nur semantischer Natur sind, sondern durchaus auch syntaktisch motiviert werden können[167]:

(1) Objekte können in der Regel durch Personalpronomina, Adverbialbestimmungen durch Adverbien substituiert werden:

    Er aß *den ganzen Apfel*. (= Objekt)
    → Er aß *ihn*.
    Er aß *den ganzen Abend*. (= Adverbialbestimmung)
    → Er aß *damals/dann*.

(2) Bei Präpositionalobjekten ist die Präposition syntaktisch vom Verb regiert (sie ist folglich ohne erkennbare Semantik), bei adverbialen Präpositionalgruppen ist die Präposition nicht vom Verb determiniert, sondern sie spezifiziert semantisch die Beziehung zu dem von ihr regierten Wort:

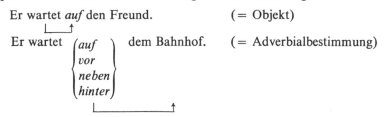

(3) Daraus ergibt sich, daß beim Präpositionalobjekt nur ganz bestimmte Präpositionen vom übergeordneten Verb oder Adjektiv her gefordert oder zulässig sind (in den meisten Fällen nur eine einzige), daß dagegen präpositionale Adverbialbestimmungen in der Regel mehrere Präpositionen zulassen, die eine deutlich erkennbare – und durch Opposition zu ermittelnde – Bedeutung haben. Dieser Unterschied gilt auch für die Fälle, in denen ein

präpositionales Objekt oder eine präpositionale Adverbialbestimmung als obligatorische Aktanten auftreten:

Diese These beruht *auf* einer falschen Voraussetzung. (= Objekt)

Er wohnt ⎰ *in* der Stadt.   ⎱ (= Adverbialbestimmung)
         ⎨ *auf* dem Lande. ⎬
         ⎨ *bei* seinen Eltern. ⎬
         ⎱ *über* seinem Freund. ⎰

Während also bei Objekten die Präposition regiert und ohne spezifizierbaren Inhaltswert ist, ist sie bei Adverbialbestimmungen nicht regiert und mit genau festlegbarem Inhaltswert; in beiden Fällen kann es sich aber um notwendige (= valenzgebundene) Glieder handeln. Regierte Glieder sind immer valenzgebunden; aber – wie die notwendigen Adverbialbestimmungen zeigen – valenzgebundene Glieder sind nicht immer regiert. Valenz und Rektion – so eng sie zusammengehören – dürfen also nicht identifiziert werden, abgesehen von der Tatsache, daß sich die Rektion nur auf Objekte, nicht auf andere Glieder bezieht. Der Unterschied zwischen präpositionalen Aktanten und nicht-präpositionalen Aktanten (reinen Kasus) ist nicht identisch mit dem Unterschied zwischen semantischer Bedeutung (bei den Präpositionalgruppen) und bloßer syntaktischer Funktion (bei den reinen Kasus). Es gibt vielmehr zwei Arten von präpositionalen Aktanten: solche, bei denen die Präposition nicht austauschbar und semantisch weitgehend redundant ist, und solche, bei denen die Präposition austauschbar ist, keine bloße syntaktische Funktion, sondern darüber hinaus auch eine klar erkennbare Bedeutung hat.[168] Eben darin reflektiert sich der Unterschied zwischen Objekt (im ersten Falle) und Adverbialbestimmung (im zweiten Falle).

Es erscheint uns deshalb nötig, die alte, semantische Einteilung der traditionellen Grammatik in Objekte und Adverbialbestimmungen nicht einfach durch eine neue, strukturelle Einteilung in notwendige und freie Satzglieder zu ersetzen, sondern beide Einteilungen als Phänomene verschiedener Ebenen zunächst streng zu scheiden, dann aber in ihren Beziehungen zueinander zu beobachten. Dabei ergibt sich folgende Rangordnung, innerhalb derer die einzelnen Glieder mit dem traditionellen Namen benannt sind:

Strukturelles Zentrum des Satzes: Verb
Glieder ersten Ranges: Subjekt
Prädikativum
$O_4, O_3, O_2, O_{präp}$ (obligatorisch oder fakultativ)
notwendige Adverbialbestimmung (im Stellenplan des Verbs verankert)

Glieder zweiten Ranges:	Attribute zu Gliedern ersten Ranges
	freier Dativ
	nichtnotwendige Adverbialbestimmung
Glieder dritten Ranges:	Attribute zu Gliedern zweiten Ranges
Glieder vierten Ranges:	Attribute zu Gliedern dritten Ranges

Diese strukturell-hierarchische Anordnung der Satzglieder unterscheidet sich von der Anordnung bei GLINZ (in primäre Glieder und sekundäre Binnenglieder) und bei ERBEN (in Ergänzungsbestimmungen und Bestimmungsglieder) – die sich etwa entsprechen – vor allem darin, daß die Attribute zu Gliedern ersten Ranges (als Glieder zweiten Ranges) auf einer Ebene mit den anderen nichtnotwendigen Gliedern erscheinen, vor allem mit den nichtnotwendigen Adverbialbestimmungen, während die Grenze bei GLINZ und ERBEN gerade zwischen diesen Gliedern verläuft. Unsere Anordnung rechtfertigt sich nicht nur dadurch, daß beide Glieder ohne Gefahr für die Grammatikalität des Satzes eliminiert werden können, sondern auch dadurch, daß ihr Abstand vom strukturellen Zentrum des Satzes gleich weit ist. Deshalb sind Attribute zu Gliedern ersten Ranges und nichtnotwendige Adverbialbestimmungen auch manchmal substituierbar:

1. Der *kranke* Mann lag im Bett.
2. *Weil der Mann krank war*, lag er im Bett.
3. *Wegen seiner Krankheit* lag der Mann im Bett.
4. Der Mann lag *krank* im Bett.

Das kursiv gedruckte Glied erscheint in Satz 1 als Attribut, in Satz 2 als Adverbialsatz, in Satz 3 als Adverbialbestimmung und in Satz 4 als prädikatives Attribut im traditionellen Sinne; in allen Fällen ist es nicht notwendig. Diese vorgeschlagene Ordnung entspricht durchaus auch der logischen Interpretation der Satzglieder, bei der Objekte und notwendige Adverbialbestimmungen als Relationsglieder eines aktualen Satzes, Attribute, nichtnotwendige Adverbialbestimmungen und Nebensätze[169] dagegen meist als Prädikate in einem nur potentiellen Bestimmungssatz erscheinen[170]. Die Benennung der Glieder spielt dabei nur eine untergeordnete Rolle; die notwendigen Adverbialbestimmungen entsprechen den »Umstandsergänzungen« bei GREBE und den »Prädikatsergänzungen« bei SCHULZ/GRIESBACH, die nichtnotwendigen Adverbialbestimmungen den »freien Umstandsangaben« bei GREBE und den »freien Angaben« bei SCHULZ/GRIESBACH. Im Begriff der »Ergänzungen« sind dann auch die Objekte, im Begriff der »freien Angaben« ist dann auch der freie Dativ eingeschlossen. Wenn wir die von uns angenommene Schichtung in obligatorische Mitspieler, fakultative Mitspieler und freie Angaben in Beziehung setzen zu den traditionellen Satzgliedern, so ergibt sich etwa folgendes Bild: Die Subjekte und Prädikativa der traditionellen Grammatik sind meist obligatorische, nur selten fakultative Mitspieler; die Objekte sind entweder obligatorische oder fakultative Mitspieler; die „freien" Dative der traditionellen Grammatik erscheinen als freie Angaben, die Adverbialbestimmungen meist als freie Angaben, manchmal jedoch auch als obligatorische oder fakultative Mitspieler („Berlin liegt *an der Spree*"). Oftmals spiegelt sich der traditionelle Unterschied zwischen Präpositionalobjekt („Er droht uns *mit der Entlassung*") und Adverbialbestimmung („Er droht uns *mit dem Stock*") in dem Unterschied zwischen fakultativer Valenz und freier Angabe; manchmal wird dieser Unterschied auch durch einen Substituierbarkeitstest deutlich: „Er droht uns *mit der Entlassung*" → „Er droht uns, *uns zu entlassen*". Eine freie Angabe kann nicht auf diese Weise durch einen Infinitiv ersetzt werden. Eine freie Angabe kann – im Unterschied zur fakultativen Valenz – praktisch als solche ermittelt werden, indem das Verb substituiert wird („Er kommt, schwimmt, ißt, arbeitet, schläft ... *am Nachmittag*") und sie zu beliebigen Verben treten kann.

Wenn Adverbialbestimmungen als notwendige (= valenzgebundene) Glieder auftreten, so sind zwei Fälle unterscheidbar:[171]

1. Es ist nicht nur das Vorkommen, sondern auch die Art der Adverbialbestimmung durch die Valenz des Verbs determiniert: So muß nach bestimmten Verben (*sich begeben, setzen, stellen, legen; fahren, reisen, laufen* u. a.) eine direktive Adverbialbestimmung, nach anderen Verben (*wohnen, sich befinden, sich aufhalten, weilen, hausen; sitzen, stehen, liegen* u. a.) eine lokale Adverbialbestimmung, nach wieder anderen Verben (*aussehen, wirken, sich anstellen, sich benehmen, sich verhalten, auftreten, sich geben* u. a.) eine modale Adverbialbestimmung erscheinen.

2. Es ist nur das Vorkommen, nicht auch die Art der Adverbialbestimmung durch die Valenz des Verbs determiniert: Nach einigen Verben (*stattfinden, sich ereignen, geschehen, ausbrechen* u. a.) können verschiedene Arten der Adverbialbestimmung stehen, von denen eine jedoch obligatorisch ist:

   Der Unfall geschah in der Hauptstraße.
   Der Unfall geschah gestern abend.
   Der Unfall geschah aus fehlender Vorsicht.
   *Der Unfall geschah.

Der traditionelle possessive Dativ wird von uns nicht als fakultativer Mitspieler gedeutet, da er nicht vom Verb gefordert wird, sondern generell bei Körperteilen und Kleidungsstücken (d. h. bei Substantiven) vorkommt und ohnedies bei einer transformationellen Zurückführung auf die Tiefenstruktur verschwindet („Er wäscht *dem Kind* die Hände" ... „Er wäscht die Hände *des Kindes*"). Auch der traditionelle Dativus commodi wird – im Unterschied zum Objektsdativ – nicht als Mitspieler gewertet: So schreiben wir „bringen$_{2+(1)=3}$ („Ich bringe *ihm* das Buch" – der Objektsdativ als fakultative Valenz), aber „tragen$_2$" („Ich trage *ihm* das Buch" – der Dativus commodi als freie Angabe). Auf diese Weise werden nicht nur beide Dative, sondern auch bestimmte Homonymien in unserem Apparat unterschieden: Der Satz „Ich schreibe *ihm* den Brief" (1. = ‚an ihn' [Empfänger als fakultative Valenz], 2. = ‚für ihn' [Auftraggeber, interessierte Person als freie Angabe]) erhält eine doppelte Beschreibung.

Solche Homonymien gibt es nicht nur bei reinen Kasus, sondern auch bei präpositionalen Kasus, die verstanden werden können entweder als fakultative Valenz (= Objekt) oder als freie Angabe (= Adverbialbestimmung):[172]

Er sprach *über zwei Stunden*.
(a) *von* zwei Stunden; Objekt bzw. Gegenstand des Sprechens;
(b) *mehr als* zwei Stunden; Dauer des Sprechens.

Es erscheint nicht gerechtfertigt, zwischen Objekten und Adverbialbestimmungen auch hinsichtlich der Valenzeigenschaften zu unterscheiden. Wie BIERWISCH gezeigt hat, können nur die freien Adverbialbestimmungen – im Unterschied zum Objekt – »in jedem Satz, unabhängig von der Klassenzugehörigkeit des Verbs, auftreten«[173], nicht aber die Adverbialbestimmungen ersten Ranges. Es gibt zwar keine Objekte als Glieder zweiten Ranges, d. h., die Zahl der Objekte im Satz ist durch die Valenz des Verbs streng determiniert, gleichgültig ob diese Objekte auftreten *müssen* (d. h. obligatorische Mitspieler sind) oder nur auftreten *können* (d. h. fakultative Mitspieler sind). Wohl aber gibt es *auch* Adverbialbestimmungen als Glieder ersten Ranges, d. h., nicht jede Adverbialbestimmung ist weglaßbar oder unbeschränkt vermehrbar.

Deshalb gilt auch BIERWISCHS Feststellung, daß die adverbialen Segmente des Satzes »in beschränktem Maße außerhalb des sogenannten Satzrahmens an das Ende des Satzes gestellt werden, was sie von allen Objekten unterscheidet«,[174] nur für die Adverbialbestimmungen zweiten, nicht für die ersten Ranges. Das läßt sich an Hand von einigen Eliminierungs- und Permutationstransformationen leicht zeigen:

1. Du hast das Buch am Vormittag dorthin gelegt.
2. (*)Du hast das Buch dorthin am Vormittag gelegt.
3. (*)Du hast das Buch dorthin gelegt am Vormittag.
4. *Du hast das Buch am Vormittag gelegt dorthin.
5. Du hast das Buch dorthin gelegt.
6. *Du hast das Buch am Vormittag gelegt.
7. *Du hast am Vormittag dorthin gelegt das Buch.

Wir haben mit „am Vormittag" eine Adverbialbestimmung zweiten Ranges und mit „dorthin" eine Adverbialbestimmung ersten Ranges (daß sie obligatorisch ist, zeigt Satz 6) gewählt. Beide verhalten sich unter der Permutationstransformation (Verschiebeprobe nach GLINZ[175]) verschieden. Als normaler Satz muß Beispielsatz 1 gelten: Es fällt auf, daß die notwendige Adverbialbestimmung hinter der nichtnotwendigen steht, offenbar deshalb, weil sie enger mit dem Verb verbunden ist. Eine Sprengung des Rahmens ist nur möglich bei „am Vormittag", nicht bei „dorthin". Der Satz 4 ist ungrammatisch, während die Sätze 2 und 3 zwischen voller Grammatikalität und voller Ungrammatikalität stehen. Satz 7 zeigt, daß auch ein Objekt nicht außerhalb des Rahmens stehen kann, daß sich das Objekt also genauso verhält wie eine notwendige Adverbialbestimmung – beides sind ja Satzglieder ersten Ranges –, aber anders als die freie Adverbialbestimmung.
Schließlich ist es auch möglich – über Eliminierungs- und Permutationstransformationen hinaus –, an Hand von Negationstranformationen den Rang der Adverbialbestimmung und ihre Zugehörigkeit zum Verb zu entscheiden:

1. Ich lege das Buch *nicht* dorthin.
2. Ich treffe ihn dort *nicht*.

Aber:

3. (*)Ich lege das Buch dorthin *nicht*.
4. Ich treffe ihn *nicht* dort.

Im Unterschied zu den als normal zu bewertenden Sätzen 1 und 2 ist Satz 3 zwar nicht voll ungrammatisch, aber nur bei besonderer Intonation zulässig, ist Satz 4 durchaus möglich, auch wenn er sowohl im Sinne einer Satznegation wie im Sinne einer Sondernegation verstanden werden kann (vgl. noch deutlicher: Ich traf ihn nicht im Café, weil er verhindert war – Ich traf ihn nicht im Café, sondern auf der Straße), während 2. nur als Satznegation interpretierbar ist. Die Satzverneinung „nicht" steht bei der syntaktisch notwendigen Adverbialbestimmung (Satz 1) vor dieser, bei der syntaktisch nicht notwendigen Adverbialbestimmung (Satz 2 und 4) nach oder vor dieser; das erklärt sich aus der engeren Bindung der notwendigen Bestimmung an das Verb. Die syntaktisch notwendige Adverbialbestimmung wird in diesem Fall ähnlich behandelt wie Teile trennbar zusammengesetzter Verben („Er kommt heute *nicht* an"), wie Infinitive und Partizipien („Er wird morgen *nicht* kommen", „Er ist heute *nicht* gekommen") und bildet wie diese eine Art Zielpol im verbalen Rahmen des deutschen Satzes. Im Fremdsprachenunterricht dürfte die Scheidung zwischen notwendiger und nichtnotwendiger Adverbialbestimmung ein neues Licht auf die bisher kaum ausreichend geklärte Stellung der Satznegation „nicht" – eine weitere häufige Fehlerquelle im Deutschunterricht für Ausländer – werfen.[176]

Auch auf andere Weise bietet es sich an, über die distributionellen Kriterien hinaus transformationelle Merkmale in die Valenztheorie einzuführen und damit genauere Differenzierungen zu erreichen. So kann etwa das Verb „liegen" in folgender Weise transformationell differenziert werden:

(1) Berlin *liegt* an der Spree.
 → *Berlin liegt.
 → *das Liegen Berlins an der Spree.
(2) Das Mädchen *liegt* am Strand.
 → (*) Das Mädchen liegt.
 → das Liegen des Mädchens am Strand.

Während man auf Grund des Distributionskriteriums und der Weglaßprobe allein an der Zuordnung der Präpositionalgruppe in (2) noch zweifeln mag (obligatorisch oder fakultativ?), so wird der Unterschied zwischen (1) und (2) durch die vorgenommene Nominalisierungstransformation deutlicher.

4. Bestimmung der Begriffe „Valenz" und „Distribution"

Der Valenzbegriff – obwohl in der Forschung noch uneinheitlich verstanden und nicht vollständig geklärt – erweist sich als fruchtbares Mittel der theoretischen Sprachbeschreibung und des Fremdsprachenunterrichts unter den Voraussetzungen, daß die Sonderstellung des Subjekts aufgegeben wird, daß mit genügend strengen Methoden zwischen obligatorischen und fakultativen Mitspielern sowie freien Angaben unterschieden wird und daß zu den Mitspielern nicht nur Subjekte und Objekte, sondern auch bestimmte Adverbialbestimmungen und Präpositionalobjekte gerechnet werden.

Entsprechend diesen drei Voraussetzungen verstehen wir unter *syntaktischer Valenz* die Fähigkeit des Verbs, bestimmte Leerstellen um sich herum zu eröffnen, die durch obligatorische oder fakultative Mitspieler zu besetzen sind. Als solche Mitspieler sind aufzufassen bestimmte Substantive (oder deren Äquivalente) in den verschiedenen Kasus, bestimmte Präpositionalkasus und bestimmte Adjektive oder Adverbien, Infinitive, Partizipien und Nebensätze, oder – um es mit den Termini der traditionellen Syntax zu sagen – Objekte, Subjekte, Prädikativa und einige Adverbialbestimmungen. Kriterium für diese Zuordnung ist nicht die grammatische Subjekt-Prädikat-Struktur des Satzes, auch nicht der kommunikative Mitteilungsinhalt, sondern allein die syntaktische Notwendigkeit.

Um die in der Linguistik übliche Doppeldeutigkeit des Begriffes „Valenz" zu vermeiden (1. = ‚abstrakte Beziehung wie in der Chemie', 2. = ‚zählbare Füllungen der Leerstellen'), verstehen wir unter „Valenz" das abstrakte Verhältnis des Verbs zu seinen abhängigen Größen. Wir nennen „Leerstellen" die vom Verb obligatorisch oder fakultativ geforderten Stellen, die im „Stellenplan" des Verbs verankert sind, und „Mitspieler" – allerdings in einem schärferen und etwas anderen Sinne als BRINKMANN – diejenigen Glieder, die diese Leerstellen besetzen. Wir sprechen von mehreren „Varianten" eines Verbs dann, wenn das gleiche Verb der Zahl oder Art nach verschiedene Mitspieler hat.

Um die Mitspieler der Verben im Satz in den Griff zu bekommen, genügt es aber nicht, die Zahl der Mitspieler, d. h. die Valenz des Verbs, zu bestimmen; man muß darüber hinaus auch ihre Art (syntaktisch und semantisch), d. h. die Distribution des Verbs, kennen. Deshalb legen wir ein „Wörterbuch zur Valenz und Distribution deutscher Verben" vor. Unter der *Distribution* eines sprachlichen Elements verstehen wir – im Anschluß an HARRIS – »die Summe aller Umgebungen, in denen es vorkommt«[177]. Diese Umgebungen (»environments«) eines Elements A wieder werden bestimmt als bestehender Satz von Kookkurrenzen, d. h. von anderen Elementen, »mit denen A vorkommt und eine Äußerung ergibt«[178]. In der Distributionsanalyse der strukturellen Grammatik werden die sprachlichen Einheiten nicht mehr auf Grund der Bedeutung, sondern auf Grund ihrer Umgebungen, ihrer Positionen, ihres Vorkommens, ihrer Verteilung, ihres Kontextes klassifiziert. Die Distribution eines Elements erscheint damit als Summe aller Kontexte, in denen es auftauchen kann – im Gegensatz zu jenen, in denen es nicht auftauchen kann.[179] HARRIS hat statt von Distributionsbeziehungen auch von Kookkurrenzbeziehungen gesprochen.[180] In diesem Sinne kommt es uns auf das Vorkommen von Mitspielern deutscher Verben an: also auf ihre Distribution, auf ihre Umgebungen, auf ihre Kookkurrenzbeziehungen.[181]

5. Aufbau des Wörterbuchs (*Beschreibung der Verben auf drei Stufen*)

Aus diesen allgemeinen Festlegungen ergibt sich in der praktischen Beschreibung der Verben ein Dreischritt. Die Verben werden auf folgenden *drei Stufen* interpretiert:

1. Auf Stufe I wird für jedes Verb die *quantitative* Anzahl der Mitspieler, d. h. seine Valenz, festgelegt. Es entsteht ein Verzeichnis der Verben in der Art „erwarten$_2$", „rauben$_{2+(1)-3}$" usw., ein Verzeichnis, das nur Zahlen enthält. Die obligatorischen Mitspieler stehen dabei ohne Klammern, die fakultativen Mitspieler in Klammern, obligatorische und fakultative

Mitspieler werden zur Gesamtzahl der notwendigen (= valenzdeterminierten) Glieder addiert. Die freien Angaben, die syntaktisch beliebig hinzugefügt und weggelassen werden können, sind in diesem Verzeichnis nicht enthalten.

2. Für den richtigen Gebrauch genügt aber noch nicht das Wissen um die bloße Zahl der Mitspieler, diese Mitspieler müssen vielmehr auch *qualitativ* festgelegt werden. Das geschieht auf Stufe II durch die Festlegung der *syntaktischen Umgebungen* der Verben in streng formalen Begriffen. So wird etwa das auf Stufe I gewonnene „geben$_3$" auf Stufe II spezifiziert zu „geben → Sn, Sa, Sd", das auf Stufe I gewonnene „legen$_3$" zu „legen → Sn, Sa, pS". Solche Regeln, die die syntaktischen Umgebungen von Verben festlegen, werden vielfach »strenge Subkategorisierungsregeln« genannt.[182] Diese syntaktischen Umgebungen müssen allerdings in streng formalen Begriffen – nicht etwa in Begriffen der traditionellen Satzgliedlehre, wie sie von GLINZ in ihrer methodologischen Überholtheit[183] und von WEISGERBER in ihrer unangemessenen Sachbezogenheit hinreichend charakterisiert worden ist[184] – angegeben werden. Eine Feststellung von nichtformalem Typ wäre etwa folgende: „Ein Verb, das einen Wunsch ausdrückt, verlangt ein Objekt." Eine solche Feststellung kann allenfalls eine zusätzliche Erklärung, aber nicht Teil der formalen Beschreibung sein. Sie muß erst in formale Termini übersetzt werden, d. h. in eine Reihe von Stufen, die die Erzeugung tatsächlicher Kombinationen von Formen mit Hilfe von Listen und Regeln erlauben.[185] Die Grammatik ist in diesem Sinne nichts anderes als ein Regelwerk über die Kombinierbarkeit von Sprachelementen. Eine solche formale Beschreibung muß auf dem Wege der empirischen Beobachtung überprüfbar sein, sie muß als „wahr" oder „falsch" erwiesen werden können. Diese syntaktischen Umgebungen auf Stufe II werden umschrieben mit Begriffen wie Sn, Sa, Sd, Sg (Substantiv im Nominativ, im Akkusativ, im Dativ, im Genitiv), pS (Präposition mit Substantiv), NS (Nebensatz), I (Infinitiv ohne „zu"), Inf (Infinitiv mit „zu") u. a. Vgl. S. 97ff.

Die auf Stufe II angegebenen syntaktischen Umgebungen müssen nicht nur in der Zahl mit den auf Stufe I genannten Mitspielern übereinstimmen, sondern es muß auch deutlich werden, welche von ihnen obligatorisch und fakultativ, welche alternativ und konjunktiv möglich sind, damit durch die Kombinierbarkeit dieser Umgebungen nur richtige Sätze gebildet werden. Das Verb „berichten$_{1+(2)=3}$" etwa wird auf Stufe II spezifiziert zu „berichten → Sn, (Sd), (Sa/pS/NS)"; damit werden folgende Sätze zugelassen:

1. Ich berichte.
2. Ich berichte ihm.

3. Ich berichte ihm mein Erlebnis.
4. Ich berichte ihm über meine Reise.
5. Ich berichte ihm, wer es gewesen ist.

Sa, pS und NS erscheinen als alternative fakultative Mitspieler; alle drei können zusätzlich fakultativ mit Sd kombiniert werden. Lassen sich die syntaktischen Umgebungen nicht in dieser Weise formalisieren, daß alle und nur die richtigen Sätze durch das Modell erzeugt werden können, so ist das oft ein Zeichen dafür, daß in Wahrheit verschiedene Varianten (mit verschiedenen Umgebungen und verschiedenen Bedeutungen) angesetzt werden müssen.

3. Die qualitative Festlegung der Umgebungen deutscher Verben erfolgt jedoch nicht nur in syntaktischer, sondern auch in semantischer Hinsicht. Die auf Stufe I nur quantitativ festgelegten und auf Stufe II nur hinsichtlich ihrer syntaktischen Form determinierten Mitspieler müssen auf einer Stufe III semantisch fixiert werden. Diese Stufe III legt somit die *semantischen Umgebungen* der Verben fest, spezifiziert die syntaktischen Umgebungen durch die Angabe des zugelassenen semantischen Gehalts. Solche Regeln werden – im Unterschied zu den strengen Subkategorisierungsregeln – heute meist als „Selektionsregeln" bezeichnet.[186]

Auf Stufe III versuchen wir, die semantischen Umgebungen mit folgenden Termini festzuhalten: Hum (= menschlich), +Anim (= belebt), −Anim (= unbelebt), Abstr (= abstrakt), Loc (= Ort), Temp (= Zeit) usw. Vgl. S. 97 ff. Mit Hilfe bestimmter Redundanzregeln wird die Angabe mancher Merkmale überflüssig: So schließt etwa +Anim in den meisten Fällen die Möglichkeit von Hum ein.

Allerdings besteht die Notwendigkeit, gelegentlich mit einigen zusätzlichen spezifischen semantischen Merkmalen zu arbeiten (etwa Mat für Stoffnamen; flüssig; Fahrzeuge usw.), wenn die semantische Umgebung des betreffenden Verbs durch die verwendeten allgemeinen semantischen Merkmale nicht genügend eingeschränkt werden kann: So kann Sa bei „trinken" nur das Merkmal „flüssig", Sn bei „fahren" – wenn es nicht Hum ist – nur das Merkmal „Fahrzeug", Sn bei „eingehen" (in der Bedeutung ‚kürzer werden') nur das Merkmal „Textilien" haben; eine allgemeine Kennzeichnung aller drei Fälle als −Anim würde die Erzeugung vieler abweichender Sätze gestatten. Freilich sind diese semantischen Umgebungen für den Ausländer viel eher gesichert als die Valenzzahlen und die syntaktischen Umgebungen (Stufe I und II), da sie vielfach mit der lexikalischen Bedeutung der Verben mitgegeben sind.

Mit diesen in unserem Sinne semantischen Umgebungen wird etwa das gefaßt, was LEISI in intuitiver Weise als »semantische Kongruenz« bestimmter Verben und Substantive zu umschreiben versucht.[187] Es handelt sich um die Tatsache, daß ein Satz möglich ist wie „Er schießt *Rehe*", nicht aber ein Satz wie „*Er schießt *Menschen*" (im Akkusativ kann offensichtlich ein belebtes, aber kein menschliches Wesen erscheinen), daß ein Satz möglich ist wie „Er beschädigt *das Auto*", aber nicht „*Er beschädigt *seinen Freund*" (im Akkusativ erscheint nur ein unbelebtes Wesen, kein Mensch). Wir würden aber zögern, diese semantischen Umgebungen (= Selektionsbeschränkungen) sogleich als „semantische Valenz" zu interpretieren.[188] Die semantische Valenz ergibt sich aus den Verträglichkeitsbeziehungen zwischen den Bedeutungskomponenten (Semen, Noemen, Bedeutungsmerkmalen u. a.) von Verb und Aktant; die Selektionsbeschränkungen des Verbs sind nicht mit ihr identisch, sondern eher ein syntaktischer Reflex dieser semantischen Valenz. (Vgl. dazu 7.)

6. Klärung von Einzelproblemen

Bei der praktischen Lösung der genannten Aufgaben ergeben sich einige Probleme, zu deren Klärung noch beigetragen werden muß.

6.1. Rolle des Kontextes

Durch die Einbeziehung des *Kontextbezuges* wird die Gefahr der fließenden Grenzen heraufbeschworen, die natürlich dann eine strengere Formalisierung und Modellierung ausschließen würden. Unter Kontext verstehen wir dabei nicht notwendig nur den Satzkontext, sondern auch den Rede- oder Situationskontext. Bei genauerem Hinsehen dürften sich jedoch zwei Fälle deutlich unterscheiden lassen:

1. Im Fall „$essen_{1+(1)=2}$" kann der Akkusativ nur als fakultative Valenz gedeutet werden, da bei seiner Eliminierung der Satz grammatisch bleibt; die Selektion eines bestimmten Akkusativobjektes ergibt sich unabhängig vom Kontext nicht.

2. Davon getrennt werden müssen andere Fälle, in denen nur ein bestimmter Mitspieler auftreten kann, der zwar manchmal weggelassen wird, aber unabhängig vom Kontext immer eindeutig mitgedacht ist. In diesen Fällen wird der betreffende Mitspieler als obligatorische Valenz angesehen (der Mitspieler kann auf Stufe III → Ø werden): So umfaßt „$geben_3$" auch den Satz „Er gibt die Karten" (Sd = „den Spielern") und sogar den Satz „Er gibt" (Sd = „den Spielern", Sa immer = „die Karten"), „$legen_2$" den Satz „Die Henne legt" (Sa immer = „Eier"). Ähnlich wie der Fall „Die Henne legt" verhält sich der Satz „Die Pilze riechen", in dem das Adverbiale (immer: „schlecht") zwar unspezifiziert und nicht ausgedrückt, aber unabhängig vom Kontext eindeutig festgelegt ist.[189]

Im Grunde handelt es sich in beiden Fällen (1 und 2) um eine fakultative Valenz in dem Sinne, daß der entsprechende Mitspieler eliminiert werden kann, ohne daß der verbleibende Satzrest ungrammatisch wird (Weglaßprobe):

    Er wartet (*auf den Freund*).   (= Fall 1)
    → Er wartet.
    Die Henne legt (*Eier*).   (= Fall 2)
    → Die Henne legt.

Trotzdem haben wir beide Fälle in der Beschreibung getrennt, um ihre Unterschiede sichtbar zu machen: Im Falle 1 ist bei der reduzierten Form eine verschiedene Ausfüllung der eliminierten Stelle möglich; die volle Bedeutung ergibt sich erst aus dem Kontext. Im Falle 2 ist nur *eine* Ausfüllung der eliminierten Stelle möglich; die Bedeutung ist deshalb auch unabhängig vom Kontext eindeutig. Deshalb sprechen wir im Falle 2 von einer Ellipse[190]; denn nur dabei wird die an eine Ellipse zu stellende Bedingung der völligen Bedeutungsinvarianz erfüllt. Im Falle 1 dagegen handelt es sich um eine Aussparung auf der Oberflächenstruktur; das ausgesparte Glied ist in der Tiefenstruktur vorhanden und wird aus dem Kontext deutlich. Auch dabei bleibt die denotative Bedeutung gleich (der gleiche Sachverhalt in der außersprachlichen Wirklichkeit wird bezeichnet, gleichgültig ob Aussparung vorliegt oder nicht), es können sich jedoch feinere semantische Unterschiede nicht-denotativer Art ergeben:[191]

    Er ißt   (= ist beschäftigt mit dem Essen).
    Er ißt ein Brötchen   (= verzehrt das Brötchen).

Von diesen Fällen (der fakultativen Valenz) müssen jedoch solche geschieden werden, in denen nicht nur solche feinen Unterschiede auftreten, sondern bei denen sich die denotative Bedeutung verändert (es liegen nicht nur Aspektunterschiede vor, sondern Unterschiede im bezeichneten Sachverhalt):

    Der Lehrer *nennt* den Schüler ein Talent.
    ($nennen_3$: V1 = bezeichnen)
    Der Lehrer *nennt* (dem Schüler) die Straße.
    ($nennen_{2+(1)=3}$: V2 = erwähnen, mitteilen)
    Die Mutter *setzt* das Kind auf den Stuhl.
    ($setzen_3$: V1 = sitzen machen)
    Der Schriftsteller *setzt* einen Punkt.
    ($setzen_2$: V2 = anbringen).

Die Unterschiede in diesen Fällen sind nicht mehr mit dem Begriff der fakultativen Valenz zu erklären: Es handelt sich vielmehr um jeweils zwei

Varianten eines Verbs, die sich in der Valenz und in der Bedeutung voneinander unterscheiden. Es liegt also ein 3. Fall vor, in dem gleichlautende Verben eine verschiedene Valenz zeigen. Wir stellen die genannten drei Fälle und ihre verschiedene Beschreibung noch einmal gegenüber:

Fall 1: Er wartet (*auf den Freund*).
Fakultative Valenz, ohne Gefahr für die Grammatikalität des Satzes weglaßbar; kein Unterschied in der denotativen Bedeutung, nur Unterschied im semantischen Aspekt; volle Bedeutung ergibt sich aus Kontext.

Fall 2: Die Henne legt (*Eier*).
Ohne Gefahr für die Grammatikalität des Satzes weglaßbar, aber aus Unterscheidungsgründen als obligatorische Valenz gewertet; überhaupt kein Bedeutungsunterschied, Ellipse, Bedeutung ist eindeutig unabhängig vom Kontext.

Fall 3: Die Mutter setzt das Kind *auf den Stuhl*.
Der Schriftsteller setzt einen Punkt.
Keine fakultative Valenz, da ohne Gefahr für die Grammatikalität des Satzes nicht weglaßbar; Polysemie oder Homonymie des Verbs, das in mehreren Varianten mit verschiedener Bedeutung und verschiedener Valenz erscheint.

6.2. Bewertung des prädikativen Adjektivs und der zusammengesetzten Verbformen

Einer Erläuterung bedarf auch die Frage, ob ein prädikatives Adjektiv als eigener Mitspieler anzusehen ist. Diese Frage wird von TESNIÈRE und BRINKMANN (die ja auch die substantivischen Prädikatsnomina von der Valenz ausschließen, da sie am traditionellen Prädikatsbegriff festhalten) verneint, von ERBEN und GREBE aber bejaht. Die Entscheidung in dieser Frage hängt natürlich von der Einschätzung des traditionellen Prädikatsbegriffes ab. Wenn wir auf den Prädikatsbegriff in dieser Form – mit ERBEN und GLINZ – verzichten und uns statt dessen auf das Verb als strukturelles Zentrum des Satzes orientieren, sehen wir uns vor die Notwendigkeit gestellt, auch dem prädikativen Adjektiv eine Valenz zuzuschreiben. Diese Notwendigkeit ergibt sich auch aus zwei anderen Gründen, die an folgenden Beispielen gezeigt werden können:

1. Der Großvater ist Katholik. – Der Großvater ist katholisch.
2. Er wird krank. – Krank wird er.

Einmal (Beispiel 1) wird die Einbeziehung des Adjektivs in die Valenzbeziehungen notwendig, weil sonst ein Bruch zwischen dem substantivischen

und dem adjektivischen Prädikatsnomen, die oftmals nahezu synonym sind, entstünde. Zum anderen (Beispiel 2) werden wir durch eine Verschiebeprobe im Sinne von GLINZ[192] legitimiert, auch das prädikative Adjektiv als selbständiges Glied (d. h. als Mitspieler) anzusetzen.
Damit ist jedoch das Problem noch nicht völlig gelöst, schließt doch die Anerkennung des prädikativen Substantivs und Adjektivs als Mitspieler weitere Konsequenzen in sich ein, die sich an folgender Reihenfolge der Beispiele ablesen lassen:

1. Paris ist die Hauptstadt Frankreichs.
2. Die Hauptstadt Frankreichs ist Paris.
3. Die Wäsche ist trocken. – Die Wäsche wird trocken.
4. Die Wäsche ist getrocknet.
5. Die Wäsche wird getrocknet.
6. Die Wäsche wird trocknen.

Die Beispiele 1 und 2 zeigen die Unzweckmäßigkeit der Annahme des Prädikats im traditionellen Sinne; die Austauschbarkeit der beiden Nominative weist auf ihre strukturelle Gleichstellung als Mitspieler. Aus den Beispielen 1 und 2 ergibt sich aber – wegen der semantischen Äquivalenz – das Beispiel 3, d. h. die schon erörterte Einschließung des prädikativen Adjektivs in die Valenzbeziehungen. Neben Beispiel 3 sind die Fälle 4, 5 und 6 zu stellen, bei denen sich die Frage ergibt, ob das Partizip oder der Infinitiv auch noch als Mitspieler des finiten Verbs (als Hilfsverb) aufzufassen ist. Zunächst scheint es zwei Gründe zu geben, diese Frage zu bejahen und auch Infinitiv und Partizipien in den Fällen 4, 5 und 6 als Mitspieler aufzufassen:

1. Die Verschiebeprobe von GLINZ erfordert nicht nur für das Substantiv und Adjektiv in den Fällen 1, 2 und 3, sondern auch für das Partizip und den Infinitiv in den Fällen 4, 5 und 6 das Zugeständnis eines eigenen Platzes; denn alle können sie allein vor das finite Verb treten. Satzglieder erscheinen damit – vor aller Festlegung als „Funktionsglieder" – als „Stellungsglieder", als permutable Komplexe im Satz.[193]
2. Dem entspricht auch eine semantische Ähnlichkeit in folgenden Fällen:

   Das Fenster ist *offen*. – Das Fenster ist *geöffnet*.
   Der Freund ist *gekommen*. – Der Freund ist *da*.
   Er wird *Student*. – Er wird *studieren*.

Die aufgeführten Fälle (Zustandspassiv, Vorgangspassiv, Futur) haben offensichtlich Entsprechungen in anderen Fällen, bei denen weniger Zweifel an der Zuordnung bestehen.

Trotzdem sind diese Argumente für die Bewertung von Infinitiven und Partizipien (in zusammengesetzten Tempus- und Passivformen) als Mitspieler nicht ausreichend, da sie nur die Oberflächenstruktur betreffen und das Kriterium der Permutation eben deshalb nicht stark genug ist. Das ist auch der Grund dafür, warum wir den Infinitiven und Partizipien keine Mitspieler-Rolle zusprechen, also nicht das finite Verb allein, sondern das Verb insgesamt als strukturelles Zentrum des Satzes auffassen.[194] Dieses Konzept ergibt sich aus tiefer liegenden Strukturverhältnissen und wird deutlich durch Genus-, Tempus- und Modustransformationen:

1. Das Partizip in den Fällen 4 und 5 ist eine Form, die sich durch eine reguläre Passivtransformation aus dem Aktiv ergibt[195]:

   X *trocknet* die Wäsche.   (Aktiv)
   → Die Wäsche *wird getrocknet*.   (Vorgangspassiv)
   → Die Wäsche *ist getrocknet*.   (Zustandspassiv)

2. Der Infinitiv in 6 und entsprechende Partizipien in zusammengesetzten Tempusformen ergeben sich durch reguläre Tempustransformationen aus dem Präsens:

   Die Wäsche *trocknet*.   (Präsens)
   → Die Wäsche *wird trocknen*.   (Futur)
   → Die Wäsche *hat getrocknet*.   (Perfekt)
   Der Freund *kommt*.   (Präsens)
   → Der Freund *wird kommen*.   (Futur)
   → Der Freund *ist gekommen*.   (Perfekt)

3. In ähnlicher Weise wie die zur Bildung des Passivs und der Tempora verwendeten Hilfsverben können auch die modalen Hilfsverben (Modalverben) beschrieben werden, die das im Vollverb ausgedrückte Geschehen modifizieren und bei Modustransformationen auftreten:

   Der Freund *kommt*.
   → Der Freund *wird / soll / kann / dürfte* kommen.

Es gibt zwar nicht *ein* Kriterium[196], aber mehrere syntaktische Kriterien, die es erlauben, die gesamte Gruppe der Hilfsverben aus den Vollverben auszusondern.[197] Deshalb werden auch die Infinitive bei Hilfsverben nicht als besondere Mitspieler gewertet, sondern zusammen mit dem Hilfsverb als strukturelles Zentrum betrachtet. Wenn die modalen Hilfsverben im Satz allein (ohne Vollverb) erscheinen, handelt es sich um eine elliptische Reduzierung um das Vollverb, die an der Bedeutung des Satzes nichts ändert und nur unter bestimmten Bedingungen vorgenommen werden kann:

   Das Kind *darf* ins Kino *gehen*.
   → Das Kind *darf* ins Kino.

Aus diesen Argumenten ergibt sich die Schlußfolgerung, als strukturelles Zentrum des Satzes das Verb anzusehen, nicht nur das finite Verb, aber auch nicht das Prädikat im traditionellen Sinne. Das bedeutet, die Infinitive und Partizipien in Passivformen, in zusammengesetzten Tempusformen und bei Modalverben nicht als Mitspieler zu bewerten, wohl aber die Substantive und Adjektive im Prädikativum. Diese Trennung rechtfertigt sich auch durch die Tatsache, daß die infiniten Verbformen (genauso wie das nicht substituierbare *sich*) zu den grammatischen Prädikatsteilen rechnen.[198] Beides trifft für die substantivischen und adjektivischen Prädikativa nicht zu (sie können auf keine einfacheren Verbformen zurückgeführt werden und gehören nicht zu den grammatischen Prädikatsteilen). Die Tatsache, daß zu den adjektivischen Prädikativa selbst wieder Mitspieler auftreten können, spricht nicht gegen deren Aktantenschaft[199], sondern ist ein Zeichen für hierarchische Valenzbeziehungen. (Vgl. 2.)

6.3. Einfluß anderer Kategorien auf die Valenz des Verbs

Die Valenz des Verbs ist nicht unabhängig von dem Einfluß anderer Kategorien. Am deutlichsten ist dieser Einfluß beim Genus des Verbs und beim Numerus des Substantivs.

Das *Genus des Verbs* wirkt sich auf die Valenz insofern aus, als durch die Passivtransformation gesetzmäßig eine Reduzierung der obligatorischen Valenz eintritt:

> Er sieht seinen Freund.
> → Sein Freund wird (von ihm) gesehen.

Das Nominativsubjekt als obligatorischer Mitspieler des aktivischen Satzes wird zum fakultativen Mitspieler (zur Präpositionalgruppe) des passivischen Satzes. Es ändert sich dabei nichts an der Zahl der notwendigen (= valenzgebundenen) Glieder, wohl aber wird ein obligatorischer Mitspieler fakultativ. Da dieser Vorgang völlig gesetzmäßig und generell ist, wird er bei den einzelnen Verben in unserem Wörterbuch nicht gesondert vermerkt, werden die abgeleiteten passivischen Formen nicht im einzelnen beschrieben.

Der *Numerus des Substantivs* wirkt sich auf die Valenz aus zunächst beim Numerus des als *Subjekt* fungierenden Substantivs.[200] Dabei sind mehrere Fälle unterscheidbar:

> (1) Die KPD *vereinigte sich* mit der SPD.
> Die KPD und die SPD (die beiden Arbeiterparteien) vereinigten sich.

      *Die KPD vereinigte sich.
      Die beiden Kommissionen vereinigten sich (mit der Sektion).
(2) Er *heiratet* seine Freundin.
      Seine Freundin heiratet ihn.
      Er und seine Freundin (die beiden Bekannten) heirateten (sich / einander).
      Er heiratete.
(3) Er *beleidigte* seine Freundin.
      Er und seine Freundin (die beiden Bekannten) beleidigten sich / einander.
      *Er beleidigte.

Im Falle (1) hat das Verb zwei obligatorische Mitspieler, wenn das Subjekt im Singular steht; steht das Subjekt jedoch im Plural, ist nur ein Mitspieler obligatorisch, der andere wird fakultativ. Wieder verändert sich nicht die Zahl der notwendigen Glieder, wohl aber wird ein obligatorischer Mitspieler fakultativ. Im Falle (2) handelt es sich um ein Verb mit einem obligatorischen und einem fakultativen Mitspieler. Es tritt zwar – bei gleicher Bedeutung – eine Verschiebung der Mitspieler ein (ein Mitspieler steht im Akkusativ bei singularischem Subjekt oder tritt in das pluralische Subjekt ein). Dadurch ändert sich jedoch nichts an der Valenz, weil das reflexive bzw. reziproke Pronomen fakultativ in die frei gewordene Stelle eintreten *kann*. Bei (3) *muß* das reflexive oder reziproke Pronomen in die frei gewordene Stelle eintreten, weil es sich um ein obligatorisch zweiwertiges Verb handelt; daran ändert sich durch den verschiedenen Numerus nichts. Der Numerus des Subjekts wirkt sich bei den genannten drei Fällen also nur bei (1) aus. In ähnlicher Weise beeinflußt bei einigen Verben allerdings auch der Numerus des *Objekts* die Valenz des Verbs:

(4)   Der Kanal *verbindet* den Fluß A mit dem Fluß B.
      *Der Kanal verbindet den Fluß A.
      Die Eisenbahn verbindet die beiden Städte (mit der Hauptstadt).
(5)   Er *vereinigt* den Turnverein mit dem Ruderverein.
      *Er vereinigt den Turnverein.
      Er vereinigt die beiden Sportvereine (mit einem dritten).

Die Beispiele (4) und (5) zeigen, daß das Verb obligatorisch drei Mitspieler hat, wenn das Substantiv im Akkusativ im Singular steht, daß es jedoch nur zwei obligatorische und einen fakultativen Mitspieler hat, sobald der Akkusativ im Plural steht. Daß diese Tatsache auch für den Akkusativ zutrifft, ist deshalb nicht verwunderlich, weil (1) nur eine – reflexive – Umkehrung von (5) ist, der Akkusativ in (5) also dem Nominativ in (1) entspricht. Da es sich bei dem Einfluß des Numerus auf die Valenz jedoch um keine generellen Beziehungen handelt, sondern um Erscheinungen bestimmter Verben (allenfalls Verbgruppen), werden entsprechende Beziehungen jeweils nur in den Anmerkungen zu den einzelnen Verben angegeben.

7. *Verhältnis von Syntax und Semantik; verschiedene Ebenen der Valenz*

Bei unserer Beschreibung von Verben nach ihrer Valenz und Distribution verbleiben wir zunächst auf *syntaktischer* Ebene und suchen vorerst nicht nach einer *direkten Entsprechung* auf *semantischer* Ebene (in der Bedeutung der Verben); das vorliegende Wörterbuch enthält Angaben nur zur *syntaktischen Valenz*. So sieht W. SCHMIDT hinter der syntaktischen Wertigkeit immer eine semantische Valenz, die die semantisch-lexikalischen Bedingungen für die strukturellen Mitspieler im Satz enthält.[201] In ähnlichem Sinne spricht MRASEK von einer »Intention« des Verbs, die sich äußerlich in der Valenz niederschlage.[202]
Es besteht kein Zweifel daran, daß eine solche direkte Beziehung in vielen Fällen besteht, daß die Valenz- und Distributionsbeziehungen im allgemeinen ein formaler Reflex semantischer Gegebenheiten sind: Es ist sicher nicht zufällig, daß die meisten Verben des Gebens und Mitteilens in unserer Sprachfamilie dreiwertig sind, weil sie inhaltlich einen Geber (Mitteiler), etwas Gegebenes (Mitgeteiltes) und einen Empfänger (des Gebens oder Mitteilens) voraussetzen, weil sie ein Agens, ein Objekt und ein Ziel im semantischen Sinne fordern. Uns scheint, daß gerade an den Valenz- und Distributionsbeziehungen vielfach die semantischen Beziehungen strukturell greifbar und formal beschreibbar werden. Oft wird sogar schon durch die *Zahl* der anzusetzenden Mitspieler eine semantische Abgrenzung erreicht: So unterscheiden sich etwa „legen$_2$" („Die Henne legt die Eier", „Die Frau legt die Wäsche") und „legen$_3$" („Der Vater legt das Buch auf den Tisch") nicht nur formal durch die verschiedene syntaktische Valenz, sondern damit zugleich semantisch in ihrem Inhalt. In solchen Fällen, in denen ein Verb mit einer verschiedenen syntaktischen Valenz und Umgebung vorkommt (denen in den meisten Fällen eine verschiedene Bedeutung entspricht), sprechen wir von mehreren Varianten eines Verbs (V1, V2, V3 ...). Maßstab dafür, ob eine besondere Variante vorliegt oder nicht, ist jedoch nicht allein die Bedeutung des Verbs (das würde im präzisen Falle eine semantische Analyse voraussetzen, eine Analyse nach Semen bzw. Bedeutungskomponenten, die jedoch gegenwärtig noch kaum zu leisten ist, weil die semantische Theorie noch nicht so weit entwickelt ist und ein zureichendes Beschreibungsinventar von Semen noch nicht vorliegt), sondern die Unterscheidbarkeit auf den

drei Stufen unseres Apparats. Es ist aufschlußreich, zu beobachten, daß die Bedeutungsunterschiede derjenigen Varianten, die sich bereits auf Stufe I unterscheiden, im allgemeinen größer sind als in den Fällen, in denen eine Differenz erst auf Stufe II oder gar auf Stufe III zutage tritt. Durch die Annahme syntaktisch abgrenzbarer Varianten ist es möglich, eine intuitive Bedeutungsabgrenzung zu vermeiden, mit der die meisten traditionellen Wörterbücher arbeiten, wenn sie – rein semantisch – verschiedene Bedeutungsvarianten voneinander abgrenzen, die jedoch oft ineinander übergehen und kein eindeutiges Kriterium für die Abgrenzbarkeit erkennen lassen. Überhaupt handelt es sich – das muß im Gegensatz zu vielen Wörterbüchern betont werden – bei den Verben und ihren Umgebungen keineswegs nur um »Wörter und Wendungen«, wie der Titel des 1962 in erster Auflage erschienenen »Wörterbuchs zum deutschen Sprachgebrauch«[203] heißt. Die Valenz- und Distributionsbeziehungen sind keineswegs nur lexikalische (»Wörter«) und stilistische Beziehungen (»Wendungen«), sondern syntaktische Regelmäßigkeiten. Nach dem Stand der gegenwärtigen Linguistik dürfte kein Zweifel daran bestehen, daß man syntaktische Regularitäten nicht einfach in das Lexikalische und Stilistische abschieben kann, daß vielmehr die Stilistik bestimmte variable Beziehungen dann besser in den Griff bekommt, wenn die grammatisch-syntaktische Invarianz fixiert ist. Deshalb kann auch der »Stilduden«[204] – der die Umgebungen des Verbs in gleicher Weise zur Stilfrage macht – für uns kein Ausgangspunkt der Anordnung, sondern allenfalls ein Hinweis auf vorkommende Belege sein.

Wir hüten uns vor der absoluten Annahme einer direkten Entsprechung von Struktur und Inhalt; diese Annahme kann uns allenfalls als Hypothese dienen, die – wie einige Beobachtungen zeigen – durchaus nicht für alle Fälle zutrifft. Einerseits hat etwa „halten$_1$" die verschiedenen Bedeutungen von ‚haltmachen' („Der Wagen hält") und ‚ganz bleiben' („Das Seil hält"), ohne daß es nach der Valenz oder Distribution völlig getrennt werden könnte, denn auf Stufe III erscheint Sn im ersten Falle als Hum oder −Anim (Fahrzeug), im zweiten Falle als −Anim generell. Deshalb ist es auch nicht zufällig, daß in der Berührungszone Homonymien auftreten: Der Satz „Das Auto hält" kann – je nach dem Situationskontext – folglich beide Bedeutungen haben. Andererseits unterscheiden sich bedeutungsähnliche und nahezu synonyme Verben („sagen" – „reden" – „sprechen", „kennen" – „wissen", „eilen" – „sich beeilen", „hindern" – „verhindern" u. a.) durchaus und gerade in ihren Umgebungen; gerade diese Fälle sind es, die zwar dem Deutschen auf Grund seines Sprachgefühls klar sind, die aber dem Ausländer auch noch bei guten Kenntnissen und Fertigkeiten große Schwierigkeiten bereiten.

Auch APRESJAN geht von der Hypothese aus, daß zwischen den syntaktischen Kennzeichen (der Valenz und der Distribution) und bestimmten semantischen Kennzeichen eine regelmäßige Entsprechung besteht, daß man aus dem verschiedenen syntaktischen Verhalten auf bestimmte semantische Unterschiede schließen kann.[205] Es ist im Grunde die Hypothese der prätransformationellen Entwicklungsphase der strukturellen Linguistik, wo man versuchte, den strukturell – durch Experiment – ermittelten Sprachelementen in direkter Entsprechung einen »Inhalt« (GLINZ)[206] oder ein »structural meaning« (FRIES)[207] zuzusprechen. Diese direkte Entsprechung setzt jedoch einen völlig systematischen Aufbau des Sprachsystems voraus. Gerade weil das nicht völlig adäquat erscheint, wird eine solche 1:1-Entsprechung heute abgelehnt (z. B. auch von GLINZ selbst), wird die Oberflächenstruktur einer Sprache nicht mehr in direkter Weise semantisch interpretiert.

Setzt man aber die Hypothese APRESJANS voraus, so müßte man in unserem Falle folgenden Weg gehen, der von der syntaktischen Ebene zur Semantik (nicht nur zu den semantischen Umgebungen der Verben, die wir ja bereits mit unserer Stufe III einfangen, sondern zur Bedeutung der Verben selber) führt. Nach einer hinreichend großen Zahl von beschriebenen Verben müßten mit Hilfe einer Matrize die Verben zusammengestellt werden, die sowohl in der Zahl als auch in der Art der Mitspieler, d. h. sowohl in der Valenz als auch in der syntaktischen (und semantischen) Umgebung, übereinstimmen:

		V 1	V 2	V 3	V 4	V 5	...
Sn		+	+	+	+	+	...
Sa		–	–	+	+	–	...
Sd		+	–	–	+	–	...
Sg		–	–	+	–	–	...
pS	p = an	–	–	–	–	–	...
pS	p = in	–	–	–	–	+	...
Inf		–	–	+	–	–	...
...		...	...	...	...	...	...
Sn = Hum		+	–	+	+	+	...
Sn = Abstr		+	+	–	–	–	...
...							

Dabei bedeuten V1, V2 usw. die einzelnen Verben, Sn, Sa, Sd usw. die entsprechenden syntaktischen Umgebungen, Hum, Abstr usw. die entsprechenden semantischen Umgebungen, in denen sie vorkommen. Das Zeichen + sagt aus, daß die Bedingungen erfüllt, das Zeichen –, daß sie nicht erfüllt sind. Wenn das Bild bei mehreren Verben gleich ist, ergibt sich eine semantische Gruppe von Verben, eine Gruppe von Verben, deren Bedeutung mit

Hilfe formaler Mittel abgegrenzt werden kann. Oder noch genauer: Die
Verben, deren syntaktische Kennzeichen gleich sind, bilden eine semantische
Gruppe. Diese Gruppe teilt sich weiter in bestimmte Untergruppen, bei denen
auch die semantischen Umgebungen gleich sind.
So vielversprechend dieser Weg zunächst scheint, so ist er doch ziemlich
aufwendig und für die Fremdsprachenvermittlung nicht direkt nutzbar,
schon angesichts der Resultate, die APRESJAN (unter Ausschluß der semantischen Umgebungen) – auf Grund des bereits vorhandenen Häufigkeits-
wörterbuches von STEINFELDT[208] – für das Russische gewonnen hat: Er hat
476 Verben untersucht, 33 syntaktische Kennzeichen (in unserem Sinne:
syntaktische Umgebungen) angesetzt, hat aber 361 semantische Klassen erhalten, weil allein 323 Verben eine Klasse für sich bilden.[209] Für die Belange
des Deutschunterrichts für Ausländer wird es vorerst darauf ankommen, die
einzelnen Verben formal und exakt zu erfassen und sie mit Hilfe ihrer Um-
gebungsmerkmale auf allen drei Stufen (u. U. in verschiedene Varianten) zu
klassifizieren, ohne daß sogleich Parallelen auf semantischer Ebene oder
semantische Gruppen gesucht werden. Ein nächster Schritt könnte dann
einerseits zu diesen semantischen Gruppen führen und andererseits zu bestimmten Satzmodellen, die sich – zunächst ohne semantisches Etikett –
durch die Zusammenstellung von Verben mit gleicher (obligatorischer und
fakultativer) Wertigkeit zunächst auf syntaktischer Ebene ergeben.[210]

Wenn die Frage der *Ebene der Valenzbeziehungen* heute so in den Mittelpunkt getreten ist, so hat das nicht zuletzt seinen Grund darin, daß TESNIÈRE
gerade in dieser Hinsicht viele Fragen ungeklärt gelassen hat und daß die
Mängel seines Valenzbegriffes sich auf die meisten seiner Nachfolger (etwa
BRINKMANN, ERBEN u. a.) übertragen haben.[211] Es haften seiner Konzeption vor allem folgende Schwächen an:
1. Bei TESNIÈRE wird nicht deutlich, auf welcher *Ebene* sein Valenzbegriff
   angesetzt wird, ob es sich bei der Valenz um eine *formale* oder um eine
   begriffliche Kategorie, eine Kategorie der *Ausdrucks-* oder der *Inhalts-*
   ebene handelt. Diese Frage stellt jedoch eine prinzipielle Alternative
   dar: Entweder ist die Valenz eine Eigenschaft formaler Gegebenheiten
   und kann als solche nur innerhalb der gegebenen Einzelsprachen an
   distributionellen syntaktischen Daten beobachtet werden, oder sie ist
   eine Eigenschaft begrifflicher Natur und als solche eine universale,
   durch die Relationslogik zu beschreibende Eigenschaft.[212] Dieses
   Problem wurde in der Nachfolge TESNIÈRES meist überhaupt nicht gesehen; deshalb kam es oft zur Annahme einer fehlerhaften Isomorphie
   zwischen formalen und semantischen Eigenschaften. In Wahrheit werden
   jedoch nicht alle begrifflichen Relationen in jeder Sprache und erst recht
   nicht in jeder Sprache in der gleichen Weise realisiert. Als man in der Mitte

der 60er Jahre diese Alternative zu erkennen begann, entwickelten sich deutlich zwei Versionen in der Interpretation des Valenzbegriffes: Auf der einen Seite wurde er als formale Erscheinung der Ausdrucksebene aufgefaßt (so etwa bei uns oder bei HERINGER[213]), auf der anderen Seite als solche der begrifflich-universalen Ebene (so etwa bei BONDZIO[214] oder bei HEGER[215]).

2. Verbunden mit dieser unklaren Zuordnung zu einer bestimmten Ebene ist auch die problematische Unterscheidung von „*actants*" und „*circonstants*" bei TESNIÈRE. Schon die Benennung dieser beiden Klassen als „Handelnde" und „Umstände" weist auf die semantische Ebene und läßt durchaus keine direkten Schlüsse auf die syntaktische Ebene zu; denn es gibt durchaus „Aktanten" oder „Mitspieler" im syntaktischen Sinne, die vom Verb her notwendig gefordert sind, aber einen „Umstand" im semantischen Sinne ausdrücken (etwa: Berlin liegt *an der Spree*. Er legte den Bleistift *auf den Tisch*.). Zumindest erscheint es notwendig, beide Ebenen deutlich voneinander zu trennen und die Tesnièresche Unterscheidung zu ergänzen durch eine syntaktische Unterscheidung von Aktanten (bzw. Mitspielern oder Ergänzungsbestimmungen) – die bestimmte vom Verb geforderte Leerstellen besetzen – und freien Angaben, unabhängig davon, ob es sich semantisch um Handelnde oder Umstände handelt.

3. Weiterhin bleibt bei TESNIÈRE – auf Grund der ungenügenden Unterscheidung der syntaktischen und semantischen Ebene – offen, ob die Aktanten tatsächlich im Satz immer obligatorisch auftreten. Es gibt offensichtlich Fälle, in denen bestimmte Mitspieler an das Verb gebunden sind (Er liefert *dem Kaufmann* die Butter. Er wartet *auf den Freund*.), aber dennoch in der Oberflächenstruktur nicht obligatorisch auftreten müssen. Eben diese Tatsache fordert die Unterscheidung von obligatorischen und fakultativen Aktanten (letztere dürfen nicht mit den freien Angaben verwechselt werden), die bei TESNIÈRE und bei seinen unmittelbaren Nachfolgern noch nicht erkennbar ist.

4. Schließlich beschränkt sich TESNIÈRE bei seiner Bestimmung der valenzabhängigen Glieder auf die reinen Kasus des Substantivs, schließt aber die präpositionalen Ergänzungsbestimmungen (d. h. sowohl Präpositionalobjekte als auch Adverbialbestimmungen) aus. Zwischen den Fällen des „unmittelbaren Kontakts" (Er schreibt *dem Vater* einen Brief) und denen des „mittelbaren Kontakts" (Er schreibt *an den Vater* einen Brief) besteht jedoch nur ein morphologisch-formaler, kein wesentlich syntaktischer oder semantischer Unterschied, so daß auch die Präpositionalphrasen als valenzgebunden in ein adäquates Valenzmodell aufzunehmen sind.

Es zeigt sich deutlich, daß die Frage der Ebene der Valenzbeziehungen offenbar die Hauptschwäche in der Konzeption TESNIÈRES darstellt. Deshalb ist es nicht zufällig, daß sie heute in den Mittelpunkt der Diskussion getreten ist.[216] Nach dem gegenwärtigen Stand der Forschung muß man drei solche Ebenen unterscheiden: eine syntaktische Valenz, eine semantische Valenz und eine logische Valenz.
Dabei meint die *logische Valenz* – die außersprachlich und folglich universal ist – die Tatsache, daß die Sachverhalte der Wirklichkeit als Aussagenstrukturen, d. h. als Prädikate mit mehreren Leerstellen formulierbar sind, wobei sprachlich als Operatoren der Aussage gewöhnlich die Verben, als Argumente des logischen Prädikats gewöhnlich die Substantive fungieren. Aber nicht diese sprachliche Realisierung ist auf dieser logischen Ebene entscheidend, sondern die Tatsache, daß es sich um logische Prädikate mit einem Argument oder mit mehreren Argumenten handelt, oftmals nicht nur um aktuale, sondern auch um potentielle Prädikationen, wie sie etwa F. SCHMIDT in seinem Buch „Logik der Syntax" beschrieben hat.
Im Unterschied zu dieser logischen Valenz spiegelt die *semantische Valenz* die Tatsache, daß etwa die Verben bestimmte Kontextpartner mit bestimmten Bedeutungsmerkmalen fordern, andere Kontextpartner mit anderen Bedeutungsmerkmalen ausschließen. So enthält in dem Satz „Der Junge *fällt* in den Graben" das Verb offensichtlich mehrere Bedeutungskomponenten (etwa: a) schnelle, b) unwillkürliche, c) nach unten gerichtete, d) Bewegung), von denen die Bedeutungskomponenten c) und d) eine Richtungsangabe fordern (die jedoch auf syntaktischer Ebene nicht immer obligatorisch ist).[217] Umgekehrt sind Sätze wie „Er stirbt manchmal" oder „Er kennt ihn auf dem Flughafen" im Deutschen nicht möglich, weil die Adverbialien Bedeutungsmerkmale (etwa: [+ Freq] oder [+ Loc]) enthalten, die den Bedeutungsmerkmalen des Verbs widersprechen, mit ihnen unverträglich bzw. inkompatibel sind. Bei der semantischen Valenz handelt es sich somit um Selektionsbeschränkungen, die reguliert werden auf Grund der semantischen Kompatibilität zwischen dem Verb und seinen Aktanten. Dabei sind die atomaren Bedeutungsmerkmale offensichtlich universal, ihre Bündelung zu bestimmten Lexemen aber ist von Sprache zu Sprache verschieden.
Im Unterschied zur logischen und semantischen Valenz meint die *syntaktische Valenz* die obligatorische oder fakultative Besetzung von Leerstellen in einer bestimmten, vom Verb her geforderten Zahl und Art, differenziert nach den Einzelsprachen. Daß diese verschiedenen Valenzebenen nicht identisch und auch nicht isomorph aufeinander abbildbar sind, zeigen schon solche deutschen Verben wie „helfen" und „unterstützen" (die beide eine begriffslogische Relation $R(a, b)$ vorausset-

zen, aber in der Art der syntaktischen Realisierung von b differieren), zeigen Verben wie „warten", „erwarten" und „abwarten" (die eine ebensolche begriffslogische Relation voraussetzen, aber nicht nur in der Art, sondern auch in dem obligatorischen oder fakultativen Vorhandensein der syntaktischen Ergänzungsbestimmungen differieren, etwa: *Er wartet*, aber *Er erwartet), zeigen erst recht Beispiele aus verschiedenen Sprachen (es gelingt ihm, he succeeds in, il réussit à, удаётся), in denen die gleichen Sachverhalte der objektiven Wirklichkeit und die gleichen logischen Relationen syntaktisch völlig verschieden realisiert werden.

Auf Grund dieser Differenzierung erscheint eine solche Trennung der Valenz nach verschiedenen Ebenen nötig. Dazu gehört die Einsicht, daß diese Ebenen nicht isomorph sind und daß eine Beschränkung auf die außersyntaktische logische Valenz nicht ausreichend ist, weil sie *syntaktische* Tatsachen nicht völlig zu erklären vermag. Es ist offenkundig, daß erst die Differenzierung und der Zusammenhang dieser verschiedenen Ebenen der Dialektik von Struktur und Funktion in der Sprache sowie dem Abbildcharakter der Sprache im Sinne der marxistisch-leninistischen Erkenntnistheorie gerecht zu werden vermag. Die sprachlichen Zeichen sind immer Zeichen *für etwas* (für die Sachverhalte der Wirklichkeit, die in den Bewußtseinsinhalten abgebildet werden), sind ihrem Wesen nach Zuordnungen von Bewußtseinsinhalten (= Abbildern) und äußeren materiellen Signalen. Darin drückt sich das komplizierte Verhältnis von objektiver Realität, Bewußtseinsinhalten und Sprache aus, wie es in der marxistischen Sprachtheorie besonders akzentuiert wird. Sprache und Bewußtsein, Bewußtsein und Realität sind dabei keineswegs identisch, sondern bilden eine dialektische Einheit. Dieser allgemeine Zusammenhang von Realität, Bewußtsein und Sprache reflektiert sich in dem speziellen Zusammenhang von logischer, semantischer und syntaktischer Valenz.

8. Modellierung der Kombinierbarkeit

Bei der Bearbeitung von Verben nach ihrer Valenz und Distribution geht es uns um *keine Häufigkeitsuntersuchungen*. Wir werden unsere Aufmerksamkeit nicht auf das Problem richten, *welches* die häufigsten Verben des Deutschen sind, die wir zu beschreiben haben. Unsere Auswahl orientiert sich an den *schwierigsten und gebräuchlichsten* deutschen Verben: die schwierigsten sind diejenigen, die in dieser Beziehung vielfach von Ausländern falsch verwendet werden und deshalb im Deutschunterricht für Ausländer zusammengestellt worden sind; als die gebräuchlichsten betrachten wir die,

die in den Deutschlehrbüchern für Ausländer[218] enthalten sind. In beiden Fällen erwächst unser Anliegen direkt aus dem Deutschunterricht für Ausländer und ist dazu bestimmt, auf ihn zurückzuwirken. Es zeigte sich, daß sich in den meisten Fällen beide Gesichtspunkte decken, d. h., daß die häufigsten deutschen Verben gerade die sind, deren Valenz und Distribution am schwierigsten ist. Diese Tatsache legte die Vermutung nahe, daß häufige und lexikalisch einfache Verben relativ schwer zu beschreiben, daß umgekehrt seltenere und weniger abgegriffene Verben relativ einfach zu beschreiben sind und meist nur mit einer Variante auftreten, eine Vermutung, die sich schon nach den ersten Beschreibungen bestätigt hat.

Im Unterschied zu quantitativen Zählungen und Sammlungen von Belegen aus der Literatur (die zudem vielfach metaphorische Verwendungen darstellen und eine Grenzziehung zwischen Grammatikalität und Ungrammatikalität erschweren) ist unser Bemühen mehr auf *Modellierung* ausgerichtet. Damit glauben wir nicht nur den praktischen Bedürfnissen des Deutschunterrichts für Ausländer am besten zu dienen, damit wissen wir uns auch in Übereinstimmung mit bestimmten Tendenzen in der Linguistik selbst. In diesem Sinne hat die generative Grammatik vor einer Reduzierung der Linguistik auf eine möglichst reichhaltige Sammlung von »belegten« Stellen gewarnt, da diese – auch wenn sie noch so vollständig sind – zur *Erklärung* sprachlicher Regelmäßigkeiten nicht entscheidend beitragen können.[219] Umfangreiche Materialsammlungen können niemals – wie G. F. MEIER betont hat[220] – der einzige Gegenstand der marxistischen Sprachwissenschaft sein.

In ähnlicher Weise – wenn auch von einer ganz anderen Position her – strebt Peter HARTMANN nach Modellbildungen in der Sprachwissenschaft, die es dem Linguisten erlauben, »von einer Wissenschaft mit möglichst vollzähliger Faktenaufzählung bzw. Beispielsammlung wegzukommen«[221]. REWSIN hat in der linguistischen Modellierung geradezu das Wesen der strukturellen Linguistik – im Unterschied zur traditionellen Sprachwissenschaft – erblickt.[222] Unter Modellierung versteht er dabei eine Methode, mit deren Hilfe auf Grund von konkreten Merkmalen allgemeine und abstrakte Hypothesen über die Struktur der Sprache formuliert werden können, die dann an anderen Tatsachen verifiziert werden müssen.[223] Ähnlich versteht SCHAUMJAN das linguistische Modell als formales Analogon zu seinem Original (d. h. zur konkreten Sprache), dem es adäquat sein muß.[224] In diesem Sinne – so hat SCHAUMJAN gezeigt – ist die Linguistik nicht mehr wie die ältere, vornehmlich datensammelnde traditionelle Sprachwissenschaft eine rein induktive Wissenschaft, sondern zugleich eine hypothetisch-deduktive Wissenschaft[225]. Die Grammatik erscheint unter diesem Aspekt als eine modellhafte Anweisung zur Herstellung von richtigen Sätzen; ihr Anliegen ist nicht allein die Sammlung, sondern zugleich und vor allem die Erklärung von Beispielen mit Hilfe eines Regelmechanismus für die mögliche Kombinierbarkeit von einzelnen Elementen.

9. Theoretischer und praktischer Zweck des Regelmechanismus

Damit sind wir beim *Zweck* unseres Vorhabens, die schwierigsten und gebräuchlichsten deutschen Verben nach ihren zulässigen und notwendigen Umgebungen in einem Wörterbuch zur Valenz und Distribution zusammenzustellen.

9.1. System sprachlicher Regelmäßigkeiten

Theoretisch soll ein solches Wörterbuch einen Regelmechanismus darstellen, nach dem man – im Hinblick auf die Umgebungen von Verben im Satz – richtige Sätze der deutschen Sprache bilden kann. Jeder Satz, der im Hinblick auf die Umgebungen im Satz als falsch gilt, muß im Idealfalle durch den Mechanismus ausgeschlossen werden können. Dabei schließt der Begriff des richtigen oder korrekten Satzes („Grammatikalität") in diesem weiteren Sinne auch die semantischen Umgebungen ein und überschreitet damit den Bereich der traditionellen Grammatik.
Ohne eine solche Trennung in abweichende und nichtabweichende Sätze kommt keine Grammatik aus, wenn sie wirklich ein System sprachlicher Regelmäßigkeiten, ein Regelsystem über die Kombinierbarkeit von sprachlichen Elementen sein will. Sie schließt damit ein gewisses Maß an Idealisierung ein, das aber auch in anderen Wissenschaften üblich und unumgänglich ist,[226] das etwa auch die medizinische Trennungslinie zwischen »normal« und »pathologisch« in sich birgt. Diese Idealisierung besteht vor allem darin, daß zum Kriterium der Entscheidung von Valenzbeziehungen der Begriff der »Grammatikalität« gemacht wird, der gewiß intuitiv gesichert ist und durch den tatsächlichen Gebrauch sowie die Befragung zahlreicher Informanten zumindest intersubjektiv bestätigt werden kann, der aber theoretisch noch weiter geklärt werden muß und ohne Zweifel mehrere Grade der Grammatikalität (und der Abweichungen) offen läßt. Um diesen intuitiven Begriff der Grammatikalität kommt auch eine Theorie nicht herum, die die Valenzbeziehungen der Oberflächenstruktur aus semantischen oder relationslogischen Begriffen der Tiefenstruktur zu „erklären" meint, weil in diesem Falle entweder eine inadäquate Isomorphie zwischen Inhalts- und Begriffsstrukturen einerseits und Sprachstrukturen andererseits vorausgesetzt wird oder aber besondere Überführungsregeln in die Oberflächen-

struktur verlangt werden, die die obligatorische oder fakultative Besetzung der Leerstellen begründen, d. h. die tatsächlich syntaktische Regeln für die sprachliche Realisation der angenommenen Inhalts- oder Begriffsbeziehungen sind. Sicher kann man in unseren drei Stufen und ihrer Verletzung bestimmte Grade der Grammatikalität und Abweichung erkennen: Ein Verstoß gegen die Regularitäten der syntaktischen Umgebungen („*Er hofft einen Brief") ist anders zu bewerten und vielleicht auch schwerer auszumerzen als ein Verstoß gegen die semantischen Umgebungen („**Der Schrank bewundert den Tisch"). Trotzdem verzichten wir aus Gründen der Einfachheit in unserem Zusammenhang auf die Angabe dieser Stufen (mit ein oder zwei Sternen) und nehmen die idealisierte Grenze zwischen Abweichungen und Nicht-Abweichungen in Kauf. Eine solche Grenze zu ziehen wird natürlich besonders schwerfallen bei einmaligen und metaphorischen Äußerungen der Dichtersprache, in denen oft ein Satz erscheint, der ansonsten als Abweichung zu bezeichnen wäre. Aber diese Fälle in die Regelmäßigkeiten einzubeziehen hieße, die Grenze flüssig zu machen und schließlich aufzuheben. Oftmals entsteht gerade eine übertragene Bedeutung dadurch, daß die normalen Selektionsbeschränkungen überschritten werden.[227] Wenn man jedoch auf diese Grenze verzichtete, wäre die Grammatik kein System sprachlicher Regelmäßigkeiten mehr, sondern bestenfalls ein taxonomisches Verzeichnis von Phonemen, Morphemen, Lexemen usw. oder eine distributionelle Beschreibung und Klassifizierung aller in der betreffenden Sprache je gesprochenen und geschriebenen Sätze. Die eigentliche Grammatik – als Regelwerk – brauchte dann nur noch den einen Satz zu enthalten: »Jede Folge deutscher Wörter ist ein deutscher Satz«, der überdies noch für alle anderen Sprachen entsprechend gültig wäre. Diese linguistische Sinnlosigkeit einer Ein-Satz-Grammatik ist offensichtlich die letzte Konsequenz eines Verzichts auf die Grenze zwischen Abweichungen und Nicht-Abweichungen.[228]

Abgesehen davon, daß ein solches Wörterbuch von Verben mit ihren Umgebungen für die linguistische Beschreibung mehrfach angeregt und gefordert worden ist,[229] erscheint uns ein solcher Regelmechanismus besonders notwendig für Ausländer, da beim Gebrauch des Deutschen als Muttersprache – auf Grund des Sprachgefühls – entsprechende Fehler selten sind. Unerläßlich ist der Regelmechanismus erst recht für den Lehrbuchautor, Lehrer und Lektor, der – wir verraten damit kein Geheimnis – um Übungen wie zu „reden" – „sprechen" – „sagen"[230], bei denen in verschiedene Kontexte jeweils das richtige Verb eingesetzt werden muß, bisher meist einen weiten Bogen machte. Gewiß ist der Lehrer in der Lage, sich auf Grund seines Sprachgefühls für das richtige Verb zu entscheiden; aber er ist kaum in der Lage, seine Intuitionen zu formalisieren und damit dem Ausländer – dem eben dieses Sprachgefühl fehlt – zu vermitteln. Erfahrungen im Deutschunterricht für Ausländer zeigen, daß namentlich bei bedeutungsähnlichen Verben (die sich vor allem in ihren Umgebungen unterscheiden) auch bei Ausländern mit gutem und sehr gutem lexikalischem und grammatischem Wissen noch Fehler auftreten („hindern" – „behindern" – „verhindern"; „kennen" – „wissen"; „fragen" – „befragen" – „erfragen" – „anfragen" und viele andere) und deshalb eine Beseitigung dieser Fehlerquellen geboten erscheint.

Man kann diese Fehlerquellen aber nicht beseitigen, wenn man sich weiterhin nur auf seine Intuitionen verlassen will – die man nicht ohne weiteres „vermitteln" kann – und sich folglich auch in Zukunft mit bloßen praktizistischen Ad-hoc-Lösungen zufriedengeben will. Vor solchen praktizistischen Kurzschlüssen hat auch FRIES[231] gewarnt, indem er immer wieder betont, daß das Wesen auch seiner »pattern-practice« und seines »oral approach« nicht die größere zur Verfügung stehende Zeit ist, auch nicht die Möglichkeit von kleineren Gruppen und nicht einmal die Betonung der mündlichen Praxis, sondern allein die wissenschaftliche Strukturbeschreibung der betreffenden Sprache, auf deren Grundlage die methodischen Prinzipien erwachsen und die entsprechenden Lehrmaterialien geschaffen werden müssen. Alles andere sind »externals of procedure«, die man nicht zum Wesen machen darf. Damit ist deutlich die Forderung nach theoretisch-linguistischer Fundierung gestellt, die Forderung nach einem Regelmechanismus, der einerseits für mehrere Sprachen, für den Fremdsprachenunterricht überhaupt anwendbar ist und andererseits die Grundlage für entsprechende Lehrmaterialien bietet. Wenn diese Lehrmaterialien[232] z. T. vor dem theoretischen Apparat entwickelt worden sind, so ist das kein Idealzustand, sondern aus den dringlichsten Bedürfnissen des Unterrichts zu verstehen.

Eine andere Frage ist es, ob der von uns genannte theoretische Zweck, nur richtige Sätze zu erzeugen, *praktisch* durch die drei Stufen unseres Modells in jedem Falle schon gewährleistet ist. Dabei tut sich – vor allem im Hinblick auf Stufe III – ein gewisser Widerspruch zwischen linguistischer Vollständigkeit und praktischer Handhabbarkeit auf: vor dieselbe Schwierigkeit, vor der eine künftige Grammatik der deutschen Sprache für den muttersprachlichen Unterricht steht,[233] sieht sich auch eine Beschreibung für Ausländer gestellt. Der *linguistische* Zweck verlangt eine Verfeinerung der semantischen Merkmale (z. T. über unsere Stufe III hinaus), damit in der Tat nur richtige Sätze erzeugt werden können. Die Verfeinerung zu spezifischen semantischen Merkmalen muß im Extremfalle so weit gehen, wie BIERWISCH bei der Beschreibung der Teil-von-Relation (als eines Teiles der »Haben-Perspektive«) gegangen ist.[234] Auf diese Weise ist wahrscheinlich theoretisch jeder Sonderfall zu erklären, sind – wenn man nur weit genug geht – auch solche Umgebungen von Verben faßbar, die nahezu individuell oder auf wenige Substantive beschränkt sind.[235]

Eine solche weitere Spezifizierung der semantischen Umgebungen – so wenig praktikabel sie für pädagogische Zwecke zunächst erscheint – würde vermutlich theoretisch nicht nur jeden Sonderfall erklären können, sondern zugleich ein neues Licht auf das Verhältnis von Syntax und Semantik, von syntaktischer und semantischer Valenz (vgl. unter 7.) werfen. Es müßte sich nämlich bei den über unsere Stufe III hinaus verfeinerten Merkmalen letzten Endes um die gleichen Merkmale handeln, die auch die semantische Analyse benutzt, wenn sie die Bedeutung eines Wortes in ihre einzelnen Atome (Komponenten, Seme, Noeme, Merkmale o. a.) zerlegt und die Verträglichkeitsbeziehungen zwischen diesen Merkmalen untersucht. Die atomaren Bedeutungselemente wären dann nicht nur das notwendige Vokabular zur Beschreibung der Bedeutung, sondern sie würden sich auch in der Umgebungsanalyse reflektieren. Damit wäre eine wesentliche Einsicht in den Vermittlungsmechanismus zwischen Semantik und Syntax gewonnen; syntaktische Eigenschaften könnten dann in höherem Grade als bisher nicht nur beschrieben, sondern auch semantisch motiviert und erklärt werden. Freilich steht uns für diese Hypothese eines Vermittlungsmechanismus gegenwärtig das Instrumentarium weder für eine einheitliche Spezifizierung der semantischen Umgebungen (das für alle Verben geeignet sein müßte) noch für eine umfassende Komponentenanalyse auf semantischer Ebene zur Verfügung. Deshalb erscheint es ratsam – angesichts der Tatsache, daß die Seme als semantische Beschreibungseinheiten zugleich das Beschreibungsinventar für die Spezifizierung der semantischen Umgebungen sind –, dieser Semanalyse auch von syntaktischer Seite her die größte Aufmerksamkeit zu widmen.

Eine ausgebaute Komponentenanalyse auf semantischer Ebene würde auch auf die Frage der Variantenabgrenzung ein neues Licht werfen: Es würde sich – das zeigt sich hypothetisch – auf Grund einer weiteren Spezifizierung der semantischen Merkmale über unsere Stufe III hinaus – einer schließlich so weit gehenden Spezifizierung, die bis zu den Semen reicht – auch vom syntaktischen Valenzmechanismus her eine größere Anzahl von Varianten ergeben, wenn man alles das als Variante auffaßt, was sich auf den Stufen II und III der Valenzbeschreibung voneinander unterscheidet. Diese größere Anzahl von Varianten wären dann zugleich Bedeutungsvarianten und müßten als solche durch einen unterschiedlichen Sembestand ausgewiesen werden. Diese Bedeutungsvarianten würden dann – auf Grund ihres unterschiedlichen Sembestandes – die meisten (oder alle) Verschiedenheiten der semantischen Umgebung (auf unserer Stufe III) motivieren können. Gewiß bedarf es zum genauen Beweis für diese Hypothese noch zahlreicher praktischer Untersuchungen und vor allem auch theoretischer Einsichten in das notwendige Beschreibungsinventarium. Aber viele Beobachtungen deuten darauf hin: So ist es sicher nicht zufällig, daß innerhalb der relativ seltenen Fälle, in denen Adverbialbestimmungen valenzgebunden sind, ganz bestimmte semantische Gruppen von Verben erscheinen: etwa die situativen Verben (*setzen, stellen, legen – sitzen, stehen, liegen*; die erste Subklasse mit obligatorischer Richtungsbestimmung, die zweite Subklasse mit fakultativer Ortsbestimmung) oder zahlreiche Bewegungsverben (*fahren, laufen, umziehen, wandern, reisen, zurückkommen, abfahren* u. a.) mit fakultativer Lokalbestimmung. Werden diese Verben ohne die Adverbialbestimmung gebraucht, verändert sich die Bedeutung in annähernd gleicher Weise. Auch die Verben des Beförderns stellen eine semantisch und syntaktisch einheitliche Gruppe dar (*führen, tragen, transportieren, schieben, schicken, senden, verfrachten* u. a.), ebenso die des Lobens und Tadelns (*achten, anerkennen, billigen, bewundern, würdigen, beschimpfen, (miß)billigen, kritisieren* u. a.); dabei erscheinen manche Verben des Tadelns ohne Objekt (*nörgeln, meckern, räsonieren* u. a.), manche Verben des Lobens dagegen mit Dativobjekt (*beipflichten, zustimmen, beistimmen* u. a.).[236] Aber aus diesen Beobachtungen dürfen wohl gegenwärtig noch keine generalisierenden Schlüsse gezogen werden, weder in theoretischer noch in praktischer Hinsicht.

Beim gegenwärtigen Stand würde sich durch eine Verfeinerung der semantischen Merkmale über unsere Stufe III hinaus der Apparat so sehr komplizieren, daß er für Zwecke des Fremdsprachenunterrichts nicht mehr handhabbar ist. Praktikabilität des Apparats und Quantität der semantischen Merkmale sind umgekehrt proportional. Der *praktische* Zweck verlangt eine Übersichtlichkeit der semantischen Merkmale, die außer dem geschlossenen System der allgemeinen semantischen Merkmale (Stufe III) nur eine übersichtliche Zahl von spezifischen semantischen Merkmalen zuläßt. Damit wird freilich die Gefahr heraufbeschworen, das ideale theoretische Ziel, nur richtige Sätze zu erzeugen, nicht zu erreichen und statt dessen auch abweichende Sätze mit zuzulassen: Wenn man etwa bei „legen$_2$" als Sn → +Anim nennt, so ist damit nicht nur der richtige Satz „Die Henne legt Eier", sondern auch der abweichende Satz „*Der Onkel legt Eier" zugelassen. Der Grund für dieses Unvermögen liegt nicht im Mechanismus und unseren drei Stufen selbst, sondern allein in der ungenügenden Spezifizierung der semantischen Merkmale („Eier legen" trifft nicht auf +Anim schlechthin, sondern nur auf einige Exemplare zu).

Überdies hat sich herausgestellt, daß das ideale theoretische Ziel in sehr unterschiedlicher Weise erreicht werden kann. Seltenere Verben (etwa „bewundern", „beschreiben" usw.) sind in ihrer Valenz und Distribution generell einfacher zu beschreiben als häufigere Verben („legen", „setzen", „gehen" usw.), die semantisch abgegriffen sind und in viele Kontexte eingehen können. Bei den meisten Verben ist schon durch die allgemeinen semantischen Selektionsbeschränkungen gesichert, daß nur richtige Sätze gebildet werden. Die Unterschiede etwa zwischen „fragen" – „anfragen" – „befragen" – „erfragen" oder zwischen „erben" – „beerben" – „vererben" können durchaus mit Hilfe unserer allgemeinen semantischen Merkmale (Stufe III) adäquat beschrieben werden, ohne daß es zusätzlicher, spezieller semantischer Merkmale überhaupt bedarf. Einen Extremfall an Komplexität dürfte die Haben-Relation darstellen. Dazwischen liegen solche Fälle wie „legen" – „setzen" – „stellen", deren Unterschiede mit außerlinguistischen Merkmalen des Objekts zusammenhängen und folglich eine größere Spezifizierung der semantischen Merkmale erfordern: So kann ein Bleistift oder eine Zeitung nur gelegt (kaum gestellt oder gesetzt) werden, ein Schrank kann nur gestellt (allenfalls gesetzt, nur unter besonderen Umständen gelegt) werden, ein Mantel kann nur gelegt (oder gehängt), aber kaum gestellt oder gesetzt werden; bei allen Fällen erschiene für Sa aber das allgemeine semantische Merkmal −Anim, das hier offensichtlich nicht mehr ausreicht.

Um auch in solchen Fällen die Bildung falscher Sätze möglichst auszuschließen oder wenigstens auf ein Minimum zu reduzieren, verwenden wir in bestimmten Fällen spezifische semantische Merkmale über unsere Stufe III hinaus. Weiterhin nehmen wir für viele Verben mehrere Varianten an, um auf diese Weise nur zulässige Kombinationen – vor allem auf Stufe II, aber auch auf Stufe III – zu erlauben. So müssen etwa bei „fahren" mehrere Varianten angesetzt werden, um abweichende Sätze der Art „*Das Auto fährt den Wagen" auszuschließen: Wenn Sa → −Anim (Fahrzeug) ist, muß Sn → Hum sein („Er fährt den Wartburg"). Auch das Verb „kochen" bedarf mehrerer Varianten, weil sonst der Satz „*Die Suppe kocht das Wasser" zugelassen werden müßte: Wenn „$\text{kochen}_{1+(1)=2}$" die fakultative Leerstelle besetzt, muß Sn → Hum sein; erscheint als Sn → −Anim, dann ist „kochen" prinzipiell einwertig.

9.2. Zum Problem der Synonymie und Homonymie

Das „Wörterbuch zur Valenz und Distribution deutscher Verben" liefert darüber hinaus einen Beitrag zum Problem der *Synonymie* und *Homonymie*. Mit Hilfe der drei Stufen unseres Mechanismus gelingt es, zwischen solchen bedeutungsähnlichen Verben, die z. T. durcheinander ersetzbar sind („kennen" – „wissen"; „sagen" – „reden" – „sprechen" u. a.), genau die Zone zu ermitteln, in der beide durcheinander ersetzbar sind. Die möglichen Umgebungen der betreffenden Verben stellen sich gleichsam als Kreise dar, die sich zu einem Teil überschneiden (s. Abbildung S. 74):
In dem schraffierten Feld in der Mitte (das sich aus dem Apparat ohne weiteres durch die Übereinstimmung der – syntaktischen und semantischen – Umgebungen ablesen läßt) liegt dann genau die Sphäre, in der beide Verben

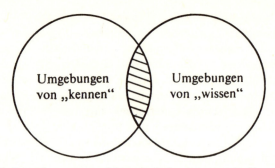

durcheinander austauschbar sind: in unserem Falle nur dann, wenn Sa erscheint (NS, Inf und pS sind nur in der Umgebung von „wissen" möglich), aber nur – und auch das beschränkt –, wenn Sa → −Anim ist („Wir kennen den Weg" – „Wir wissen den Weg". Aber: „Wir kennen den Arzt" – „*Wir wissen den Arzt"). Auf diese Weise gelingt es weitgehend, bedeutungsähnliche Verben durch ihre Umgebungen zu unterscheiden. Berühren sich die beiden Kreise der Umgebungen überhaupt nicht, können die Verben zwar bedeutungsähnlich sein, aber niemals in der gleichen Position ausgetauscht werden. Decken sich beide Kreise völlig (liegen also genau die gleichen Umgebungen vor), können die beiden synonymen Verben immer ausgetauscht werden: Ihr Unterschied ist dann weniger distributionell als vielmehr stilistisch. Damit sollen natürlich rein lexikalische Unterschiede solcher Verben wie „kennen" und „wissen" nicht geleugnet werden; nur scheint uns, daß eine Abgrenzung (zumindest für Zwecke des Fremdsprachenunterrichts) auf syntaktisch-distributionellem Wege gegenwärtig weiter führt als der Versuch, diese Unterschiede rein lexikalisch-semantisch zu erfassen (und gar von daher die syntaktischen Unterschiede zu begründen).

Ein weiteres Ergebnis unserer Beschreibung ist die Tatsache, daß homonyme Verben als solche erkennbar werden. Eine grammatische Beschreibung muß in der Lage sein, homonymen Konstruktionen eine verschiedene Beschreibung zuzuweisen. Das geschieht in unserem Mechanismus dadurch, daß etwa der doppeldeutige Satz „Ich schreibe *ihm* einen Brief" (1. = ‚an ihn' – Objektsdativ, 2. = ‚für ihn' – freier Dativ) eine verschiedene Beschreibung erhält insofern, als der kursiv gedruckte Dativ im ersten Falle als fakultativer Mitspieler, im zweiten Falle als freie Angabe gewertet wird. Homonymien dieser Art haben auch in der traditionellen Grammatik bereits eine verschiedene Beschreibung erhalten. Darüber hinaus gelingt es auf Stufe II und III, eine Fülle von solchen Homonymien sichtbar zu machen, die dadurch entstehen, daß Verben mit mehreren Bedeutungen in der gleichen syntaktischen Umgebung auftreten können. Es handelt sich dabei nicht einfach um lexikalische Homonymien (d. h. um Verben mit mehreren Bedeutungen, die im Wörterbuch nacheinander aufgeführt werden), sondern es geht um syntaktische Homonymien: Diese homonymen Verben kommen jeweils – wenn die gleiche Umgebung zugelassen ist – in der gleichen Position, in der gleichen Umgebung vor. Solche Homonymien (nicht nur lexikalischer, sondern auch syntaktischer Art) werden in unserem Mechanismus dort greifbar, wo mehrere Varianten eines Verbs in einem Teil ihrer syntaktischen und semantischen Umgebungen zusammenfallen:

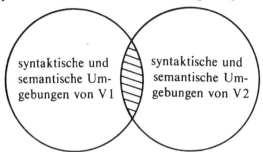

Das schraffierte Feld ist wieder genau der Bereich, in dem solche Homonymien auftreten. In diesem Sinne ist etwa der Satz „Er *unterhält* die Familie" homonym (V1 = ‚aushalten', V2 = ‚zerstreuen'), weil Sn als Hum erscheint (was bei V1 normal ist, bei V2 aber neben ±Anim, Abstr und Act möglich ist) und zugleich Sa → Hum ist (was bei V2 normal ist, bei V1 aber neben ±Anim möglich ist). Homonym kann auch der Satz „Die Textilien *gehen ein*" sein (V2 = ‚werden kürzer, enger', V6 = ‚werden geliefert'), da die beiden Varianten sich teilweise in den Umgebungen decken (d. h. ein gemeinsames schraffiertes Feld haben): Für V2 ist nur −Anim (Textilien) zulässig; für V6 ist Sn −Anim generell. Auf diese Weise wird mit Hilfe der Umgebungen expliziert, *worin* die Homonymie mehrerer Varianten eines Verbs *besteht, wann* und *warum* sie in syntaktischem Zusammenhang *entsteht*. Solche Homonymien tauchen immer dort auf, wo zwei oder mehr Varianten eines Verbs sich in einem Teil ihrer semantischen Umgebungen decken. Wenn die Umgebungen sich dagegen völlig decken, sind es keine verschiedenen Varianten; wenn sie sich aber überhaupt nicht decken, können keine Homonymien auftreten.

Wenn wir dabei von Homonymie gesprochen haben, haben wir mit Absicht den Unterschied zwischen Homonymie und Polysemie vernachlässigt, haben also den Terminus „Homonymie" sowohl auf homonyme als auch auf polyseme Erscheinungen angewandt. Meistens spricht man von Homonymie dann, wenn zwei verschiedene Wörter (oder Konstruktionen) vorliegen, die lautlich identisch, aber in der Herkunft und in der Bedeutung verschieden sind. Dabei kann die Schreibung identisch (z. B.: *Kiefer*) oder auch nicht identisch sein (z. B.: *mehr – Meer*). Im Unterschied dazu handelt es sich bei der Polysemie um das gleiche Wort (mit gleicher Herkunft), das in verschiedenen Bedeutungen (oft durch Übertragung) vorkommt.[237] Auf diese Weise wird der Unterschied zwischen Homonymie und Polysemie primär historisch motiviert (unterschiedliche bzw. gleiche Herkunft). Eine vorwiegend auf die Gegenwartssprache ausgerichtete synchronische Sprachbeschreibung kann jedoch diesen historischen Unterschieden keine Rechnung tragen. Deshalb versucht man, mit synchronischen Mitteln den gleichen Unterschied zu rechtfertigen und von Polysemie dann zu sprechen, wenn zwischen den Varianten eines Wortes „assoziative Beziehungen im Sprachbewußtsein einer bestimmten Epoche" bestehen, die die „Einheit des Wortes" gewährleisten, von Homonymie aber dann, wenn „das Bewußtsein dieses Zusammenhanges hinsichtlich der einen oder anderen aktuellen Bedeutung verlorengeht".[238] Da diese Unterscheidung synchroner Art sich meßbaren Kriterien zu entziehen scheint, andererseits aber eine historische Differenzierung nicht geraten ist, haben wir auf eine Unterscheidung von Homonymie und Polysemie verzichtet.[238a]

9.3. Bedeutung für den Fremdsprachenunterricht

Der Hauptzweck des Wörterbuches bleibt die Aufstellung eines Erklärungsmechanismus für den Fremdsprachenunterricht. In analoger Weise dürfte ein solcher Mechanismus auch auf andere Sprachen anwendbar sein. Er wird nicht unmittelbar, sondern vermittelt durch entsprechende Lehrmaterialien in die Unterrichtspraxis eingehen können. Für diese Lehrmaterialien aber bietet er eine generelle Voraussetzung, die entsprechenden Fehlerquellen zu beseitigen. Das beginnt schon bei einfachen Vokabularien, in denen bisher die Verben – lediglich nach ihrer Transitivität und Intransitivität geschieden – aufgeführt wurden: „essen$_{tr}$", „besuchen$_{tr}$", „arbeiten$_{intr}$". Es müßte hinreichend deutlich geworden sein, daß diese Angaben nicht genügen und gerade die in Frage stehenden Fälle nicht erklären. Auf Grund der Valenz- und Distributionsbeschreibung wird es möglich, auch in diesem einfachen Rahmen die bisherige Nomenklatur zu ändern und zu schreiben[239]:

    essen$_{(A)}$, besuchen$_A$, schreiben $_{(D)(A)}$, bringen$_{(D)A}$,
    helfen$_{(D)}$, anklagen$_{(G)A}$, sich widmen$_D$ usw.

Diese Schreibweise enthält mehr Information als die traditionelle: Die Buchstaben meinen die Kasus, die Buchstaben in Klammern sind fakultative, die ohne Klammern obligatorische Kasus. Natürlich enthält ein solches Vokabular bei weitem nicht alles, was in den drei Stufen unseres Mechanismus ausgesagt ist; aber es bietet mehr praktische Handhaben und hilft mehr Fehler vermeiden, als es meist die traditionellen Vokabularien tun.

Literaturangaben und Hinweise

1 Vgl. *Helbig, G.*: Der Begriff der Valenz als Mittel der strukturellen Sprachbeschreibung und des Fremdsprachenunterrichts. In: Deutsch als Fremdsprache 1965. Heft 1, S. 10ff.; vgl. auch *Helbig, G.*: Zur Umgebungsanalyse deutscher Verben. In: Wissenschaftl. Zeitschrift der Karl-Marx-Universität Leipzig. Gesellschafts- u. Sprachwiss. Reihe 1967. Heft 1/2.
2 Vgl. *Helbig, G.*: Untersuchungen zur Valenz und Distribution deutscher Verben. In: Deutsch als Fremdsprache 1966. Heft 3, S. 1ff.; Heft 4, S. 12ff.
3 Vgl. *Helbig, G., W. Schenkel* und *Kollektiv der Abt. Deutsche Sprache am Institut für Fremdsprachen der Karl-Marx-Universität Leipzig*: Listen zur Valenz und Distribution deutscher Verben. In: Deutsch als Fremdsprache 1967. Heft 1, S. 28ff.; Heft 2, S. 83ff.; Heft 3, S. 168ff.; Heft 4, S. 213ff.
4 Vgl. *Helbig, G.*: Valenz und Tiefenstruktur. In: Deutsch als Fremdsprache 1969. Heft 3, S. 159ff.; *Helbig, G.*: Valenz, Tiefenstruktur und Semantik. In: Glottodidactica 1970. Bd. III/IV, S. 11ff.; *Helbig, G.*: Probleme der Valenztheorie: In: Deutsch als Fremdsprache 1970. Heft 3, S. 212; *Helbig, G.*: Theoretische und praktische Aspekte eines Valenzmodells. In: Beiträge zur Valenztheorie. Hrsg. v. *G. Helbig*. Halle 1971. S. 31ff.; *Helbig, G.*: Zu einigen Spezialproblemen der Valenztheorie. In: Deutsch als Fremdsprache 1971. Heft 5, S. 269 ff.
5 Beiträge zur Valenztheorie. Hrsg. v. *G. Helbig*. Halle 1971 (mit Beiträgen von *J. Fourquet/B. Grunig, N. F. Irtenjewa, G. Helbig, B. A. Abramow, W. Schenkel, W. Bondzio, W. Flämig, R. Große, M. D. Stepanowa*).
6 Vgl. *Große, R.*: Zum Verhältnis von Form und Inhalt bei der Valenz der deutschen Verben. In: Beiträge zur Valenztheorie. Hrsg. v. *G. Helbig*. Halle 1971; *Kruspe, H.*: Die Valenz der Verben der zwischenmenschlichen Beziehungen. Staatsexamensarbeit Leipzig 1967; *Diersch, H.*: Verben der Fortbewegung in der deutschen Sprache der Gegenwart. Diss. Leipzig 1968; *Romeyke, H.*: Untersuchung zur Valenz der deutschen Verben mit Richtungsbestimmung. Diss. Leipzig 1970; *Bondzio, W.*: Das Wesen der Valenz und ihre Stellung im Rahmen der Satzstruktur. In: Wissenschaftliche Zeitschrift der Humboldt-Universität zu Berlin. Gesellschafts- u. Sprachwiss. Reihe 1969. Heft 2; *Bondzio, W.*: Valenz, Bedeutung und Satzmodelle. In: Beiträge zur Valenztheorie, a. a. O.; *Flämig, W.*: Valenztheorie und Schulgrammatik. In: Beiträge zur Valenztheorie, a.a. O.; *Flämig, W.*, u. a.: Skizze der deutschen Grammatik. Berlin 1972; *Droescher, W. O.*: German Verb Types. In: Lingua 1969. Heft 1; *Bell, A. G.*: Aspects of Valency and Dependency Grammar. Auckland 1969 (hekt.); *Rosengren, I.*: Zur Valenz des deutschen Verbs. In: Moderna Språk 1970; *Heringer, H.-J.*: Wertigkeiten und nullwertige Verben im Deutschen. In: Zeitschrift für deutsche Sprache 1967. Bd 23; *Heringer, H.-J.*: Präpositionale Ergänzungsbestimmungen im Deutschen. In: Zeitschrift für deutsche Philologie 1968. Bd. 87; *Heringer, H.-J.*: Deutsche Syntax. Berlin 1970; *Heringer, H.-J.*:

Theorie der deutschen Syntax. München 1970; *Engelen, B.*: Zur Semantik der deutschen Verben. In: Forschungsberichte des Instituts für deutsche Sprache. Mannheim 1968. Bd. 1; *Kaufmann, G.*: Grammatik der deutschen Grundwortarten. München 1967; *Engel, U.*: Satzbaupläne und Satzanalyse. In: Zielsprache Deutsch 1970. Heft 3.

7 Vgl. etwa *Schenkel, W.*: Die Valenz im adnominalen Raum. In: Beiträge zur Valenztheorie, a. a. O.; *Schenkel, W.*: Zur erweiterten Attribuierung im Deutschen. Halle 1972; *Junker, K.*: Zur Valenz beim Adjektiv. In: Wissenschaftliche Zeitschrift der Humboldt-Universität zu Berlin. Gesellschafts- u. Sprachwiss. Reihe 1969. Heft 2; *Sommerfeldt, K.-E.*: Zur Valenz des Adjektivs. In: Deutsch als Fremdsprache 1971. Heft 2, S. 113 ff. *Sommerfeldt, K.-E./H. Schreiber*: Untersuchungen zur syntaktischen und semantischen Valenz deutscher Adjektive. In: Deutsch als Fremdsprache 1971. Heft 4, S. 227 ff.

8 Vgl. Вопросы учебной лексикологии. Hrsg. v. П. Н. Денисов/Л. А. Новиков. Москва 1969; vgl. auch die Zeitschrift „Русский язык за рубежом"; *Dziuba, B./ E. U. Große*: Syntax – Grundbegriffe und Methoden der Linguistik. Einführungskurs. Freiburg i. B. 1970. Teil 2/Proseminarteil. Wintersemester 1970/71. Skriptum für Seminarteilnehmer; zum Niederländischen an dem Nederlands Instituut der Rijksuniversiteit Groningen u. a.

9 Vgl. etwa *Irtenjewa, N. F.*: Valenz und Satztiefenstruktur. In: Beiträge zur Valenztheorie, a. a. O.; konfrontative Valenzuntersuchungen auch an der Sektion Theoretische und angewandte Sprachwissenschaft der Karl-Marx-Universität Leipzig unter der Leitung von *A. Neubert, O. Kade, G. Jäger, G. Wotjak* (Englisch, Russisch, Tschechisch, Französisch), am Maurice-Thorez-Institut in Moskau und am Wissenschaftlich-Methodischen Zentrum der Lomonossow-Universität Moskau.

10 Vgl. vor allem *Абрамов, Б. А./М. Д. Степанова*: Rezension zu G. Helbig/W. Schenkel – Wörterbuch zur Valenz und Distribution deutscher Verben. In: Иностранные языки в школе 1970. Heft 5, S. 86 ff.; *Mattausch, J.*: Rezension zu G. Helbig/ W. Schenkel – Wörterbuch zur Valenz und Distribution deutscher Verben. In: Deutsch als Fremdsprache 1970. Heft 5, S. 374 ff.; *Klimonow, W. D.*: Rezension zu G. Helbig/W. Schenkel – Wörterbuch zur Valenz und Distribution deutscher Verben. In: Zeitschrift für Phonetik, Sprachwissenschaft und Kommunikationsforschung 1970. Heft 2–3, S. 300 ff.

11 Vgl. *Helbig, G./J. Buscha*: Deutsche Grammatik. Ein Handbuch für den Ausländerunterricht. Leipzig 1972.

12 Vgl. etwa *Admoni, W.*: Die Struktur des Satzes. In: Das Ringen um eine neue deutsche Grammatik. Hrsg. von Hugo Moser. Darmstadt 1962, S. 382 f.; *Renicke, H.*: Grundlegung der neuhochdeutschen Grammatik. Berlin 1961, S. 75, 84; *Isačenko, A. V.*: Das syntaktische Verhältnis der Bezeichnungen von Körperteilen im Deutschen. In: Syntaktische Studien, als: Studia Grammatica V. Berlin 1965, S. 26.

13 Vgl. dazu *Kufner, H.*: The Grammatical Structures of English and German. Chicago 1962, S. 43.

14 Vgl. *Pfleiderer, W.*: Der deutsche Satz. In: Neue Satzlehre. Hrsg. von F. Rahn. Frankfurt (Main) 1940, S. 24 f., 46 f., 51 ff.

15 Vgl. *Regula, M.*: Grundlegung und Grundprobleme der Syntax. Heidelberg 1951, S. 115.
16 Vgl. *Renicke, H.*: Grundlegung der neuhochdeutschen Grammatik. Berlin 1961, S. 84ff., 92 f.
17 Vgl. *Admoni, W.*: Der deutsche Sprachbau. Leningrad 1966, S. 170. *Admoni* spricht von transitiven Verben im engeren Sinne (mit Akkusativobjekt) und von solchen im weiteren Sinne (mit jedem Objekt); letztere sind dann identisch mit den „objektiven" Verben der traditionellen Grammatik.
18 Vgl. *Behaghel, O.*: Deutsche Syntax. Bd. II, Heidelberg 1924, S. 113ff.
19 Vgl. *Heyse, J. C. A.*: Deutsche Grammatik. Hannover/Leipzig 1908, S. 296f.
20 Vgl. *Meiner, J. W.*: Versuch einer an der menschlichen Sprache abgebildeten Vernunftlehre oder Philosophische und allgemeine Sprachlehre. Leipzig 1781, S. 132 ff.
21 *Bühler, K.*: Sprachtheorie. Jena 1934, S. 173.
22 Ziel der Abhängigkeitsgrammatiken ist es, hinter der konkreten linearen Redekette eine abstrakte strukturelle Hierarchie der einzelnen Elemente im Satz zu entdecken. Diese Abhängigkeitshierarchie wird oft als Stammbaum („Dependency-Tree") oder durch Klammerung bzw. Pfeile graphisch repräsentiert. Zur Abhängigkeitsgrammatik vgl. etwa – außer *Tesnière* – *Hays, D. G.*: Grouping and Dependency Theories. In: Proceedings of the National Symposium on Machine Translation. London 1961, S. 258ff.; *Hays, D. G.*: Dependency Theory. In: Language. Vol. 40, 1964. No. 4, S. 511ff.; *Фитиалов, С. Я.*: О моделировании синтаксиса в структурной лингвистике. In: Проблемы структурной лингвистики, Москва 1962, S. 103ff.; *Ревзин, И. И*: Формальный и семантический анализ синтаксических связей в языке. In: Академия наук СССР – Применение логики в науке и технике. Москва 1960, S. 132f.; *Падучева, Е. В.*: О способах представления синтаксической структуры предложения. In: Вопросы языкознания 1964. Heft 2, S. 99ff.; *Bierwisch, M.*: Aufgaben und Form der Grammatik. In: Zeichen und System der Sprache. Bd. III. Veröffentlichung des II. Internationalen Symposions „Zeichen und System der Sprache" vom 8. 9. bis 15. 9. 1964 in Magdeburg. Berlin 1966, S. 43ff.
23 Vgl. *Tesnière, L.*: Esquisse d'une syntaxe structurale. Paris 1953, S. 4; *Tesnière, L.*: Eléments de syntaxe structurale. Paris 1959, S. 103.
24 Vgl. *Tesnière, L.*: Esquisse d'une syntaxe structurale. Paris 1953, S. 9; *Tesnière, L.*: Eléments de syntaxe structurale. Paris 1959, S. 238.
25 Vgl. *Tesnière, L.*: Esquisse d'une syntaxe structurale. Paris 1953, S. 5.
26 Vgl. *Tesnière, L.*: Esquisse d'une syntaxe structurale. Paris 1953, S. 5; *Tesnière, L.*: Eléments de syntaxe structurale. Paris 1959, S. 109.
27 Vgl. *Tesnière, L.*: Eléments de syntaxe structurale. Paris 1959, S. 105.
28 Vgl. *Tesnière, L.*: a. a. O., S. 108.
29 Vgl. *Tesnière, L.*: Esquisse d'une syntaxe structurale. Paris 1953, S. 9; *Tesnière, L.*: Eléments de syntaxe structurale. Paris 1959, S. 106f.
30 Vgl. *Tesnière, L.*: Esquisse d'une syntaxe structurale. Paris 1953, S. 5; *Tesnière, L*: Eléments de syntaxe structurale. Paris 1959, S. 102, 125, 128.
31 *Tesnière, L.*: Eléments des syntaxe structurale. Paris 1953, S. 238f.
32 *Brinkmann, H.*: Die deutsche Sprache. Gestalt und Leistung. Düsseldorf 1962, S. 223f.

33 *Brinkmann, H.*: a. a. O., S. 465.
34 *Brinkmann, H.*: a. a. O., S. 464.
35 *Brinkmann, H.*: a. a. O., S. 224.
36 *Brinkmann, H.*: a. a. O., S. 68, 70.
37 Vgl. *Brinkmann, H.*: a. a. O., S. 224 ff.
38 *Erben, J.*: Abriß der deutschen Grammatik. Berlin 1964, S. 231.
39 Vgl. *Erben, J.*: a. a. O., S. 232 ff.
40 Vgl. *Erben, J.*: a. a. O., S. 235.
41 Kritisch zum Valenzbegriff und den Satzmodellen *Erbens* vgl. *Helbig, G.*: Die Bedeutung syntaktischer Modelle für den Fremdsprachenunterricht. In: Deutsch als Fremdsprache 1967. Heft 4, S. 197f.
42 *Erben, J.*: Abriß der deutschen Grammatik. Berlin 1964, S. 236.
43 *Erben, J.*: a. a. O., S. 232.
44 Vgl. *Erben, J.*: a. a. O., S. 239.
45 *Grebe, P.* (Hrsg.): Der Große Duden. Grammatik der deutschen Gegenwartssprache. Mannheim 1959, S. 436 ff., 466 ff.
46 Vgl. *Grebe, P.*: a. a. O., S. 434 ff.
47 *Grebe, P.*: a. a. O., S. 470.
48 Vgl. *Schulz, D.*, und *H. Griesbach*: Grammatik der deutschen Sprache. München 1962, S. 312 ff.
49 Vgl. *Hockett, C. F.*: A Course in Modern Linguistics. New York 1959, S. 248.
50 Vgl. *Hockett, C. F.*: a. a. O., S. 252.
51 *Glinz, H.*: Die innere Form des Deutschen. Bern 1961, S. 408.
52 *Kuryłowicz, J.*: Linguistique et théorie du signe. In: Journal de Psychologie normale et pathologique 1949. Heft 2, S. 176.
53 *Schmidt, W.*: Lexikalische und aktuelle Bedeutung. Berlin 1963, S. 45f.
54 *Schmidt, W.*: Grundfragen der deutschen Grammatik. Berlin 1965, S. 298.
55 *Admoni, W.*: Der deutsche Sprachbau. Leningrad 1966, S. 80 ff.
56 *Admoni, W.*: a. a. O., S. 82.
57 *Admoni, W.*: a. a. O., S. 81.
58 *Admoni, W.*: a. a. O., S. 82.
59 *Admoni, W.*: a. a. O., S. 84f.
60 Vgl. *Jung, W.*: Kleine Grammatik der deutschen Sprache. Leipzig 1953.
61 Vgl. *Jung, W.*: Grammatik der deutschen Sprache, Leipzig 1968, S. 177.
62 *Jung, W.*: a. a. O., S. 2.
63 Vgl. *Jung, W.*: a. a. O., S. 33, 37, 176.
64 Vgl. *Jung, W.*: a. a. O., S. 9, 34.
65 Vgl. *Jung, W.*: a. a. O., S. 36, 97.
66 Vgl. *Jung, W.*: a. a. O., S. 96 ff., 177.
67 Vgl. *Jung, W.*: a. a. O., S. 63 f.
68 Vgl. *Jung, W.*: a. a. O., S. 177.
69 Vgl. *Flämig, W.*: Probleme und Tendenzen der Schulgrammatik. In: Deutschunterricht (Berlin) 1966. Heft 6, S. 334 ff.
70 Vgl. *Flämig, W.*: a. a. O., S. 340.
71 Vgl. *Flämig, W.*: a. a. O., S. 340 ff.
72 *Flämig, W.*: a. a. O., S. 342.

73 Vgl. *Flämig, W.*: a. a. O., S. 341, Anm. 13.
74 Vgl. Skizze der deutschen Grammatik. Unter Mitarbeit von *W. Neumann* u. *F. Jüttner* verfaßt von *W. Flämig, B. Haftka, W. D. Hartung, K. E. Heidolph, D. Lehmann, J. Pheby* Leitung: *W. Flämig.* Hrsg. v. Deutsche Akademie der Wissenschaften zu Berlin und Akademie der Pädagogischen Wissenschaften der DDR. Berlin 1972. S. 62 f., 64 ff., 69 ff. 134 ff.
75 Zu dieser Gruppierung vgl. auch *Abramow, B. A.*: Zum Begriff der zentripetalen und zentrifugalen Potenzen. In: Deutsch als Fremdsprache 1967. Heft 3, S. 155f.
76 Vgl. *Кацнелсон, С. Д.*: О грамматической категории. In: Вестник Ленинградского Университета, серия истории, языка и литературы, № 2. Ленинград 1948, S. 132.
77 Vgl. *Ломтев, Т. П.*: О некоторых вопросах структуры предложения. In: Научные доклады Высшей школы. Филологические науки, № 4. Москва 1959, S. 5 f.; *Ломтев, Т. П.*: Природа синтаксических явлений. In: Научные доклады Высшей школы. Филологические науки, № 3. Москва 1961, S. 27. Das schließt nicht aus, daß *Lomtew* praktisch den Valenzbegriff am Verb exemplifiziert und Klassen von Verben nach ihren abhängigen Gliedern (d. h. nach ihrer Distribution in unserem Sinne) aufstellt. Sein Weg zu den Satzmodellen führt jedoch nicht über ein strukturelles Minimum, sondern eher über ein invariantes Maximum, aus dem durch Weglassen Varianten entstehen.
78 Vgl. *Лейкина, Б. М.*: Некоторые аспекты валентностей. In: Доклады на конференции по обработке информации, машинному переводу и автоматическому чтению текста. Москва 1961. Вып. 5, S. 1.
79 Vgl. *Мельчук, И. А.*: Автоматический синтаксический анализ. Новосибирск 1964, S. 247ff. *Meltschuk* versteht unter Valenz theoretisch die Fähigkeit eines Stammes, eine Form stark zu regieren. Es kommt dabei nicht nur auf den Satz und die Art der Valenzen an, sondern auch auf ihre Funktion und das Modell der Rektion. Im Zentrum der Valenzbetrachtung steht dabei praktisch das Verb, dessen Umgebungen (*Meltschuk* nennt – mit Einschluß des Infinitivs und einiger Nebensätze – 33 mögliche stark regierte Formen), nach notwendig und nicht notwendig geschieden, eingefangen werden sollen zum Zwecke der „automatischen syntaktischen Analyse". Obwohl *Meltschuk* nur von der „Valenz" des Verbs spricht, tauchen bei seinen Beispielen für die „starke Rektion" auch Substantive und Adjektive auf (vgl. S. 243f.).
80 Vgl. *Brinkmann, H.*: Die deutsche Sprache. Düsseldorf 1962. *Brinkmann* spricht zwar expressis verbis nur von der „Valenz" der Verben, räumt aber zugleich ein, daß es auch bei Substantiven und Adjektiven „geschlossene" und „offene" Wörter gibt.
81 Vgl. *Абрамов, Б. А.*: Синтаксические потенции глагола (в сопоставлении с потенциями других частей речи). In: Научные доклады Высшей школы. Филологические науки 1966. № 3, S. 35ff.; vgl. dazu auch *Abramow, B. A.*: Zum Begriff der zentripetalen und zentrifugalen Potenzen. In: Deutsch als Fremdsprache 1967. Heft 3, S. 155 ff.
82 *Засорина, Л. Н.*, и *В. П. Берков*: Понятие валентности в языке. In: Вестник Ленинградского Университета. Серия истории, языка и литературы. № 8. Ленинград 1961. Вып. 2, S. 133.
83 Das tun etwa *Sassorina* und *Berkow*, wenn sie ein Valenzmodell für die Maschinen-

übersetzung entwickeln, das im Grunde einer Distributions- bzw. Umgebungsanalyse im Sinne von *Harris* gleichkommt und ebenso wie diese als Basis für die Transformationsanalyse dienen kann. (Vgl. *Засорина, Л. Н., и В. П. Берков*: a. a. O., S. 139.)

84 Vgl. *Stepanowa, M. D.*: Die Zusammensetzung und die „innere Valenz" des Wortes. In: Deutsch als Fremdsprache 1967. Heft 6, S. 335ff.; *Степанова, M. Д.*: Методы синхронного анализа лексики. Москва 1968. S. 156ff.

85 Vgl. dazu *Schenkel, W.*: Die Valenz im adnominalen Raum. In: Beiträge zur Valenztheorie. Hrsg. von G. Helbig. Halle 1971. S. 67ff.; *Schenkel, W.*: Zur erweiterten Attribuierung im Deutschen. Halle 1972; vgl. dazu auch *Helbig, G.*: Zu einigen Problemen der deutschen Grammatik für den Unterricht an Ausländer. Leipzig 1969 (hekt.). S. 35.

86 Vgl. dazu *Helbig, G.*: Zu einigen Problemen der deutschen Grammatik für den Unterricht an Ausländer. Leipzig 1969 (hekt.). S. 34; *Helbig, G.*: Probleme der deutschen Grammatik für Ausländer. Leipzig 1972; *Helbig, G.*: Zu Problemen des Attributs in der deutschen Gegenwartssprache. In: Deutsch als Fremdsprache 1972. Heft 6.

87 Vgl. dazu vor allem *Sommerfeldt, K.-E./H. Schreiber*: Untersuchungen zur syntaktischen und semantischen Valenz deutscher Adjektive. In: Deutsch als Fremdsprache 1971. Heft 4, S. 227 ff.

88 Vgl. etwa *Dziuba, B./E. U. Große*: Syntax – Grundbegriffe und Methoden der Linguistik. Freiburg i. Br. 1970. Einführungskurs Teil 2/Proseminarteil. S. 29ff.

89 Vgl. dazu *Helbig, G.*: Theoretische und praktische Aspekte eines Valenzmodells. In: Beiträge zur Valenztheorie. Hrsg. von G. Helbig. Halle 1971, S. 41; *Große, R.*: Zum Verhältnis von Form und Inhalt bei der Valenz der deutschen Verben. In: Beiträge zur Valenztheorie, a. a. O., S. 127. Demgegenüber ist die Annahme von hierarchischen Wertigkeitsbeziehungen a priori ausgeschlossen, wenn *Heringer* dem prädikativen Adjektiv die Valenzeigenschaft abspricht, *weil* von ihm weitere Aktanten abhängig sind. Es wird dort nur postuliert, nicht bewiesen, daß die Aktanten des Adjektivs nur dann Aktanten sein können, wenn das Adjektiv selbst kein Aktant ist. Vgl. dazu *Heringer, H.-J.*: Theorie der deutschen Syntax. München 1970, S. 170 ff.

89a Vgl. dazu *Schippan, Th.*: Die Verbalsubstantive in der deutschen Sprache der Gegenwart. Habil.-Schrift Leipzig 1967.

90 Vgl. etwa *Dziuba, B./E. U. Große*: Syntax, a. a. O., S. 22 ff.; *Bondzio, W.*: Valenz, Bedeutung und Satzmodelle. In: Beiträge zur Valenztheorie, a. a. O., S. 91; *Bondzio, W.*: Das Wesen der Valenz und ihre Stellung im Rahmen der Satzstruktur. In: Wissenschaftliche Zeitschrift der Humboldt-Universität zu Berlin, Gesellschafts- u. Sprachwiss. Reihe 1969. Heft 2, S. 235.

91 Vgl. *Becker, K. F.*: Organism der Sprache als Einleitung zur deutschen Grammatik. Bd. I. Frankfurt (Main) 1827, S. 158ff.; vgl. zu diesem Prozeß auch *Glinz, H.*: Geschichte und Kritik der Lehre von den Satzgliedern in der deutschen Grammatik. Bern 1947, S. 46 ff.

92 Vgl. etwa *Becker, H.*: Hauptprobleme der deutschen Satzlehre, 1. Teil. Lehrbriefe für das Fernstudium der Oberstufenlehrer. Potsdam 1956, S. 47. *H. Becker* entwickelt innerhalb seiner „neuen Satzlehre" ein – rein syntaktisches – „Platzmodell", das in erster Linie die Tatsache meint, „daß für bestimmte Formen freie Plätze im

Satzplan bestehen". (*Becker, H.*: Neue Sprachlehre. In: Wissenschaftliche Zeitschrift der Friedrich-Schiller-Universität Jena, Gesellschafts- und Sprachwissenschaftliche Reihe 1965. Heft 2, S. 165.) Es erscheint jedoch zweifelhaft, ob auf Grund seiner „Dreisatzteillehre" (in der Subjekt, Prädikat und Prädikativum zu einem „Satzkern" zusammengeschlossen sind) eine strengere Modellierung möglich ist.

93 Zu einer ähnlichen Gruppierung vgl. auch *Abramow, B. A.*: Zum Begriff der zentripetalen und zentrifugalen Potenzen. In: Deutsch als Fremdsprache 1967. Heft 3, S. 157 f.

94 Vgl. *Paul, H.*: Prinzipien der Sprachgeschichte. Halle/S. 1898, § 85 ff.; *Paul, H.*: Deutsche Grammatik, Bd. III. Halle/S. 1954, § 6 ff., 190 ff.

95 Vgl. *Sütterlin, L.*: Die deutsche Sprache der Gegenwart. Leipzig 1900, S. 317.

96 Vgl. *Мещанинов, И. И.*: Члены предложения и части речи. Москва/Ленинград 1945, S. 171.

97 Vgl. *Ломтев, Т. П.*: Основы синтаксиса современного русского языка. Москва 1958, S. 78 f.

98 Vgl. *Шахматов, А. А.*: Синтаксис русского языка. Ленинград 1941, S. 158, 247.

99 Vgl. *Пешковский, А. М.*: Русский синтаксис в научном освещении. Москва 1956, S. 184 ff., 193.

100 Vgl. *Смирницкий, А. И.*: Синтаксис английского языка. Москва 1957, S. 138 f.

101 Vgl. *Admoni, W.*: Der deutsche Sprachbau. Leningrad 1966, S. 82, 216 f.

102 Vgl. *Brinkmann, H.*: Die deutsche Sprache. Gestalt und Leistung. Düsseldorf 1962, S. 457, 461 f.

103 Vgl. *Schmidt, W.*: Grundfragen der deutschen Grammatik. Berlin 1965, S. 127 ff., 190, 242.

104 Vgl. *Becker, H.*: Hauptprobleme der deutschen Satzlehre. 1. Teil, Potsdam 1956, S. 47 f.

105 Vgl. *Tesnière, L.*: Esquisse d'une syntaxe structurale. Paris 1953, S. 5; *Tesnière, L.*: Eléments de syntaxe structurale. Paris 1959, S. 109.

106 Vgl. *Erben, J.*: Abriß der deutschen Grammatik. Berlin 1964, S. 231 ff., 266.

107 Vgl. *Мельчук, И. А.*: Автоматический синтаксический анализ. Новосибирск 1964, S. 23.

108 *Glinz, H.*: Die innere Form des Deutschen. Bern 1961, S. 2; vgl. auch *Glinz, H.*: Grammatik und Sprache. In: Wirkendes Wort 1959. Heft 3, S. 138.

109 Vgl. *Drach, E.*: Grundgedanken der deutschen Satzlehre. Darmstadt 1963, etwa S. 14.

110 Vgl. *Boost, K.*: Neue Untersuchungen zum Wesen und zur Struktur des deutschen Satzes. Berlin 1955, etwa S. 30, 32 f.

111 Vgl. *Mathesius, V.*: Zur Satzperspektive im modernen Englisch. In: Archiv für das Studium der neueren Sprachen und Literaturen. 1929. Bd. 115, S. 202 ff.; *Beneš, E.*: Der Satzbeginn im Deutschen, von der Mitteilungsperspektive her betrachtet. In: Časopis pro moderní filologie. 1959. Bd. XLI, Heft 1, deutsche Zusammenfassung S. 117; *Beneš, E.*: Die funktionale Satzperspektive (Thema-Rhema-Gliederung) im Deutschen. In: Deutsch als Fremdsprache 1967. Heft 1, S. 23 ff.

112 Zur Unterscheidung von logisch-grammatischen, kommunikativ-grammatischen und strukturell-grammatischen Kategorien vgl. *Admoni, W.*: Der deutsche Sprachbau. Leningrad 1966, S. 10 ff.; *Schmidt, W.*: Grundlagen und Prinzipien des funk-

tionalen Grammatikunterrichts. In: Deutschunterricht (Berlin) 1963. Heft 11, S. 652 ff.; *Pfütze, M.*: Moderne Syntax in der Schule? In: Deutschunterricht (Berlin) 1963. Heft 8, S. 437 f.; *Pfütze, M.*: Einführung in die Sprachlehre. Teil II: Der Satz. Lehrbriefe für das Fernstudium der Lehrer. Potsdam 1963, S. 74 ff.

113 Vgl. *Glinz, H.*: Wortarten und Satzglieder im Deutschen. In: Der Deutschunterricht (Stuttgart) 1957. Heft 3, S. 13 ff.

114 Vgl. *Erben, J.*: Abriß der deutschen Grammatik. Berlin 1964, S. 263 ff.

115 Er erscheint nicht befriedigend, wenn *Welke* (*Welke, K.*: Untersuchungen zum System der Modalverben in der deutschen Sprache der Gegenwart. Berlin 1965, S. 30 f., 33 ff.) – „um möglichst konsequent dem funktionalen Kriterium folgen zu können" – das Prädikat als primär gegenüber dem finiten Verb anspricht, zugleich aber feststellen muß, „was als Prädikat zu gelten hat, muß im konkreten Fall entschieden werden".

116 Vgl. *Neumann, W.*: Zur Struktur des Systems der reinen Kasus im Neuhochdeutschen. In: Zeitschrift für Phonetik, Sprachwissenschaft und Kommunikationsforschung 1961. Heft 1, S. 60; vgl. dazu auch *Neumann, W.*: Rezension zu *W. Jung* – Grammatik der deutschen Sprache. In: Zeitschrift für Phonetik, Sprachwissenschaft und Kommunikationsforschung 1967. Heft 4, S. 377; vgl. auch *Helbig, G.*: Zu einigen Problemen der deutschen Grammatik für den Unterricht an Ausländer. Leipzig 1969 (hekt.), S. 59 f.; *Helbig, G.*: Probleme der deutschen Grammatik für Ausländer. Leipzig 1972.

117 Vgl. *Fourquet, J.*: Strukturelle Syntax und inhaltbezogene Grammatik. In: Sprache – Schlüssel zur Welt. Festschrift für Leo Weisgerber. Hrsg. von Helmut Gipper. Düsseldorf 1959, S. 140 f.

118 Vgl. dazu auch *Helbig, G.*: Zum Problem der Kasusfunktionen des deutschen Substantivs. Soll erscheinen in: Beiträge zur Geschichte der deutschen Sprache und Literatur 1973; *Helbig, G./J. Buscha*: Deutsche Grammatik. Ein Handbuch für den Ausländerunterricht. Leipzig 1972.

118a Dabei sehen wir ab von den seltenen Fällen, in denen das finite Verb (etwa bei Mengenangaben) mit dem Prädikativum kongruiert (z. B.: Der größte Teil der Zuschauer *waren Kinder*). Vgl. dazu *Jung, W.*: Grammatik der deutschen Sprache, a. a. O., § 317.

119 Vgl. dazu auch *Helbig, G.*: Zum Problem der Genera des Verbs in der deutschen Gegenwartssprache. In: Deutsch als Fremdsprache 1968. Heft 3, S. 130; *Helbig, G./G. Heinrich*: Das Vorgangspassiv. Leipzig 1972.

120 Vgl. dazu auch *Brinkmann, H.*: Die deutsche Sprache. Düsseldorf 1962, S. 398; *Droescher, W. O.*: German Verb Types. In: Lingua 1969. B. 24. Nr. 1, S. 24 f.

121 Ähnlich bereits *Jakobson, R.*: Beitrag zur allgemeinen Kasuslehre. In: Travaux du Cercle Linguistique de Prague. Prag 1936, S. 249 ff., 268 f.

122 Solche Schlußfolgerungen werden vor allem in den inhaltbezogenen Grammatiken gezogen, wenn sie von Zuwendgröße, Zielgröße usw. sprechen (etwa: *Glinz, Grebe*). Vgl. dazu kritisch *Helbig, G.*: Zu einigen Problemen der deutschen Grammatik für den Unterricht an Ausländer. Leipzig 1969 (hekt.), S. 59 f.

123 So etwa *Bell, A. G.*: Aspects of Valency and Dependency Grammar. Auckland 1970 (hekt.), S. 1 ff.

124 Anders auch *Abramov, B. A.*: Modelle der subjektlosen Sätze im Deutschen. In: Deutsch als Fremdsprache 1967. Heft 6, S. 361 ff.
125 Zu einer ähnlichen Motivation vgl. auch *Heringer, H.-J.*: Theorie der deutschen Syntax. München 1970, S. 115 f.
126 *Kalepky, T.*: Neuaufbau der Grammatik. Leipzig/Berlin 1928, S. 74 f.
127 Vgl. *Jespersen, O.*: Die grammatischen Rangstufen. In: Englische Studien. Bd. 60. Leipzig 1925/26, S. 302 ff.
128 Vgl. *Glinz, H.*: Die innere Form des Deutschen. Bern 1961, S. 96 f.
129 Vgl. *Regula, M.*: Grundlegung und Grundprobleme der Syntax. Heidelberg 1951, S. 74; vgl. auch *Regula, M.*: Syntactica. In: Indogermanische Forschungen. Bd. LXV, 1960. Heft 1, S. 9.
130 *Tesnière, L.*: Esquisse d'une syntaxe structurale. Paris 1953, S. 4.
131 *Erben, J.*: Abriß der deutschen Grammatik. Berlin 1964, S. 266.
132 Vgl. etwa *Klaus, G.*: Einführung in die formale Logik. Berlin 1959; in entsprechender linguistischer Applikation *Schmidt, F.*: Logik der Syntax. Berlin 1962.
133 Vgl. dazu auch *Groot, A. W.*: Subject-Predicate-Analysis. In: Lingua. Vol. 6. 1957. No. 3, S. 304 ff.
134 So etwa *Schreinert, G.*: Zur Behandlung der Syntax in der allgemeinbildenden polytechnischen Oberschule. In: Deutschunterricht (Berlin) 1960. Heft 4, S. 218 f. Selbst *Admoni* (*Admoni, W.*: Der deutsche Sprachbau. Leningrad 1966, S. 229) scheint eine solche Parallelität von Sprachstruktur und Wirklichkeit anzunehmen.
135 Dazu kritisch bereits *Welke, K.*: Zum Problem des Satzkerns. In: Deutschunterricht (Berlin) 1964. Heft 2, S. 163 f.
136 Vgl. *Weisgerber, L.*: Vom Weltbild der deutschen Sprache. 1. Halbband: Die inhaltbezogene Grammatik. Düsseldorf 1953, S. 105 ff., 198 ff.
137 Vgl. *Schmidt, W.*: Grundfragen der deutschen Grammatik. Berlin 1965, S. 18; vgl. dazu auch *Neumann, W.*: Wege und Irrwege der inhaltbezogenen Grammatik. In: Weimarer Beiträge 1961. Heft I, S. 134.
138 Vgl. *Ревзин, И. И.*: Формальный и семантический анализ синтаксических связей в языке. In: Академия наук СССР – Применение логики в науке и технике. Москва 1960, S. 132 f.
139 Zu dieser Konzeption ausführlicher *Колшанский, Г. В.*: Логика и структура языка. Москва 1965, S. 101 ff, 104 ff.
140 So etwa *Erben, J.*: Abriß der deutschen Grammatik. Berlin 1964, S. 231 ff.; so auch *Rachmankulowa, E. S.*: Strukturelle Untersuchungen zum deutschen Verb im Satzmodell. In: Deutsch als Fremdsprache 1966. Heft 4, S. 30 ff.
141 *Renicke, H.*: Grundlegung der neuhochdeutschen Grammatik. Berlin 1961, S. 99.
142 *Renicke, H.*: a. a. O., S. 73.
143 Vgl. *Renicke, H.*: a. a. O., S. 110.
144 Vgl. *Renicke, H.*: a. a. O., S. 115.
145 Vgl. *Weisgerber, L.*: Vom Weltbild der deutschen Sprache. 2. Halbband. Düsseldorf 1954, S. 178.
146 Vgl. *Grebe, P.* (Hrsg.): Der Große Duden. Grammatik der deutschen Gegenwartssprache. Mannheim 1959, S. 434 ff.
147 *Weisgerber, L.*: Vom Weltbild der deutschen Sprache, 2. Halbband. Düsseldorf 1954, S. 178.

148 *Grebe, P.* (Hrsg.): Der Große Duden. Grammatik der deutschen Gegenwartssprache. Mannheim 1959, S. 435.
149 Das gesteht *Grebe* (*Grebe, P.*: a. a. O., S. 436) auch selbst. Die „Abstrichmethode" führt weder zu einem „kommunikativen Minimum" des Satzes (das die vom Mitteilungsgehalt her wesentlichsten Elemente enthalten müßte) noch zu einem von uns angestrebten „strukturellen Minimum"; sie ist weder sach- noch formbezogen, sondern steht – als „inhaltbezogen" – gleichsam in der Mitte. Sie setzt eine intuitive Vorstellung von der Sinn-Notwendigkeit bestimmter Glieder voraus; eine solche Sinn-Notwendigkeit ist jedoch nicht eo ipso identisch mit einer syntaktisch-strukturellen Notwendigkeit. Kritisch zur Abstrichmethode auch *Glinz, H.*: Deutsche Syntax. Stuttgart 1965, S. 93 f.
150 Vgl. *Glinz, H.*: Die innere Form des Deutschen. Bern 1961, S. 93 f.
151 Zur ausführlicheren Diskussion dieser Fragen vgl. *Helbig, G.*: Valenz und Tiefenstruktur. In: Deutsch als Fremdsprache 1969. Heft 3, S. 159 ff.; *Helbig, G.*: Valenz, Tiefenstruktur und Semantik. In: Glottodidactica 1970. Heft III/IV, S. 11 ff. Zu einer ähnlichen Dreiteilung vgl. auch *Heringer, H.-J.*: Wertigkeiten und nullwertige Verben im Deutschen. In: Zeitschrift für deutsche Sprache 1967. S. 14 f.; *Heringer, H.-J.*: Theorie der deutschen Syntax. München 1970, S. 114 f.
152 Die Begriffe Oberflächen- und Tiefenstruktur werden verwendet im Sinne von *Chomsky, N.*: Aspects of the Theory of Syntax. Cambridge/Mass. 1965. Deutsche Ausgabe: Aspekte der Syntax-Theorie. Berlin 1970; vgl. dazu auch *Bierwisch, M.*: Aufgaben und Form der Grammatik. In: Zeichen und System der Sprache. Bd. III. Berlin 1966; *Neumann, W.*: Über die Dialektik sprachlicher Strukturen. In: Deutsche Zeitschrift für Philosophie 1969. Heft 2.
153 Vgl. dazu *Heidolph, K.-E.*: Zur Subkategorisierung. Berlin 1967 (hekt.), S. V f., 9, 17 f.
154 Zur Interpretation dieser Beispiele vgl. *Schmidt, F.*: Logik der Syntax. Berlin 1962, S. 65.
155 Vgl. *Steinitz, R.*: Adverbial-Syntax. Als: Studia Grammatica X. Berlin 1969, S. 30 ff.
156 Das wird irrtümlicherweise von *Rosengren* angenommen; vgl. *Rosengren, I.*: Zur Valenz des deutschen Verbs. In: Moderna Språk 1970. S. 49 ff.
157 Zu Argumenten gegen die direkte außersprachliche und semantische Motivierung der syntaktischen Valenz vgl. auch *Heringer, H.-J.*: Präpositionale Ergänzungsbestimmungen im Deutschen. In: Zeitschrift für deutsche Philologie 1968. S. 428 ff.
158 Darauf ist vor allem von *W. D. Hartung* und *K. E. Heidolph* auf der Arbeitstagung „Probleme der Transformationsgrammatik" hingewiesen worden (September 1967. Deutsche Akademie der Wissenschaften zu Berlin). Vgl. dazu auch *Heidolph, K. E.*: Zur Subkategorisierung, a. a. O., S. 18, 56 f.
159 *Hartung, W.*: Die Passivtransformationen im Deutschen. In: Studia Grammatica I, Berlin 1962, S. 101.
160 Vgl. *Erben, J.*: Abriß der deutschen Grammatik. Berlin 1964, S. 263 ff.
161 *Schmidt, W.*: Lexikalische und aktuelle Bedeutung. Berlin 1963, S. 93.
162 *Schmidt, W.*: a. a. O., S. 94.
163 Vgl. dazu *Glinz, H.*: Der deutsche Satz. Düsseldorf 1957, S. 51 f.
164 *Admoni* (*Admoni, W.*: Der deutsche Sprachbau. Leningrad 1966, S. 121) und *W.*

Schmidt (*Schmidt, W.*: Grundfragen der deutschen Grammatik. Berlin 1965, S. 151 f.) sprechen von einem „nicht notwendigen Objekt".
165 Vgl. etwa *Pfleiderer, W.*: Das Zeitwort im Deutschen und die Grundlagen des Satzes. In: Das Ringen um eine neue deutsche Grammatik. Hrsg. von Hugo Moser. Darmstadt 1962, S. 419; vgl. auch *Brinkmann, H.*: Die deutsche Sprache. Gestalt und Leistung. Düsseldorf 1962, S. 397 ff.
166 Vgl. dazu auch *Isačenko, A. V.*: Das syntaktische Verhältnis der Bezeichnungen von Körperteilen im Deutschen. In: Syntaktische Studien, als: Studia Grammatica V. Berlin 1965, S. 15 ff. Vgl. dazu auch v. Polenz, P.: Der Pertinenzdativ und seine Satzbaupläne. In: Festschrift für H. Moser zum 60. Geburtstag am 19. 6. 1969. Hrsg. v. U. Engel, P. Grebe u. H. Rupp. Düsseldorf 1969, S. 146 ff.
167 Vgl. dazu *Helbig, G./J. Buscha*: Deutsche Grammatik, a. a. O.
168 Vgl. dazu auch *Heringer, H.-J.*: Präpositionale Ergänzungsbestimmungen im Deutschen, a. a. O., S. 434 ff.
169 Trotz der Tatsache, daß die Nebensätze in den meisten Fällen inhaltlich den Satzgliedern entsprechen und beide als Repräsentationen einer Kategorie angesehen werden müssen, ziehen wir den alten Begriff des „Nebensatzes" dem jüngeren Begriff des „Gliedsatzes" vor, schon deshalb, weil man unter dem letzteren etwas Verschiedenes versteht. Gliedsätze sind für *Boost* (*Boost, K.*: Neue Untersuchungen zum Wesen und zur Struktur des deutschen Satzes. Berlin 1955, S. 57) offensichtlich alle Nebensätze, für *Jung* (*Jung, W.*: Grammatik der deutschen Sprache. Leipzig 1966, S. 21, 27 f.) nur die Nebensätze, die Satzglieder darstellen (d. h. mit Ausschluß der Attributsätze, die als Gliedteilsätze erscheinen), für *Glinz* (*Glinz, H.*: Die innere Form des Deutschen. Bern 1961, S. 437 ff.) alle Nebensätze und die Hauptsätze, die ohne Hinzufügungen oder Veränderungen der Wortstellung nicht allein stehen können, für *Brinkmann* (*Brinkmann, H.*: Die deutsche Sprache. Gestalt und Leistung. Düsseldorf 1962, S. 578 ff.) nur die Nebensätze, die als Subjekt- oder Objektsätze (meist mit „daß") sich aus einem „entfaltenden Verfahren" ergeben – im Unterschied zu den Attributsätzen (als Teilsätzen) und den Adverbialsätzen (in denen unabhängige Sachverhalte aufeinander „bezogen", nicht „entfaltet" werden).
170 Vgl. *Schmidt, F.*: Logik der Syntax. Berlin 1962, S. 60 ff., 63 ff., 72 ff., 76, 82 u. a.
171 Vgl. dazu *Steinitz, R.*: Adverbial-Syntax, a. a. O., S. 13 ff., 26 ff.; vgl. dazu auch *Helbig, G.*: Rezension zu R. Steinitz - Adverbial-Syntax. In: Deutsch als Fremdsprache 1970. Heft 5, S. 377.
172 Vgl. dazu ausführlicher *Heringer, H.-J.*: Theorie der deutschen Syntax, a. a. O., S. 156.
173 *Bierwisch, M.*: Grammatik des deutschen Verbs, als: Studia Grammatica II. Berlin 1963, S. 50.
174 *Bierwisch, M.*: a. a. O., S. 50.
175 Vgl. *Glinz, H.*: Die innere Form des Deutschen. Bern 1961, S. 85 ff.
176 Vgl. dazu *Helbig, G.*: Die Transformationslehre bei Harris und Chomsky (1). In: Deutsch als Fremdsprache 1966. Heft 1, S. 11 und Anm. 83 auf S. 14. Auch die Arbeit von *Hartung, W.*: Die Negation in der deutschen Gegenwartssprache. In: Deutsch als Fremdsprache 1966. Heft 2, S. 13 ff., die eine Lösung auf dem Boden der generativen Grammatik versucht, kann die genannten Schwierigkeiten noch nicht restlos erklären. Vgl. dazu auch *Helbig, G.*: Zum Problem der Stellung des Negations-

wortes „nicht". In: Deutsch als Fremdsprache 1971. Heft 2; *Helbig, G.*: Zu einigen Problemen der deutschen Grammatik für den Unterricht an Ausländer, a. a. O., S. 82.

177 *Harris, Z. S.*: Methods in Structural Linguistics. Chicago 1951, S. 15 f.; *Harris, Z. S.*: Distributional Structure. In: Word 1954. Jg. 10, S. 146.

178 *Harris, Z. S.*: Distributional Structure. In: Word 1954. Jg. 10, S. 146; vgl. dazu auch *Hockett, C. F.*: Two Models of Grammatical Description. In: Word 1954. Jg. 10, S. 215.

179 Ähnlich *Gleason, H. A., Jr.*: An Introduction to Descriptive Linguistics. New York 1955, S. 56.

180 Vgl. *Harris, Z. S.*: Co-occurrence and Transformation in Linguistic Structure. In: Language 1957. No. 3, S. 283 ff.

181 Auf besondere Probleme des Distributionsbegriffes kann hier nicht eingegangen werden; vgl. dazu etwa *Diderichsen, P.*: The Importance of Distribution Versus Other Criteria in Linguistic Analysis. In: Proceedings of the Eighth International Congress of Linguists. Oslo 1958, S. 166 ff.

182 Vgl. *Chomsky, N.*: Categories and Relations in Syntactic Theory. M.I.T. Cambridge (Mass.) 1964. In: Materialien zum II. Internationalen Symposion „Zeichen und System der Sprache" in Magdeburg 1964, S. 27 f., 38 f., 55; *Chomsky, N.*: Aspects of the Theory of Syntax. Cambridge (Mass.) 1965, S. 85 f., 95 f., 113.

183 Vgl. *Glinz, H.*: Geschichte und Kritik der Lehre von den Satzgliedern in der deutschen Grammatik. Bern 1947.

184 Vgl. *Weisgerber, L.*: Vom Weltbild der deutschen Sprache. 1. Halbband: Die inhaltbezogene Grammatik. Düsseldorf 1953, S. 241 ff.

185 Vgl. dazu *Bach, E.*: An Introduction to Transformational Grammars. New York/Chicago/San Francisco 1964, S. 10.

186 Vgl. *Chomsky, N.*: Categories and Relations in Syntactic Theory. M.I.T. Cambridge (Mass.) 1964. In: Materialien zum II. Internationalen Symposion „Zeichen und System der Sprache" in Magdeburg 1964, S. 27 f., 38 f., 55, 90 ff.; *Chomsky, N.*: Aspects of the Theory of Syntax. Cambridge (Mass.) 1965, S. 85 f., 95 f., 113, 152 ff.

187 Vgl. *Leisi, E.*: Der Wortinhalt. Seine Struktur im Deutschen und Englischen. Heidelberg 1961, S. 68.

188 Vgl. *Abramow, B. A.*: Zum Begriff der zentripetalen und zentrifugalen Potenzen. In: Deutsch als Fremdsprache 1967. Heft 3, S. 164.

189 Vgl. dazu ausführlicher *Steinitz, R.*: Adverbial-Syntax. Als: Studia Grammatica X. Berlin 1969, S. 19 ff.

190 Im Gegensatz etwa zu *Heringer*, der gerade unseren Fall 1 (= fakultative Valenz) als Ellipse bezeichnet, dabei aber völlige Bedeutungsinvarianz voraussetzt, die nur bei Fall 2 gegeben ist. Vgl. dazu *Heringer, H.-J.*: Wertigkeiten und nullwertige Verben im Deutschen. In: Zeitschrift für deutsche Sprache 1967, S. 15; *Heringer, H.-J.*: Theorie der deutschen Syntax, a. a. O., S. 115; diese Fragen werden ausführlicher diskutiert bei *Rosengren, I.*: Zur Valenz des deutschen Verbs, a. a. O., S. 51 ff.

191 Vgl. dazu *Große, R.*: Zum Verhältnis von Form und Inhalt bei der Valenz der deutschen Verben, a. a. O., S. 125; vgl. dazu auch *Rosengren, I.*: Zur Valenz des deutschen Verbs, a. a. O., S. 53 ff.

192 Vgl. *Glinz, H.*: Die innere Form des Deutschen. Bern 1961, S. 85 ff.

193 Es scheint uns eine Vermengung zweier Ebenen zu sein, die sehr bald zu Widersprüchen führt, wenn *Jung* (*Jung, W.*: Grammatik der deutschen Sprache. Leipzig 1966) die Satzglieder einerseits – wie *Admoni* und *W. Schmidt* – aus der objektiven Wirklichkeit ableiten, d. h. semantisch begründen möchte (S. 8), sie aber andererseits – mit *Glinz* – als Stellungstypen, im strukturellen Sinne als permutable Komplexe im Satz bestimmt (S. 9). Zum Satzgliedproblem vgl. auch *Arndt, E.*: Zur strukturellen Gliederung des deutschen Verbalsatzes. Hab. Berlin 1967. Vgl. dazu auch *Helbig, G.*: Zum Problem der Wortarten, Satzglieder und Formklassen in der deutschen Grammatik. In: Probleme der strukturellen Grammatik und Semantik. Hrsg. v. *R. Ruzicka*. Leipzig 1968; *Helbig, G.*: Zu einigen Problemen der deutschen Grammatik für den Unterricht an Ausländer, a. a. O., S. 44 ff.; *Grimm, H.-J.*: Satzglied und Satzgliedstellung (Erste Überlegungen). Leipzig 1969 (hekt.); *Grimm, H.-J.*: Zum Problem der Satzglieder in der deutschen Grammatik. In: Deutsch als Fremdsprache 1972. Heft 1, S. 42 ff.

194 Im Unterschied zur 1. Auflage dieses Buches; vgl. *Helbig, G./W. Schenkel*: Wörterbuch zur Valenz und Distribution deutscher Verben. Leipzig 1969, S. 42 ff.

195 Vgl. dazu *Helbig, G.*: Zum Problem der Genera des Verbs in der deutschen Gegenwartssprache. In: Deutsch als Fremdsprache 1968. Heft 3, S. 130.

196 Vgl. *Welke, K.*: Untersuchungen zum System der Modalverben in der deutschen Sprache der Gegenwart. Berlin 1965, S. 41.

197 Vgl. *Buscha, J.*: Die Hilfsverben in einer deutschen Grammatik für Ausländer. In: Deutsch als Fremdsprache 1971. Heft 5, S. 257 ff.

198 Vgl. dazu *Helbig, G./J. Buscha*: Deutsche Grammatik, a. a. O.; vgl. auch die unter Anm. 193 genannten Arbeiten von *H.-J. Grimm*.

199 So verwunderlicherweise bei *Heringer*; vgl. dazu unsere Anm. 89.

200 Vgl. dazu *Große, R.*: Zum Verhältnis von Form und Inhalt bei der Valenz der deutschen Verben. In: Beiträge zur Valenztheorie. Hrsg. v. *G. Helbig*. Halle 1971, S. 128; vgl. dazu auch *Kruspe, H.*: Die Valenz der Verben der zwischenmenschlichen Beziehungen. Staatsexamensarbeit Leipzig 1967.

201 Vgl. *Schmidt, W.*: Lexikalische und aktuelle Bedeutung. Berlin 1963, S. 45 f.

202 Vgl. *Мразек, Р.*: Синтаксическая дистрибуция глаголов и их классов. In: Вопросы языкознания 1964. Heft 3, S. 50.

203 *Agricola, E.* (Hrsg.): Wörter und Wendungen. Wörterbuch zum deutschen Sprachgebrauch. Leipzig 1970.

204 *Grebe, P.*, und *G. Streitberg*: Der Große Duden. Stilwörterbuch der deutschen Sprache. Mannheim 1956.

205 Vgl. *Апресян, Ю. Д.*: Опыт описания значений глаголов по их синтаксическим признакам (типам управления). In: Вопросы языкознания 1965. Heft 5. S. 51 ff.

206 Vgl. dazu *Glinz, H.*: Die innere Form des Deutschen. Bern 1961, S. 57. Es muß allerdings hinzugefügt werden, daß *Glinz* heute nicht mehr an eine solche Parallelität von Sprachkörper und Sprachinhalt glaubt und deshalb jetzt den Inhalt vom „Gemeinten" her zu begreifen versucht; vgl. dazu *Glinz, H.*: Grundbegriffe und Methoden inhaltbezogener Text- und Sprachanalyse. Düsseldorf 1965, S. 16, 31 ff.

207 Vgl. *Fries, C. C.*: The Structure of English. London 1963, S. 56 f., 175, 201.

208 *Штейнфельдт, Э. А.*: Частотный словарь современного русского литературного языка. Таллин 1963.

209 Vgl. *Апресян, Ю. Д.*: Опыт описания значений глаголов по их синтаксическим признакам (типам управления). In: Вопросы языкознания 1965. Heft 5, S. 57.
210 Eine kritische Übersicht zur bisherigen Untersuchung der „Satzmodelle" auf den verschiedenen Ebenen versucht *Helbig, G.*: Die Bedeutung syntaktischer Modelle für den Fremdsprachenunterricht. In: Deutsch als Fremdsprache 1967. Heft 4; vgl. dazu auch *Schenkel, W.*: Deutsche Satzmodelle für den Fremdsprachenunterricht. In: Deutsch als Fremdsprache 1969. Heft 1; *Schenkel, W.*: Formenbestand deutscher Satzmodelle. In: Deutsch als Fremdsprache 1969. Heft 2; vgl. dazu auch *Helbig, G.*: Zur Theorie der Satzmodelle. In: Biuletyn Fonograficzny XI. Poznań 1971.
211 Ausführlicher dazu vgl. *Helbig, G.*: Theoretische und praktische Aspekte eines Valenzmodells. In: Beiträge zur Valenztheorie, a. a. O., S. 32 ff.
212 Zu dieser Alternative vgl. auch *Heger, K.*: Valenz, Diathese und Kasus. In: Zeitschrift für romanische Philologie 1966. S. 139 ff.
213 Vgl. die unter unserer Anm. 6 genannten Arbeiten.
214 Vgl. die unter unserer Anm. 90 genannten Arbeiten.
215 Vgl. die unter unserer Anm. 212 genannte Arbeit.
216 Vgl. dazu vor allem *Flämig, W.*: Valenztheorie und Schulgrammatik. In: Beiträge zur Valenztheorie, a. a. O.; ähnlich unterscheidet auch *Heringer* zwischen syntaktischer, inhaltlicher und logischer Wertigkeit - vgl. *Heringer, H.-J.*: Wertigkeiten und nullwertige Verben im Deutschen, a. a. O., S. 21 f.
217 Zu diesem Beispiel vgl. *Schmidt, W.*: Lexikalische und aktuelle Bedeutung. Berlin 1963, S. 49.
218 Vgl. Deutsch. Ein Lehrbuch für Ausländer. Teil I. Leipzig 1958.
219 Vgl. etwa *Chomsky, N.*: Current Issues in Linguistic Theory. The Hague 1964. S. 53 f.; *Bierwisch, M.*: Grammatik des deutschen Verbs. Als: Studia Grammatica II. Berlin 1963, S. 9 ff.
220 *Meier, G. F.*: Was versteht man unter marxistischer Sprachwissenschaft? In: Hochschulwesen 1959. Heft 1, S. 32 f.
221 *Hartmann, P.*: Modellbildungen in der Sprachwissenschaft. In: Studium Generale 1965. Heft 6, S. 378.
222 Vgl. *Ревзин, И. И.*: Структурная лингвистика и единство языкознания. In: Вопросы языкознания 1965. Heft 3, S. 46.
223 Vgl. *Ревзин, И. И.*: Модели языка. Москва 1962, S. 8 ff.
224 Vgl. *Шаумян, С. К.*: Философские идеи Ленина и развитие современного языкознания. In: Академия наук СССР - Институт славяноведения. Краткие сообщения. Москва 1961, S. 72 f.; vgl. auch *Шаумян, С. К.*: Структурная лингвистика. Москва 1965, S. 77, 376.
225 Vgl. *Шаумян, С. К.*: Структурная лингвистика. Москва 1965, S. 46 f. Vgl. dazu auch *Helbig, G.*: Zum Modellbegriff in der Linguistik. In: Deutsch als Fremdsprache 1970. Heft 1/2.
226 Zur Rolle der Idealisierung und Modellierung unter dem Aspekt der marxistischen Philosophie (speziell: Erkenntnistheorie) vgl. auch: Marxistische Philosophie. Lehrbuch. Berlin 1967, S. 584 f., 605 f.
227 Vgl. dazu ausführlich *Bierwisch, M.*: Poetik und Linguistik. In: Sprache im technischen Zeitalter 15/1965; *Steube, A.*: Gradation der Grammatikalität und stilisti-

sche Adäquatheit. Diss. Leipzig 1966. S. 94 f., 160 f., 180 ff.; *Steube, A.*: Gradation der Grammatikalität. In: Probleme der strukturellen Grammatik und Semantik. Hrsg. von R. Ruzicka. Leipzig 1968.

228 Auf diese Konsequenz hat hingewiesen *Putnam, H.*: Zu einigen Problemen der theoretischen Grundlegung der Grammatik. In: Sprache im technischen Zeitalter. 1965. Heft 14, S. 1110 ff.

229 Vgl. etwa *Chomsky, N.*: Categories and Relations in Syntactic Theory. M.I.T. Cambridge (Mass.) 1964. In: Materialien zum II. Internationalen Symposion „Zeichen und System der Sprache" in Magdeburg 1964, S. 37 ff.; *Chomsky, N.*: Aspects of the Theory of Syntax. Cambridge (Mass.) 1965, S. 94 ff.; *Hartung, W.*: Die zusammengesetzten Sätze des Deutschen, als: Studia Grammatica IV. Berlin 1964. S. 30 f.; *Засорина, Л. Н.*: Трансформация как метод лингвистического эксперимента в синтаксисе. In: Трансформационный метод в структурной лингвистике. Моска 1964. S. 110 f.; vgl. auch *Апресян, Ю. Д.*: О понятиях и методах структурной лексикологии. In: Проблемы структурной лингвистики. Москва 1962. S. 141 ff.

230 *Buscha, J.*: Deutsches Übungsbuch. Leipzig 1970. S. 67 ff.

231 Vgl. *Fries, C. C.*: Teaching and Learning English as a Foreign Language. Ann Arbor 1945, etwa S. 7; vgl. auch *Fries, C. C.*: The Chicago Investigation. In: Language Learning 1949. Heft 3, S. 89 ff., 93.

232 Für unseren Zusammenhang vor allem *Buscha, J.*: Deutsches Übungsbuch, a. a. O., S. 59 ff.

233 Vgl. dazu *Flämig, W.*: Probleme und Tendenzen der Schulgrammatik. In: Deutschunterricht (Berlin) 1966. Heft 6, S. 334.

234 Vgl. *Bierwisch, M.*: Eine Hierarchie syntaktisch-semantischer Merkmale. In: Studia Grammatica V. Berlin 1965; zur Aufstellung von substantiellen Universalien zur Beschreibung von Raumbeziehungen bei Adjektiven und Verben vgl. auch *Bierwisch, M.*: Some Semantic Universals of German Adjectivals. In: Foundations of Language. Vol. 3. 1967. No. 1, S. 1 ff.

235 Einen Versuch, die semantischen Merkmale über unsere Stufe III hinaus an einigen Beispielen weiter zu spezifizieren, liefert *Forstreuter, E.*: Zur semantischen Spezifizierung der Umgebungen einiger Verben. In: Deutsch als Fremdsprache 1968. Heft 6, S. 336 ff.

236 Vgl. dazu *Große, R.*: Zum Verhältnis von Form und Inhalt bei der Valenz deutscher Verben, a. a. O., S. 129 f.; vgl. dazu auch *Diersch, H.*: Verben der Fortbewegung in der deutschen Sprache der Gegenwart. Diss. Leipzig 1968; *Romeyke, H.*: Untersuchung zur Valenz der deutschen Verben mit Richtungsbestimmung. Diss. Leipzig 1970.

237 Vgl. dazu *Helbig, G.*: Kleines Wörterbuch linguistischer Termini. Als: Beilage zur Zeitschrift „Deutsch als Fremdsprache" 1969. Heft 2, S. 9.

238 So etwa *Schmidt, W.*: Lexikalische und aktuelle Bedeutung. Berlin 1963. S. 32, 122 f.; Wörter und Wendungen. Wörterbuch zum deutschen Sprachgebrauch. Hrsg. von E. Agricola. Leipzig 1970, S. XIV, XVII (hier allerdings wird die historische Unterscheidung auch beibehalten); *Sommerfeldt, K.-E./H. Schreiber*: Untersuchungen zur syntaktischen und semantischen Valenz deutscher Adjektive. In: Deutsch als Fremdsprache 1971. Heft 4.

238a Zum Verhältnis von Polysemie und Homonymie vgl. auch Kleine Enzyklopädie. Die deutsche Sprache. 1. Bd. Leipzig 1969, S. 529 f. Zur präziseren Bestimmung und Differenzierung vgl. *Курилович, Э.*: Очерки по лингвистике. Москва 1962. S. 246; *Степанов, Ю. С.*: Основы языкознания. Москва 1966. S. 154 f. Vgl. dazu auch *Grimm, H.-J.*: Untersuchungen zu Synonymie und Synonymität durch Wortbildung im neueren Deutsch. Diss. Leipzig 1970. S. 195 ff. (dort wird auch die neuere tschechoslowakische Forschung verarbeitet). Das von Stepanov vertretene Konzept führt ebenfalls zu einer Erweiterung des Begriffes der Homonymie, indem etwa Esel (als Tier) und Esel (als Dummkopf) nicht mehr als polysem, sondern als homonym aufgefaßt werden (obwohl eine „Hauptbedeutung" erkennbar bleibt).

239 So z. B. im Deutsch-Lehrbuch für die Vereinigte Arabische Republik „Lernt mit uns Deutsch". Leipzig 1968 (hekt.); ebenso in: Deutsch. Ein Lehrbuch für Ausländer. Teil 1. Leipzig 1968. Vokabelverzeichnis.

240 Vgl. dazu *Helbig, G.*: Zum Problem der Wortarten in einer deutschen Grammatik für Ausländer. In: Deutsch als Fremdsprache 1968. Heft 1, S. 11.

Hinweise zur Benutzung

An Hand eines dreistufigen Modells werden die Verben in ihren syntaktischen und semantischen Umgebungen beschrieben. Dazu erscheinen im einzelnen folgende Erläuterungen notwendig:

1. Auf Stufe I wird die Anzahl der Mitspieler als Index zum Verb angegeben. Dabei bezeichnet die Zahl ohne Klammer die Anzahl der obligatorischen Mitspieler, die Zahl in der Klammer die Anzahl der fakultativen Mitspieler. Die obligatorischen und die fakultativen Mitspieler werden addiert zur Gesamtzahl der notwendigen (= valenzgebundenen) Glieder.
Beispiel: I. $danken_{1+(2)=3}$
Die verschiedenen Varianten eines Verbs, die in der Regel auch mit verschiedenen Bedeutungen gekoppelt sind (vgl. Abschnitt 7), werden auf Stufe I mit V 1, V 2 usw. angegeben.

2. Auf Stufe II werden die obligatorischen und fakultativen Mitspieler als syntaktische Umgebungen des Verbs bestimmt. Dabei stehen die Symbole für die obligatorischen Mitspieler ohne Klammern, die für die fakultativen Mitspieler in der Klammer.
Beispiel: II. danken → Sn, (Sd), (pS/$NS_{daß}$)
Alle auf dieser Stufe vorkommenden Symbole sind aus dem Abkürzungsverzeichnis (S. 97) ersichtlich.
Ein Schrägstrich zwischen zwei Mitspielern deutet an, daß beide alternativ möglich sind.
Beispiel: pS/$NS_{daß}$
Sind zwei Mitspieler nur zusammen möglich, werden sie durch das Zeichen + verbunden.
Beispiel: Sa + pS
Erscheinen zwei Glieder der gleichen Art, so werden sie durchnumeriert.
Beispiel: Sa_1, Sa_2; p_1S, p_2S

3. Auf Stufe III werden die obligatorischen und fakultativen Mitspieler des Verbs als semantische Umgebungen fixiert. Auf dieser Stufe werden folgende Symbole verwendet und mit Beispielsätzen erläutert:
Abstr, Act, ±Anim, −Art, Caus, ±def Art, Dir, Hum, Loc, Mod, Refl, Temp, unbest Num, unbest Pron, Ø.

Beispiel: III. Sn → 1. Hum (*Der Jubilar* dankt.)
2. Abstr (als Hum) (*Der Betrieb* dankt dem Ministerium.)
Sd → 1. Hum (Der Lehrer dankt *dem Schüler*.) usw.

Erläuterungen zu den Symbolen sind dem Abkürzungsverzeichnis (S. 97ff.) zu entnehmen.

Die Festlegung Hum ist redundant, wenn +Anim ausgesagt ist; sie wird deshalb in diesem Falle weggelassen. Schließt +Anim aber Hum aus, so ist das durch+Anim (−Hum) angegeben.

Die Notierung Adv (vgl. Abkürzungsverzeichnis) wird eingespart, wenn pS → Loc, Temp, Mod oder Caus (als Adverbialbestimmung) erscheint, da es sich um eine generelle Substituierbarkeit handelt („Er wohnt *in diesem Haus*" − „Er wohnt *dort*"). Ebenso wird NS_w nicht besonders aufgeführt, wenn es nur für das entsprechende Satzglied (für einen Objektsakkusativ oder einen Subjektsnominativ) steht und nur mit dem entsprechenden Einleitungswort vorkommt („Er putzt *das Messer*" − „Er putzt, *was noch nicht blank war*"; „*Der Mutige* gewinnt" − „*Wer mutig ist*, gewinnt"). In ähnlicher Weise schließt Adj eine Ersetzbarkeit durch bestimmte pS und NS ein (Er sieht *krank* aus → Er sieht *wie ein Kranker* aus → Er sieht aus, *als ob er krank wäre*).

Wenn bei einzelnen Mitspielern die Artikelselektion eindeutig festgelegt werden kann, geschieht dies durch die Symbole −Art, +def Art, −def Art.

4. Über die unter Abschnitt 3 genannten generellen semantischen Merkmale hinaus wird auf Stufe III − wenn es möglich ist − auf bestimmte spezifische semantische Merkmale verwiesen, die die Umgebung des Verbs noch mehr einschränken. Sie sind durch die Symbole Mat, Körperteil, Kleidungsstück, Fahrzeug, Geld, flüssig, Werkzeug, Textilien usw. gekennzeichnet. Im Unterschied zu den generellen semantischen Merkmalen ist die Gruppe der spezifischen Merkmale offen.

5. Aus praktischen Gründen sind die Verben nicht alphabetisch, sondern nach formaler und inhaltlicher Zusammengehörigkeit, nach Wortfamilien, Bedeutungsfeldern und Wortbildungsmitteln angeordnet. Ein alphabetisches Register am Ende des Buches erleichtert das Auffinden des gesuchten Verbs.

6. Hat ein Verb verschiedene Umgebungen (nach Zahl und Art oder auch nur nach der Art), setzen wir verschiedene Varianten an (V1, V2, V3 usw.). Diese verschiedenen Varianten haben in der Regel auch verschiedene Bedeutung, die in Klammern auf Stufe I angedeutet wird.

Beispiel: I. einführen$_2$ (V 1 = importieren, in Gebrauch bringen;
   V 2 = einweihen, vorstellen;
   V 3 = hineinleiten).

Um solche Varianten handelt es sich
a) bei verschiedener Bedeutung, aber gleicher Lautform (Homonymie bzw. Polysemie; vgl. dazu 9.2.).
Beispiel: kosten (V 1 = abschmecken, probieren;
   V 2 = wert sein, zu bezahlen sein);
b) bei verschiedener Bedeutung und verschiedener Struktur (reflexiv – nicht reflexiv).
Beispiel: überarbeiten (V 1 = bearbeiten, durcharbeiten)
   sich überarbeiten (V 2 = sich überanstrengen).

7. Als verschiedene Verben werden solche Verben aufgefaßt, deren Konjugationsformen sich unterscheiden, auch dann, wenn der Infinitiv gleich ist.

Beispiel: a) erschrecken, erschreckte, hat erschreckt
   b) erschrecken, erschrak, ist erschrocken

Dazu rechnen auch Verben, deren Konjugationsformen sich durch Trennbarkeit oder Untrennbarkeit des Präfixes unterscheiden.
Beispiel: a) überholen, überholte, hat überholt
   b) überholen, holte über, hat übergeholt.

Es sind nicht nur Varianten eines Verbs, da bei Varianten immer formal-morphologische Identität vorliegt und andererseits aus historischen Gründen Fälle wie „legen" – „liegen", „setzen" – „sitzen" ohnehin als zwei Verben erscheinen müßten.

8. Das Reflexivpronomen wird verschieden bewertet bei echten reflexiven und unechten reflexiven (reflexiv gebrauchten) Verben. Als Mitspieler gilt es nur, wenn es durch ein Substantiv (Sa bzw. Sd) substituierbar ist (in diesem Falle taucht zunächst das Substantiv als Mitspieler auf).

Beispiel: Er wäscht *sich / das Kind.*

Ist das Reflexivum aber nicht substituierbar, ist also die Besetzung der entsprechenden Stelle nicht variabel, gilt es nicht als Mitspieler, sondern gehört zum Verb, ist grammatischer Prädikatsteil und wird zusammen mit dem Infinitiv auf Stufe I genannt.

Beispiel: sich schämen$_{1+(1)=2}$

9. Wie das Reflexivpronomen, so wird auch das unpersönliche Pronomen „es" nur dann als Mitspieler gewertet, wenn es durch ein Substantiv

(bzw. einen anderen Mitspieler) substituierbar ist, die entsprechende Stelle also variabel ist. Deshalb gilt es nicht als Mitspieler in einem Satz wie „*Es* schneit", wohl aber in einem Satz wie „*Es* (das Geschenk) freut mich". Das Pronomen „es" wird als Mitspieler auch nicht verzeichnet, wenn es bloßes Korrelat, bloßer Platzhalter ist (z. B.: „Ich hoffe *es*, daß er kommt"), der in der Regel dann nicht mehr erscheint, wenn das betreffende Glied, für das der Platz gehalten wird (Subjekt, Nebensatz, Infinitiv), vor dem Verb steht:

Es kommt mein Freund.
→ Mein Freund kommt.

10. Redewendungen werden nicht in den Apparat aufgenommen. Eine Redewendung liegt dann vor, wenn das betreffende Substantiv nicht mindestens durch *ein* anderes substituierbar ist, d. h., wenn eine einmalige Phraseologie vorliegt. Als Redewendung würden wir auffassen „Er schiebt seinem Freund *die Schuld* in die Schuhe", nicht aber „Er schiebt seinem Freund *das Papier* in die Schuhe".

11. Bei Verbalkomposita werden Präpositionen und Adverbien nicht als Mitspieler gewertet (als ein Verb werden behandelt „*an*haben", „*auf*haben", „*ein*steigen", „*zurück*kehren" usw.), wohl aber Adjektive, Substantive und Verben in Fällen wie *warm*stellen, *rad*fahren, *spazieren*gehen).

12. Auf die Kasusindizes wurde verzichtet, wenn mehrere pS als Lokal- oder Richtungsangaben vorkommen, da diese Angaben (die genereller Natur sind und deshalb an vielen Stellen hätten wiederholt werden müssen) den Apparat unnötig kompliziert hätten.

13. Die Beispielsätze, die jedem der Verben beigegeben sind, belegen lediglich das mögliche Vorkommen der betreffenden Umgebung in der deutschen Gegenwartssprache. Sie können deshalb nicht stilistisch bewertet werden, obwohl sie natürlich innerhalb der einem bestimmten Symbol zur Verfügung stehenden Lexik nach Möglichkeit einem bekannten Wort den Vorzug geben.

Die folgende Tabelle bringt eine Zusammenfassung aller im „Wörterbuch zur Valenz und Distribution deutscher Verben" verwendeten Symbole. Zur raschen Orientierung sei auch auf die Kapitel 4 und 5 der „Einführung in die Valenztheorie" verwiesen.

Abkürzungsverzeichnis

Die Tabelle der syntaktischen und semantischen Termini zeigt eine unterschiedliche Schreibweise, die sich aus der verschiedenen Herkunft der Termini erklärt. Die syntaktischen Termini werden herkömmlich groß geschrieben. Sie stammen aus dem Lateinischen. Die semantischen Termini gehören, wie allgemein üblich, dem Englischen an und zeigen deshalb im vollen Wortausdruck kleine Anfangsbuchstaben; jedoch werden sie, wieder der allgemeinen Konvention folgend, als Abkürzungen groß geschrieben.

Symbol	volle Form	Erklärung	Beispiele
Abstr	abstract	Abstraktbezeichnung	Wir treffen *eine Maßnahme*.
Abstr (als Hum)	abstract (als human)	Kollektivbegriff (auf Institutionen bezogen)	Es gibt *viele Kommissionen*.
Act	action	Handlung	*Das Schwimmen* erhält die Gesundheit. ..., *daß er kommt*. ..., *schnell zu kommen*.
Adj	Adjektiv	(auch in adverbialer Verwendung)	Er geht *langsam*.
Adv	Adverb	ursprüngliches Adverb	Er dachte sich die Sache *anders*.
+Anim	+animate	belebtes Wesen	Er führt *seine Frau, seinen Hund* aus.
+Anim (−Hum)	+animate (−human)	belebtes Wesen (menschliches Wesen ausgenommen)	Er lenkt *die Pferde*.
−Anim	−animate	unbelebtes Wesen	*Die Uhr* geht.
−Art	−Artikel	ohne Artikel gebräuchlich	Er hat *Hunger*.
Caus	causal	Bestimmung des Grundes	Der Unfall begab sich *wegen Trunkenheit*.
+def Art	+definite article	mit bestimmtem Artikel gebräuchlich	Sein Mut kam *ins* Wanken.
−def Art	−definite article	mit unbestimmtem Artikel gebräuchlich	Er zahlt mit *einem* Scheck.

7 Valenzwörterbuch

Symbol	volle Form	Erklärung	Beispiele
Dir	direction	Richtungsbestimmung	Er leitet das Schreiben *an den Bürgermeister*.
Hum	human	menschliches Wesen	Es geht *dem Patienten* gut.
−Hum	−human	menschliches Wesen ausgenommen	vgl. +Anim (−Hum)
I	Infinitiv	Infinitiv ohne „zu"	Ich sehe ihn *kommen*.
−Ind	−Individualbezeichnung	Individualbezeichnung ausgenommen	Mein Freund wird *Arzt*.
Inf	Infinitiv	(erweiterter) Infinitiv mit „zu"	Sie entschließt sich, (*Wäsche*) *zu waschen*.
Loc	local	Ortsbestimmung	Der Unfall begab sich *im Nachbarort*.
Mod	modal	Artbestimmung	Sie hält die Kinder *streng*.
NS	Nebensatz, differenziert nach dem Einleitungswort:		
NS$_{daß}$		eingeleitet mit „daß"	..., *daß Änderungen notwendig sind*.
NS$_{ob}$		eingeleitet mit „ob"	..., *ob Änderungen notwendig sind*.
NS$_w$		eingeleitet mit allen w-Fragen (*wer, was, wen, wann, warum* usw.)	..., *wer die Untersuchung einzuleiten habe*.
p	Präposition		Das führt *vom* Thema ab.
	(Zu p rechnen auch Fügewörter wie *als* und *wie*, die die syntaktische Position von Präpositionen einnehmen[240]).		
pAdj	Adjektiv mit Präposition		Wir halten das *für gut*.
Part I	Partizip Präsens		Er findet den Roman *spannend*.
Part II	Partizip Perfekt		Er ist *erschöpft*.
Part	Partizip (I und II)		Das Kind liegt hier *schlafend / begraben*.
pPart	präpositionales Partizip		Er betrachtet die Erklärung *als ausreichend / als gelungen*.
pS	präpositionales Substantiv		Er geht *in die Schule*.
pSa	präpositionales Substantiv im Akkusativ		Er macht sich *an die Arbeit*.

Symbol	volle Form	Erklärung	Beispiele
pSd	präpositionales Substantiv im Dativ		Das Eis wird *zu Wasser*.
pSg	präpositionales Substantiv im Genitiv		Er bewundert ihn *wegen seiner Ruhe*.
Refl	Reflexivpronomen		Der Lehrer macht *sich* Gedanken.
Sa	Substantiv im Akkusativ		Der Lehrer führt *die Aufsicht*.
Sd	Substantiv im Dativ		Er verordnet *dem Kind* Medizin.
Sg	Substantiv im Genitiv		Er beschuldigt ihn *der Feigheit*.
Sn	Substantiv im Nominativ		Das *Mädchen* gefällt ihm.
Temp	temporal	Zeitbestimmung	Die Versammlung dauert *zwei Stunden*.
unbest Num	unbestimmtes Numerale		Mir liegt *viel* an seinem Rat.
unbest Pron	unbestimmtes Pronomen		Wir hoffen *das*.
V 1 usw.	Variante 1		
*		Zeichen für einen abweichenden, d. h. ungrammatischen Satz	*Er besucht.
∅		Zeichen dafür, daß das betreffende Glied zwar eliminiert werden kann, aber eindeutig mitgedacht wird	Die Henne legt. → Die Henne legt *Eier*.

Verzeichnis der Verben

achten

I. achten₂ (V1 = hochschätzen)
II. achten → Sn, Sa
III. Sn →   1. Hum (*Die Schüler* achten den Lehrer.)
          2. Abstr (als Hum) (*Die Universität* achtet den Forscher.)
  Sa →   1. Hum (Wir achten *den Lehrer*.)
          2. Abstr (als Hum) (Wir achten *die Regierung*.)
          3. Abstr (Wir achten *seine Meinung*.)

I. achten₂ (V2 = aufpassen)
II. achten → Sn, pS/NS$_{daß, ob, w}$/Inf
III. Sn →   1. Hum (*Das Kind* achtet auf die Worte des Vaters.)
          2. Abstr (als Hum) (*Die Schule* achtet auf Pünktlichkeit.)
  p = auf,
  pSa →   keine Selektionsbeschränkungen (Er achtet *auf das Kind, auf den Hund, auf den Betrieb, auf das Haus, auf die Schwierigkeiten, auf das Pfeifen*.)
  NS →   Act (Der Lehrer achtet darauf, *daß niemand abschreibt / ob abgeschrieben wird / wer abschreibt*.)
  Inf →   Act (Der Lehrer achtet darauf, *verständlich zu sprechen*.)

verachten

I. verachten₂
II. verachten → Sn, Sa
III. Sn →   1. Hum (*Die Schüler* verachten den schlechten Lehrer.)

Sa →   2. Abstr (als Hum) (*Der Hitlerstaat* verachtete die Würde des Menschen.)
                      1. Hum (Die Kinder verachten *den Verbrecher.*)
                      2. Abstr (als Hum) (Er verachtet die *faschistische Regierung.*)

beachten

I. beachten$_2$
II. beachten → Sn, Sa
III. Sn →   1. Hum (*Die Mutter* beachtet die Gebrauchsanweisung.)
                2. Abstr (als Hum) (*Die Polizei* beachtet die Hinweise der Bevölkerung.)
Sa →   keine Selektionsbeschränkungen (Er beachtet *den Freund, den Hund, den Betrieb, das Verkehrsschild, die Warnung, das Pfeifen.*)

Anmerkung:
Wenn Sa → keine Selektionsbeschränkungen, muß Sn → Hum sein.

berücksichtigen

I. berücksichtigen$_2$
II. berücksichtigen → Sn, Sa/NS$_{daß, ob, w}$
III. Sn →   1. Hum (*Der Richter* berücksichtigt die Unbescholtenheit des Angeklagten.)
                2. Abstr (als Hum) (*Der Betrieb* berücksichtigt seine Notlage.)
                3. Abstr (*Das Gesetz* berücksichtigt die Rentner.)
Sa →   keine Selektionsbeschränkungen (Er berücksichtigt *die Schwerbeschädigten, die kranken Tiere, den Betrieb, das beschädigte Haus, seine Zwangslage, das Ansteigen der Temperaturen.*)
NS →   Act (Der Lehrer berücksichtigt, *daß er gut gearbeitet hat / ob er gut gearbeitet hat / wer gut gearbeitet hat.*)

mißachten

I. mißachten$_2$
II. mißachten → Sn, Sa
III. Sn →   1. Hum (*Der Student* mißachtete die Hinweise.)
   2. Abstr (als Hum) (*Die Direktion* mißachtete die Kritik.)
   Sa →   1. Abstr (Er mißachtete *die Ratschläge*.)
   2. Hum (Er mißachtet *die Frau*.)
   3. Abstr (als Hum) (Er mißachtet *die Direktion*.)

fragen

I. fragen$_{1+(2)=3}$ (V1 = eine Frage stellen)
II. fragen → Sn, (Sa), (pS/NS$_{ob,w}$)
III. Sn →   1. Hum (*Der Dozent* fragt.)
   2. Abstr (als Hum) (*Die Regierung* fragt die Nachbarstaaten, ob sie zustimmen.)
   Sa →   1. Hum (Er fragt *den Lehrer*.)
   2. Abstr (als Hum) (*Das Ministerium* fragt *die Betriebe* nach ihren Planziffern.)
   p = nach,
   pSd →   keine Selektionsbeschränkungen (Er fragte *nach der Mutter, der Katze, dem Bahnhof, der Betriebsleitung, der Konzeption, dem Turnen*.)
   NS →   Act (Er fragte [danach], *ob er reisen solle/wer reisen solle*.)

I. fragen$_{2+(1)=3}$ (V2 = bitten)
II. fragen → Sn, pS, (Sa)
III. Sn →   Hum (*Der Schüler* fragt um Erlaubnis.)
   p = um,
   pSa →   Abstr (−Art) (Er fragt *um Rat*.)
   Sa →   Hum (Er fragt *den Freund* um Rat.)

I. sich fragen$_2$ (V3 = sich überlegen)
II. sich fragen → Sn, NS$_{ob,w}$/pS
III. Sn →   Hum (*Der Vater* fragt sich, ob er einen Fehler gemacht hat.)

NS →	Act (Er fragte sich, *ob er antworten soll*.// *wer antworten soll*.)
p = nach,	
pSd →	Abstr (Er fragte sich *nach den Gründen*.)

Anmerkungen:

1. Bei V 1 und V 3 besteht zwischen pS und NS semantische Äquivalenz (Ich frage ihn *nach seinen Freunden* – Ich frage ihn, *wer sein Freund ist*. Ich frage mich *nach den Chancen des Kollegen* – Ich frage mich, *welche Chancen der Kollege hat*), aber nicht zwischen beiden und Sa.
2. Vgl. auch Anm. 3 zu „antworten".

anfragen

I. anfragen$_{2+(1)=3}$
II. anfragen → Sn, NS$_{ob,w}$, (pS)

III. Sn →	1. Hum (*Mein Freund* fragt an, ob ich komme.)
	2. Abstr (als Hum) (Er fragt *bei der Polizei* an, wer sich gemeldet hat.)
NS →	Act (Der Freund fragt an, *ob ich komme* / *wer noch kommt*.)
p = bei,	
pSd →	1. Hum (Er fragt *bei dem Lehrer* an, ob sein Sohn in der Schule war.)
	2. Abstr (als Hum) (Er fragt *bei der Polizei* an, wer reisen darf.)

befragen

I. befragen$_{2+(1)=3}$
II. befragen → Sn, Sa, (pS/NS$_{ob,w}$)

III. Sn →	1. Hum (*Der Fremde* befragte mich nach dem Weg.)
	2. Abstr (als Hum) (*Das Gericht* befragt den Angeklagten.)
Sa →	1. Hum (Ich befrage *den Studenten* nach seiner Arbeit.)
	2. Abstr (als Hum) (Ich befrage *die Akademie* nach ihrer Meinung.)
	3. −Anim (Er befragt *das Lexikon, das Barometer*.)
	4. Refl (Ich befrage *mich* bei ihm.)

p = nach, über, bei
Wenn p = nach,
pSd → keine Selektionsbeschränkungen (Ich befrage ihn *nach dem Freund, nach dem Hund, nach dem Institut, nach dem Buch, nach dem Schwimmen, nach dem Aufenthalt.*)
Wenn p = über,
pSa → keine Selektionsbeschränkungen (Ich befrage ihn *über den Freund, über den Hund, über das Institut, über das Buch, über das Schwimmen, über den Aufenthalt.*)
Wenn p = bei,
pSd → 1. Hum (Er befragt sich *bei seinem Freund.*)
2. Abstr (als Hum) (Er befragt sich *bei der Polizei.*)
NS → Act (Ich befrage ihn [danach], *ob er kommt/wer kommt.*)

Anmerkungen:
1. Wenn Sa = Sn, wird Sa → Refl („Ich befrage *mich* nach dem Weg"). Sa → Refl ist obligatorisch, wenn p = bei („Ich befrage *mich* bei ihm").
2. Wenn p = nach, ist pS semantisch äquivalent mit NS („Ich befrage ihn *nach seiner Meinung*" – „Ich befrage ihn [danach], *was er meint*").
3. Wenn p = bei, können p = bei und p = nach kombiniert werden („Ich befrage mich *bei ihm nach dem Weg*").

erfragen

I. erfragen$_2$
II. erfragen → Sn, Sa/NS$_{ob, w}$
III. Sn → 1. Hum (*Der Lehrer* erfragt den Inhalt.)
2. Abstr (als Hum) (*Das Institut* erfragt die Meinung der Bevölkerung.)
Sa → 1. −Anim (Loc) (Der Fremde erfragt *den Weg.*)
2. Abstr (Der Lehrer erfragt *den Inhalt.*)
NS → Act (Er erfragte, *ob die Unterredung stattgefunden habe / wer die Unterredung angeordnet habe.*)

antworten

I. antworten$_{1+(3)=4}$
II. antworten → Sn, (Sd), (NS$_{daß}$), (pS)
III. Sn →   1. Hum (*Der Arzt* antwortet mir.)
   2. Abstr (als Hum) (*Das Institut* antwortet.)
   Sd →   1. Hum (Der Arzt antwortet *dem Freund.*)
   2. Abstr (als Hum) (Wir antworten *dem Institut.*)
   NS →   Act (Er antwortete, *daß er käme.*)
   p = auf,
   pSa →   1. −Anim (Er antwortet dem Institut *auf den Brief*, daß er käme.)
   2. Abstr (Er antwortete *auf den Vorwurf.*)

Anmerkungen:
1. Wenn p = mit oder durch ist („Er antwortet *mit seinem Brief, durch sein Schweigen*"), hat pS modale Bedeutung und ist loser mit dem Verb verbunden (vgl. auch: „Ich schreibe *mit einem Bleistift*", „Ich arbeite *mit dem Hammer*"). Es muß wohl als freie Angabe angesehen werden, zumal es auch mit p = auf kombiniert werden kann („Wir antworten ihm *durch einen Brief auf seine Anfrage*, daß wir nicht kommen").
2. Zwischen Sn und Sd liegt echte Zweiseitigkeit vor, da beide mit den parallelen semantischen Umgebungen vorkommen.
3. Ein Vergleich mit „fragen" zeigt, daß dem Sa bei „fragen" Sd bei „antworten" entspricht. In beiden Fällen erscheint NS (bei „fragen" NS$_{ob,w}$, bei „antworten" NS$_{daß}$), bei beiden zusätzlich pS. Bei „fragen" sind NS und pS semantisch äquivalent und deshalb nicht kombinierbar („Ich frage *nach deiner Ankunft*" – „Ich frage, *wer da ankommt*"). Im Gegensatz dazu sind NS und pS bei „antworten" durchaus nicht äquivalent, sind nicht alternativ, sondern konjunktiv verwendbar. („Wir antworten *auf seine Frage, daß wir kommen*"); gerade deshalb entsteht die fakultative Vierwertigkeit.
4. Zur Rolle von Sd als Personenkasus vgl. Anm. 1 zu „beantworten".

beantworten

I. beantworten$_{2+(1)=3}$
II. beantworten → Sn, Sa, (Sd)
III. Sn →   1. Hum (*Der Arzt* antwortet.)
   2. Abstr (als Hum) (*Das Ministerium* beantwortet die Fragen.)
   Sa →   1. −Anim (Er beantwortet *den Brief.*)
   2. Abstr (Er beantwortet *die Frage.*)

Sd → 1. Hum (Er beantwortet *seinem Vater* die Frage.)
2. Abstr (als Hum) (Er beantwortet *dem Ministerium* die Frage.)

Anmerkungen:
1. In solchen Fällen wird durch die Distribution des Kasus die besondere Rolle von Sd als Personenkasus bzw. als „Dativ der sinngebenden Person" (Brinkmann) deutlich; vgl. Verben wie „sagen", „gehören" (V 1 und V 4), „antworten".
2. Dem pS (p = auf) bei „antworten" entspricht Sa bei „beantworten"; es handelt sich um eine syntaktische Gliederungsverschiebung, bei der Sn und Sd in beiden Fällen ihre Rollen behalten.
3. Unter Sd ist der Empfänger bzw. Adressat der Antwort zu verstehen, nicht die Person, für die (an deren Stelle) etwas beantwortet wird (diese gilt als freie Angabe). Solche grammatischen oder konstruktionellen Homonymien (etwa: „Ich beantworte *ihm* den Brief") müssen eine verschiedene strukturelle Beschreibung erhalten.

entgegnen

I. entgegnen$_{2+(2)=4}$
II. entgegnen → Sn, NS$_{daß}$, (Sd), (pS)
III. Sn → Hum (*Der Schüler* entgegnete, daß er krank gewesen sei.)
NS → Act (Er entgegnete, *daß er seine Aufgaben gelöst habe.*)
Sd → 1. Hum (Er entgegnete *dem Richter*, daß er die Tat nicht begangen habe.)
2. Abstr (als Hum) (Er entgegnete *dem Gericht*, daß er die Tat nicht begangen habe.)
p = auf,
pSa → Abstr (Er entgegnete der Richterin *auf ihre Frage*, daß er krank sei.)

erwidern

I. erwidern$_{2+(2)=4}$ (V1 = antworten)
II. erwidern → Sn, NS$_{daß}$, (Sd), (pS)
III. Sn → Hum (*Der Schüler* erwiderte, daß er krank gewesen sei.)
NS → Act (Er erwiderte, *daß er seine Aufgabe gelöst habe.*)

Sd →	1. Hum (Er erwiderte *dem Richter*, daß er die Tat nicht begangen habe.)
	2. Abstr (als Hum) (Er erwiderte *dem Gericht*, daß er die Tat nicht begangen habe.)
p = auf,	
pSa →	Abstr (Er erwiderte der Fremden *auf ihre Frage*, daß er sich nicht auskenne.)

I. erwidern$_2$ (V2 = vergelten)
II. erwidern → Sn, Sa

III. Sn →	1. Hum (*Der Professor* erwiderte den Gruß des Studenten.)
	2. Abstr (als Hum) (*Der Sportklub* erwidert die Angriffe.)
Sa →	Abstr (Die Familie erwidert *den Besuch*.)

Anmerkung:
„Erwidern" (V 1) und „entgegnen" ensprechen sich völlig in den Umgebungen.

arbeiten

I. arbeiten$_1$ (V1 = in Tätigkeit sein, funktionieren)
II. arbeiten → Sn
III. Sn → −Anim (*Das Holz, die Maschine, das Herz* arbeitet.)

I. arbeiten$_{1+(1)=2}$ (V2 = Arbeit verrichten)
II. arbeiten → Sn, (pS/NS$_{daß}$/Inf)

III. Sn →	1. Hum (*Der Kollege* arbeitet.)
	2. Abstr (als Hum) (*Der Betrieb* arbeitet.)
p = an, als	
Wenn p = an,	
pSd →	1. −Anim (Sie arbeitet *an einem Kleid*.)
	2. Abstr (Er arbeitet *an seiner Dissertation*.)
Wenn p = als,	
pSn →	Hum (Er arbeitet *als Lehrer*.)
NS →	Act (Er arbeitet daran, *daß sein Vater ins Pflegeheim gebracht wird*.)
Inf →	Act (Er arbeitet daran, *seinen Vater ins Pflegeheim zu bringen*.)

I. arbeiten₂ (V3 = anfertigen, herstellen)
II. arbeiten → Sn, Sa
III. Sn →   Hum (*Die Schneiderin* arbeitet ein Kleid.)
    Sa →   −Anim (Sie arbeitet *einen Mantel*.)

bearbeiten

I. bearbeiten₂ (V1 = Arbeit richten auf, durch Arbeit verändern)
II. bearbeiten → Sn, Sa
III. Sn →   1. Hum (*Der Landwirt* bearbeitet den Acker.)
                     2. Abstr (als Hum) (*Die Abteilung* bearbeitet ein Sachgebiet.)
                     1. − Anim (Er bearbeitet *das Werkstück*.)
                     2. Abstr (Er bearbeitet *einen Artikel*.)

I. bearbeiten₂ (V2 = beeinflussen)
II. bearbeiten → Sn, Sa
III. Sn →   Hum (*Der Heiratsvermittler* bearbeitete die Frau.)
    Sa →   Hum (Er bearbeitete *die Kollegin*.)

I. bearbeiten₃ (V3 = mißhandeln)
II. bearbeiten → Sn, Sa, pS/NS_daß
III. Sn →   Hum (*Der Trunkenbold* bearbeitet seine Frau mit Schlägen.)
    Sa →   ±Anim (Er bearbeitet *das Kind, den Hund, das Buch* mit Fußtritten.)
    p = mit,
    pSd →   Act (Er bearbeitet das Kind *mit Fußtritten*.)
    NS →   Act (Er bearbeitet das Kind damit, *daß er es tritt*.)

einarbeiten

I. einarbeiten₂₊₍₁₎₋₃ (V1 = in eine Arbeit einführen)
II. einarbeiten → Sn, Sa, (pS)
III. Sn →   Hum (*Der Vorgänger* arbeitet den Nachfolger ein.)

Sa →   1. Hum (Der Direktor arbeitet *seinen Nachfolger* ein.)
                       2. Refl (Die Arbeitsgruppe arbeitet *sich* ein.)
p = in,
pSa →   Abstr (Er arbeitet sich *in die neue Funktion* ein.)

I. einarbeiten$_{2+(1)=3}$ (V2 = hineinarbeiten, einen Teil in ein Ganzes einfügen)
II. einarbeiten → Sn, Sa, (pS)
III. Sn →   1. Hum (*Der Schriftsteller* arbeitet einen neuen Abschnitt ein.)
                       2. Abstr (als Hum) (*Der Verlag* arbeitet ein zusätzliches Kapitel ein.)
Sa →   1. −Anim (Der Schneider arbeitet *neue Taschen* in den Mantel ein.)
                       2. Abstr (Er arbeitet *ein neues Kapitel* ein.)
p = in,
pSa →   1. −Anim (Er arbeitet die Taschen *in den Mantel* ein.)
                       2. Abstr (Er arbeitet die Gedanken *in seine Thesen* ein.)

Anmerkung:
Wenn bei V 2 Sa → −Anim, dann auch pS → −Anim; wenn Sa → Abstr, dann auch pS → Abstr.

überarbeiten

I. überarbeiten$_2$ (V1 = bearbeiten, durcharbeiten)
II. überarbeiten → Sn, Sa
III. Sn →   1. Hum (*Der Autor* überarbeitet das Manuskript.)
                       2. Abstr (als Hum) (*Die Organisation* überarbeitet ihr Programm.)
Sa →   1. −Anim (Er überarbeitet *das Werkstück*.)
                       2. Abstr (Er überarbeitet *den Plan*.)

I. sich überarbeiten$_1$ (V2 = sich überanstrengen)
II. sich überarbeiten → Sn
III. Sn →   Hum (*Der Lehrer* überarbeitet sich.)

verarbeiten

I. verarbeiten$_{2+(1)-3}$ (V1 = aus Rohstoffen herstellen)
II. verarbeiten → Sn, Sa, (pS)
III. Sn →   1. Hum (*Der Klempner* verarbeitet Schrott.)
            2. Abstr (als Hum) (*Der Betrieb* verarbeitet einheimische Rohstoffe.)
    Sa →   1. −Anim (Der Betrieb verarbeitet *Leder*.)
            2. Abstr (Er verarbeitet *die Notizen* zu einem Aufsatz.)
    p = zu,
    pSd →   1. −Anim (Er verarbeitet Leder *zu Schuhen*.)
            2. Abstr (Er verarbeitet die Eindrücke *zu einem Artikel*.)

I. verarbeiten$_2$ (V2 = durchdenken)
II. verarbeiten → Sn, Sa
III. Sn →   1. Hum (*Der Schriftsteller* verarbeitet seinen Stoff.)
            2. Abstr (als Hum) (*Das Ministerium* verarbeitet die Erfahrungen.)
    Sa →   Abstr (Der Lyriker verarbeitet *seine Eindrücke*.)

Anmerkung:
Bei V 1 ist pS ↛ −Anim, wenn Sa → −Anim; bei pS → Abstr ist Sa → Abstr.

backen

I. backen$_1$ (V1 = zubereitet werden)
II. backen → Sn
III. Sn →   −Anim (*Der Kuchen* bäckt.)

I. backen$_{1+(1)-2}$ (V2 = zum Essen zubereiten)
II. backen → Sn, (Sa)
III. Sn →   Hum (*Die Mutter* bäckt.)
    Sa →   −Anim (Der Bäcker bäckt *frischen Kuchen*.)

Anmerkungen:
1. Sn bei V 1 entspricht Sa bei V 2: Beide sind beschränkt auf bestimmte Lebensmittel.
2. Ein bei V 2 auftretender Dativ („Die Mutter bäckt *ihm* einen Kuchen") ist ein freier Dativus commodi.

nähen

I. nähen$_{1+(1)=2}$ (V1 = durch Nähen herstellen)
II. nähen → Sn, (Sa/pS)
III. Sn →   Hum (*Die Schneiderin* näht eine Bluse.)
    Sa →   −Anim (Sie näht *ein Kleid*.)
    p = an,
    pSd →   −Anim (Sie näht *an einem Kleid*.)

I. nähen$_3$ (V2 = annähen)
II. nähen → Sn, Sa, pS
III. Sn →   Hum (*Die Schneiderin* näht den Knopf an die Jacke.)
    Sa →   −Anim (Sie näht *den Knopf* an den Mantel.)
    p = an,
    pSa →   −Anim (Sie näht den Knopf *an den Mantel*.)

Anmerkung:
Sa bei V 1 entspricht pS bei V 2: beide sind auf Kleidungsstücke beschränkt; ebenso ist Sa bei V 2 (als Teil von pS) beschränkt auf Knöpfe, Sohlen, Kragen, Ärmel, Saum u. ä.

sticken

I. sticken$_{1+(1)=2}$
II. sticken → Sn, (Sa)
III. Sn →   Hum (*Die Großmutter* stickt.)
    Sa →   −Anim (Sie stickt *ein Kissen*.)

Anmerkung:
Sa ist beschränkt auf wenige Textilien (Decke, Kissen u. ä.) oder auf das Resultat des Stickens („Sie stickt *eine Blume*").

wischen

I. wischen$_{1+(1)=2}$ (V1 = sauber machen)
II. wischen → Sn, (Sa)
III. Sn →   Hum (*Die Mutter* wischt.)
    Sa →   −Anim (Sie wischt *die Treppe*.)

I. wischen₃ (V 2 = abwischen, durch Wischen an einen anderen Ort bringen)
II. wischen → Sn, Sa, pS
III. Sn → Hum (*Der Arbeiter* wischt den Schweiß von der Stirn.)
    Sa → −Anim (Sie wischt *das Blut* aus den Ohren, *die Tränen* aus den Augen.)
    p = auf, aus, in, von ... (lokale Präpositionen),
    pS → Loc (Das Kind wischt den Schmutz *aus dem Gesicht, in das Handtuch, von den Händen.*)

Anmerkungen:
1. Bei V 1 ist Sa beschränkt auf wenige Substantive (Staub, Treppe, Stufen, Flur, Zimmer, Korridor, Fußboden u. ä.).
2. Wenn bei V 2 ein Dativ erscheint, handelt es sich um einen possessiven Dativ bei Körperteilen („Er wischt *mir* den Staub vom Gesicht" - „Er wischt den Staub von *meinem* Gesicht") oder - wenn pS kein Körperteil ist - um einen freien Dativus commodi („Die Brigade wischt *den Arbeitern* den Staub von den Maschinen").

waschen

I. waschen$_{1+(1)=2}$
II. waschen → Sn, (Sa)
III. Sn → Hum (*Die Frau* wäscht.)
    Sa → 1. ±Anim (Die Mutter wäscht *das Kind, den Hund, die Bluse.*)
         2. Refl (Die Mutter wäscht *sich.*)

Anmerkung:
Wenn „waschen" einwertig gebraucht wird, hat es immer die Bedeutung von ‚−Anim (Textilien) waschen'.

bügeln

I. bügeln$_{1+(1)=2}$
II. bügeln → Sn, (Sa)
III. Sn → Hum (*Die Frau* bügelt.)
    Sa → −Anim (Die Frau bügelt *das Kleid.*)

Anmerkung:
−Anim bleibt auf Kleidungsstücke beschränkt.

streuen

   I. streuen$_{1+(1)=2}$
  II. streuen → Sn, (Sa)
 III. Sn → Hum (*Der Hausbesitzer* streut.)
      Sa → −Anim (*Das Kind* streut *Blumen*.)

schleifen

a) schleifen, schleifte, hat geschleift

   I. schleifen$_{1+(1)=2}$ (V1 = über den Boden gezogen werden)
  II. schleifen → Sn, (pS)
 III. Sn → −Anim (*Der Mantel* schleift.)
      p = an, auf, über,
      pS → Loc (Der Mantel schleift *am Boden, auf dem Boden, über den Boden*.)

   I. schleifen$_3$ (V2 = an einer Fläche entlangziehen)
  II. schleifen → Sn, Sa, pS
 III. Sn → ±Anim (*Der Helfer, das Pferd* schleift den Verwundeten über die Straße. *Das Auto* schleifte ihn über den Fußweg.)
      Sa → ±Anim (Er schleift *den Jungen, den Hund* durchs Gras, *die Decke* über den Boden.)
      p = durch, über, in ... (lokale Präpositionen),
      pS → 1. Loc (Er schleift den Stuhl *durch das Zimmer, über den Fußboden*.)
            2. Dir (Er schleift den Stuhl *in das Zimmer*.)

b) schleifen, schliff, hat geschliffen (= schärfen, glätten)

   I. schleifen$_2$
  II. schleifen → Sn, Sa
 III. Sn → Hum (*Der Arbeiter* schleift das Messer.)
      Sa → −Anim (Er schleift *Edelsteine*.)

Anmerkungen:

1. Ist bei a) V 2 Sa → −Anim (Loc), kann pS nicht auftreten; die Bedeutung verändert sich zu ‚zerstören' („Der General schleift die Festung, die Stadt").
2. Bei b) können für Sa → −Anim nur Werkzeuge, Glas, Edelsteine o. ä. erscheinen.

putzen

I. putzen₂
II. putzen → Sn, Sa
III. Sn → 1. Hum (*Die Mutter* putzt die Schuhe.)
2. +Anim (*Die Katze, der Vogel* putzt sich.)
Sa → 1. ±Anim (−Hum) (Sie putzt *die Pferde, die Maschine.*)
2. −Anim (Körperteil) (Sie putzt sich *die Zähne.*)
3. Refl (Sie putzt *sich.*)

Anmerkungen:
1. Wenn Sa → −Anim (Körperteil), kann ein (reflexiver) freier, possessiver Dativ erscheinen („Du putzt die Zähne" − „Du putzt *dir* die Zähne").
2. Wenn Sn → +Anim (−Hum) ist, ist Sa → Refl obligatorisch. Außerdem kann in beschränktem Umfange Sa → −Anim (Körperteil) erscheinen (Die Katze putzt ihr Fell); das ist jedoch bereits eine gewisse Vermenschlichung.
3. Wenn Sn → Hum und Sa → Refl, kann sich die Bedeutung abschatten zu ‚schmücken', ‚schön kleiden' („Sie putzt sich, du putzt dich"). In diesem Falle ist Refl nicht Dativ, sondern Substitution für Sa. Vgl. Anm. zu „rasieren" und zu „kämmen".

rasieren

I. rasieren₂
II. rasieren → Sn, Sa
III. Sn → Hum (*Der Friseur* rasiert den Kunden.)
Sa → 1. Hum (Der Friseur rasiert *den Kunden.*)
2. −Anim (Körperteil) (Er rasiert sich *den Kopf.*)
3. Refl (Der Vater rasiert *sich.*)

Anmerkung:
Wenn als Sa −Anim (Körperteil) erscheint, tritt ein zusätzlicher freier, possessiver Dativ auf („Du rasierst *dir/deinem Vater* das Kinn"). Ist dagegen Sa = Sn, ist Refl kein Dativ, sondern Substitution für Sa („Du rasierst *dich*"). Vgl. Anm. 3 zu „putzen" und Anm. zu „kämmen".

kämmen

I. kämmen₂
II. kämmen → Sn, Sa
III. Sn → Hum (*Die Mutter* kämmt das Kind.)

Sa → 1. ±Anim (Sie kämmt *das Kind, den Hund, die Wolle, die Puppe.*)
2. −Anim (Körperteil) (Sie kämmt *das Haar.*)
3. Refl (Sie kämmt *sich.*)

Anmerkung:
Refl ist freier Dativ, wenn es zusätzlich zu Sa → −Anim (Körperteil) erscheint („Du kämmst *dir* das Haar"); es ist aber Sa, wenn Sa = Sn („Du kämmst *dich*"). Vgl. Anm. 3 zu „putzen" und Anm. zu „rasieren".

schneiden

I. schneiden$_2$ (V 1 = verletzen, operieren; nicht beachten)
II. schneiden → Sn, Sa
III. Sn →   Hum (*Der Arzt* schneidet den Patienten.)
    Sa →   1. Hum (Er schneidet *seinen Kollegen.*)
                  2. Sa = Sn (Refl) (Er schneidet *sich.*)

I. schneiden$_2$ (V 2 = mit scharfem Werkzeug zerteilen; abtrennen, mähen)
II. schneiden → Sn, Sa
III. Sn →   Hum (*Die Frau* schneidet Zwiebeln.)
    Sa →   −Anim (Er schneidet *Gras.*)

I. schneiden$_2$ (V 3 = abkürzen, formen)
II. schneiden → Sn, Sa
III. Sn →   Hum (*Der Radfahrer* schnitt die Kurve.)
    Sa →   Abstr (Der Clown schnitt *Grimassen.*)

I. schneiden$_{1+(1)=2}$ (V 4 = scharf sein, die Fähigkeit des Schneidens haben)
II. schneiden → Sn, (Sa)
III. Sn →   −Anim (Werkzeuge) (*Das Messer* schneidet.)
    Sa →   −Anim (Mat) (Das Messer schneidet *Pappe.*)

Anmerkungen:
1. Die Trennung in vier Varianten ergibt sich aus der Kombinierbarkeit. Da sich alle vier Varianten auf Stufe III in Sa unterscheiden, werden falsche Kombinationen weitgehend ausgeschlossen.
2. Ist bei V 2 Sa ein Körperteil, so erscheint der Akkusativ nur bei Substantiven wie Haare, Nägel u. ä.: Der Friseur schneidet das Haar. Die Bedeutung ist dann „abtrennen".
3. Wenn bei V 1 Sn und Sa Hum sind, ist Homonymie möglich: (1) = verletzen, operieren; (2) = nicht beachten.

kürzen

I. kürzen₂ (V1 = kürzer machen)
II. kürzen → Sn, Sa
III. Sn →   Hum (*Der Schneider* kürzt die Hose.)
    Sa →   1. −Anim (Der Schneider kürzte *den Rock*.)
             2. Act (Der Regisseur kürzte *die Diskussion*.)

I. kürzen₂ (V2 = verringern)
II. kürzen → Sn, Sa
III. Sn →   1. Hum (*Der Direktor* kürzte die Löhne.)
             2. Abstr (als Hum) (*Der Trust* kürzt die Löhne.)
    Sa →   Abstr (Der Direktor kürzt *die Gehälter*.)

Anmerkung:
Wenn „kürzen" einwertig auftritt, so ist immer der mathematische Bruch gemeint: Der Schüler kürzt.

wiegen

a) wiegen, wog, hat gewogen

I. wiegen₂ (V1 = Gewicht feststellen)
II. wiegen → Sn, Sa
III. Sn →   Hum (*Der Fleischer* wiegt die Wurst.)
    Sa →   1. ±Anim (Er wiegt *das Kind, den Hund, das Faß*.)
             2. Refl (Er wiegt *sich*.)

I. wiegen₂ (V2 = Gewicht betragen)
II. wiegen → Sn, Sa
III. Sn →   ±Anim (*Das Kind, der Hund, die Kiste* wiegt 60 Pfund.)
    Sa →   Abstr (Er wiegt *zwei Zentner*.)

Anmerkung:
Bei V 2 ist Sa beschränkt auf Maßbezeichnungen oder unbest Num (viel, wenig u. a.).

b) wiegen, wiegte, hat gewiegt

   I. wiegen$_{2+(1)=3}$ (V1 = hin und her bewegen)
  II. wiegen → Sn, Sa, (pS)
 III. Sn →   Hum (*Die Mutter* wiegt das Kind.)
       Sa →   Hum (Sie wiegt *das Kind* in den Schlaf.)
       p = in,
       pS →   Dir (Sie wiegt das Kind *in den Schlaf.*)

   I. wiegen$_2$ (V2 = zerkleinern)
  II. wiegen → Sn, Sa
 III. Sn →   Hum (*Die Mutter* wiegt die Petersilie.)
       Sa →   −Anim (Mat) (Die Mutter wiegt *die Petersilie.*)

Anmerkung:

Wenn Sa → −Anim (Mat) ist, können Homonymien auftreten zwischen V1 bei a) und V2 bei b): „Die Mutter wiegt *die Petersilie*" kann meinen 1. = ‚stellt das Gewicht fest', 2. = ‚zerkleinert sie'.

kochen

   I. kochen$_{1+(1)=2}$ (V1 = Lebensmittel gar machen, zubereiten)
  II. kochen → Sn, (Sa)
 III. Sn →   Hum (*Die Frau* kocht.)
       Sa →   −Anim (Die Mutter kocht *die Suppe.*)

   I. kochen$_2$ (V2 = auf 100 Grad erhitzen)
  II. kochen → Sn, Sa
 III. Sn →   Hum (*Die Frau* kocht die Wäsche.)
       Sa →   −Anim (Textilien) (Die Frau kocht *Wäsche.*)

   I. kochen$_1$ (V3 = sich im Zustand des Kochens befinden)
  II. kochen → Sn
 III. Sn →   −Anim (*Die Suppe* kocht.)

I. kochen$_{1+(1)=2}$ (V4 = wütend sein)
II. kochen → Sn, (pS)
III. Sn →   Hum (*Der Verspottete* kochte.)
    p = vor,
    pSd →   Abstr (Der Gehänselte kochte *vor Wut*.)

Anmerkung:
Die Trennung dieser Varianten ist notwendig, damit abweichende Sätze von der Art „*Die Suppe kocht das Wasser" ausgeschlossen werden können.

kosten

I. kosten$_{1+(1)=2}$ (V1 = abschmecken, probieren)
II. kosten → Sn, (Sa/pS)
III. Sn →   Hum (*Die Köchin* kostet.)
    Sa →   −Anim (Er kostet *die Milch, das Fleisch*.)
    p = von,
    pSd →   −Anim (Er kostet *von der Milch, von dem Fleisch*.)

I. kosten$_{2+(1)=3}$ (V2 = wert sein, zu bezahlen sein)
II. kosten → Sn, Sa$_1$, (Sd/Sa$_2$)
III. Sn →   keine Selektionsbeschränkungen (*Das Kind, das Tier, der Betrieb, der Schrank, die Kur, das Reisen* kostet viel Geld.)
    Sa$_1$ →   Abstr (Der Krieg kostete *viele Menschenleben*.)
    Sd →   1.+ Anim (Der Sprung kostete *dem Arbeiter, dem Tier* das Leben.)
    2. Abstr (als Hum) (Die Maschinen kosten *dem Betrieb* viel Geld.)
    Sa$_2$ →   1. +Anim (Der Sprung kostete *den Arbeiter, das Tier* das Leben.)
    2. Abstr (als Hum) (Die Maschinen kosten *den Betrieb* viel Geld.)

Anmerkung:
Bei V1 ist Sa auf Nahrungs- und Genußmittel, bei V2 ist Sa$_1$ auf wenige Substantive beschränkt (Gesundheit, Leben, Aufregung, Geldangaben u. a.).

schmecken

I. schmecken₂ (V 1 = einen bestimmten, objektiv feststellbaren Geschmack von sich geben)
II. schmecken → Sn, pS
III. Sn →   −Anim (*Der Wein* schmeckt nach Essig.)
    p = nach,
    pSd →   −Anim (Das Essen schmeckt *nach Knoblauch*.)

I. schmecken₂₊₍₁₎₌₃ (V 2 = einen subjektiv bewerteten Geschmack von sich geben)
II. schmecken → Sn, Adj, (Sd)
III. Sn →   −Anim (*Das Essen* schmeckt gut.)
    Adj →   Mod (Das Bier schmeckt *gut*.)
    Sd →   Hum (Das Essen schmeckt *dem Kranken*.)

I. schmecken₂ (V 3 = Geschmack empfinden)
II. schmecken → Sn, Sa
III. Sn →   Hum (*Der Koch* schmeckt das Fett.)
    Sa →   −Anim (Sie schmeckt nur *Salz*.)

Anmerkungen:
1. Bei V 1 und V 2 ist Sn beschränkt auf Nahrungs- und Genußmittel.
2. Sd bei V 2 kann nur bei einigen ganz allgemeinen Adjektiven wie gut, schlecht, ausgezeichnet, widerlich u. ä. stehen; je spezieller die Adjektive werden, um so weniger wird Sd (als subjektiver Bezugspunkt) möglich; dann rückt V 2 an V 1 heran.
3. Wenn bei V 2 das Verb scheinbar einwertig auftaucht (Das Essen schmeckt), so ist das Adjektiv „gut" immer eindeutig unabhängig vom Kontext mitgedacht.

fällen

I. fällen₂ (V 1 = fallen machen)
II. fällen → Sn, Sa
III. Sn →   1. Hum (*Der Holzfäller* fällt Bäume.)
        2. −Anim (*Der Sturm* fällte viele Bäume.)
    Sa →   1. +Anim (−Hum) (im Zweikampf) (Der Torero fällte *den Stier*.)
        2. −Anim (Der Maurer fällt *das Lot*.)

I. fällen₂ (V 2 = aussprechen)
II. fällen → Sn, Sa
III. Sn →　　　　　　　1. Hum (*Der Richter* fällt das Urteil.)
　　　　　　　　　　　2. Abstr (als Hum) (*Das Ministerium* fällt die Entscheidung.)
　　Sa →　　　　　　　Abstr (Der Chef fällt *die Entscheidung*.)

Anmerkung:
So deutlich beide Varianten auf Stufe III zu trennen sind, so beschränkt sind die semantischen Möglichkeiten für die Mitspieler: —Anim als Sn bei V 1 ist auf Naturvorgänge (Sturm, Hagel usw.), Sa bei V 1 auf Bäume, Tiere und Lot, Sa bei V 2 auf wenige abstrakte Substantive (Urteil, Entscheidung) beschränkt.

beschäftigen

I. beschäftigen₂ (V 1 = in Anspruch nehmen)
II. beschäftigen → Sn, Sa
III. Sn →　　　　　　keine Selektionsbeschränkungen (*Das Mädchen, der Hund, das Institut, die Wohnung, das Problem, das Schwimmen* beschäftigt ihn.)
　　Sa →　　　　　　1. Hum (Das Problem beschäftigt *den Studenten*.)
　　　　　　　　　　2. Abstr (als Hum) (Die politischen Ereignisse beschäftigen *die Presse*.)
　　　　　　　　　　3. Abstr (Das Buch beschäftigt *die Phantasie des Studenten*.)

I. beschäftigen₂₊₍₁₎₌₃ (V 2 = Arbeit geben)
II. beschäftigen → Sn, Sa, (pS/NS$_{daß}$)
III. Sn →　　　　　　1. Hum (*Der Meister* beschäftigt die Arbeiterin.)
　　　　　　　　　　2. Abstr (als Hum) (*Die Fabrik* beschäftigt den Arbeiter.)
　　Sa →　　　　　　Hum (Der Direktor beschäftigt *den Arbeiter*.)
　　p = mit, als
　　Wenn p = mit,
　　pSd →　　　　　　Act (Er beschäftigt die Arbeiter *mit der Reinigung der Maschine*.)
　　NS →　　　　　　Act (Er beschäftigt die Arbeiter damit, *daß er sie die Maschine reinigen läßt*.)
　　Wenn p = als,
　　pSa →　　　　　　Hum (Berufsbezeichnung) (Das Institut beschäftigt ihn *als Lektor*.)

I. sich beschäftigen$_1$ (V3 = nicht untätig sein)
II. sich beschäftigen → Sn
III. Sn →   Hum (*Das Kind* beschäftigt sich.)

I. sich beschäftigen$_2$ (V4 = sich befassen mit)
II. sich beschäftigen → Sn, pS/NS$_{daß, ob, w}$
III. Sn →   1. Hum (*Der Redner* beschäftigt sich mit der Frage des Realismus.)
            2. Abstr (als Hum) (*Die Presse* beschäftigt sich mit den neuen Ergebnissen.)
            3. Abstr (*Die Abhandlung* beschäftigt sich mit interessanten Problemen.)

p = mit,
pSd →   keine Selektionsbeschränkungen (Die Presse beschäftigt sich *mit dem Betriebsleiter, mit dem Löwen, mit dem Betrieb, mit den Wohnungen, mit diesem Problem, mit dem Schwimmen.*)

NS →   Act (Die Presse beschäftigt sich damit, *daß die Bevölkerung unterrichtet wird / ob die Fehler berichtigt wurden / wer die Veranstaltung vorbereitet hatte.*)

Anmerkungen:
1. V 2 unterscheidet sich von V 1 durch die Möglichkeit eines 3., fakultativen Mitspielers und durch die entsprechende semantische Einschränkung von Sn; V 4 von V 3 durch die verschiedene Wertigkeit, d. h. die Notwendigkeit eines 2. Mitspielers und die Bedeutung des gezielten „Sichbeschäftigens", die eine Einwertigkeit bei V 4 ungrammatisch werden läßt („*Der Autor beschäftigt sich", „*Die Presse beschäftigt sich").
2. Zwischen V 1 und V 2 können Homonymien auftreten; Sätze wie „Die Frau beschäftigt den Mann" oder „Die Klasse beschäftigt den Lehrer" können im Sinne von V 1 und V 2 verstanden werden.

vorbereiten

I. vorbereiten$_{2+(1)=3}$
II. vorbereiten → Sn, Sa, (pS/NS$_{daß}$)
III. Sn →   1. Hum (*Der Lehrer* bereitet den Text vor.)
            2. Abstr (als Hum) (*Das Institut* bereitet die Feier vor.)

Sa →	keine Selektionsbeschränkungen (Wir bereiten *uns, die Schüler, das Institut, die Tiere, die Bücher, die Tagesordnung, das Schwimmen* vor.)
p = auf, für	
Wenn p = auf, pSa →	1. Abstr (Wir bereiten die Studenten *auf die Prüfung* vor.) 2. Act (Wir bereiten die Studenten *auf das Schwimmen* vor.)
Wenn p = für, pSa →	1. Abstr (Wir bereiten die Studenten *für die Prüfung* vor.) 2. Act (Wir bereiten die Studenten *für das Schwimmen* vor.)
NS →	Act (Wir bereiten die Studenten darauf / dafür vor, *daß sie in der Praxis bestehen.*)

Anmerkungen:

1. Wenn Sa → Abstr, dann ist ein zusätzliches pS nicht möglich: „Wir bereiten die Studenten vor" – „Wir bereiten die Studenten *auf das Examen* vor". Aber: „Sie bereiten den Überfall vor" – „Sie bereiten den Überfall *auf das Nachbarland* vor". Die Präpositionalphrase erhält dabei attributive Funktion (vgl. auch „die Tagesordnung *für die Feier*") und verliert den Charakter als Mitspieler.
2. Sa → Refl, wenn Sa = Sn: „Wir bereiten *ihn/uns* auf das Examen vor". Im allgemeinen wird Sa zu pS im reflexiven Satz: „Sie bereiten *den Überfall* vor" – „Sie bereiten *sich auf den Überfall* vor". Beide Sätze sind semantisch äquivalent.
3. Trotzdem sind die entstehenden Sätze bei p = auf und p = für nicht notwendig immer synonym: „Wir bereiten das Institut *auf eine Feier* vor" – „Wir bereiten das Institut *für eine Feier* vor" (In diesem Falle findet die Feier im Institut statt!).
4. Dagegen erscheint pS als frei, wenn p = zu: „Er bereitet *zum Jubiläum* eine Überraschung vor".

schlafen

I. schlafen$_1$ (V 1 = ruhen)
II. schlafen → Sn
III. Sn →   +Anim (*Der Soldat, der Vogel* schläft.)

I. schlafen₂ (V2 = übernachten, die Nacht verbringen)
II. schlafen → Sn, pS
III. Sn →   Hum (*Der Arzt* schläft im Hotel.)
    p = bei, in, mit
    Wenn p = bei,
    pSd →   Hum (Er schläft *bei Verwandten*.)
    Wenn p = in,
    pSd →   Loc (Er schläft *im Hotel*.)
    Wenn p = mit,
    pSd →   Hum (Er schläft *mit seiner Freundin*.)

Anmerkung:
Wenn p = mit, verschiebt sich die Bedeutung zu ‚beiwohnen'.

einschlafen

I. einschlafen₁
II. einschlafen → Sn
III. Sn →   1. +Anim (*Der Soldat, der Vogel* schläft ein.)
                 2. Abstr (*Die alten Gebräuche* schlafen ein.)

Anmerkungen:
1. Wenn Sn → Abstr, wird die Bedeutung des Verbs schattiert zu ‚aufhören'.
2. Vereinzelt taucht auch −Anim (Körperteil) als Sn auf (= ‚gefühllos werden'): „*Der Arm* schläft [mir] ein".

verschlafen

I. verschlafen₂ (V1 = verpassen, versäumen)
II. verschlafen → Sn, Sa
III. Sn →   Hum (*Der Junge* verschläft das Schwimmen.)
     Sa →   Act (Der Reisende verschläft *die Abfahrt des Zuges*.)

I. verschlafen₂ (V2 = durch Schlaf beseitigen, überwinden)
II. verschlafen → Sn, Sa
III. Sn →   Hum (*Der Kollege* verschläft seinen Ärger.)
     Sa →   Abstr (Er verschläft *seinen Kummer*.)

I. verschlafen₂ (V3 = schlafend verbringen)
II. verschlafen → Sn, Sa
III. Sn →   Hum (*Der Faulpelz* verschläft den ganzen Tag.)
    Sa →   Temp (Er verschläft *die Ferien*.)

essen

I. essen$_{1+(1)=2}$
II. essen → Sn, (Sa/pS)
III. Sn →   Hum (*Die Freunde* essen.)
    Sa →   −Anim (Wir essen *Brot*.)
    p = von,
    pSd →   −Anim (Er ißt *von dem Brot*.)

Anmerkung:
Statt −Anim kann als Sa auch Temp stehen, aber nur: „Mittag" („Wir essen *Mittag*".
Aber: „Wir essen *zu Abend*").

frühstücken

I. frühstücken$_{1+(1)=2}$
II. frühstücken → Sn, (Sa)
III. Sn →   Hum (*Die Familie* frühstückt.)
    Sa →   −Anim (Speisen) (Er frühstückt *ein Ei*.)

trinken

I. trinken$_{1+(1)=2}$
II. trinken → Sn, (Sa/pS)
III. Sn →   Hum (*Der Verunglückte* trinkt.)
    Sa →   −Anim (flüssig) (Er trinkt *Milch*.)
    p = von,
    pSd →   −Anim (Er trinkt *von der Milch*.)

rauchen

I. rauchen₁ (V1 = Rauch ausstoßen)
II. rauchen → Sn/pS
III. Sn →   −Anim (*Der Ofen, die Esse* raucht.)
    p = aus,
    pSd →   −Anim (Es raucht *aus dem Ofen, aus der Esse*.)

I. rauchen$_{1+(1)=2}$ (V2 = Rauch inhalieren)
II. rauchen → Sn, (Sa)
III. Sn →   Hum (*Der Arzt* raucht.)
    Sa →   1. −Anim (Er raucht *Zigaretten*.)
                 2. Abstr (Er raucht *eine neue Sorte*.)

Anmerkungen:
1. Bei V 1 ist Sn bzw. pS beschränkt auf Heizquellen, Schornsteine und Tabak („*Der Ofen, die Esse, die Zigarre, die Pfeife* raucht", „Es raucht *aus dem Ofen*" usw.).
2. Bei V 2 ist Sa → Abstr beschränkt auf wenige Wörter (Sorte, Marke u. ä.).

feiern

I. feiern$_{1+(1)=2}$
II. feiern → Sn, (Sa)
III. Sn →   Hum (*Der Abiturient* feiert.)
    Sa →   1. Hum (Die Stadt feiert *den Künstler*.)
                 2. Abstr (Wir feiern *seinen Erfolg*.)

spielen

I. spielen$_{1+(2)=3}$ (V1 = sich mit Spielen beschäftigen)
II. spielen → Sn, (Sa/p$_1$S), (p$_2$S)
III. Sn →   +Anim (*Das Kind, die Katze* spielt.)
    Sa →   1. −Anim (Er spielt *Schach*.)
                 2. Abstr (Er spielt *Lotterie*.)
    p$_1$ = um,
    p$_1$Sa →   1. −Anim (Er spielt *um Geld*.)
                 2. Abstr (Er spielt *um die Weltmeisterschaft*.)
    p$_2$ = mit,
    p$_2$Sd →   ±Anim (Er spielt *mit seinem Freund* um Geld, *mit der Katze, mit dem Fußball*.)

I. spielen$_2$ (V2 = nicht ernstnehmen)
II. spielen → Sn, pS
III. Sn →   Hum (*Er* spielt nur mit dem Mädchen.)
    p = mit,
    pSd →   1. Hum (Er spielt *mit dem Mädchen*.)
                 2. Abstr (Er spielt *mit den Problemen*.)

I. spielen$_2$ (V 3 = darstellen)
II. spielen → Sn, Sa
III. Sn → Hum (*Kainz* spielte den Hamlet.)
    Sa → 1. +Anim (Er spielt *den Brigadier, den Bären.*)
           2. Abstr (Er spielt *die neue Rolle.*)

I. spielen$_2$ (V 4 = vor sich gehen, geschehen)
II. spielen → Sn, pS
III. Sn → 1. Abstr (*Der Vorfall* spielte in Berlin.)
           2. Act (*Das Geschehen* spielte im 2. Weltkrieg.)

  p = an, in, während ... (lokale und temporale Präpositionen),
  pS → 1. Loc (Der Vorfall spielte *in Berlin.*)
          2. Temp (Das Geschehen spielte *während des Weltkrieges.*)

Anmerkungen:
1. Wenn bei V 1 Sa oder / und p$_1$S erscheint, ist als Sn nur Hum möglich.
2. Wenn bei V 1 und V 2 pS → Hum ist, dann entstehen Homonymien. Der Satz „Er spielt *mit dem Mädchen*" kann bedeuten:
(1) Er führt mit ihr ein Spiel durch.
(2) Er nimmt sie nicht ernst.
3. Als Mitspieler erscheint manchmal auch Adj: Er spielt *verrückt*. Dieses Adjektiv ist jedoch substituierbar durch Sa: Er spielt *den Verrückten*.

wohnen

I. wohnen$_2$
II. wohnen → Sn, pS/Adj
III. Sn → Hum (*Der Lehrer* wohnt in der Schule.)
  p = bei, neben, in ... (lokale Präpositionen),
  pSd → Loc (Er wohnt *bei seinem Freund, in der Schule,*
               neben dem Gasthaus.)
  Adj → Mod (Mein Vater wohnt *gut.*)

Anmerkung:
Adj kann auch zusätzlich zu pS auftreten, wird aber dann als freie Angabe empfunden.

wachsen

a) wachsen, wächst, wuchs, ist gewachsen (= sich entwickeln, größer werden)

  I. wachsen$_1$
  II. wachsen → Sn
  III. Sn →   1. ±Anim (*Das Kind, der Hund, der Baum, der Neubau* wächst.)
            2. Abstr (als Hum) (*Das Institut* wächst.)
            3. Abstr (*Die Erregung* wächst.)

b) wachsen, wachst, wachste, hat gewachst (= mit Wachs einreiben)

  I. wachsen$_2$
  II. wachsen → Sn, Sa
  III. Sn →   Hum (*Die Mutter* wachst den Fußboden.)
      Sa →   −Anim (Er wachst *die Skier, den Fußboden, die Schuhe*.)

leben

  I. leben$_1$ (V1 = lebendig sein)
  II. leben → Sn
  III. Sn →   +Anim (*Der Verletzte, das Pferd* lebt.)

  I. leben$_2$ (V2 = wohnen)
  II. leben → Sn, pS
  III. Sn →   Hum (*Der Mann* lebt auf dem Lande.)
    p = an, auf, in ... (lokale Präpositionen),
    pSd →   Loc (Er lebt *bei seinen Eltern*.)

  I. leben$_2$ (V3 = sich erhalten, sich ernähren)
  II. leben → Sn, pS/Adj
  III. Sn →   Hum (*Der Vegetarier* lebt von Rohkost.)
    p = von,
    pSd →   1. −Anim (Er lebt *von Milch*.)
            2. Abstr (Er lebt *von seinen Ersparnissen*.)
    Adj →   Mod (Er lebt *gut*.)

I. leben$_2$ (V4 = für jemanden dasein)
II. leben → Sn, pS/Sd/NS$_{daß}$
III. Sn →   Hum (*Der Mann* lebt für seine Familie.)
    p = für,
    pSa →   Caus (Er lebt *für seine Frau.*)
    Sd →   1. Hum (Sie lebt *ihren Kindern.*)
                 2. Abstr (Sie lebt *dem Genuß.*)
    NS →   Act (Er lebt dafür, *daß die Welt besser wird.*)

erleben

I. erleben$_2$
II. erleben → Sn, Sa/NS$_{daß}$
III. Sn →   1. Hum (*Er* erlebt den Tod seines Großvaters.)
                 2. Abstr (als Hum) (*Die Regierung* erlebt den Sieg ihrer Politik.)
                 3. Abstr (*Die antike Kunst* erlebte eine Renaissance.)
    Sa →   1. Abstr (Er erlebte *den Tod seines Großvaters.*)
                 2. Act (Er erlebte *das Schwimmen.*)
    NS →   Act (Er erlebt, *daß sein Großvater stirbt.*)

Anmerkung:
Wenn Sn → Abstr, dann nur kombinierbar mit Sa → Abstr, nicht mit NS.

sterben

I. sterben$_{1+(1)=2}$
II. sterben → Sn, (pS/Sg)
III. Sn →   1. +Anim (*Der Kranke, das Pferd* stirbt.)
                 2. Abstr (*Das Alte* stirbt.)
    p = an,
    pSd →   Caus (Der Kranke starb *an Herzschlag.*)
    Sg →   Caus (Er stirbt *eines unnatürlichen Todes.*)

erwachen

I. erwachen$_{1+(2)=3}$ (V1 = wach werden)
II. erwachen → Sn, (p$_1$S), (p$_2$S/NS$_{daß}$)
III. Sn →   +Anim (*Das Kind, der Hund* erwacht.)

p_1 = aus,
p_1Sd → Abstr (Er erwacht *aus der Bewußtlosigkeit.*)
p_2 = von,
p_2Sd → Act (Er erwacht *von dem Lärm.*)
NS → Act (Er erwacht davon, *daß jemand lärmt.*)

I. erwachen$_1$ (V2 = sich regen, sich bemerkbar machen)
II. erwachen → Sn
III. Sn → Abstr (*Der Frühling* erwacht.)

wecken

I. wecken$_{2+(1)=3}$ (V1 = wach machen)
II. wecken → Sn, Sa, (pS)
III. Sn → 1. ±Anim (*Die Mutter, der Hund, der Wecker* weckt das Kind.)
2. Abstr (*Der Lärm* weckte ihn.)
3. Act (*Das Schreien* weckte ihn.)
Sa → +Anim (Ich wecke *das Kind, das Tier.*)
p = aus,
pSd → Abstr (Die Mutter weckt das Kind *aus dem Schlaf.*)

I. wecken$_2$ (V2 = wachrufen)
II. wecken → Sn, Sa
III. Sn → keine Selektionsbeschränkungen (*Der Mann, das Pferd, das Buch, die Regierung, das Problem, das Turnen* weckt mein Interesse.)
Sa → Abstr (Er weckt *meine Aufmerksamkeit.*)

Anmerkung:
Bei V1 bleibt Sn → —Anim beschränkt auf Gegenstände, die Lärm erzeugen können. Die gleiche Beschränkung ergibt sich für Sn → Act. Hier erscheinen Geräuschverben wie etwa Schreien, Lärmen, Pfeifen.

bauen

I. bauen$_{1+(1)=2}$ (V1 = errichten)
II. bauen → Sn, (Sa/pS)
III. Sn → 1. +Anim (*Der Arbeiter* baut ein Haus, *das Tier* baut eine Höhle.)

Sa →	2. Abstr (als Hum) (*Der Betrieb* baut.)
	−Anim (Gebäude, Verkehrsmittel u. ä.) (Sie bauen *eine Hochbahn*.)
p = an,	
pSd →	−Anim (Sie bauen *an einer Hochbahn*.)

I. bauen₂ (V 2 = anpflanzen)
II. bauen → Sn, Sa
III. Sn →   Hum (*Der Gärtner* baut Tabak.)
   Sa →   −Anim (Kulturpflanzen) (Der Gärtner baut *Zwiebeln*.)

I. bauen₂ (V 3 = vertrauen)
II. bauen → Sn, pS
III. Sn →   1. Hum (*Der Wähler* baut auf die Regierung.)
          2. Abstr (als Hum) (*Die Regierung* baut auf die Wähler.)
   p = auf,
   pSa →   keine Selektionsbeschränkungen (Er baut *auf seine Frau, die Regierung, seinen Hund, das Auto, sein Wort, das Kürlaufen*.)

Anmerkung:
Umgangssprachlich kann Sa → Abstr sein: Er baut sein Examen.

abbauen

I. abbauen₂ (V 1 = abbrechen, abtragen)
II. abbauen → Sn, Sa
III. Sn →   1. Hum (*Der Tourist* baut sein Zelt ab.)
          2. Abstr (als Hum) (*Das Reisebüro* baut sein Lager ab.)
   Sa →   1. −Anim (Er baut *das Zelt* ab.)
          2. Abstr (Der Staat baut *den Verwaltungsapparat* ab.)

I. abbauen₂ (V 2 = gewinnen, fördern)
II. abbauen → Sn, Sa
III. Sn →   Hum (*Die Bergleute* bauen Kohle ab.)
   Sa →   −Anim (Mat) (Sie bauen *Steinkohle* ab.)

I. abbauen$_2$ (V3 = zerlegen)
 II. abbauen → Sn, Sa
III. Sn →   −Anim (Mat) (*Pepsin* baut Eiweiß ab.)
     Sa →   −Anim (Mat) (Pepsin baut *Eiweiß* ab.)

Anmerkung:

In der Sportlersprache erscheint bisweilen „abbauen$_1$" in der Bedeutung von ‚nachlassen',
‚schwächer werden' („Der Läufer baut ab").

anbauen

  I. anbauen$_2$ (V1 = anpflanzen)
 II. anbauen → Sn, Sa
III. Sn →   1. Hum (*Der Bauer* baut Weizen an.)
                  2. Abstr (als Hum) (*Die Genossenschaft* baut Rüben
                     an.)
     Sa →   −Anim (Mat) (Der Bauer baut *Roggen* an.)

  I. anbauen$_{1+(1)=2}$ (V2 = anfügen, vergrößern)
 II. anbauen → Sn, (Sa)
III. Sn →   Hum (*Der Hausbesitzer* baut an.)
     Sa →   −Anim (Er baut *einen Schuppen, eine Garage* an.)

Anmerkung:
Bei V 2 ist Sa → −Anim beschränkt auf Gebäude oder Gebäudeteile.

aufbauen

  I. aufbauen$_2$ (V1 = errichten)
 II. aufbauen → Sn, Sa
III. Sn →   1. Hum (*Die Maurer* bauen ein Haus auf.)
                  2. Abstr (als Hum) (*Die Stadt* baut das Museum
                     auf.)
     Sa →   1. − Anim (Die Maurer bauen *das Gerüst* auf.)
                  2. Abstr (Wir bauen *eine Vertrauensbasis* auf.)

I. sich aufbauen₂ (V2 = sich stützen)
II. sich aufbauen → Sn, pS
III. Sn →   Abstr (*Die Anklage* baut sich auf Indizien auf.)
     p = auf,
     pSd →   Abstr (Sein Plädoyer baut sich *auf einem Gutachten auf.*)

I. aufbauen₂₊₍₁₎₌₃ (V3 = fußen auf)
II. aufbauen → Sn, pS, (Sa)
III. Sn →   1. Hum (*Die Studenten* bauen auf den Kenntnissen der Schule auf.)
                 2. Abstr (als Hum) (*Die Hochschule* baut auf den Kenntnissen der Schule auf.)
                 3. Abstr (*Die Anklage* baut die Beweisführung auf Indizien auf.)
     p = auf,
     pSd →   Abstr (Seine Beweisführung baut *auf Zeugenaussagen* auf.)
     Sa →   Abstr (Er baut *die Anklage* auf Indizien auf.)

Anmerkung:
Bei V 3 ist Refl fakultativ, wenn Sn → Abstr ist; es ist nicht möglich, wenn Sn → Hum:
*Die Studenten bauen sich auf den Kenntnissen der Schule auf.

einbauen

I. einbauen₂₊₍₁₎₌₃
II. einbauen → Sn, Sa, (pS)
III. Sn →   Hum (*Der Schlosser* baut den Motor ein.)
     Sa →   1. −Anim (Er baut *den Schrank* in das Zimmer ein.)
                 2. Abstr (Er baut *das Kapitel* ein.)
     p = in,
     pSa →   1. −Anim (Er baut den Motor *in das Auto* ein.)
                 2. Abstr (Er baut das Kapitel *in die Arbeit* ein.)

Anmerkung:
Die semantischen Kategorien von Sa und pS entsprechen sich: Wenn Sa → −Anim, dann auch pS → −Anim; wenn Sa → Abstr, dann auch pS → Abstr.

erbauen

  I. erbauen₂ (V1 = errichten, aufbauen)
  II. erbauen → Sn, Sa
  III. Sn →   1. Hum (*Der Architekt* erbaut ein Hochhaus.)
                    2. Abstr (als Hum) (*Die Stadt* erbaut ein Theater.)
     Sa →   −Anim (Sie erbauten *das siebentorige Theben*.)

  I. erbauen₂ (V2 = anregen, andächtig stimmen)
  II. erbauen → Sn, Sa
  III. Sn →   Abstr (*Das Oratorium* erbaut die Hörer.)
     Sa →   Hum (Die Lektüre erbaut *den Freund*.)

  I. sich erbauen₂ (V3 = sich ergötzen)
  II. sich erbauen → Sn, pS/NS$_{daß}$/Inf
  III. Sn →   Hum (*Der Großvater* erbaut sich an dem Buch.)
     p = an,
     pSd →   Abstr (Er erbaut sich *an der Dichtung*.)
     NS →   Act (Er erbaut sich daran, *daß er laut singt*.)
     Inf →   Act (Er erbaut sich daran, *laut zu singen*.)

verbauen

  I. verbauen₂ (V1 = schlecht, falsch bauen)
  II. verbauen → Sn, Sa
  III. Sn →   Hum (*Der Maurer* verbaut das Haus.)
     Sa →   −Anim (Gebäude oder Gebäudeteil) (Er verbaute *das Haus*.)

  I. verbauen₂ (V2 = beim Bauen verbrauchen)
  II. verbauen → Sn, Sa
  III. Sn →   Hum (*Der Maurer* verbaute viele Steine.)
     Sa →   −Anim (Mat) (Der Polier verbaute *Naturstein*.)

  I. verbauen₂₊₍₁₎₌₃ (V3 = versperren)
  II. verbauen → Sn, Sa, (Sd)
  III. Sn →   1. Hum (*Der Möbelräumer* verbaut den Ausgang.)
                    2. Abstr (als Hum) (*Die Konkurrenzfirma* verbaut ihm die Zukunft.)

Sa →	1. −Anim (Loc) (Er verbaut *den Zugang*.)
	2. Abstr (Er verbaut ihm *jeden Ausweg*.)
Sd →	1. Hum (Er verbaut *dem Kollegen* die Zukunft.)
	2. Abstr (als Hum) (Der Beschluß verbaut *dem Betrieb* die Zukunft.)
	3. Sd = Sn (Refl) (Er verbaut *sich* die Zukunft.)

Anmerkungen:
1. V 3 unterscheidet sich von V 1 und V 2 durch den 3. Mitspieler, durch Sd. Wenn bei V1 ein zusätzlicher, freier Dativ auftritt, treten Homonymien zwischen V 1 und V 3 auf: Der Satz „Er verbaute mir die Tür" kann im Sinne von V 1 und V 3 verstanden werden.
2. Wenn bei V 3 Sa → Abstr ist, ist Sd obligatorisch („*Er verbaut die Zukunft"); Sd ist aber nur fakultativ, wenn Sa → −Anim („Er verbaut den Eingang").

bilden

I. bilden$_2$ (V 1 = formen, erzeugen, formulieren)
II. bilden → Sn, Sa
III. Sn →   1. +Anim (*Die Kinder, die Tiere* bilden einen Kreis.)
            2. Abstr (als Hum) (*Die Regierung* bildet ein neues Ministerium.)
   Sa →   1. Abstr (als Hum) (Die Regierung bildet *ein neues Ministerium*.)
            2. −Anim (Das Kind bildet *Figuren aus Sand*.)
            3. Abstr (Die Schüler bilden *Beispiele*.)

I. bilden$_{1+(1)=2}$ (V 2 = geistig entwickeln)
II. bilden → Sn, (Sa)
III. Sn →   Act (*Lesen* bildet.)
   Sa →   1. Hum (Lesen bildet *den Menschen*.)
            2. Abstr (Lesen bildet *den Verstand*.)

I. bilden$_2$ (V 3 = sein, darstellen)
II. bilden → Sn, Sa
III. Sn →   keine Selektionsbeschränkungen (*Der Filmstar, der Löwe, die Delegation, das Buch, seine Festrede, das Schwimmen* bildete den Anfang, den Höhepunkt.)
   Sa →   Abstr (Er bildete *das Tagesgespräch, den Mittelpunkt der Aufmerksamkeit*.)

I. sich bilden₁ (V 4 = entstehen)
II. sich bilden → Sn
III. Sn →   1. −Anim (*Falten* bildeten sich.)
           2. Abstr (als Hum) (*Neue Hochschulen* bildeten sich.)
           3. Abstr (*Gerüchte* bildeten sich.)

Anmerkung:

Bei V 1 ist Sn → +Anim (−Hum) nur beschränkt möglich; Sa ist dann immer Abstr (Reihe, Kette o. ä.). Auch Sn → Abstr (als Hum) ist nicht zugelassen, wenn Sa → −Anim.

sich einbilden

I. sich einbilden₂
II. sich einbilden → Sn, Sa/NS_daß/Inf
III. Sn →   Hum (*Der Patient* bildete sich die Krankheit ein.)
    Sa →   Abstr (Er bildet sich *die Krankheit* ein.)
    NS →   Act (Er bildet sich ein, *daß er ihn gesehen hat*.)
    Inf →   Act (Er bildet sich ein, *ihn gesehen zu haben*.)

blicken

I. blicken₂
II. blicken → Sn, pS/Adj
III. Sn →   1. Hum (*Der Lehrer* blickt zur Wand.)
           2. Abstr (als Hum) (*Die Stadt* blickt auf ihre Sportler.)
           3. Abstr (*Die Freude* blickt aus seinen Augen.)
p = zu, nach, durch, aus, auf, in (Richtungspräpositionen)
Wenn p = zu, nach, durch, aus,
pS →   Dir (Er blickt *zur Tür, nach der Frau, nach dem Pferd, nach der Uhr, nach dem Stand der Sonne, durch das Glas, aus dem Fenster*.)
Wenn p = auf,
pSa →   1. ±Anim (Er blickt *auf seinen Lehrer, auf sein Pferd, auf die Stadt*.)
           2. Abstr (als Hum) (Alles blickt *auf die Akademie*.)
           3. Abstr (Er blickt *auf das Vergangene*.)

Wenn p = in,
pSa → 1. −Anim (Er blickt *in das Buch, in die Zeitung, in den Schrank, in das Zimmer.*)
2. Abstr (Er blickt *in die Ferne.*)
Adj → Mod (Er blickt *streng, freundlich, ernst.*)

Anmerkungen:

1. Wenn Sn vereinzelt als −Anim erscheint („*Die Sonne, der Mond, der Stern* blickt durch die Wolken"), ist es gleichsam vermenschlicht. Vgl. auch die Anm. zu „schauen".
2. Wenn p = durch, aus und in, bestehen für pS erhebliche Selektionsbeschränkungen, die sich aus den außerlingustischen Merkmalen der Objekte ergeben.
3. Adj → Mod kann die Art des Sehvermögens („Er blickt *scharf*"), die Art des Gesichtsausdruckes („Er blickt *freundlich*") oder eine Art meinen, die den Grund sichtbar werden läßt („Er blickt *verschlafen*").
4. Sn → Abstr (als Hum) kann nur verbunden werden mit p = auf.
5. Wenn Sn → Abstr, dann bleibt es beschränkt auf wenige Möglichkeiten (Freude, Ärger, Mühsal).

erblicken

I. erblicken$_2$ (V 1 = sehen, bemerken)
II. erblicken → Sn, Sa
III. Sn → Hum (*Der Schüler* erblickt seine Freundin.)
Sa → 1. ±Anim (Der Schüler erblickt *seine Freundin, einen Hund, das Buch.*)
2. Abstr (Er erblickt *neue Möglichkeiten.*)

I. erblicken$_3$ (V 2 = halten für)
II. erblicken → Sn, Sa, pS
III. Sn → 1. Hum (*Der Polizist* erblickt einen Einbrecher in ihm.)
2. Abstr (als Hum) (*Das Institut* erblickt in ihm einen verdienstvollen Wissenschaftler.)
Sa → keine Selektionsbeschränkungen (Er erblickt in seinem Freund *einen Konkurrenten*, in dem Hund *ein Haustier*, in dem Buch *ein wertvolles Lehrmaterial*, im Sportklub *eine wertvolle Organisation*, in der Arbeit *einen Vorteil*, in diesen Bewegungen *Schwimmen*.)

      p = in,
      pSd →   keine Selektionsbeschränkungen (Er erblickt *in dem Freund, in dem Hund, in der Organisation, in dem Buch, in dieser Einsicht, im Schwimmen* eine Hilfe.)

Anmerkungen:

1. Bei V 2 ist pS frei von Selektionsbeschränkungen, wenn Sa → Abstr ist. Sonst erscheint pS nur in der Kategorie, in der Sa erscheint („Er erblickt *in seinem Freund einen Konkurrenten, in dem Hund ein Haustier, in der Broschüre ein wertvolles Buch, im Sportklub eine wertvolle Organisation*").
2. Wenn bei V 2 Sa → Hum, kann als Sa keine Individualbezeichnung auftreten („*Ich erblicke in ihm Herrn Müller*").
3. V 1 und V 2 von „erblicken" entsprechen V 1 und V 2 von „sehen". Vgl. Anm. 2 zu „sehen".

schauen

    I. schauen$_2$
   II. schauen → Sn, pS/NS$_{daß,\ ob}$
  III. Sn →   1. Hum (*Der Lehrer* schaut zur Klasse.)
                        2. Abstr (als Hum) (*Die Stadt* schaut auf ihre Sportler.)
    p = auf, zu, nach, durch, aus, in (Richtungspräpositionen)
    Wenn p = auf,
    pS →   Dir (Er schaut *auf die Frau, auf das Pferd, auf die Uhr, auf diese Stadt, auf das Ergebnis.*)
    NS →   Act (Er schaut darauf, *daß sie sich elegant kleidet.*)
    Wenn p = zu,
    pS →   Dir (Er schaut *zu seiner Frau, zu den Tieren, zur Uhr, zur Klasse, zum Horizont.*)
    Wenn p = nach,
    pS →   Dir (Er schaut *nach den Kindern, nach dem Geflügel, nach der Uhr, nach der Klasse, nach dem Stand des Barometers.*)
    NS →   Act (Er schaut danach, *daß alles planmäßig läuft / ob alles planmäßig läuft.*)
    Wenn p = durch, aus, in,
    pS →   Dir (Er schaut *durch das Glas, durch das Fernrohr, durch das Fenster, aus dem Fenster, in den Topf, in den Kinderwagen, in die Menge, in die Ferne.*)

Anmerkung:
Die Umgebungen von „schauen" decken sich nahezu mit denen von „blicken" (vgl. dort). Wenn Sn vereinzelt als −Anim erscheint („*Die Sonne* schaut durch die Wolken"), ist es gleichsam vermenschlicht. Wenn p = nach, verschiebt sich die Bedeutung zu ‚sich kümmern'.

sehen

I. sehen$_{2+(1)=3}$ (V 1 = wahrnehmen, blicken)
II. sehen → Sn, Sa/pS/NS$_{daß,\ ob,\ w}$, (I)
III. Sn → +Anim (*Der Mann, der Hund* sieht den Fremden.)
    Sa → 1. ±Anim (Wir sehen *den Freund, den Hund, den Schrank*.)
          2. Abstr (Er sieht *viele Schwierigkeiten*.)
p = aus, in, durch, auf (Richtungspräpositionen); nach
Wenn p = aus, in, durch, auf,
    pS → Dir (Er sieht *aus dem Fenster, durch das Fenster, in den Hof, auf die Dächer der Stadt*.)
Wenn p = nach,
    pSd → keine Selektionsbeschränkungen (Er sieht *nach seiner Mutter, nach seinem Hund, nach dem Institut, nach seinem Auto, nach seinem Vorteil, nach dem Schwimmen*.)
    NS → Act (Wir sehen, *daß er kommt / ob er kommt / wer kommt*.)
    I → Act (Wir sehen ihn *kommen*.)

I. sehen$_3$ (V 2 = halten für, einschätzen als)
II. sehen → Sn, Sa, pS/NS$_{daß}$
III. Sn → 1. Hum (*Der Schüler* sieht in ihm seinen besten Freund.)
          2. Abstr (als Hum) (*Die Stadt* sieht in ihm ihren bedeutendsten Bürger.)
    Sa → 1. ±Anim (Er sieht in ihm *einen Feind*, in dem Vogel *ein seltenes Tier*, in dem Kloster *ein seltenes Bauwerk*.)
          2. Abstr (Wir sehen in dieser Entscheidung *einen Fortschritt*.)

p = in,
pSd → keine Selektionsbeschränkungen (Wir sehen *in dem Arzt* einen Helfer, *in dem Hund* einen Schutz, *in der Organisation* eine Hilfe, *in diesem Material* einen wertvollen Kunststoff, *in diesem Verbot* eine Torheit, *im Schwimmen* einen gesunden Sport.)
NS → Act (Wir sehen einen Vorteil darin, *daß er kommt*.)

Anmerkungen:

1. Ist bei V 1 p = nach, wird die Bedeutung des Verbs leicht schattiert (= ‚sich bemühen um', ‚sich kümmern um').
2. V 1 bei „sehen" entspricht V 1 bei „erblicken", V 2 bei „sehen" V 2 bei „erblicken". Während sich die beiden V 2 völlig decken, ergeben sich bei V 1 deutliche Unterschiede: pS, NS und I sind bei „erblicken" nicht möglich („Ich sehe *nach ihm*", „Ich sehe, *daß er kommt*" – „Ich sehe ihn *kommen*". Aber: „*Ich erblicke *nach ihm*" usw.).
3. Bei V 1 kann I nur mit Sa, nicht mit pS oder NS kombiniert werden.
4. Bei V 1 schließen Sa, pS und NS einander aus, weil sie semantisch weitgehend äquivalent sind („Ich sehe *ihn* [kommen]" – Ich sehe *nach ihm*" – „Ich sehe, *daß er kommt*").
5. Wenn bei V 1 pS auftritt (p = nach), muß Sn → Hum sein.

ansehen

I. ansehen$_2$ (V1 = anblicken, anschauen)
II. ansehen → Sn, Sa
III. Sn → +Anim (*Der Lehrer, der Hund* sieht den Fremden an.)
Sa → +Anim (Wir sehen *den Lehrer, den Hund* an.)

I. sich ansehen$_2$ (V2 = intensiver betrachten)
II. sich ansehen → Sn, Sa
III. Sn → 1. Hum (*Der Gast* sieht sich die Bilder an.)
2. Abstr (als Hum) (*Das Ministerium* sieht sich die Unterlagen an.)
Sa → 1. ±Anim (Der Arzt sieht sich *den Kranken, den Hund, das Bild* an.)
2. Abstr (Er sieht sich *die Vorstellung* an.)
3. Act (Er sieht sich *das Schwimmen* an.)

I. ansehen₃ (V 3 = jemandem etwas anmerken)
II. ansehen → Sn, Sa/NS_daß, Sd
III. Sn →   Hum (*Der Lehrer* sieht dem Kind den Kummer an.)
    Sa →   1. Hum (Man sieht ihm *den Intellektuellen* an.)
                2. Abstr (Man sieht ihm *die Sorgen* an.)
    NS →   Act (Man sieht ihm an, *daß er gelogen hat.*)
    Sd →   Hum (Der Lehrer sieht *dem Prüfling* die Sorgen an.)

I. ansehen₃ (V 4 = halten für)
II. ansehen → Sn, Sa, pS/pAdj/pPart
III. Sn →   1. Hum (*Der Schüler* sieht ihn als/für einen Lehrer an.)
                2. Abstr (als Hum) (*Das Institut* sieht ihn als neuen Chef an.)
    Sa →   keine Selektionsbeschränkungen (Er sieht *den Freund, den Hund, die Organisation, das Buch, die Idee, das Schwimmen* als eine Hilfe an.)
    p = für, als,
    pSa →   keine Selektionsbeschränkungen (Wir sehen den Nachbarn *für/als unseren Freund*, den Esel *für/als ein Lasttier*, den Sportklub *für/als eine wertvolle Organisation*, diese Abhandlung *für/als ein wertvolles Buch*, seine Vorstellung *für/als eine wertvolle Idee*, diesen Sport nicht mehr *für/als Schwimmen* an.)
    pAdj →   Mod (Er sieht die Sache *für/als gut* an.)
    pPart →   Mod (Er sieht die Prüfung *für/als bestanden* an.)

Anmerkungen:

1. Obwohl sich V 1 und V 2 auf semantischem Sektor nur durch die Intensität zu unterscheiden scheinen, gibt es – außer der Reflexivität bei V 2 – noch mehr Umgebungsdifferenzen: Bei V 2 kann Sn kein Tier sein, wohl aber bei V 1 (da „sehen" hier physisch gemeint ist); bei V 1 kann Sa nur ein belebtes Wesen sein, bei V 2 (im übertragenen Sinne des „Betrachtens") ist es weniger eingeschränkt.

2. Bei V 4 hat Sa nur dann keine Selektionsbeschränkungen, wenn pS → Abstr ist. Die fehlenden Selektionsbeschränkungen für pS gelten nur insofern, als die gleiche Kategorie von pS immer auf die gleiche Kategorie von Sa bezogen werden kann, nicht absolut („*Wir sehen den Freund für Schwimmen an").

3. Wenn bei V 3 Sa → Hum ist, dann ist keine Individualbezeichnung möglich.

besichtigen

  I. besichtigen$_2$
  II. besichtigen → Sn, Sa
  III. Sn →   Hum (*Der Minister* besichtigt die Ausstellung.)
      Sa →   1. +Anim (Er besichtigt *die Truppen, die Pferde*.)
                   2. −Anim (Er besichtigt *das Labor*.)

aussehen

  I. aussehen$_2$
  II. aussehen → Sn, pS/Adj
  III. Sn →   ±Anim (*Die Frau, der Hund* sieht krank aus. *Das Buch* sieht neu aus.)
    p = wie, nach
    Wenn p = wie,
    pSn →   Mod (Der Dichter sieht *wie ein Schauspieler* aus.)
    Wenn p = nach,
    pSd →   −Anim (Der Himmel sieht *nach Schnee* aus.)
    Adj →   Mod (Er sieht *krank, elend, erholt, kräftig* aus.)

Anmerkung:

Sn und pS werden jeweils in der gleichen semantischen Kategorie miteinander kombiniert („*Das Bild sieht wie ein Dichter aus"*).

hinaussehen

  I. hinaussehen$_{1+(1)=2}$
  II. hinaussehen → Sn, pS
  III. Sn →   Hum (*Die Frau* sieht hinaus.)
    p = aus, zu,
    pSd →   Dir (Er sah *aus dem / zum Fenster* hinaus.)

nachsehen

  I. nachsehen$_2$ (V1 = kontrollieren)
  II. nachsehen → Sn, Sa/NS$_{w,\,ob}$
  III. Sn →   Hum (*Der Lehrer* sah die Hefte nach.)
      Sa →   −Anim (Die Hausfrau sah *die Wäsche* nach.)
      NS →   Act (Er sah nach, *wer geklingelt hatte / ob jemand vor der Tür stand*.)

I. nachsehen₂ (V2 = nachblicken)
II. nachsehen → Sn, Sd
III. Sn → +Anim (*Das Kind, der Hund* sah dem Fremden nach.)
Sd → 1. +Anim (Er sah *den Kindern, den Vögeln* nach.)
2. −Anim (Er sah *dem Ball* nach.)

I. nachsehen₃ (V3 = nachsichtig sein)
II. nachsehen → Sn, Sa/NS_daß, Sd
III. Sn → 1. Hum (*Die Mutter* sah der Tochter viele Ungezogenheiten nach.)
2. Abstr (als Hum) (*Die Regierung* sah der Jugend vieles nach.)
Sa → Act (Er sah ihr *die Bummelei* nach.)
NS → Act (Er sah dem Sohn nach, *daß er spät schlafen ging*.)
Sd → Hum (Er sah *den Kindern* den Lärm nach.)

Anmerkung:
Bei V 2 ist Sd auf sich bewegende Personen und Gegenstände beschränkt.

versehen

I. versehen₂ (V1 = ausüben)
II. versehen → Sn, Sa
III. Sn → 1. Hum (*Der Angestellte* versieht seine Aufgaben.)
2. Abstr (als Hum) (*Das Ministerium* versieht seine Aufgaben.)
Sa → Abstr (Der Pförtner versieht *seinen Dienst*.)

I. versehen₃ (V2 = versorgen)
II. versehen → Sn, Sa, pS
III. Sn → 1. Hum (*Der Brigadier* versieht die Arbeiter mit Arbeit.)
2. Abstr (als Hum) (*Die Bibliothek* versieht ihn mit Büchern.)
3. −Anim (*Der Wasserbehälter* versieht die Insel mit Trinkwasser.)

Sa → 　　　　　　1. ±Anim (Der Arzt versieht *das Kind, die Katze* mit einem Verband, der Handwerker *das Haus* mit einem neuen Anstrich.)
　　　　　　　　　2. Abstr (als Hum) (Er versieht *die Firma* mit Aufträgen.)
　　　　　　　　　3. Refl (Er versieht *sich* mit Proviant.)
p = mit,
pSd → 　　　　　1. −Anim (Er versieht ihn *mit Lebensmitteln.*)
　　　　　　　　　2. Abstr (Er versieht ihn *mit Arbeit.*)

I. sich versehen₁ (V3 = falsch machen)
II. sich versehen → Sn
III. Sn → 　　　　Hum (*Der Arzt* versah sich.)

Anmerkung:

V 1 ist wenig üblich, da Sa nur auf wenige Substantive beschränkt ist (Stelle, Posten, Amt, Dienst u. ä.).

vorsehen

I. vorsehen₁ (V1 = zu sehen sein)
II. vorsehen → Sn
III. Sn → 　　　　−Anim (*Der Unterrock* sieht vor.)

I. vorsehen₂ (V2 = planen)
II. vorsehen → Sn, Sa/NS$_{daß, w, ob}$/Inf
III. Sn → 　　　　1. Hum (*Der Direktor* sieht mehrere Unterredungen vor.)
　　　　　　　　　2. Abstr (als Hum) (*Die Regierung* sieht die diplomatische Anerkennung vor.)
　　　　　　　　　3. Abstr (*Das Programm* sieht eine Pause vor.)
　　　　　　　　　4. Act (*Das Schwimmen* sieht einen Angriff auf den Weltrekord vor.)
Sa → 　　　　　　1. Abstr (Das Turnen sieht *eine Siegerehrung* vor.)
　　　　　　　　　2. Act (Die Darbietungen sehen *ein Solotanzen* vor.)
NS → 　　　　　　Act (Die Wettkampfordnung sieht vor, *daß Medaillen vergeben werden / wer zuerst schwimmt / ob wiederholt werden kann.*)
Inf → 　　　　　　Act (Der Direktor sieht vor, *die Besten auszuzeichnen.*)

I. sich vorsehen$_{1+(1)=2}$ (V3 = sich in acht nehmen)
II. sich vorsehen → Sn, (pS)
III. Sn →   1. Hum (*Die Frau* sieht sich vor.)
    2. Abstr (als Hum) (*Die Regierung* sieht sich vor den Fremden vor.)
p = vor,
pSd →   1. Hum (Er sieht sich *vor den Mädchen* vor.)
    2. Act (Er sieht sich *vor der Ansteckung* vor.)
    3. Abstr (Er sieht sich *vor der Kälte* vor.)

Anmerkung:
Bei V 1 bleibt der einzige Mitspieler auf wenige Wörter wie Hemd, Kleid u. ä. beschränkt.

betrachten

I. betrachten$_2$ (V1 = ansehen)
II. betrachten → Sn, Sa
III. Sn →   Hum (*Die Besucher* betrachten die Gemälde.)
Sa →   ±Anim (Die Kinder betrachten *den Clown, die Schlange, das Schiff.*)

I. betrachten$_3$ (V2 = einschätzen)
II. betrachten → Sn, Sa/NS$_{daß}$/Inf, pS/pAdj/pPart
III. Sn →   1. Hum (*Der Gärtner* betrachtet die Raupen als Schädlinge.)
    2. Abstr (als Hum) (*Die Regierung* betrachtet die Entwicklung als positiv.)
Sa →   keine Selektionsbeschränkungen (Wir betrachten *den Polizisten* als Helfer, *den Kartoffelkäfer* als Schädling, *die Traktoren, das Institut* als Hilfe, *das Problem* als gelöst, *das Schwimmen* als gesundheitsfördernd.)
NS →   Act (*Daß sie sich aufregt,* betrachtet er als unsinnig.)
Inf →   Act (*Ihn zu sehen,* betrachten wir als ein Vergnügen.)
p = als,
pSa →   keine Selektionsbeschränkungen (Er betrachtet den Nachbarn *als seinen Freund,* den Esel *als Lasttier,* den Sportklub *als eine wichtige Organisation,* diese Abhandlung *als ein wertvolles Buch,* diesen Vorschlag *als nützlichen Hinweis,* diese Übung nicht *als Schwimmen.*)

    pAdj →   Mod (Er betrachtet den Hinweis *als nützlich*.)
    pPart →   Mod (Er betrachtet die Operation *als geglückt, als lebensrettend*.)

Anmerkung:
Für pS bei V 2 gelten keine Selektionsbeschränkungen nur insofern, als pS immer in der gleichen semantischen Kategorie erscheint wie Sa oder als Abstr („Wir betrachten *den Freund, das Pferd, die Gewerkschaft, das Buch, diese Idee, das Schwimmen als eine große Hilfe*").

beobachten

I. beobachten$_2$
II. beobachten → Sn, Sa/NS$_{daß, ob, w}$
III. Sn →   1. Hum (*Der Detektiv* beobachtet die Passanten.)
                2. Abstr (als Hum) (*Der Verlag* beobachtet die Marktsituation.)
     Sa →   1. ±Anim (Der Jäger beobachtet *einen Wilderer, ein Reh*, der Fachmann *die Rotationsmaschine*.)
                2. Abstr (Er beobachtet *die Entwicklung*.)
                3. Act (Er beobachtet *das Training der Fußballmannschaft*.)
     NS →   Act (Er beobachtet, *daß sein Freund kommt / ob sein Freund kommt / wer kommt*.)

Anmerkungen:
1. −Anim als Sa ist sehr beschränkt und setzt sich bewegende Gegenstände voraus („*Wir beobachten *den Tisch*").
2. Wenn Sn → Abstr (als Hum), ist Sa meist Abstr.

bewerten

I. bewerten$_{2+(1)=3}$
II. bewerten → Sn, Sa, (Adj/pAdj)
III. Sn →   1. Hum (*Der Lehrer* bewertet die Aufsätze.)
                2. Abstr (als Hum) (*Das Ministerium* bewertet die jüngste Entwicklung.)

Sa →	keine Selektionsbeschränkungen (Die Jury bewertet *den besten Schlagersänger, die besten Zuchtbullen, den Schmuck, die Institute, die Leistungen der Studenten, das Schwimmen.*)
Adj →	Mod (Der Makler bewertet das alte Grundstück *sehr hoch.*)
p = als,	
pAdj →	Mod (Der Dozent bewertet die Leistungen *als gut.*)

messen

I. messen₂ (V 1 = abmessen)
II. messen → Sn, Sa
III. Sn →   Hum (*Die Verkäuferin* mißt den Stoff.)
    Sa →   1. ±Anim (Sie mißt *das Kind, den Hund, den Stoff.*)
             2. Abstr (Er mißt *die Geschwindigkeit, die Entfernung.*)

I. messen₂ (V 2 = groß sein)
II. messen → Sn, Sa
III. Sn →   1. ±Anim (*Das Kind, das Tier* mißt einen Meter. *Das Grundstück* mißt 600 m².)
             2. Abstr (*Die Entfernung* mißt 300 m.)
    Sa →   Abstr (Das Grundstück mißt *600 m².*)

Anmerkung:
Bei V 2 ist Sa immer Maßangabe. Sa bei V 1 entspricht Sn bei V 2, während Sn bei V 1 das Agens des Messens und Sa bei V 2 das Maß bedeutet: „Er mißt *die Entfernung*" – „Die Entfernung mißt 300 m".

beschreiben

I. beschreiben₂₊₍₁₎₌₃ (V 1 = darstellen, schildern)
II. beschreiben → Sn, Sa/NS_w, (Sd/pS)
III. Sn →   1. Hum (*Der Schriftsteller* beschreibt den Vorgang.)
            2. Abstr (als Hum) (*Die Polizei* beschreibt den Täter.)

    Sa →   keine Selektionsbeschränkungen (Er beschreibt *den Täter, den Hund, den Betrieb, das Zimmer, die Grammatik, das Turnen.*)
    NS →   Act (Er beschreibt, *wer ihn sah.*)
    Sd →   1. Hum (Er beschreibt *dem Polizisten* den Vorfall.)
                    2. Abstr (als Hum) (Er beschreibt *der Polizei* den Vorfall.)
    p = für,
    pSa →   1. Hum (Er beschreibt den Vorfall *für den Polizisten.*)
                    2. Abstr (als Hum) (Er beschreibt den Vorfall *für die Polizei.*)

I. beschreiben$_2$ (V2 = vollschreiben)
II. beschreiben → Sn, Sa
III. Sn →   Hum (*Der Schüler* beschreibt einen Bogen Papier.)
    Sa →   −Anim (Mat) (Er beschreibt *das Blatt.*)

I. beschreiben$_2$ (V3 = eine Bewegung vollziehen, zurücklegen)
II. beschreiben → Sn, Sa
III. Sn →   −Anim (*Die Sonne* beschreibt eine Bahn.)
    Sa →   Loc (Das Flugzeug beschreibt *einen Kreis.*)

Anmerkungen:

1. Bei V 3 ist Sa beschränkt auf wenige Substantive: Bahn, Bogen, Kurve, Ellipse, Kreis u. ä.

2. Homonymien tauchen auf zwischen V 1 und V 2 („Das Kind beschreibt das Blatt"). In diesen Fällen kann Sd zur Entscheidung helfen: Bei V 1 ist Sd fakultativ, bei V 2 frei („Ich beschreibe *ihm* das Papier" = ‚ich schreibe sein Papier voll, in seinem Auftrag das Papier voll': Er ist nicht Empfänger der Beschreibung – wie bei V 1 –, sondern Besitzer des Papiers oder nur interessierte Person).

urteilen

I. urteilen$_{1+(1)=2}$
II. urteilen → Sn, (pS)
III. Sn →   Hum (*Der Richter* urteilt.)

p = über, nach
Wenn p = über,
pSa → keine Selektionsbeschränkungen (Er urteilt *über den Schüler, über die Hunde, über die Polizei, über die Bauten, über die Vorfälle, über das Schwimmen.*)
Wenn p = nach,
pSd → Abstr (Er urteilt *nach dem Schein.*)

beurteilen

I. beurteilen$_{2+(1)=3}$
II. beurteilen → Sn, Sa/NS$_{ob,\ w,}$ (pS/NS$_{daß,\ ob,\ w}$ /pAdj/pPart)
III. Sn → 1. Hum (*Der Direktor* beurteilt die Arbeit.)
2. Abstr (als Hum) (*Die Kommission* beurteilt die Arbeit.)
Sa → keine Selektionsbeschränkungen (Er beurteilt *den Patienten, das Tier, das Institut, das Haus, die Situation, das Reiten.*)
NS → Act (Er beurteilt, *ob sie gut gearbeitet hat / wer gut gearbeitet hat.*)
p = nach,
pSd → keine Selektionsbeschränkungen (Er beurteilt ihn *nach seiner Frau, nach seinem Pferd, nach seinem Institut, nach seinem Auto, nach seinen Ideen, nach seinem Arbeiten.*)
NS → Act (Er beurteilt ihn danach, *daß er gearbeitet hat / ob er gearbeitet hat / wer mitgearbeitet hat.*)
p = als,
pAdj → Mod (Der Lehrer beurteilt den Aufsatz *als gut.*)
pPart → Mod (Er beurteilt die Leistung *als ausreichend*, die Operation *als geglückt.*)

Anmerkung:
pS kann nur erscheinen, wenn Sa als 2. Mitspieler, nicht auch, wenn NS als 2. Mitspieler auftritt.

verurteilen

I. verurteilen$_{2+(1)=3}$ (V1 = gerichtlich schuldig sprechen)
II. verurteilen → Sn, Sa, (pS/NS$_{daß}$/Inf)
III. Sn →   1. Hum (*Der Richter* verurteilt den Dieb.)
        2. Abstr (als Hum) (*Das Gericht* verurteilt den Dieb.)
   Sa →   1. Hum (Er verurteilt *den Dieb*.)
        2. Abstr (als Hum) (Er verurteilt *den Betrieb* zu Schadenersatz.)
   p = zu,
   pSd → Abstr (Er verurteilt den Verbrecher *zu fünf Jahren Freiheitsentzug, zum Tode*.)
   NS →   Act (Er verurteilte ihn dazu, *daß er sich öffentlich entschuldigen müsse*.)
   Inf →   Act (Er verurteilte ihn dazu, *sich öffentlich zu entschuldigen*.)

I. verurteilen$_2$ (V2 = ablehnen)
II. verurteilen → Sn, Sa
III. Sn →   1. Hum (*Die Arbeiter* verurteilen diese Tat.)
        2. Abstr (als Hum) (*Der Staat* verurteilt die Aggression.)
   Sa →   Abstr (Die Studenten verurteilen *diese Provokation*.)

unterscheiden

I. unterscheiden$_{2+(1)=3}$ (V1 = einen Unterschied machen)
II. unterscheiden → Sn, Sa/p$_1$S/Sa + p$_2$S
III. Sn →   1. +Anim (*Das Kind, der Hund* unterscheidet die Besucher.)
        2. Abstr (als Hum) (*Die Polizei* unterscheidet die Fingerabdrücke.)
        3. Abstr (*Das Gesetz* unterscheidet die Verbrechen.)
   Sa →   keine Selektionsbeschränkungen (Er unterscheidet *die Kollegen, die Hunde, die Institute, die Tische, die Probleme, das Singen und Schreien*.)

p_1 = zwischen, unter,
p_1Sd → keine Selektionsbeschränkungen (Er unterscheidet *zwischen/unter den Kindern, zwischen/unter den Hunden, zwischen/unter den Instituten, zwischen/unter den Autos, zwischen/unter den Problemen, zwischen dem Schwimmen und dem Kraulen*.)

p_2 = von,
p_2Sd → keine Selektionsbeschränkungen (Er unterscheidet den Lehrer *vom Arzt*, den Dackel *von den anderen Hunden*, das Institut *von den anderen Betrieben*, den Schreibtisch *von den anderen Möbeln*, die Existenz *von den logischen Kategorien*, das Stoßen *vom Reißen*.)

I. sich unterscheiden$_{1+(2)=3}$ (V2 = unterschieden sein)
II. sich unterscheiden → Sn, (p_1S), (p_2S/NS$_{daß}$)
III. Sn → keine Selektionsbeschränkungen (*Die Kinder, die Hunde, die Staaten, die Tische, die Probleme, das Malen und Zeichnen* unterscheiden sich.)

p_1 = von,
p_1Sd → keine Selektionsbeschränkungen (Er unterscheidet sich *von seinem Bruder*, der Dackel *von den anderen Hunden*, das Unterhaus *vom Oberhaus*, der Hammer *von der Zange*, die Chemie *von der Physik*, das Laufen *vom Gehen*.)

p_2 = durch, in
Wenn p_2 = durch,
p_2Sa → Abstr (Sie unterscheiden sich *durch ihren Charakter*.)
NS → Act (Sie unterscheiden sich von ihren Kollegen dadurch, *daß sie gut arbeiten*.)

Wenn p_2 = in,
p_2Sd → Abstr (Sie unterscheiden sich *in ihrem Charakter*.)

Anmerkungen:
1. Die fehlenden Selektionsbeschränkungen gelten nur dann, wenn bei V 1 p_2S von derselben Kategorie ist wie Sa, wenn bei V 2 p_1S von derselben Kategorie ist wie Sn.
2. Wenn bei V 1 Sa im Singular erscheint, wird das Verb obligatorisch dreiwertig. Steht Sa aber im Plural, steht der 3. Mitspieler fakultativ.

3. Ebenso steht Sn obligatorisch bei V 2 im Plural, wenn das Verb einwertig bzw. zusammen mit p_2S oder NS (ohne p_1S) erscheint.

4. Die beiden Varianten stehen in einem bestimmten Verhältnis zueinander: Sa bei V 1 entspricht Sn bei V 2, p_2S bei V 1 entspricht p_1S bei V 2; Sn bei V 1 ist das unterscheidende Agens (das bei V 2 fehlt), p_2S das Unterscheidungsmittel (das bei V 1 fehlt).

ändern

I. ändern$_2$
II. ändern → Sn, Sa
III. Sn →
    1. ±Anim (*Das Kind, der Hund* ändert seine Gewohnheiten, *das Schiff* den Kurs.)
    2. Abstr (als Hum) (*Der Betrieb* ändert seine Produktion.)
    3. Abstr (*Das Leben* ändert ihn.)

Sa →
    1. Hum (Er ändert *den Freund.*)
    2. Abstr (als Hum) (Die Regierung ändert *das Ministerium.*)
    3. −Anim (Der Schneider ändert *den Anzug.*)
    4. Abstr (Er ändert *seine Meinung.*)
    5. Refl (Die Frau ändert *sich.*)

Anmerkungen:

1. Sa → Refl (wenn Sa = Sn) ist nur möglich, wenn Sn → Hum, Abstr (als Hum) oder Abstr („Seine Meinung ändert *sich*". Aber : „*Der Vogel ändert *sich*").
2. Als Sa tritt −Anim nur auf, wenn Sn → Hum; Hum oder Abstr (als Hum) nur dann, wenn Sn → Hum, Abstr (als Hum) oder Abstr.

hören

I. hören$_{2+(1)=3}$ (V 1 = wahrnehmen, aufnehmen)
II. hören → Sn, Sa/NS$_{daß,\ ob,\ w}$, (I)
III. Sn →
    +Anim (*Das Kind, die Katze* hört den Fremden.)
Sa →
    1. +Anim (Er hört *das Kind, den Hund.*)
    2. Abstr (Er hört *Musik.*)
    3. Act (Er hört *das Brüllen.*)
NS →
    Act (Sie hört, *daß er kommt / ob er kommt / wer kommt.*)
I →
    Act (Sie hört ihn *kommen.*)

I. hören₂ (V2 = gehorchen, reagieren)
II. hören → Sn, pS
III. Sn → 1. +Anim (*Das Kind, der Hund* hört auf ihn.)
 2. Abstr (als Hum) (*Die Betriebsleitung* hört auf seinen Rat.)
p = auf,
pSa → 1. Hum (Die Schüler hören *auf den Lehrer.*)
 2. Abstr (Die Schüler hören *auf seine Worte.*)

Anmerkungen:
1. Bei V 1 ist I als 3. Mitspieler nur möglich, wenn als 2. Mitspieler Sa (nicht wenn NS) erscheint. I zusammen mit Sa kann als Ersatz für NS angesehen werden („Ich höre *ihn kommen*" – „Ich höre, *daß er kommt*").
2. Vereinzelt ist bei V 1 für Sa auch −Anim möglich, aber nur bei sich bewegenden Objekten („Er hört *das Flugzeug*". Aber: „*Er hört den Schrank").

angehören

I. angehören₂
II. angehören → Sn, Sd
III. Sn → 1. +Anim (*Der Mensch, der Hund* gehört der Klasse der Säugetiere an.)
 2. Abstr (als Hum) (*Das Institut* gehört der Fakultät an.)
Sd → Abstr (als +Anim) (Der Hund gehört *der Klasse der Säugetiere* an.)

gehören

I. gehören₂ (V 1 = als Eigentum haben)
II. gehören → Sn, Sd
III. Sn → 1. ±Anim (*Das Kind, der Hund, das Buch* gehört der Lehrerin.)
 2. Abstr (*Die Zukunft* gehört der Wissenschaft.)
Sd → 1. Hum (Das Buch gehört *dem Kind.*)
 2. Abstr (als Hum) (Der Raum gehört *der Universität.*)
 3. Abstr (Die Zukunft gehört *der Wissenschaft.*)

I. sich gehören₁ (V2 = sich geziemen)
II. sich gehören → Sn/NS_daß/Inf
III. Sn →   1. Abstr (*Ein solches Benehmen* gehört sich nicht.)
           2. Act (*Das Essen* gehört sich nicht im Unterricht.)
NS →   Act (*Daß man im Unterricht gähnt*, gehört sich nicht.)
Inf →   Act (*Zu gähnen* gehört sich nicht im Unterricht.)

I. gehören₂ (V3 = einem Bereich zugeordnet sein)
II. gehören → Sn, pS
III. Sn →   keine Selektionsbeschränkungen (*Der Arbeiter* gehört zu diesem Betrieb, *der Hund* zu diesem Haus, *das Buch* in diese Bibliothek, *das Institut* zur Hochschule, *das Mißtrauen* zu seinem Charakter, *das Schwimmen* zu den gesündesten Sportarten.)
p = auf, in, unter ... (lokale Präpositionen); zu
Wenn p = auf, in, unter ...,
pS →   Loc (Die Vase gehört *auf das Radio*, der Teppich *unter den Tisch*, dieser Absatz *in das Gesetz*, der Lehrling *in diesen Betrieb*, die Kuh nicht *in diese Herde*.)
Wenn p = zu,
pSd →   1. Hum (Der Lehrling gehört *zu diesem Meister*.)
           2. Abstr (als Hum) (Der Lehrling gehört *zu diesem Betrieb*.)
           3. −Anim (Der Garten gehört *zu diesem Haus*.)
           4. Abstr (Dieser Zug gehört *zu seinem Charakter*.)
           5. Act (Diese Bewegung gehört *zum Schwimmen*.)

I. gehören₂ (V4 = gebühren)
II. gehören → Sn, Sd
III. Sn →   1. −Anim (Ihm gehört *eine Medaille*.)
           2. Abstr (Ihm gehört *ein Lob*.)
Sd →   1. +Anim (*Dem Freund, dem Hund* gehört ein Lob.)
          2. Abstr (als Hum) (*Der Universität* gehört eine Anerkennung.)
          3. Abstr (*Dieser Leistung* gehört ein Lob.)

I. gehören₂ (V 5 = nötig sein)
II. gehören → Sn, pS/NS_daß/Inf
III. Sn → 1. ±Anim (*Viele Arbeiter, viele Hunde, viele Gelder* gehören zu dieser Aufgabe.)
2. Abstr (*Große Sorgfalt* gehört zu dieser Aufgabe.)
p = zu,
pSd → Abstr (Große Sorgfalt gehört *zu dieser Aufgabe*.)
NS → Act (Viel Nervenkraft gehört dazu, *daß wir diese Aufgabe meistern können*.)
Inf → Act (Viel Nervenkraft gehört dazu, *diese Aufgabe zu meistern*.)

Anmerkungen:
1. Die unterschiedenen fünf Varianten differieren untereinander verschieden stark. V 2 unterscheidet sich bereits auf Stufe I von allen anderen; auf Stufe II unterscheiden sich V 1 und V 4 einerseits von V 3 und V 5 andererseits. V 1 und V 4 unterscheiden sich partiell auf Stufe III; als zusätzliches Kennzeichen von V 4 gilt aber, daß Sd oft vor Sn steht. Wo diese Kennzeichen nicht differenzierend wirken, erscheinen tatsächlich homonyme Sätze („Eine Medaille gehört ihm"), die allenfalls durch die Betonung unterschieden werden können und unabhängig von ihr im Sinne von V 1 oder V 4 interpretiert werden können. Auch V 3 und V 5 unterscheiden sich nur teilweise auf Stufe III. Sie unterscheiden sich nicht, wenn p = zu und pS → Abstr ist; in diesen Fällen entstehen tatsächlich auch homonyme Sätze („Dieses Kapitel gehört *zu dieser Arbeit*"), die sich im Sinne von V 3 und V 5 interpretieren lassen. Auf jeden Fall ergibt die Unterscheidung in Varianten eine gewisse Hierarchie, die auch semantische Schlüsse zuläßt: Diejenigen Varianten, die schon auf Stufe I (oder dann auf Stufe II) geschieden werden können, differieren in der Regel auch in der Bedeutung stärker als jene, die erst auf Stufe III Unterschiede erkennen lassen.
2. Wenn bei V 3 p = zu und pSd → −Anim, dann ist Sn meist −Anim, seltener +Anim (−Hum).
3. Zur Rolle von Sd als Personenkasus (V 1, V 4) vgl. Anm. 1 zu „beantworten".

zuhören

I. zuhören₁₊₍₁₎₌₂
II. zuhören → Sn, (Sd)
III. Sn → Hum (*Die Kinder* hören zu.)
Sd → 1. Hum (Die Kinder hören *den Eltern* zu.)
2. Act (Sie hören *dem Singen* zu.)

brauchen

    I. brauchen$_2$ (V1 = nötig haben)
    II. brauchen → Sn, Sa
    III. Sn →   1. ±Anim (*Das Kind* braucht Ruhe. *Der Hund* braucht Futter. *Das Auto* braucht Platz.)
              2. Abstr (als Hum) (*Das Institut* braucht einen neuen Mitarbeiter.)
              3. Act (*Das Schwimmen* braucht Zeit.)
    Sa →   1. ±Anim (Er braucht *einen Mitarbeiter, einen Hund, einen Schrank.*)
              2. Abstr (als Hum) (Das Ministerium braucht *diese Abteilung.*)
              3. Abstr (Er braucht *Zeit.*)

    I. nicht brauchen$_2$ (V2 = nicht müssen)
    II. nicht brauchen → Sn, pS/Inf
    III. Sn →   keine Selektionsbeschränkungen (*Das Kind, der Hund* braucht nicht zu sterben. *Das Institut* braucht nicht zu prüfen. *Die Butter* braucht nicht zu verderben. *Die Idee* braucht nicht verlorenzugehen. *Das Schwimmen* braucht nicht auszufallen.)
    p = in, nach, zu ... (Richtungspräpositionen),
    pS →   Dir (Er braucht nicht *in die Stadt, nach Berlin, zu der Behörde, zu seinem Freund.*)
    Inf →   Act (Er braucht nicht *zu kommen.*)

Anmerkungen:

1. Die Kombinierbarkeit von Sn und Sa ist bei V 1 beschränkt, weil −Anim als Sn nur −Anim und Abstr als Sa, Act als Sn nur Abstr als Sa erlaubt.
2. Wenn bei V 2 der 2. Mitspieler pS ist, so ist dies in Wahrheit kein Mitspieler zu „brauchen", sondern zu einem anderen Verb (etwa: gehen, kommen), das durch eine elliptische Reduktion eliminiert worden ist: Er braucht nicht in die Stadt zu gehen → Er braucht nicht in die Stadt. Darum ist als Sn in diesem Falle auch nur ±Anim möglich (Der Schüler braucht nicht in das Kaufhaus. Die Butter braucht nicht in den Kühlschrank. *Der Staat braucht nicht zu seinem Freund. *Das Schwimmen braucht nicht zu seinem Freund.).

gebrauchen

    I. gebrauchen$_{2+(1)-3}$
    II. gebrauchen → Sn, Sa, (pS)

III. Sn →	1. Hum (*Der Lehrer* gebraucht harte Worte.)
	2. Abstr (als Hum) (*Das Institut* gebraucht moderne Meßgeräte.)
Sa →	1. −Anim (Sie gebraucht *das Waschmittel*.)
	2. Abstr (Er gebraucht *harte Worte*.)
p = als,	
pSa →	1. −Anim (−def Art) (Das Kind gebraucht den Stein *als [ein] Wurfgeschoß*.)
	2. Abstr (−def Art) (Er gebraucht den Kinobesuch *als Vorwand*.)

mißbrauchen

I. mißbrauchen₂
II. mißbrauchen → Sn, Sa
III. Sn →   1. Hum (*Er* mißbrauchte sein Amt.)
                  2. Abstr (als Hum) (*Die Direktion* mißbrauchte ihre Rechte.)
     Sa →   1. Hum (Er mißbrauchte *seine Freunde*.)
                  2. Abstr (Er mißbrauchte *seine Rechte*.)

verwenden

I. verwenden$_{2+(1)=3}$ (V1 = benutzen)
II. verwenden → Sn, Sa, (pS/NS$_{daß}$/Inf)
III. Sn →   Hum (*Der Koch* verwendet viele Gewürze.)
     Sa →   1. −Anim (Er verwendet *viele Gewürze*.)
                 2. Abstr (Er verwendet *viel Kraft* auf diese Arbeit.)
     p = auf, für, zu, als
     Wenn p = auf,
     pSa →   Abstr (Er verwendet viel Zeit *auf diese Arbeit*.)
     Wenn p = für,
     pSa →   keine Selektionsbeschränkungen (Er verwendet viele Gewürze *für die Speisen*, viel Zeit *für die Arbeit, für den Hund, für sein Kind, für den Betrieb, für das Schwimmen*.)
     Wenn p = zu,
     pSd →   1. −Anim (Er verwendet viele Gewürze *zu den Speisen*.)
                 2. Act (Er verwendet die doppelte Zeit *zum Überlegen*.)

NS →	Act (Er verwendet viel Zeit darauf/dafür/dazu, *daß er die Umgebung erforscht.*)
Inf →	Act (Er verwendet viel Zeit darauf/dafür/dazu, *die Umgebung zu erforschen.*)
Wenn p = als,	
pSa →	1. −Anim (−def Art) (Er verwendet den Raum *als Bad.*)
	2. Abstr (−def Art) (Er verwendet die Diskussion *als Selbstverständigung.*)

I. sich verwenden$_{2+(1)=3}$ (V2 = sich einsetzen)
II. sich verwenden → Sn, $p_1S/NS_{daß}$/Inf, (p_2S)

III. Sn →	1. Hum (*Der Lehrer* verwendet sich für den Schüler.)
	2. Abstr (als Hum) (*Die Gewerkschaft* verwendet sich für den Arbeiter.)
p_1 = für,	
p_1Sa →	keine Selektionsbeschränkungen (Er verwendet sich *für den Freund, für den Hund, für die Kommission, für das Buch, für den Vorschlag, für das Schwimmen.*)
NS →	Act (Er verwendet sich dafür, *daß dem Schüler die Strafe erlassen wird.*)
Inf →	Act (Er verwendet sich dafür, *ihm die Strafe zu erlassen.*)
p_2 = bei,	
p_2Sd →	1. Hum (Er verwendet sich *beim Direktor* für den Mitarbeiter.)
	2. Abstr (als Hum) (Er verwendet sich *beim Ministerium* für den Mitarbeiter.)

Anmerkungen:

1. Ist bei V 1 Sa → −Anim, kann „verwenden" auch ohne den 3. Mitspieler erscheinen; ist Sa aber → Abstr, dann wird der 3. Mitspieler manchmal obligatorisch („*Er verwendet viel Kraft, Zeit"). Der Unterschied zwischen beiden Möglichkeiten zeigt sich auch darin, daß p = auf nur dann zulässig ist, wenn pS → Abstr (und Sa → Abstr).

2. Im Unterschied zu „ausnutzen" – wo +Anim als Sa normal ist – und zu „nutzen" und „benutzen" – wo es nur unter bestimmten Bedingungen zulässig ist – scheint bei „verwenden" Sa → +Anim ausgeschlossen („*Er verwendet *das Kind*"), es sei denn, der 3. Mitspieler wird obligatorisch („Er verwendet den Angestellten *für diese Arbeit*").

3. Bei „nutzen" (V 2), „benutzen" und „verwenden" unterscheiden wir zwei Fälle, wenn p = zu: „Wir nutzen alle Hilfsmittel *zur Arbeit*" – „Wir nutzen die Gelegenheit *zum Baden*". Im zweiten Fall ist pS durch Inf ersetzbar (. . ., *um zu baden*), hat finale Bedeutung und ist wohl als frei anzusehen. Im ersten Falle ist das ohne Sinnverschiebung („Wir nutzen alle Hilfsmittel, *um zu arbeiten*") nicht möglich.

nutzen/nützen

I. nutzen$_2$ (V1 = Nutzen bringen)
II. nutzen → Sn, Sd
III. Sn → keine Selektionsbeschränkungen (*Der Freund, der Hund, das ·Buch, das Reisebüro, diese Idee, das Schwimmen* nutzt dir.)
Sd → 1. +Anim (Vitamine nutzen *den Menschen, den Tieren.*)
2. Abstr (als Hum) (Diese Arbeit nützt *dem Institut.*)
3. Abstr (Das nutzt *der Idee.*)

I. nutzen$_{2+(1)=3}$ (V2 = benutzen, Nutzen ziehen aus)
II. nutzen → Sn, Sa, (pS)
III. Sn → 1. Hum (*Der Lehrer* nutzt die Gelegenheit.)
2. Abstr (als Hum) (*Die Schule* nutzt die Gelegenheit.)
Sa → 1. ±Anim (Er nutzt *das Pferd, das Buch.*)
2. Abstr (als Hum) (Er nutzt *die Polizei* als Schutz.)
3. Abstr (Er nutzt *die Idee.*)
p = zu, für, als
Wenn p = zu,
pSd → Act (Er nutzt alle Hilfsmittel *zum Arbeiten.*)
Wenn p = für,
pSa → keine Selektionsbeschränkungen (Er nutzt das Geld *für seine Eltern, für ein neues Pferd, für das Institut, für Bücher, für gute Zwecke, für das Autofahren.*)

Wenn p = als,
pSa → 1. ±Anim (Er nutzt das Kind *als Träger*, den Esel *als Lasttier*, den Raum *als Bad.*)
2. Abstr (als Hum) (Er nutzt die Gruppe *als Experimentierobjekt.*)
3. Abstr (Er nutzt den Termin *als Vorwand.*)

Anmerkungen:
1. „nutzen" und „nützen" sind austauschbar.
2. Zu Sa vgl. Anm. 2 zu „verwenden".
3. Zu p = zu vgl. Anm. 3 zu „verwenden".

ausnutzen/ausnützen

I. ausnutzen$_2$
II. ausnutzen → Sn, Sa
III. Sn → 1. Hum (*Der Lehrer* nutzt die Zeit aus.)
2. Abstr (als Hum) (*Das Institut* nutzt die Zeit aus.)
Sa → keine Selektionsbeschränkungen (Er nutzt *den Freund, den Hund, das Institut, den Vorteil, den Raum, das Zögern des anderen* aus.)

Anmerkungen:
1. „ausnutzen" und „ausnützen" sind austauschbar.
2. Zu Sa vgl. Anm. 2 zu „verwenden".

benutzen/benützen

I. benutzen$_{2+(1)-3}$
II. benutzen → Sn, Sa, (pS)
III. Sn → 1. +Anim (*Der Lehrer* benutzt die Kreide. *Der Hund* benutzt die Gelegenheit.)
2. Abstr (als Hum) (*Die Schule* benutzt fremde Räume.)
Sa → 1. ±Anim (Er benutzt *das Kind, den Hund* als Führer, *das Buch* zum Lernen.)
2. Abstr (als Hum) (Er benutzt *das Institut* als Sprungbrett.)
3. Abstr (Er benutzt *fremde Ideen.*)

p = zu, für, als
Wenn p = zu,
pSd → Act (Wir benutzen alle Hilfsmittel *zum Arbeiten.*)
Wenn p = für,
pSa → keine Selektionsbeschränkungen (Er benutzt das Geld *für seine Eltern, für ein neues Pferd, für das Institut, für Bücher, für gute Zwecke, für das Reisen.*)

Wenn p = als,
pSa → 1. ±Anim (Er benutzt das Kind *als Träger,* den Esel *als Lasttier,* den Raum *als Bad.*)
2. Abstr (Er benutzt den Termin *als Vorwand.*)

Anmerkungen:
1. „benutzen" und „benützen" sind austauschbar.
2. Sowohl bei „nutzen" (V 2) als auch bei „benutzen" ist Sa → Hum oder Abstr (als

Hum) kaum zulässig, wenn es ohne den 3., fakultativen Mitspieler erscheint („*Er benutzt die Polizei"). Das unterscheidet beide Verben von „ausnutzen".

3. Bei „nutzen" (V 2) und „benutzen" hat pS (p = als) meist dasselbe semantische Merkmal wie Sa („*Er benutzt das Pferd *als Bad*"); lediglich pS → Abstr ist generell mit Sa kombinierbar („Er benutzt den Freund, das kranke Tier, die Wohnung, das Reisebüro, das Problem *als Vorwand*").

4. Zu Sa vgl. Anm. 2 zu „verwenden".

5. Zu p = zu vgl. Anm. 3 zu „verwenden".

dienen

I. dienen$_2$
II. dienen → Sn, Sd/pS/NS$_{daß}$/Inf
III. Sn → keine Selektionsbeschränkungen (*Der Soldat* dient dem Vaterland, *der Hund* als Haustier, *die Institution* den Rentnern, *der Schuppen* als Garage. *Die Ideen* dienen der Demokratie. *Das Turnen* dient der Gesundheit.)

Sd → 1. + Anim (Diese Nahrung dient *den Kindern, den Tieren.*)
2. Abstr (als Hum) (Dieses Material dient *dem Institut.*)
3. Abstr (Diese Ideen dienen *der Demokratie.*)
4. Act (Diese Vorübungen dienen dem *Schwimmen.*)

p = zu, als
Wenn p = zu,
pSd → 1. Abstr (Der Ring dient *zum Schmuck.*)
2. Act (Der Sattel dient *zum Reiten.*)

Wenn p = als,
pSn → 1. ±Anim (−Hum) (Der Esel dient *als Lasttier*, der Tisch *als Unterlage.*)
2. Abstr (Der Arzt dient *als Vorbild.*)

NS → Act (Der Schuppen dient dazu, *daß man Kohlen lagert.*)

Inf → Act (Der Schuppen dient dazu, *Kohlen zu lagern.*)

Anmerkungen:
1. Sd und pS sind nur scheinbar zu kombinieren („Der Tisch diente *ihm als Liegestätte*"), da Sd (= ‚für ihn', als Dativus commodi) in solchen Fällen frei wird.
2. Wenn p = zu ist, ist Sn beschränkt auf −Anim; wenn Sn → Act ist, erscheint Sd → Abstr oder Act.
3. pS ist durch NS oder Inf nur dann substituierbar, wenn p = zu.

verdienen

I. verdienen$_{1+(2)-3}$ (V1 = erwerben)
II. verdienen → Sn, (Sa), (pS)
III. Sn →   1. Hum (*Der Arbeiter* verdient.)
                2. Abstr (als Hum) (*Der VEB* verdient viel Geld.)
Sa →   −Anim (Er verdient *viel Geld.*)
p = an,
pSd →   1. +Anim (Er verdient *an seinen Arbeitern, den Pferden* viel Geld.)
                2. −Anim (Er verdient *an dem Holz* viel Geld.)
                3. Abstr (Er verdient *an der Idee* eine große Summe.)
                4. Act (Er verdient *am Schwimmen* eine Unsumme.)

I. verdienen$_2$ (V2 = etwas beanspruchen können)
II. verdienen → Sn, Sa/NS$_{daß}$/Inf
III. Sn →   1. +Anim (*Der Verbrecher, der Hund* verdient eine Strafe.)
                2. −Anim (*Das Denkmal* verdient unsere Anerkennung.)
                3. Abstr (als Hum) (*Der Staat* verdient unsere Unterstützung.)
                4. Abstr (*Das Problem* verdient unsere Aufmerksamkeit.)
                5. Act (*Das Turnen* verdient unsere Aufmerksamkeit.)
Sa →   1. Hum (Er verdient *eine fleißige Frau.*)
                2. −Anim (Er verdient *eine Wohnung.*)
                3. Abstr (Er verdient *ein Lob.*)
NS →   Act (Er verdient, *daß man ihn auszeichnet.*)
Inf →   Act (Er verdient, *ausgezeichnet zu werden.*)

Anmerkungen:

1. Da bei V 1 Sa → −Anim (meist Geld, mit obligatorischem Attribut oder sonst als Kompositum) und bei V 2 auch −Anim auftritt, ergeben sich in dieser Berührungszone vereinzelte Homonymien:
Er verdient Geld: 1. V 1 = erwirbt es
                    2. V 2 = beansprucht es als Auszeichnung infolge vorbildlicher Arbeit.
2. Bei V 2 besteht zwischen Sn und Sa keine echte Zweiseitigkeit, Sn erscheint ohne Selektionsbeschränkungen, Sa hingegen ist semantisch eingeschränkt.

brechen

I. brechen₁ (V 1 = zerbrechen, entzweigehen)
II. brechen → Sn
III. Sn → 1. −Anim (Körperteil) (*Das Herz* brach der Mutter.)
   2. −Anim (*Die Hinterachse* brach.)

I. brechen₁ (V 2 = sich übergeben)
II. brechen → Sn
III. Sn → +Anim (*Der Betrunkene, die Katze* brach.)

I. brechen₂ (V 3 = herausbrechen, entzweischlagen)
II. brechen → Sn, Sa
III. Sn → +Anim (*Die Arbeiter* brachen den Marmor. *Das Pferd* brach seinen Fuß.)
   Sa → 1. −Anim (Körperteil) (Die Ärzte brachen ihm *den Arm.*)
   2. −Anim (Sie brachen *das Gestein.*)

I. brechen₂ (V 4 = Beziehungen abbrechen)
II. brechen → Sn, pS
III. Sn → Hum (*Die Tochter* brach mit ihren Eltern.)
   p = mit,
   pSd → Hum (Er brach *mit seinem Freund.*)

I. brechen₂ (V 5 = hervorkommen, erscheinen)
II. brechen → Sn, pS
III. Sn → ±Anim (*Die Angreifer, die Wildschweine, die Panzer* brechen aus dem Wald.)
   p = aus, durch,
   pS → Loc (Das Reh bricht *aus dem Gesträuch, durch das Gesträuch.*)

I. sich brechen₁ (V 6 = in eine andere Richtung gelenkt, reflektiert werden)
II. sich brechen → Sn
III. Sn → −Anim (*Der Schall, die Wellen* brechen sich.)

Anmerkungen:
1. Bei V 2 ist vereinzelt ein fakultatives Sa möglich („Sie brach *Blut, Schleim*").

2. Bei V 1 tritt ein zusätzlicher freier (possessiver) Dativ dann auf, wenn Sn → −Anim (Körperteil). Dasselbe gilt für V 3, wenn Sa → −Anim (Körperteil): „Er brach *sich* den Arm" − „Er brach *seinen* Arm". Überhaupt stehen V 1 und V 3 in einem bestimmten transformationellen Verhältnis zueinander: „Das Gestein brach" − „Er brach das Gestein".

3. Bei V 6 ist Sn auf wenige Substantive der Kategorie −Anim beschränkt.

zerbrechen

I. zerbrechen$_2$ (V 1 = zerschlagen)
II. zerbrechen → Sn, Sa
III. Sn → ±Anim (*Der Einbrecher, der Hund* zerbrach die Scheibe, *der Orkan* den Mast.)
Sa → −Anim (Er zerbrach *die Tasse*.)

I. zerbrechen$_1$ (V 2 = entzweigehen [konkrete Bedeutung])
II. zerbrechen → Sn
III. Sn → −Anim (*Die Tasse* zerbrach.)

I. zerbrechen$_{1+(1)=2}$ (V 3 = scheitern, zermürbt werden [übertragene Bedeutung])
II. zerbrechen → Sn, (pS/NS$_{daß}$/Inf)
III. Sn → 1. Hum (*Der Arzt* zerbrach an seinen Sorgen.)
2. Abstr (als Hum) (*Die Sklavenhaltergesellschaft* zerbrach an ihren Widersprüchen.)
3. Abstr (*Der Widerstand* zerbrach.)
p = an,
pSd → 1. Hum (Der Lehrer zerbrach *an seinen Schülern*.)
2. Abstr (Er zerbrach *an seinen Sorgen*.)
NS → Act (Er zerbrach daran, *daß seine Frau gestorben war*.)
Inf → Act (Er zerbrach daran, *für die Aufgabe nicht geeignet zu sein*.)

Anmerkungen:

1. Bei V 1 ist Sa → −Anim auf feste Gegenstände beschränkt; aber nicht jeder feste Gegenstand kann zerbrochen werden („*Er zerbrach *den Mantel, die Straße*").
2. Bei V 3 scheint pS obligatorisch zu sein, wenn Sn → Hum („*Der Lehrer zerbrach").
3. Wenn bei V 1 Sn → −Anim, sind nur wenige Substantive möglich.

bringen

I. bringen$_{2+(1)=3}$ (V1 = überbringen, zur Folge haben)
II. bringen → Sn, Sa, (Sd)
III. Sn → keine Selektionsbeschränkungen (*Der Arbeiter, das Auto, der Betrieb* bringt Material. *Der Hund* bringt den verlorenen Gegenstand. *Der Krieg* bringt Unheil. *Die Arbeit* bringt Früchte.)
Sa → 1. ±Anim (Das Auto bringt *den Patienten, die Tiere, das Essen*.)
2. Abstr (Diese Situation bringt *Ärger, Gefahr*.)
Sd → 1. +Anim (Er bringt *dem Patienten, dem Hund* das Fleisch.)
2. Abstr (als Hum) (Er bringt *der Polizei* die Nachricht.)

I. bringen$_3$ (V2 = führen, begleiten)
II. bringen → Sn, Sa, pS
III. Sn → Hum (*Der Freund* bringt den Gast zur Bahn.)
Sa → ±Anim (Er bringt *das Kind, den Hund* in die Klinik, *das Paket* zur Post.)
p = an, auf, in, zu ... (Richtungspräpositionen),
pS → Dir (Er bringt die Mutter *zur Bahn*.)

I. bringen$_3$ (V3 = in eine Lage versetzen)
II. bringen → Sn, Sa, pS
III. Sn → keine Selektionsbeschränkungen (*Der Freund, der Hund, die Polizei, das Auto, der Vorfall, das Trinken* bringt ihn in Schwierigkeiten.)
Sa → 1. Hum (Er bringt *die Frau* in Verlegenheit.)
2. Abstr (als Hum) (Er bringt *das Institut* in Verlegenheit.)
p = in, zu, um ...,
pS → Abstr (Der Lärm bringt ihn *zur Raserei*.)

I. bringen$_3$ (V4 = wegnehmen)
II. bringen → Sn, Sa, pS

III. Sn → keine Selektionsbeschränkungen (*Der Mörder, der Löwe, der Alkohol* brachte ihn ums Leben. *Die Reisegesellschaft* brachte ihn um seine Erholung. *Dieses Verhalten, das Bummeln* brachte ihn um seine Stellung.)

Sa →
1. Hum (Er brachte *die Frau* ums Leben.)
2. Abstr (als Hum) (Er brachte *das Institut* um seinen Ruf.)
3. Abstr (Die Bearbeitung brachte *das Stück* um seine Wirkung.)

p = um,
pSa →
1. ±Anim (Er brachte ihn *um die Frau, das Pferd, das Auto*.)
2. Abstr (Er brachte ihn *um den Erfolg*.)
3. Act (Er brachte ihn *um das Baden*.)

Anmerkung:

Wenn bei V 1 Sn → Abstr oder Act ist, muß auch Sa Abstr sein („*Die Arbeit bringt den Stuhl"); wenn dagegen Sa → Abstr ist, bestehen für Sn keine Selektionsbeschränkungen.

beibringen

I. beibringen$_3$ (V1 = lehren)
II. beibringen → Sn, Sd, Sa/NS$_{daß, w}$/Inf
III. Sn →
1. Hum (*Der Lehrer* bringt den Schülern das Zählen bei.)
2. Abstr (als Hum) (*Der Betrieb* bringt ihm die Pünktlichkeit bei.)

Sd → Hum (Er bringt *dem Kind* Sauberkeit bei.)

Sa →
1. Abstr (Er bringt ihm *Manieren* bei.)
2. Act (Er bringt ihm *das Schreiben* bei.)

NS → Act (Er bringt ihm bei, *daß es so nicht geht* / *wer gegrüßt werden soll*.)

Inf → Act (Er bringt ihm bei *zu klettern*.)

I. beibringen$_2$ (V2 = herbeischaffen)
II. beibringen → Sn, Sa
III. Sn →
1. Hum (*Der Kraftfahrer* bringt einige Zeugen bei.)
2. Abstr (als Hum) (*Das Institut* bringt die Unterlagen bei.)

Sa → 1. Hum (Er bringt *Zeugen* bei.)
2. −Anim (Er bringt *die Zeugnisse* bei.)
3. Abstr (Er bringt *Beweise* bei.)

I. beibringen₃ (V 3 = versetzen, zufügen)
II. beibringen → Sn, Sd, Sa
III. Sn → +Anim (*Der Rowdy, der Hund* brachte ihm eine Verletzung bei.)
Sd → +Anim (Er brachte *dem Kind, dem Hund* eine Verletzung bei.)
Sa → Abstr (Er brachte ihm *eine Verletzung, eine Niederlage* bei.)

lehren

I. lehren$_{2+(1)=3}$
II. lehren → Sn, Sa₁/NS$_{daß, w}$/I/Inf, (Sa₂/Sd)
III. Sn → 1. Hum (*Der Professor* lehrt Sanskrit.)
2. Abstr (als Hum) (*Das Institut* lehrt uns, die Zeit zu nutzen.)
3. Abstr (*Die Zeit* lehrt ihn, Partei zu ergreifen.)
Sa₁ → 1. Abstr (Er lehrt [sie] *die Sprachen*.)
2. Act (Er lehrt [sie] *das Schwimmen*.)
NS → Act (Die Geschichte lehrt, *daß wir die Zusammenhänge verstehen / wer die Initiative zu ergreifen hat*.)
I → Act (Er lehrt ihn *singen*.)
Inf → Act (Die Geschichte lehrt uns, *die Zusammenhänge zu verstehen*.)
Sa₂ → +Anim (Er lehrt *die Kinder, die Hunde* das Reifenspringen.)
Sd → +Anim (Er lehrt *den Kindern, den Hunden* das Reifenspringen.)

Anmerkungen:
1. Von den fakultativen Mitspielern sind substituierbar und deshalb alternativ möglich Sa₂ und Sd („Er lehrt *die Kinder / den Kindern* die Sprache"), von den obligatorischen Mitspielern Sa₁, I, Inf und NS („Er lehrt *das Lesen*" – „Er lehrt ihn *lesen*" – „Er lehrt, *zusammenhängend zu lesen*" – „Er lehrt, *wie man zusammenhängend liest*").
2. Wenn I erscheint und Sn → Hum, dann ist Sa obligatorisch („*Er lehrt singen"). Aber: „Not lehrt sparen, rechnen usw.").

lernen

    I. lernen$_{1+(1)=2}$
    II. lernen → Sn, (Sa/NS$_{daß, w}$/I/Inf)
    III. Sn →   Hum (*Der Schüler* lernt.)
        Sa →   Abstr (Er lernt *ein Gedicht, das Schmiedehandwerk*.)
        NS →   Act (Er lernt, *daß die Geschichte von Menschen gemacht wird / wer im Recht ist*.)
        I →   Act (Er lernt *schreiben*.)
        Inf →   Act (Er lernt, konzentriert *zu arbeiten*.)

studieren

    I. studieren$_{1+(1)=2}$ (V1 = lernen)
    II. studieren → Sn, (Sa)
    III. Sn →   Hum (*Sein Sohn* studiert.)
        Sa →   Abstr (Fachbezeichnung, −Art) (Er studiert *Medizin*.)

    I. studieren$_2$ (V2 = erforschen)
    II. studieren → Sn, Sa
    III. Sn →   Hum (*Der Vater* studiert die Landkarte.)
        Sa →   1. −Anim (Er studiert *den Fahrplan*.)
                     2. Abstr (Er studiert *die Farben des Gemäldes, die Ansichten seines Widersachers*.)

wiederholen

    I. wiederholen$_{1+(1)=2}$ (V1 = noch einmal sagen bzw. tun)
    II. wiederholen → Sn, (Sa/NS$_{daß, w}$)
    III. Sn →   1. Hum (*Der Lehrer* wiederholt.)
                     2. Abstr (als Hum) (*Die Behörde* wiederholt die Aufforderung.)
        Sa →   1. Abstr (Er wiederholt *die Aufgabe*.)
                     2. Act (Er wiederholt *das Lesen*.)
        NS →   Act (Er wiederholt, *daß er gearbeitet hat / wer gearbeitet hat*.)

    I. sich wiederholen$_1$ (V2 = mehrmals äußern)
    II. sich wiederholen → Sn
    III. Sn →   Hum (*Der Lehrer* wiederholt sich.)

I. sich wiederholen₁ (V 3 = mehrmals geschehen)
II. sich wiederholen → Sn/NS_daß
III. Sn →　　　　1. Abstr (*Der Vorfall* wiederholt sich.)
　　　　　　　　2. Act (*Das Schwimmen* wiederholt sich.)
　　NS →　　　　Act (*Daß er fehlt*, wiederholt sich.)

Anmerkung:
Ist bei V 1 Sn → Abstr (als Hum), wird das Verb obligatorisch zweiwertig; als 2. Mitspieler erscheint Sa → Abstr oder NS_daß.

übersetzen

a) übersetzen, übersetzte, hat übersetzt (= übertragen)

I. übersetzen₁₊₍₃₎₋₄
II. übersetzen → Sn, (Sa), (p₁S), (p₂S)
III. Sn →　　　　Hum (*Der Lektor* übersetzt.)
　　Sa →　　　　Abstr (Er übersetzt *die Arbeit*.)
　　p₁ = aus,
　　p₁Sd →　　　Abstr (Er übersetzt *aus dem Polnischen*.)
　　p₂ = in,
　　p₂Sa →　　　Abstr (Er übersetzt die Arbeit aus dem Deutschen
　　　　　　　　　　　　in das Polnische.)

b) übersetzen, setzte über, hat übergesetzt (= hinüberfahren)

I. übersetzen₁₊₍₂₎₋₃
II. übersetzen → Sn, (Sa), (pS)
III. Sn →　　　　1. Hum (*Der Fährmann* setzt über.)
　　　　　　　　2. −Anim (Fahrzeug) (*Die Fähre* setzt über.)
　　Sa →　　　　±Anim (Der Fährmann setzt *die Wanderer, die
　　　　　　　　　　　　Pferde, die Kisten* über.)
　　p = an, auf ... (Richtungspräpositionen),
　　pS →　　　　Dir (Er setzt sie *an das andere Ufer* über.)

Anmerkung:
Von b) („übersetzen") ist zu unterscheiden „setzen über" (etwa: „Das Pferd setzt über den Graben"). Bei „übersetzen" ist das Verb obligatorisch einwertig (das Adverb wird zum Präfix), bei „setzen über" obligatorisch zweiwertig („über" ist Präposition). Vgl. dazu „setzen" V 3.

üben

I. üben$_{1+(1)=2}$ (V1 = proben, trainieren)
II. üben → Sn, (Sa)
III. Sn →   Hum (*Die Turnerin* übt.)
    Sa →   1. Abstr (Er übt *Bach, ein Adagio*.)
             2. Act (Er übt *das Laufen*.)
             3. Refl (Er übt *sich*.)

I. üben$_2$ (V2 = walten lassen)
II. üben → Sn, Sa
III. Sn →   1. Hum (*Der Vater* übt Nachsicht.)
             2. Abstr (als Hum) (*Die Militärjunta* übte Verrat.)
    Sa →   Abstr (Er übt *Verrat* an seinem Kameraden.)

Anmerkungen:

1. Wenn bei V 1 Sa → Refl, erscheint manchmal ein zusätzliches pS mit p = in; pS kann → Act („Er übt sich *im Rechnen*") und Abstr („Er übt sich *in Geduld*") sein.
2. Wenn bei V 1 als 2. Mitspieler Sa auftritt, entstehen fast immer Homonymien: „Er übt *Turnen*" (1. = ‚er turnt selbst', 2. = ‚er übt mit der Klasse Turnen').
3. Ist p = mit, kann pS und Sa kombiniert auftreten und dadurch eine fakultative Dreiwertigkeit entstehen („Er übt *das Laufen mit der Klasse*").
4. Bei V 2 ist Sa → Abstr nur beschränkt möglich (Gnade, Rücksicht, Nachsicht, Verrat u. ä.).

danken

I. danken$_{1+(2)=3}$ (V1 = Dank abstatten)
II. danken → Sn, (Sd), (pS/NS$_{daß}$)
III. Sn →   1. Hum (*Der Jubilar* dankt.)
             2. Abstr (als Hum) (*Der Betrieb* dankt dem Vorstand.)
    Sd →   1. Hum (Der Lehrer dankt *dem Schüler*.)
             2. Abstr (als Hum) (Der Betrieb dankt *dem Vorstand*.)
    p = für,
    pSa → 1. ±Anim (Er dankt *für den Helfer, für die Pferde, für das Buch*.)
             2. Abstr (Er dankt ihm *für den Gruß*.)
    NS →   Act (Wir danken dir [dafür], *daß du gekommen bist*.)

I. danken$_3$ (V2 = verdanken)
II. danken → Sn, Sd, Sa/NS$_{daß}$
III. Sn →   1. Hum (*Das Kind* dankt dem Staat seine Ausbildung.)
            2. Abstr (als Hum) (*Der Betrieb* dankt den guten Absatz der Qualität seiner Erzeugnisse.)
   Sd →   1. ±Anim (Er dankt *dem Freund, dem Hund, dem Floß* die Rettung.)
            2. Abstr (als Hum) (Er dankt seine Bildung *der Schule.*)
            3. Abstr (Den Erfolg dankt er *seiner Begabung.*)
   Sa →   Abstr (Er dankt uns *die Mühe.*)
   NS →   Act (Er dankt seinen Eltern, *daß er so viel lernen konnte.*)

Anmerkung:

Innerhalb von V 1 entsteht eine doppelte Bedeutung (1. = ‚Dank sagen', 2. = ‚ablehnen': „Der Gast dankt"), die aber kaum distributionell, sondern allein kontextuell und intonatorisch greifbar wird.

gratulieren

I. gratulieren$_{1+(2)=3}$
II. gratulieren → Sn, (pS), (Sd)
III. Sn →   1. Hum (*Das Kind* gratulierte.)
            2. Abstr (als Hum) (*Die Regierung* gratulierte dem Nachbarstaat zum Jubiläum.)
   p = zu,
   pSd →   Abstr (Er gratulierte *zum Diplom.*)
   Sd →   1. Hum (Er gratulierte *dem Freund* zum Geburtstag.)
            2. Abstr (als Hum) (Die Sportler gratulierten *dem Verein* zum Jubiläum.)

sich bedanken

I. sich bedanken$_{1+(2)=3}$
II. sich bedanken → Sn, (p$_1$S), (p$_2$S/NS$_{daß}$/Inf)

III. Sn →   1. Hum (*Der Sohn* bedankt sich für das Geschenk.)
                           2. Abstr (als Hum) (*Das Institut* bedankt sich für die Mitarbeit.)

p_1 = bei,
p_1Sd →   1. Hum (Ich bedanke mich *bei meinem Lehrer*.)
                           2. Abstr (als Hum) (Ich bedanke mich *bei der Polizei.*)

p_2 = für,
p_2Sa →   keine Selektionsbeschränkungen (Wir bedanken uns *für den Fahrer, den Hund, das Buch, die Idee, die Unterredung.*)

NS →   Act (Er bedankte sich dafür, *daß man ihn eingeladen hatte.*)

Inf →   Act (Er bedankte sich dafür, *eingeladen worden zu sein.*)

verdanken

I. verdanken$_3$
II. verdanken → Sn, Sd, Sa/NS$_{daß}$
III. Sn →   keine Selektionsbeschränkungen (*Mein Freund, der Hund* verdankt dem Arzt seine Gesundheit, *das Institut* dem Wissenschaftler den Erfolg, *das Buch* seine Form dem Verlag, *der Gedanke* seine Entstehung dem Gespräch, *das Turnen* seine Popularität der Förderung durch den Staat.)

Sd →   keine Selektionsbeschränkungen (Wir verdanken das *dem Arzt, dem Hund, dem Staat, dem Buch, der Dunkelheit, dem Schwimmen.*)

Sa →   keine Selektionsbeschränkungen (Wir verdanken unserem Freund *den Fahrer, den Hund, das Auto*, dem Staat *die Sonderschule*, dem Ingenieur *den Gedanken, die Unterredung.*)

NS →   Act (Wir verdanken ihm, *daß wir das Auto bekommen haben.*)

Anmerkungen:

1. Wenn Sn → −Anim, dann Sa → Abstr und Sd → Hum, −Anim, Abstr (als Hum) oder Abstr.
2. Wenn Sn → Abstr und Act, dann Sa → Abstr und Sd → Hum, Abstr (als Hum) oder Abstr.

bitten

  I. bitten$_{2+(1)=3}$
  II. bitten → Sn, pS/NS$_{daß}$/Inf, (Sa)
  III. Sn →   1. Hum (*Der Freund* bittet um das Geld.)
                     2. Abstr (als Hum) (*Die Polizei* bittet die Kraftfahrer um Rücksichtnahme.)

  p = um, zu
  Wenn p = um,
  pSa →   1. ±Anim (Wir bitten *um einen Gutachter, um den Hund, um das Buch*.)
                     2. Abstr (Wir bitten *um seine Zustimmung*.)
  NS →   Act (Er bittet [darum], *daß man ihn prüft*.)
  Inf →   Act (Er bittet [darum], *sie zu prüfen*.)
  Wenn p = zu,
  pSd →   Dir (Die Hausfrau bittet ihn *zum Essen*.)
  Sa →   1. Hum (Die Polizei bittet *die Kraftfahrer* um Rücksichtnahme.)
                     2. Abstr (als Hum) (Der Mitarbeiter bittet *die Betriebsleitung* um Urlaub.)

Anmerkung:
pS, NS und Inf sind semantisch weitgehend äquivalent („Wir bitten ihn *um den Besuch*" – „Wir bitten ihn, *daß er uns besucht*" – „Wir bitten ihn, *uns zu besuchen*").

entschuldigen

  I. entschuldigen$_{2+(1)=3}$
  II. entschuldigen → Sn, Sa, (pS)
  III. Sn →   1. Hum (*Der Freund* entschuldigt mein Benehmen.)
                     2. Abstr (als Hum) (*Die Regierung* entschuldigt den Vorfall.)
  Sa →   1. Hum (Er entschuldigt *seinen Freund*.)
                     2. Abstr (Er entschuldigte *seinen Fehler*.)
                     3. Act (Er entschuldigt *sein Zuspätkommen*.)
                     4. Sa = Sn (Refl) (Er entschuldigt *sich*.)
  p = bei,
  pSd →   1. Hum (Er entschuldigt sich *beim Lehrer*.)
                     2. Abstr (als Hum) (Er entschuldigt den Vorfall *bei der Regierung*.)

empfehlen

I. empfehlen$_{2+(1)-3}$ (V1 = raten)
II. empfehlen → Sn, Sa/Inf, (Sd)
III. Sn →   1. Hum (*Der Arzt* empfiehlt ein Medikament.)
                2. Abstr (als Hum) (*Das Messeamt* empfiehlt, sich rechtzeitig anzumelden.)
                3. Abstr (*Das Rezept* empfiehlt, reichlich zu würzen.)
     Sa →   keine Selektionsbeschränkungen (Er empfiehlt *seinen Freund, das Pferd, das Institut, das Buch, die Gliederung, das Duschen.*)
     Inf →   Act (Der Lehrer empfiehlt, *das Buch zu kaufen.*)
     Sd →   1. Hum (Der Lehrer empfiehlt *seinen Schülern*, das Buch zu kaufen.)
                2. Abstr (als Hum) (Er empfiehlt *der Polizei* ein vorsichtiges Vorgehen.)

I. sich empfehlen$_{1+(1)-2}$ (V2 = sich verabschieden, in Erinnerung bringen)
II. sich empfehlen → Sn, (Sd)
III. Sn →   Hum (*Der Gast* empfiehlt sich.)
     Sd →   Hum (Er empfiehlt sich *seinen Freunden.*)

I. sich empfehlen$_1$ (V3 = zweckmäßig sein)
II. sich empfehlen → Sn/NS$_{daß}$/Inf
III. Sn →   Act (Es empfiehlt sich *ein Besuch.*)
     NS →   Act (Es empfiehlt sich, *daß wir ihn besuchen.*)
     Inf →   Act (Es empfiehlt sich, *ihn zu besuchen.*)

fordern

I. fordern$_{2+(1)-3}$ (V1 = zum Zweikampf auffordern)
II. fordern → Sn, Sa, (pS)
III. Sn →   Hum (*Der Mann* forderte den Verführer.)
     Sa →   Hum (Der Offizier forderte *den Mann* auf Pistolen.)
     p = auf, zu
     Wenn p = auf,
     pSa →   −Anim (Er forderte seinen Gegner *auf Säbel.*)
     Wenn p = zu,
     pSd →   Abstr (Er forderte ihn *zum Duell.*)

I. fordern$_{2+(1)=3}$ (V2 = verlangen, Anforderungen stellen)
II. fordern → Sn, Sa/NS$_{daß}$/Inf, (pS)
III. Sn → keine Selektionsbeschränkungen (*Die Kinder* forderten von dem Lehrer volle Konzentration. *Die Löwen* forderten vom Dompteur alle Willenskraft. *Das Gerät* forderte vom Personal eine hohe Fachbildung. *Die Regierung* fordert von der Bevölkerung höhere Steuern. *Das Problem* fordert von den Zuhörern Abstraktionsvermögen. *Das Turnen* fordert von den Teilnehmern Gelenkigkeit.)

Sa → 1. ±Anim (Er forderte *einen Mitarbeiter, ein Pferd, ein Fünfmarkstück*.)
2. Abstr (Das Problem forderte *volle Konzentration*.)

NS → Act (Ich fordere, *daß er bestraft wird*.)
Inf → Act (Ich fordere, *die Aufgabe zu lösen*.)
p = von,
pSd → 1. +Anim (Er forderte *von dem Turner, dem Löwen* volle Aufmerksamkeit.)
2. Abstr (als Hum) (Er forderte *von der Versicherung* Entschädigung.)
3. Abstr (Sie forderten *von dem Vertrag* eine Befriedung Europas.)

Anmerkung:
Bei V1 bleibt pS beschränkt auf bestimmte Kampfarten (Zweikampf, Duell), wenn p = zu; auf Waffen, wenn p = auf.

auffordern

I. auffordern$_{2+(1)=3}$
II. auffordern → Sn, pS/Inf, (Sa)
III. Sn → 1. Hum (*Der Lehrer* forderte zum Nachsprechen auf.)
2. Abstr (als Hum) (*Die Regierung* forderte zur Sparsamkeit auf.)

Sa → 1. Hum (Das Ministerium forderte *die Direktoren* auf, sparsam zu wirtschaften.)

	2. Abstr (als Hum) (Die Regierung forderte *die Betriebe* auf, wirtschaftlich zu rechnen.)
p = zu,	
pSd →	Abstr (Er forderte ihn *zur Sparsamkeit* auf.)
Inf →	Act (Er forderte uns auf, *sparsam zu wirtschaften*.)

Anmerkung:
Im Satz „Er forderte das Mädchen auf" ist Sa obligatorisch; pS braucht nicht zu erscheinen, ist aber unabhängig vom Kontext eindeutig (= zum Tanz).

zwingen

I. zwingen$_3$
II. zwingen → Sn, Sa, pS/NS$_{daß}$/Inf
III. Sn →
    1. +Anim (*Der Junge, der Hund* zwang das Kind zur Umkehr.)
    2. −Anim (*Die Schlacht* zwang sie zu einem Umweg.)
    3. Abstr (*Die Kritik* zwang ihn zur Darlegung seiner Gründe.)
    4. Act (*Das Lärmen* zwingt uns zu einer Pause.)
Sa →
    1. Hum (Die Situation zwingt *den Jungen* zum Nachdenken.)
    2. Abstr (als Hum) (Die Demonstration zwingt *die Regierung* zur Überprüfung ihrer Politik.)
    3. Sa = Sn (Refl) (Er zwingt *sich* zur Arbeit.)
p = zu,
pSd →
    1. Abstr (Er zwingt ihn *zu dieser Maßnahme*.)
    2. Act (Er zwingt den Jungen *zum Schwimmen*.)
NS →   Act (Er zwingt ihn dazu, *daß er spricht*.)
Inf →   Act (Er zwingt ihn dazu, *zu sprechen*.)

erlauben

I. erlauben$_{2+(1)=3}$
II. erlauben → Sn, Sa/NS$_{daß}$/Inf, (Sd)
III. Sn →   1. Hum (*Der Vater* erlaubt der Tochter das Tanzen.)

	2. Abstr (als Hum) (*Die Regierung* erlaubte der Delegation die Einreise.)
	3. Abstr (*Die Frage* erlaubt eine ausführliche Antwort.)
Sa →	Act (Er erlaubt *das Tanzen*.)
NS →	Act (Er erlaubte, *daß geraucht wurde*.)
Inf →	Act (Er erlaubte uns, *nach Hause zu gehen*.)
Sd →	1. Hum (Er erlaubte *dem Sohn*, das Auto zu nehmen.)
	2. Sd = Sn (Refl) (Er erlaubte *sich*, laut zu lachen.)

Anmerkung:
Wenn Inf auftritt, wird Sd obligatorisch.

vorschlagen

I. vorschlagen$_{2+(1)=3}$
II. vorschlagen → Sn, Sa/NS$_{daß, w}$, Inf, (Sd)

III. Sn →	1. Hum (*Der Versammlungsleiter* schlägt eine Pause vor.)
	2. Abstr (als Hum) (*Die Regierung* schlägt eine Friedenskonferenz vor.)
Sa →	1. Hum (Wir schlagen *den Kollegen* für eine Auszeichnung vor.)
	2. Abstr (als Hum) (Wir schlagen *den Betrieb* für eine Auszeichnung vor.)
	3. Abstr (Wir schlagen *einen Kompromiß* vor.)
	4. Act (Wir schlagen *Fußballspielen* vor.)
NS →	Act (Der Lehrer schlägt vor, *daß nicht geraucht wird / wer ausgezeichnet werden soll*.)
Inf →	Act (Der Lehrer schlägt vor, *die Sache zu vertagen*.)
Sd →	1. Hum (Er schlägt *seinem Freund* einen Büchertausch vor.)
	2. Abstr (als Hum) (Die Kommission schlägt *dem Betrieb* eine Fusion vor.)

helfen

I. helfen$_{1+(2)=3}$
II. helfen → Sn, (Sd), (pS/I/Inf)
III. Sn → keine Selektionsbeschränkungen (*Der Freund, die Polizei, das Medikament, der Ratschlag, das Schwimmen* hilft.)
Sd → 1. +Anim (Er hilft *dem Kind, dem Hund.*)
2. Abstr (als Hum) (Er hilft *der Polizei.*)
p = bei,
pSd → Act (Er hilft *bei der Suche nach dem Verbrecher.*)
I → Act (Er hilft *abwaschen.*)
Inf → Act (Er hilft [dabei], *den Verbrecher zu suchen.*)

Anmerkungen:

1. Der 2. und 3. Mitspieler sind sowohl alternativ (Sd ohne I, Inf bzw. pS und I, Inf bzw. pS ohne Sd) als auch konjunktiv möglich („Er hilft *ihr abwaschen*" – „Er hilft *ihr, den Verbrecher zu suchen*" – „Er hilft *ihr bei der Arbeit*"). Deshalb ist pS wohl nicht als freie Angabe, sondern als fakultativer Mitspieler zu werten.
2. Wenn Sn → +Anim (−Hum), wird der 2. Mitspieler obligatorisch („Der Polizeihund hilft *bei der Verfolgung des Verbrechers*").

unterstützen

I. unterstützen$_2$
II. unterstützen → Sn, Sa
III. Sn → 1. Hum (*Der Sohn* unterstützt seine Mutter.)
2. Abstr (als Hum) (*Die Regierung* unterstützt die Unwettergeschädigten.)
3. Abstr (*Seine Hinweise* unterstützen uns.)
Sa → 1. Hum (Die Regierung unterstützt *alle Friedenskräfte.*)
2. Abstr (als Hum) (Die Beschäftigten unterstützen *ihre Betriebsleitung.*)
3. Abstr (Wir unterstützen *alle Friedensbemühungen.*)

loben

I. loben$_2$
II. loben → Sn, Sa/NS$_{daß}$
III. Sn → 1. Hum (*Der Lehrer* lobt den Schüler.)

	2. Abstr (als Hum) (*Das Ministerium* lobt den Beamten.)
Sa →	keine Selektionsbeschränkungen (Er lobt *den Schüler, das Pferd, den Betrieb, das Auto, die Konzeption, das Schwimmen.*)
NS →	Act (Er lobt, *daß der Schüler die Prüfung bestanden hat.*)

verzichten

I. verzichten$_{1+(1)=2}$
II. verzichten → Sn, (pS/NS$_{daß}$/Inf)
III. Sn → 1. Hum (*Der Sohn* verzichtet [auf sein Erbe].)
  2. Abstr (als Hum) (*Das Institut* verzichtet auf eine Stellungnahme.)

p = auf,
pSa → keine Selektionsbeschränkungen (Er verzichtet *auf das Kind, auf den Hund, auf die Abteilung, auf das Erbe, auf jede Freude, auf das Rauchen.*)
NS → Act (Er verzichtet darauf, *daß er eine Einladung schreibt.*)
Inf → Act (Er verzichtet darauf, *eine Einladung zu schreiben.*)

Anmerkung:
Da der Aktionsradius von pS weiter ist als der von NS oder Inf, ist pS nur dann durch NS und Inf substituierbar, wenn es Act ist („Er verzichtet *auf die Einladung*" – „Er verzichtet darauf, *daß er eine Einladung schreibt*" – „Er verzichtet darauf, *eine Einladung zu schreiben*").

widmen

I. widmen$_3$
II. widmen → Sn, Sa, Sd
III. Sn → 1. Hum (*Der Lehrer* widmet der Klasse viel Zeit.)
  2. Abstr (als Hum) (*Das Ministerium* widmet dem Beschluß viel Aufmerksamkeit.)

Sa →   3. Abstr (*Der Vortrag* widmet dem Problem viel
            Aufmerksamkeit.)
            1. Sa = Sn (Refl) (Er widmet *sich* dem Freund.)
            2. −Anim (Er widmet ihm *das Buch*.)
            3. Abstr (Er widmet dieser Arbeit *viel Kraft*.)
Sd →   keine Selektionsbeschränkungen (Er widmet *dem
            Freund, dem Betrieb, dem Hund, dem Haus,
            dieser Idee, dem Schwimmen* viel Zeit.)

Anmerkungen:
1. Die fehlenden Selektionsbeschränkungen für Sd gelten nur, wenn Sa → Refl oder Abstr ist; ist dagegen Sa → −Anim, muß Sd → Hum, Abstr (als Hum) oder Abstr sein.
2. Wenn Sa → Hum, dann ist es immer Refl.

schenken

I. schenken$_{2+(1)=3}$ (V1 = ein Geschenk machen, konkret)
II. schenken → Sn, Sa, (Sd)
III. Sn →   1. Hum (*Der Vater* schenkt einen Roller.)
                 2. Abstr (als Hum) (*Das Ministerium* schenkt dem
                 Mitarbeiter Blumen.)
Sa →   1. +Anim (−Hum) (Er schenkt dem Kind *einen
                 Hund*.)
                 2. −Anim (Er schenkt dem Kind *eine Puppe*.)
Sd →   1. Hum (Er schenkte *seinem Freund* ein Buch.)
                 2. Abstr (als Hum) (Er schenkte *dem Staat* das
                 Grundstück.)

I. schenken$_3$ (V2 = zuwenden, übertragen)
II. schenken → Sn, Sa, Sd
III. Sn →   1. Hum (*Die Eltern* schenken dem Kind Vertrauen.)
                 2. Abstr (als Hum) (*Der Staat* schenkt seinen
                 Bürgern Vertrauen.)
Sa →   Abstr (Er schenkt ihm *Vertrauen*.)
Sd →   keine Selektionsbeschränkungen (Er schenkt *dem
                 Freund, dem Hund, dem Auto, dem Sport-
                 klub, dem Gedanken, dem Turnen* viel
                 Aufmerksamkeit.)

I. schenken$_3$ (V 3 = eingießen)
II. schenken → Sn, Sa, pS
III. Sn →   Hum (*Die Mutter* schenkt Kaffee in die Tasse.)
    Sa →   −Anim (Mat., flüssig) (Sie schenkt *den Kaffee* in die Tasse.)
    p = in,
    pSa →   −Anim (Gefäß) (Sie schenkt Tee *in die Tasse*.)

anbieten

I. anbieten$_{2+(1)=3}$
II. anbieten → Sn, Sa, (Sd)
III. Sn →   1. Hum (*Die Frau* bietet Obst an.)
                    2. Abstr (als Hum) (*Die UNO* bietet Garantien an.)
    Sa →   1. +Anim (−Hum) (Das Geschäft bietet *Hunde* an.)
                    2. −Anim (Sie bietet *Kaffee* an.)
                    3. Abstr (Sie boten dem Kontrahenten *einen Vergleich* an.)
    Sd →   1. Hum (Sie bietet *dem Gast* einen Stuhl an.)
                    2. Abstr (als Hum) (Die Regierung bietet *dem Nachbarstaat* einen Vergleich an.)

grüßen

I. grüßen$_{1+(1)=2}$
II. grüßen → Sn, (Sa)
III. Sn →   Hum (*Der Student* grüßt.)
    Sa →   Hum (Er grüßt *seinen Professor*.)

nicken

I. nicken$_1$
II. nicken → Sn
III. Sn →   Hum (*Das Kind* nickte.)

begrüßen

I. begrüßen₂
II. begrüßen → Sn, Sa
III. Sn →   1. Hum (*Der Hausherr* begrüßt die Gäste.)
            2. Abstr (als Hum) (*Die Regierung* begrüßt die Delegation.)
   Sa →   Hum (Der Lehrer begrüßt *seinen Kollegen*.)

Anmerkung:

Wenn Sn → +Anim (−Hum) oder Sa → −Anim erscheint, liegt eine übertragene Bedeutung vor, die durch Überspringung der Selektionsbeschränkungen entsteht. In diesem Falle folgt meist pS → Mod („Der Hund begrüßte seinen Herrn *mit einem Schwanzwedeln*", „Die Kinder begrüßten den ersten Schnee *mit einem großen Hallo*").

denken

I. denken₂ (V1 = überlegen, geistig arbeiten)
II. denken → Sn, Adj
III. Sn →   Hum (*Der Assistent* denkt logisch.)
   Adj →   Mod (intellektueller Bereich) (Er denkt *scharf, dialektisch, logisch*.)

I. denken₂ (V2 = gesinnt sein)
II. denken → Sn, Adj
III. Sn →   1. Hum (*Der Vater* denkt edel.)
            2. Abstr (als Hum) (*Die Klubhausleitung* denkt praktisch.)
   Adj →   Mod (ethischer Bereich) (Er denkt *großherzig, gemein, vorurteilsfrei*.)

I. denken₂ (V3 = meinen, annehmen)
II. denken → Sn, NS_daß/Inf
III. Sn →   1. Hum (*Der Assistent* denkt, daß es klappt.)
            2. Abstr (als Hum) (*Das Institut* denkt, daß es klappt.)
   NS →   Act (Der Arzt denkt, *daß alles gut geht*.)
   Inf →   Act (Die Post denkt, *die Sache erledigen zu können*.)

I. denken₂ (V 4 = sich ins Bewußtsein rufen)
II. denken → Sn, pS/NS_daß
III. Sn →   1. Hum (*Der Vater* denkt an seinen Sohn.)
            2. Abstr (als Hum) (*Die Bevölkerung* denkt an ihre Toten.)
p = an,
pSa → keine Selektionsbeschränkungen (Er denkt *an den Freund, an den Hund, an den Sportklub, an das Thema, an den Schrank, an das Schwimmen.*)
NS → Act (Er denkt daran, *daß seine Frau wartet.*)

I. sich denken₃ (V 5 = sich vorstellen)
II. sich denken → Sn; Sa, Adj/pS/Adv
III. Sn → Hum (*Der General* dachte sich die Sache anders.)
Sa → keine Selektionsbeschränkungen (Der Mann dachte sich *den Freund, das Pferd, das Institut, das Gebäude, das Thema, das Schwimmen* anders.)
Adj → Mod (Er denkt sich die Sache *leicht*.)
p = als,
pSa → keine Selektionsbeschränkungen (Er dachte sich den Fremden *als einen jungen Mann*, den Hund *als einen Pudel*, das Institut *als eine Forschungseinrichtung*, das Buch *als eine Broschüre*, das fleißige Lernen *als Voraussetzung für einen guten Abschluß*, den angekündigten Sport *als Schwimmen*.)
Adv → Mod (Er dachte sich die Sache *so, folgendermaßen, anders*.)

Anmerkungen:
1. V 1 und V 2 unterscheiden sich (obwohl semantisch deutlich getrennt) nur geringfügig auf Stufe III in Sn und durch die semantische Subklassifizierung von Adj. Diese beiden Subklassen schließen einander freilich aus.
2. Zu V 3 ergibt sich eine Bedeutungsschattierung ‚beabsichtigen', ‚gedenken', wenn als 2. Mitspieler Inf (ohne Modalverb) erscheint: „Er denkt, *nächste Woche zu verreisen*". In diesem Fall ist Inf nicht durch NS substituierbar.
3. Bei V 5 ist der 3. Mitspieler manchmal weglaßbar, wenn Sa → Abstr („Ich habe mir die Sache, es gedacht" = „Ich habe es mir *so* gedacht").

nachdenken

I. nachdenken$_{1+(1)=2}$
II. nachdenken → Sn, (pS/NS$_{daß, w, ob}$)
III. Sn →   Hum (*Der Lehrer* denkt nach.)
    p = über,
    pSa →   keine Selektionsbeschränkungen (Der Lehrer denkt *über den Schüler, über das Pferd, über die Schule, über das Buch, über den Inhalt, über das Lesen* nach.)
    NS →   Act (Der Lehrer denkt darüber nach, *daß die Klasse wartet / ob sie wartet / wer ihm helfen könnte.*)

erinnern

I. erinnern$_{2+(1)=3}$ (V1 = mahnen, ins Gedächtnis rufen)
II. erinnern → Sn, Sa, (pS/NS$_{daß}$/Inf)
III. Sn →   1. Hum (*Der Lehrer* erinnert die Schüler an die Hausaufgaben.)
          2. Abstr (als Hum) (*Die Regierung* erinnert uns an unser Versprechen.)
    Sa →   1. Hum (Er erinnert *den Sohn* an sein Versprechen.)
          2. Abstr (als Hum) (Wir erinnern *die Betriebsleitung* an ihr Versprechen.)
    p = an,
    pSa →   1. ±Anim (Er erinnert uns *an den Freund, den Hund, das Paket.*)
          2. Abstr (Er erinnert mich *an das Verbot.*)
          3. Act (Er erinnert uns *an das Turnen.*)
    NS →   Act (Sie erinnerte ihn daran, *daß kein Geld vorhanden war.*)
    Inf →   Act (Er erinnerte uns daran, *Geld holen zu müssen.*)

I. erinnern$_{2+(1)=3}$ (V2 = eine Erinnerung wecken, ähneln)
II. erinnern → Sn, pS, (Sa)
III. Sn →   1. ±Anim (*Der Mann* erinnert mich an Goethe. *Der Hund* erinnert mich an ein Kalb. *Das Buch* erinnert mich an alte Tage.)

                                2. Abstr (*Das Erlebnis* erinnert mich an frühere Ereignisse.)
                                3. Act (*Dieses Fußballspielen* erinnert an Rugby.)
    p = an,
    pSa →   1. ±Anim (Der Mann erinnert *an Goethe.* Der Hund erinnert *an einen Pudel.* Dieses Muster erinnert *an eine alte Vorlage.*)
                                2. Abstr (Dieser Vorfall erinnerte *an eine andere Begebenheit.*)
                                3. Act (Diese Sportart erinnert *an Boxen.*)
    Sa →   Hum (Das erinnerte *mich* an ein Erlebnis.)

I. sich erinnern$_{1+(1)=2}$ (V 3 = sich entsinnen, im Gedächtnis haben)
II. sich erinnern → Sn, (pS/Sg/NS$_{daß, w}$/Inf)
III. Sn →   Hum (*Der Lehrer* erinnert sich.)
    p = an,
    pSa →   1. ±Anim (Ich erinnere mich *an die Frau, die Katze, das Buch.*)
                                2. Abstr (Ich erinnere mich *an den Vorfall.*)
                                3. Act (Ich erinnere mich *an das Turnen.*)
    Sg →   1. ±Anim (Ich erinnere mich *der Frau, der Katze, des Buches.*)
                                2. Abstr (Ich erinnere mich *des Vorfalls.*)
                                3. Act (Ich erinnere mich *des Turnens.*)
    NS →   Act (Ich erinnere mich, *daß es geklingelt hat / wer angerufen hat.*)
    Inf →   Act (Ich erinnere mich, *eingeladen worden zu sein.*)

glauben

I. glauben$_2$ (V 1 = denken, meinen)
II. glauben → Sn, Inf
III. Sn →   Hum (*Der Lehrer* glaubt, alles bedacht zu haben.)
    Inf →   Act (Er glaubt, *alles berücksichtigt zu haben.*)

I. glauben$_{2+(1)=3}$ (V 2 = vermuten, für wahr halten)
II. glauben → Sn, Sa/NS$_{daß}$, (Sd)

III. Sn →   Hum (*Der Vater* glaubt jedes Wort.)
     Sa →   Abstr (Er glaubt *seine Worte*.)
     NS →   Act (Er glaubt, *daß er ihn sehen wird*.)
     Sd →   Hum (Er glaubt *dem Lehrer* jedes Wort.)

I. glauben$_2$ (V3 = vertrauen auf)
II. glauben → Sn, Sd
III. Sn →   Hum (*Der Schüler* glaubt dem Lehrer.)
     Sd →   1. Hum (Er glaubt *seinem Freund*.)
                     2. Abstr (als Hum) (Er glaubt *der Regierung*.)
                     3. Abstr (Er glaubt *seinen Beteuerungen*.)

I. glauben$_2$ (V4 = an eine Person oder Sache glauben)
II. glauben → Sn, pS/NS$_{daß}$/Inf
III. Sn →   1. Hum (*Der Schüler* glaubt an seinen Lehrer.)
                     2. Abstr (als Hum) (*Das Institut* glaubt an den Erfolg.)
     p = an,
     pSa →   1. Hum (Das Mädchen glaubt *an seinen Freund*.)
                     2. Abstr (Er glaubt *an den Erfolg*.)
     NS →   Act (Er glaubt [daran], *daß er Erfolg hat*.)
     Inf →   Act (Er glaubt [daran], *Erfolg zu haben*.)

Anmerkungen:

1. Bei V 2 tritt eine Sonderform dann auf, wenn NS nicht zu Inf verwandelt werden kann (wegen Nichtidentität des Subjekts): „Sie glaubt, *daß er in Sicherheit ist*" → „Sie glaubt ihn in Sicherheit". In diesem Falle treten – neben Sn – Sa und pS als obligatorische Mitspieler auf, „glauben" wird dreiwertig. Vgl. Anm. zu „meinen" und zu „vermuten".

2. V 2 und V 3 stimmen semantisch teilweise überein; allerdings ist V 2 notwendig objektgerichtet, V 3 sieht vom Objekt des Glaubens ab (vgl. den Unterschied: „Er glaubt dem Lehrer *jedes Wort*" – „Er glaubt dem Lehrer") und steht zwischen V 2 und V 4 (das ein zusätzliches Sa generell ausschließt).

meinen

I. meinen$_2$ (V1 = denken, glauben)
II. meinen → Sn, NS$_{daß}$/Inf
III. Sn →   Hum (*Der Arzt* meint, daß er den Kranken retten kann.)
     NS →   Act (Der Arzt meint, *daß er es schafft*.)
     Inf →   Act (Der Arzt meint, *den Kranken retten zu können*.)

I. meinen$_{2+(1)=3}$ (V 2 = wollen, beabsichtigen)
II. meinen → Sn, es + Adj, (pS/NS$_{daß}$)
III. Sn → Hum (*Der Lehrer* meint es gut.)
    Adj → Mod (Der Schüler meint *es ehrlich*.)
    p = mit,
    pSd →
1. ±Anim (Er meint es gut *mit dem Kind, dem Tier, dem Geschenk*.)
2. Abstr (Er meint es gut *mit seinem Vorschlag*.)
3. Act (Er meint es gut *mit seinem Anruf*.)
    NS → Act (Er meint es ehrlich damit, *daß er die Familie unterstützt*.)

I. meinen$_2$ (V 3 = sprechen von)
II. meinen → Sn, Sa
III. Sn → Hum (*Der Lehrer* meint den besten Schüler.)
    Sa → keine Selektionsbeschränkungen (Er meint *den Schüler, die Fledermaus, das Buch, die Akademie, das Problem, das Turnen*.)

Anmerkung:
Wenn bei V 1 NS nicht zu Inf werden kann (weil das Subjekt nicht übereinstimmt), entsteht bisweilen eine besondere Konstruktion (Ich meine, daß er im Recht ist → Ich meine ihn im Recht), in der Sa und pS als Mitspieler erscheinen und das Verb dreiwertig wird. Vgl. Anmerkung zu „glauben" und Anmerkung zu „vermuten".

vermuten

I. vermuten$_2$
II. vermuten → Sn, Sa/NS$_{daß}$/Inf
III. Sn →
1. Hum (*Der Lehrer* vermutet, daß der Schüler die Prüfung besteht.)
2. Abstr (als Hum) (*Das Institut* vermutet, das Problem lösen zu können.)
    Sa → Abstr (Er vermutet *Schlimmes, ein Verbrechen*.)
    NS → Act (Er vermutet, *daß er ihn trifft*.)
    Inf → Act (Er vermutet, *ihn zu treffen*.)

Anmerkung:
Wenn NS nicht zu Inf werden kann (wegen fehlender Identität des Subjekts), entsteht eine besondere Konstruktion: „Er vermutet, *daß sein Freund in Leipzig ist*" → „Er vermutet *seinen Freund in Leipzig*". Dabei treten Sa und pS als obligatorische Mitspieler

auf, „vermuten" wird dreiwertig. Vgl. Anm. zu „meinen" und Anm. 1 zu „glauben". Sa zeigt dabei keine Selektionsbeschränkungen („Er vermutet *den Freund, das Pferd, das Paket, die Klasse* auf dem Wege", „Er vermutet *die Lösung* in folgendem Experiment", „Er vermutet *das Schwimmen* in der Schwimmhalle"). Statt pS kann vereinzelt auch Part erscheinen („Er vermutet den Freund *erschöpft*").

hoffen

   I. hoffen$_2$
  II. hoffen → Sn, pS/unbest Pron/NS$_{daß}$/Inf
 III. Sn →   Hum (*Der Lehrer* hofft auf ein baldiges Wiedersehen.)
     p = auf,
     pSa →   1. Abstr (Wir hoffen *auf die Zukunft.*)
                      2. Act (Wir hoffen *auf ein baldiges Wiedersehen.*)
     unbest Pron → Act (Wir hoffen *das.*)
     NS →   Act (Wir hoffen, *daß wir uns bald wiedersehen.*)
     Inf →   Act (Wir hoffen, *uns bald wiederzusehen.*)

Anmerkungen:

1. Unbest Pron steht als Ersatz für NS und Inf und kann durch diese substituiert werden.
2. Als 2. Mitspieler erscheint auch der Superlativ in der einmaligen Wendung „Er hofft *das Beste*"; er ist nicht substituierbar durch Sa.

träumen

   I. träumen$_{1+(1)=2}$ (V 1)
  II. träumen → Sn, (pS/NS$_{daß, w}$/Inf)
 III. Sn →   Hum (*Das Kind* träumte.)
     p = von,
     pSd →   keine Selektionsbeschränkungen (Das Kind träumte *von der Mutter, dem Kätzchen, dem Bilderbuch, der Schule, dem Märchen, dem Turnen.*)
     NS →   Act (Das Kind träumte, *daß es ausgezeichnet wurde / wer ihm helfen werde.*)
     Inf →   Act (Das Kind träumte, *eine Tafel Schokolade geschenkt bekommen zu haben.*)

I. träumen$_2$ (V2)
II. träumen → Sd, pS/NS$_{daß, w}$/Inf
III. Sd → Hum (*Dem Kind* träumte von einer Puppe.)
    p = von,
    pSd → keine Selektionsbeschränkungen (*Dem Kind* träumte *von dem Vater, dem Kätzchen, dem Bilderbuch, der Schule, dem Märchen, dem Turnen.*)
    NS → Act (Dem Kind träumte, *daß es ausgezeichnet wurde / wer helfen könne.*)
    Inf → Act (Dem Kind träumte, *ein Rennfahrer zu sein.*)

Anmerkung:
Der Unterschied zwischen V 1 und V 2 besteht darin, daß mit dem Dativ der 2. Mitspieler nicht mehr fakultativ wie bei V 1, sondern obligatorisch verbunden ist. V 2 gehört einer höheren Stilebene an als V 1.

wünschen

I. wünschen$_{2+(1)=3}$ (V 1 = für jemanden erhoffen)
II. wünschen → Sn, Sa/NS$_{daß}$, (Sd)
III. Sn → 1. Hum (*Der Direktor* wünscht viel Erfolg.)
           2. Abstr (als Hum) (*Der Betrieb* wünscht gute Gesundheit.)
    Sa → Abstr (Er wünscht *alles Gute.*)
    NS → Act (Die Direktion wünscht, *daß es den Kollegen gut geht.*)
    Sd → 1. Hum (Er wünscht *seinen Eltern* alles Gute.)
          2. Abstr (als Hum) (Er wünscht *dem Betrieb* gute Erfolge.)

I. sich wünschen$_2$ (V2 = begehren, für sich selbst erhoffen)
II. sich wünschen → Sn, Sa/NS$_{daß}$
III. Sn → Hum (*Der Prüfling* wünscht sich guten Erfolg.)
    Sa → 1. ±Anim (Er wünscht sich *eine Freundin, einen Hund, ein Auto.*)
          2. Abstr (Er wünscht sich *eine Idee.*)
    NS → Act (Ich wünsche mir, *daß er kommt.*)

I. wünschen₃ (V 3 = Wunsch aussprechen)
II. wünschen → Sn, Adj, Inf
III. Sn →   Hum (*Die Mutter* wünscht wohl zu speisen.)
    Adj →   Mod (Er wünscht *gut* zu speisen.)
    Inf →   Act (Er wünscht wohl *zu ruhen*, wohl *geruht zu haben*.)

I. wünschen₂ (V 4 = wollen, verlangen)
II. wünschen → Sn, Sa/NS$_{daß}$/Inf
III. Sn →   1. Hum (*Der Richter* wünscht eine Erklärung.)
                 2. Abstr (als Hum) (*Die Regierung* wünscht eine Erklärung.)
    Sa →   1. ±Anim (Er wünscht *einen Fahrer, einen Hund, einen Topf*.)
                 2. Abstr (Er wünscht *keine Ausrede*.)
    NS →   Act (Er wünscht, *daß alle Mitarbeiter kommen*.)
    Inf →   Act (Er wünscht *zu arbeiten, zu sprechen*.)

Anmerkungen:
1. Wenn bei V 1 der fakultative Dativ neben Sa nicht erscheint, ändert sich die Bedeutung nicht. Wenn aber der fakultative Dativ neben NS nicht erscheint, ändert sich die Bedeutung zu V 4 hin: Er wünscht ihr, daß der Lehrer kommt → Er wünscht, daß der Lehrer kommt.
2. Auch wenn bei V 2 das Reflexivpronomen eliminiert wird, wird die Bedeutung nach V 4 hin verändert: Er wünscht sich das Buch → Er wünscht das Buch.

ärgern

I. ärgern₂ (V 1 = jemanden in Ärger versetzen)
II. ärgern → Sn/NS$_{daß}$/Inf, Sa
III. Sn →   keine Selektionsbeschränkungen (*Der Junge, der Hund, das Institut, das Schlagloch, das Verhalten des Kindes, das Brüllen* ärgert ihn.)
    NS →   Act (*Daß sie nicht kommt*, ärgert ihn.)
    Inf →   Act (*Ihn zu sehen* ärgert ihn.)
    Sa →   +Anim (Er ärgert *das Kind, die Katze*.)

I. sich ärgern$_{1+(1)=2}$ (V 2 = verärgert sein)
II. sich ärgern → Sn, (pS/NS$_{daß}$/Inf)

III. Sn → Hum (*Die Frau* ärgert sich.)
p = über,
pSa → keine Selektionsbeschränkungen (Er ärgert sich *über den Kollegen, über das Pferd, über das Institut, über das Auto, über den Schrank, über das Versagen, über das Schwimmen.*)
NS → Act (Er ärgert sich [darüber], *daß er ihn nicht getroffen hat.*)
Inf → Act (Er ärgert sich [darüber], *ihn nicht getroffen zu haben.*)

Anmerkung:
Zwischen beiden Varianten besteht ein bestimmtes Verhältnis: Sn bei V 1 entspricht pS bei V 2, Sa bei V 1 entspricht Sn bei V 2 („Der Schüler ärgert den Lehrer" – „Der Lehrer ärgert sich über den Schüler").

langweilen

I. langweilen$_{2+(1)-3}$
II. langweilen → Sn, Sa, (pS)
III. Sn → keine Selektionsbeschränkungen (*Das Mädchen, der Löwe, das Schloß, die Idee, das Tanzen, die Institution* langweilt mich.)

Sa → 1. Hum (Er langweilt *das Mädchen.*)
2. Sa = Sn (Refl) (Er langweilt *sich.*)

p = mit, bei
Wenn p = mit,
pSd → ±Anim (Er langweilt sich *mit dem Mädchen, mit den Affen, mit den Karten.*)

Wenn p = bei,
pSd → 1. Abstr (Er langweilt sich *bei dieser Thematik.*)
2. Act (Er langweilt sich *beim Turnen.*)

Anmerkungen:
1. Zwischen Sn und pSd besteht semantische Identität. Jedes Sn kann jedes pSd werden und umgekehrt.
2. Bei Sn und pSd bleibt Abstr (als Hum) auf wenige Möglichkeiten beschränkt wie Institution, Betrieb u. ä.

fürchten

I. sich fürchten$_{1+(1)=2}$ (V1 = Angst haben vor)
II. sich fürchten → Sn, (pS/NS$_{daß}$/Inf)
III. Sn →   1. +Anim (*Das Kind, der Hund* fürchtet sich.)
            2. Abstr (als Hum) (*Die Militärjunta* fürchtet sich vor dem Volk.)

p = vor,
pSd → keine Selektionsbeschränkungen (Er fürchtet sich *vor dem Fremden, dem Bären, den Autos, der Geheimorganisation, der Hitze, dem Marschieren.*)
NS → Act (Er fürchtet sich davor, *daß er zu spät kommt.*)
Inf → Act (Er fürchtet sich davor, *zu spät zu kommen.*)

I. fürchten$_2$ (V2 = befürchten)
II. fürchten → Sn, Sa/NS$_{daß}$/Inf
III. Sn →   1. Hum (*Der Mörder* fürchtet die Vergeltung.)
            2. Abstr (als Hum) (*Die konservative Regierung* fürchtet eine Krise.)

Sa → Abstr (Er fürchtet *eine Erkältung.*)
NS → Act (Er fürchtet, *daß er sich erkältet.*)
Inf → Act (Er fürchtet, *zu spät zu kommen.*)

I. fürchten$_2$ (V3 = Sorge haben um)
II. fürchten → Sn, pS
III. Sn →   1. Hum (*Der Mann* fürchtet für seine Gesundheit.)
            2. Abstr (als Hum) (*Das Institut* fürchtet für den Mitarbeiter.)

p = für,
pSa → keine Selektionsbeschränkungen (Er fürchtet *für seine Tochter, für seinen Hund, für den Betrieb, für seine Möbel, für seinen Besitz, für das Schwimmen.*)

Anmerkungen:

1. Es besteht ein distributioneller und semantischer Unterschied zwischen V 1 („Ich fürchte mich, zu spät zu kommen") und V 2 („Ich fürchte, zu spät zu kommen"), der in einer adäquaten Beschreibung gespiegelt werden sollte.
2. Wenn bei V 1 und V 3 Sn → Abstr (als Hum), ist Sa bzw. pS → Hum, Abstr (als Hum), −Anim oder Abstr.
3. Zum Verhältnis zu den Verben der „Gemütsbewegung" vgl. Anm. 5 zu „freuen".

lieben

I. lieben₂ (V 1 = gern haben)
II. lieben → Sn, Sa
III. Sn →   Hum (*Die Mutter* liebt ihr Kind.)
    Sa →   1. Hum (Das Kind liebt *seine Eltern*.)
                 2. ±Anim (Das Kind liebt *das Kätzchen, Blumen*.)
                 3. Abstr (Er liebt *die Ruhe*.)

I. lieben₂ (V 2 = gern tun)
II. lieben → Sn, Sa/Inf
III. Sn →   Hum (*Der Professor* liebt die Arbeit.)
    Sa →   Act (Er liebt *das Tanzen*.)
    Inf →   Act (Er liebt es, *konzentriert zu arbeiten*.)

Anmerkung:
Die Alternativität von Sa und Inf bei V 2 rechtfertigt die Trennung der beiden Varianten. Dafür spricht ebenfalls, daß als Sa bei V 2 nur Act möglich ist, während der semantische Fächer von Sa bei V 1 breiter ist und Act ausschließt.

hassen

I. hassen₂
II. hassen → Sn, Sa
III. Sn →   Hum (*Der Werktätige* haßt den Krieg.)
    Sa →   1. +Anim (Er haßt *seine Feinde, Ungeziefer*.)
                 2. −Anim (Er haßt *alte Sachen*.)
                 3. Abstr (Er haßt *Liederlichkeit*.)
                 4. Act (Er haßt *das Schwatzen*.)

ängstigen

I. ängstigen₂ (V 1 = Angst machen)
II. ängstigen → Sn, Sa
III. Sn →   1. +Anim (*Der Fremde, der Ochse* ängstigt das Kind.)
                 2. −Anim (*Der Keller* ängstigt das Mädchen.)
                 3. Abstr (*Das Geräusch* ängstigt ihn.)
                 4. Act (*Das Krachen* ängstigt ihn.)
    Sa →   +Anim (Die Dunkelheit ängstigt *den Jungen, das Tier*.)

I. sich ängstigen$_{1+(1)=2}$ (V2 = Angst haben)
II. sich ängstigen → Sn, (pS)
III. Sn →   +Anim (*Das Kind, die Katze* ängstigt sich.)
    p = vor,
    pSd →
        1. +Anim (Er ängstigt sich *vor dem Fremden, dem Ochsen.*)
        2. −Anim (Er ängstigt sich *vor dem Keller.*)
        3. Abstr (Er ängstigt sich *vor dem Geräusch.*)
        4. Act (Er ängstigt sich *vor dem Blitzen.*)
    p = um,
    pSa →
        1. +Anim (Er ängstigt sich *um sein Kind, um sein Pferd.*)
        2. −Anim (Er ängstigt sich *um seinen Besitz.*)
        3. Abstr (Er ängstigt sich *um die Zukunft.*)
        4. Act (Er ängstigt sich *um das Zustandekommen des Vertrags.*)

Anmerkungen:
1. Bei V 1 bleibt Sn → −Anim beschränkt auf wenige Möglichkeiten wie Wald, Felsen, Tunnel, Schlucht u. ä. m.
2. Wenn bei V 2 p = „vor" auftritt, so ergibt sich die Umkehrung von V 1: Das Geräusch ängstigt ihn. (= V 1); Er ängstigt sich vor dem Geräusch. (= V 2)

aufregen

I. sich aufregen$_{1+(1)=2}$ (V1 = aufgeregt sein)
II. sich aufregen → Sn, (pS/NS$_{daß}$/Inf)
III. Sn →   Hum (*Das Kind* regt sich über das Pfeifen auf.)
    p = über,
    pSa →
        keine Selektionsbeschränkungen (Er regt sich *über seine Mitarbeiter, über den Hund, über das Institut, über die Möbel, über das Klingeln, über diese Idee* auf.)
    NS →   Act (Er regt sich [darüber] auf, *daß es klingelt.*)
    Inf →   Act (Er regt sich [darüber] auf, *ihn besuchen zu müssen.*)

I. aufregen₂ (V2 = in Aufregung versetzen)
II. aufregen → Sn/NS_daß/Inf, Sa
III. Sn →   keine Selektionsbeschränkungen (*Der Mitarbeiter, der Hund, das Institut, die Tür, das Klingeln, diese Idee* regt mich auf.)
    NS →   Act (*Daß er kommt*, regt mich auf.)
    Inf →   Act (*Ihn zu sehen* regt mich auf.)
    Sa →   Hum (Das Pfeifen regt *den Lehrer* auf.)

Anmerkung:
Zur Struktur der Umgebungen bei den Verben der „Gemütsbewegung" vgl. Anm. 1 und 4 zu „freuen".

anstrengen

  I. anstrengen₂ (V1 = beanspruchen, angreifen)
  II. anstrengen → Sn, Sa
  III. Sn →   Act (*Die Arbeit* strengt ihn an.)
     Sa →   +Anim (Die Arbeit strengt *den Mann, den Ochsen* an.)

  I. sich anstrengen₁ (V2 = sich Mühe geben)
  II. sich anstrengen → Sn
  III. Sn →   +Anim (*Der Junge, das Pferd* strengt sich an.)

  I. anstrengen₂ (V3 = in die Wege leiten)
  II. anstrengen → Sn, Sa
  III. Sn →   1. Hum (*Der Vater* strengte eine Klage an.)
              2. Abstr (als Hum) (*Der Betrieb* strengte eine Klage an.)
     Sa →   Abstr (Er strengte *einen Prozeß* an.)

Anmerkung:
V 2 ist die reflexive Umkehrung von V 1:
Er strengte sich an.   (= V 2)
Die Arbeit strengte ihn an. (= V 1)

enttäuschen

   I. enttäuschen$_{1+(2)=3}$
   II. enttäuschen → Sn/NS$_{daß}$, (Sa), (pS/NS$_{daß}$)
   III. Sn →   keine Selektionsbeschränkungen (*Der Künstler, der Hund, das Institut, das Buch, seine Leistung, das Schwimmen* enttäuschte ihn.)
      Sa →   1. Hum (Der Schüler enttäuscht *den Lehrer*.)
                   2. Abstr (als Hum) (Der Prüfling enttäuscht *das Institut*.)
      p = durch,
      pSa →   Abstr (Der Student enttäuscht *durch seine Haltung*.)
      NS →   Act (Der Student enttäuscht dadurch, *daß er faul ist*. *Daß er lügt*, enttäuscht uns.)

Anmerkungen:

1. Wenn Abstr als Agens erscheint, kann es entweder als Sn oder als pS auftreten: „*Seine Haltung* enttäuscht uns" – „Er enttäuscht *durch seine Haltung*".
2. Eine Kombination von 2 NS ist kaum üblich.

erschrecken

a) erschrecken, erschrickt, erschrak, ist erschrocken

   I. erschrecken$_{1+(1)=2}$
   II. erschrecken → Sn, (pS)
   III. Sn →   +Anim (*Das Kind, der Hund* erschrickt.)
      p = vor, über
      Wenn p = vor,
      pSd →   1. ±Anim (Wir erschrecken *vor dem Verbrecher, vor dem Hund, vor dem Tunnel*.)
                   2. Abstr (Sie erschraken *vor dem Gedanken an den Tod*.)
      Wenn p = über,
      pSa →   Abstr (Wir erschrecken *über die Nachricht*.)

b) erschrecken, erschreckt, erschreckte, hat erschreckt

   I. erschrecken$_2$
   II. erschrecken → Sn, Sa

III. Sn → 	1. ±Anim (*Das Kind, der Hund, das Auto* erschreckte uns.)
	2. Abstr (*Die Nachricht* erschreckte uns.)
	3. Act (*Das Lärmen* erschreckte uns.)
Sa → 	+Anim (Das Getöse erschreckt *das Kind, den Hund.*)

Anmerkungen:
1. Wenn bei a) Sn → +Anim (−Hum), dann pS → ±Anim.
2. Wenn bei b) Sn → Abstr (Nachricht, Botschaft u. ä.), dann Sa → Hum.

freuen

I. sich freuen$_{1+(1)=2}$ (V1 = erfreut sein)
II. sich freuen → Sn, (pS/NS$_{daß}$/Inf)
III. Sn → 	Hum (*Das Kind* freut sich.)
p = auf, über, an
Wenn p = auf,
pSa → 	keine Selektionsbeschränkungen, aber nur auf Zukünftiges bezogen (Er freut sich *auf das Kind, auf den Hund, auf das Institut, auf die neuen Möbel, auf die Ferien, auf das Schwimmen.*)
Wenn p = über,
pSa → 	keine Selektionsbeschränkungen, aber nur auf Vergangenes oder Gegenwärtiges bezogen (Er freut sich *über das Kind, über den Hund, über den Jugendklub, über die Möbel, über die Idee, über das Schwimmen.*)
NS → 	Act (Wir freuen uns [darauf/darüber], *daß wir ihn besuchen können.*)
Inf → 	Act (Wir freuen uns [darauf/darüber], *ihn besuchen zu können.*)
Wenn p = an,
pSd → 	keine Selektionsbeschränkungen, aber nur auf Gegenwärtiges bezogen (Er freut sich *an dem Kind, an dem Hund, an dem Institut, an den Möbeln, an der Idee, an dem Schwimmen.*)

I. freuen₂ (V2 = erfreuen, in Freude versetzen)
II. freuen → Sn/NS_daß/Inf, Sa
III. Sn → keine Selektionsbeschränkungen (*Das Kind, der Hund, der Schrank, diese Idee, das Schwimmen* freut mich.)
    NS → Act (*Daß ich ihn sehen kann*, freut mich.)
    Inf → Act (*Ihn zu sehen* freut mich.)
    Sa → +Anim (Das Streicheln freut *das Kind, den Hund*.)

Anmerkungen:
1. Die drei Verben der „Gemütsbewegung" („freuen", „aufregen", „wundern") haben offensichtlich die gleiche Struktur von Umgebungen. Bei allen drei Verben müssen zwei Varianten – die völlig gleich gelagert sind – unterschieden werden, um ungrammatische Sätze der Art „*Das Pfeifen regt sich auf" auszuschließen.
2. Die beiden Varianten stehen jeweils in einem bestimmten Verhältnis zueinander, das transformationell wie folgt verstanden werden muß: „Er regt sich über seine Mitarbeiter auf" → „Seine Mitarbeiter regen *ihn* auf"; dabei wird Sn (bei V 1) zu Sa (bei V 2), pS (bei V 1) zu Sn (bei V 2).
3. Bei allen drei Verben gilt für V 1 auch die Substituierbarkeit von pS, NS und Inf: „Ich freue mich *auf den Besuch*" – „Ich freue mich, *daß ich ihn besuchen kann*" – „Ich freue mich, *ihn besuchen zu können*".
4. Für V 2 bei allen drei Verben gilt zusätzlich: Wenn sowohl NS, Inf als auch Sn hinter das Verb treten und Sa auch hinter dem Verb steht, tritt vor dem Verb zusätzlich „es" als Platzhalter auf („Ihn zu sehen freut mich". Aber: „*Es* freut mich, ihn zu sehen"), ohne daß sich an den Umgebungen etwas ändert.
5. Nicht ganz in die genannte Gruppe der Verben der „Gemütsbewegung" ordnet sich „fürchten" ein. Abgesehen von V 3, unterscheidet es sich dadurch von ihnen, daß die beiden bei „wundern", „aufregen" und „freuen" transformationell vermittelten Varianten hier ein anderes Gesicht erhalten: „Ich fürchte mich vor dem Wolf" – „Der Wolf fürchtet mich" (wenn man die bei den drei Verben übliche Transformation anwendet, verschiebt sich der Inhalt in das Gegenteil) – „Ich fürchte den Wolf".

erfreuen

I. sich erfreuen₂ (V1 = sich freuen an)
II. sich erfreuen → Sn, pS/NS_daß/Inf
III. Sn → Hum (*Der Sammler* erfreut sich an seinen Briefmarken.)

p = an,		
pSd →		keine Selektionsbeschränkungen (Er erfreut sich *an dem Mädchen, den Tieren, dem Theater, den Bildern, den Einfällen, dem Eiskunstlaufen.*)
NS →		Act (Er erfreut sich daran, *daß er gesund ist.*)
Inf →		Act (Er erfreut sich daran, *gesund zu sein.*)

I. sich erfreuen$_2$ (V 2 = etwas genießen)
II. sich erfreuen → Sn, Sg
III. Sn →   keine Selektionsbeschränkungen (*Der Lehrer der Pudel, das Institut, die Ostsee, die Idee, das Tanzen* erfreut sich großer Beliebtheit.)
  Sg →   Abstr (Er erfreut sich *großer Hochachtung.*)

I. erfreuen$_{2+(1)=3}$ (V 3 = Freude bereiten)
II. erfreuen → Sn, Sa, (pS)
III. Sn →   keine Selektionsbeschränkungen (*Der Mann, der Hund, das Theater, das Bild, die Auszeichnung, das Schwimmen* erfreut mich.)
  Sa →   1. +Anim (Die Schokolade erfreut *das Kind,* das Fleisch *den Hund.*)
         2. Abstr (als Hum) (Das Geschenk erfreut *das Institut.*)
  p = mit, durch
  Wenn p = mit,
  pSd →   keine Selektionsbeschränkungen (Er erfreut ihn *mit einem unerwarteten Gast, mit dem Hund, mit der Schokolade, mit dem Besuch, mit dem Singen.*)
  Wenn p = durch,
  pSa →   keine Selektionsbeschränkungen (Er erfreut ihn *durch einen unerwarteten Gast, durch den Hund, durch die Schokolade, durch den Besuch, durch das Singen.*)

Anmerkung:
„erfreuen" fügt sich nur zu einem Teil in das strukturelle Umgebungsmuster der anderen Verben der „Gemütsbewegung" („freuen", „aufregen", „wundern"): Die Varianten 1 und 3 stehen auf der gleichen Ebene („Ich erfreue mich an dem Hund" – „Der Hund erfreut mich"), jedoch NS und Inf bleiben bei V 3 ausgeschlossen.

interessieren

I. sich interessieren$_2$ (V1 = selbst Anteil nehmen)
II. sich interessieren → Sn, pS/NS$_{daß, w, ob}$
III. Sn →   1. Hum (*Der Lehrer* interessierte sich für seine Schüler.)
          2. Abstr (als Hum) (*Die Regierung* interessiert sich für die Volksbildung.)
p = für,
pSa → keine Selektionsbeschränkungen (Er interessiert sich *für das Mädchen, den Hund, für den Betrieb, das Auto, das Problem, das Reiten*.)
NS → Act (Er interessiert sich dafür, daß *gearbeitet wird / wer arbeitet / ob gearbeitet wird*.)

I. interessieren$_2$ (V2 = beschäftigen)
II. interessieren → Sn, Sa
III. Sn → keine Selektionsbeschränkungen (*Das Mädchen, der Hund, der Betrieb, das Auto, das Problem, das Reiten* interessieren ihn.)
Sa → 1. Hum (Das Mädchen interessiert *den Jungen*.)
      2. Abstr (als Hum) (Die Rentner interessieren *die Regierung*.)

I. interessieren$_3$ (V3 = eine andere Person gewinnen)
II. interessieren → Sn, Sa, pS/NS$_{daß}$
III. Sn → 1. Hum (*Der Lehrer* interessierte den Jungen für den Bauberuf.)
      2. Abstr (als Hum) (*Die Regierung* interessierte die Bürger für das Mitregieren.)
Sa → 1. Hum (Er interessierte *seinen Freund* für die Fahrt.)
      2. Abstr (als Hum) (Er interessierte *die Regierung* für das Projekt.)
p = für,
pSa → keine Selektionsbeschränkungen (Er interessierte ihn *für die Klasse, die Tiere, das Auto, das Buch, das Problem, das Rudern*.)
NS → Act (Er interessiert sie dafür, *daß gebaut wird*.)

Anmerkung:
Zwischen V 1 und V 2 besteht ein bestimmtes Verhältnis (das sich auch in den Umgebungen spiegelt): Sn bei V 1 entspricht Sa bei V 2, pS bei V 1 entspricht Sn bei V 2: Ich interessiere mich für das Buch – Das Buch interessiert mich.

vergessen

I. vergessen$_2$ (V 1 = aus dem Gedächtnis verlieren)
II. vergessen → Sn, Sa/NS$_{daß, ob, w}$/Inf
III. Sn →   1. Hum (*Der Lehrer* vergaß seine Tasche.)
              2. Abstr (als Hum) (*Die Kommission* vergaß einen wichtigen Posten.)
   Sa →   keine Selektionsbeschränkungen (Er vergißt *seinen Freund, den Hund, die Behörde, die Tabletten, die Aufregung, das Schwimmen*.)
   NS →   Act (Er vergißt, *daß er ihn besucht hat / ob er ihn besucht hat / wer ihn besucht hat*.)
   Inf →   Act (Er vergißt, *ihn zu besuchen*.)

I. sich vergessen$_1$ (V 2 = die Beherrschung verlieren)
II. sich vergessen → Sn
III. Sn →   Hum (*Der Lehrer* vergißt sich.)

streiten

I. streiten$_2$ (V 1 = kämpfen)
II. streiten → Sn, pS/NS$_{daß}$
III. Sn →   1. Hum (*Sie* streiten für das Recht.)
              2. Abstr (als Hum) (*Die Arbeiterbewegung* streitet für den Sozialismus.)
p = mit, gegen, für
Wenn p = mit,
   pSd →   1. Hum (Er streitet *mit seinem Widersacher*.)
              2. Abstr (als Hum) (Er streitet *mit dem Institut*.)
              3. Abstr (Er streitet *mit seiner Leidenschaft*.)
Wenn p = gegen,
   pSa →   1. Hum (Er streitet *gegen seine Widersacher*.)
              2. Abstr (als Hum) (Er streitet *gegen die Institution*.)
              3. Abstr (Er streitet *gegen seinen Jähzorn*.)

Wenn p = für,
pSd →
    1. Hum (Er streitet *für den Freund.*)
    2. Abstr (als Hum) (Er streitet *für sein Land.*)
    3. Abstr (Er streitet *für das Recht.*)

NS → Act (Er streitet dafür, *daß die Welt besser wird.*)

I. sich streiten$_{1+(2)=3}$ (V2 = sich zanken)
II. sich streiten → Sn, (p$_1$S/NS$_{ob, w}$), (p$_2$S)
III. Sn →
    1. +Anim (*Die Kinder* streiten sich um die Schokolade, *die Schwäne* um das Futter.)
    2. Abstr (als Hum) (*Die Firmen* streiten sich um das Primat.)
    3. Abstr (*Diese Idee* streitet sich mit jener.)

p$_1$ = um, über
Wenn p$_1$ = um, .
p$_1$Sa →
    1. ±Anim (Sie streiten sich *um das Mädchen, um den Hund, um die Wurst.*)
    2. Abstr (Sie streiten sich *um den Begriff.*)

NS → Act (Sie streiten sich darum, *wer das Kind tragen soll / ob sie ins Kino gehen.*)

Wenn p$_1$ = über,
p$_1$Sa → Abstr (Sie streiten sich *über den Begriff.*)
p$_2$ = mit,
p$_2$Sd →
    1. Hum (Er streitet sich *mit dem Freund.*)
    2. Abstr (als Hum) (Er streitet sich *mit der Betriebsleitung* um den Ausschuß.)

Anmerkungen:

1. p = *um* und p = *über* sind semantisch weitgehend äquivalent und deshalb nicht kombinierbar; wohl aber sind sie kombinierbar mit p = *mit* („Er streitet sich *mit seinem Freund um das Mädchen*", „Er streitet sich *mit seinem Freund über das Mädchen*": In diesem Falle tritt ein 3., fakultativer Mitspieler auf.

2. Das obligatorische oder fakultative Auftreten von p$_2$S hängt vom Numerus des Subjekts ab: Wenn Sn im Singular steht, ist p$_2$S obligatorisch (*Ich streite mich); wenn Sn im Plural steht, ist p$_2$S nur fakultativ (Wir streiten uns).

bestreiten

I. bestreiten$_2$ (V1 = für unwahr erklären, abstreiten)
II. bestreiten → Sn, Sa/NS$_{daß}$/Inf

III. Sn →		1. Hum (*Der Mathematiker* bestreitet die Behauptung.)
		2. Abstr (als Hum) (*Das Institut* bestreitet die Verantwortung.)
		3. Abstr (*Das Dogma* bestreitet die lebendige Entwicklung.)
Sa →		Abstr (Er bestreitet *die Behauptung*.)
NS →		Act (Er bestreitet, *daß er im Kino war*.)
Inf →		Act (Er bestreitet, *im Kino gewesen zu sein*.)

I. bestreiten$_{2+(1)=3}$ (V2 = bezahlen, aufkommen für)
II. bestreiten → Sn, Sa, (pS)
III. Sn →   1. Hum (*Der Freund* bestreitet die Zeche.)
                2. Abstr (als Hum) (*Die Versicherung* bestreitet die Unkosten.)
Sa →   Abstr (Er bestreitet *den Prozeß*.)
p = mit, von, aus,
pSd →   Abstr (Er bestreitet die Ausgaben *mit seinem Geld, von seinem Gehalt, aus eigenen Mitteln*.)

drohen

I. drohen$_{1+(2)=3}$ (V1 = mit Absicht warnen)
II. drohen → Sn, (Sd), (pS/NS$_{daß}$/Inf)
III. Sn →   1. Hum (*Der Lehrer* droht dem Schüler.)
                2. Abstr (als Hum) (*Die Gemeinde* droht den Wilderern.)
Sd →   1. Hum (Der Lehrer droht *dem Schüler*.)
                2. Abstr (als Hum) (Der Verbrecher droht *der Polizei*.)
p = mit,
pSd →   Act (Er droht ihm *mit der Entlassung*.)
NS →   Act (Er droht ihm [damit], *daß er ihn entlassen wolle*.)
Inf →   Act (Er droht ihm [damit], *ihn zu entlassen*.)

I. drohen₂ (V2 = ohne Absicht in Gefahr sein)
II. drohen → Sn, Inf
III. Sn → keine Selektionsbeschränkungen (*Der Arbeiter, das Pferd, der Betrieb, das Haus, die These, das Schwimmen* droht zusammenzubrechen.)
Inf → Act (Er droht *das Gleichgewicht zu verlieren.*)

I. drohen₁₊₍₁₎₌₂ (V3 = bevorstehen)
II. drohen → Sn, (Sd)
III. Sn → Abstr (*Ein Gewitter, ein Regen, eine große Katastrophe* droht.)
Sd → 1. +Anim (*Dem Kind, dem Hund* droht Gefahr.)
2. Abstr (als Hum) (*Dem Institut* droht Gefahr.)

Anmerkungen:
1. Bei V 1 ist pS nur dann fakultativer Mitspieler, wenn es substituierbar ist durch Inf. Deshalb unterscheiden wir „Er droht ihm *mit der Entlassung*" (= „Er droht, *ihn zu entlassen*") und „Er droht ihm *mit dem Stock*" (= freie Angabe wie etwa „Er arbeitet *mit dem Hammer*", „Er schreibt *mit dem Bleistift*" u. a.). Vgl. auch Anm. zu „bedrohen".
2. Die drei Varianten sind auf Stufe II und III (vor allem bei Sn) deutlich unterscheidbar. Wenn bei V 2 Sd erscheint, ist es frei: „Das Haus droht *dem Hausbesitzer* einzustürzen".
3. Bei V 1 sind pS, Inf und NS weitgehend substituierbar und semantisch äquivalent; Sd kann fakultativ zusätzlich zu allen drei Möglichkeiten treten.

androhen

I. androhen₂₊₍₁₎₌₃
II. androhen → Sn, Sa/NS_{daß}/Inf, (Sd)
III. Sn → 1. Hum (*Der Richter* droht ihm eine Strafe an.)
2. Abstr (als Hum) (*Das Gericht* droht eine Strafe an.)
Sa → Abstr (Das Gericht droht *eine Strafe* an.)
NS → Act (Er droht an, *daß er das Zimmer verläßt.*)
Inf → Act (Er droht an, *das Zimmer zu verlassen.*)
Sd → 1. Hum (Er droht *dem Angeklagten* eine Strafe an.)
2. Abstr (als Hum) (Er droht *der Institution* eine Strafe an.)

bedrohen

I. bedrohen$_{2+(1)=3}$
II. bedrohen → Sn, Sa, (pS/NS$_{daß}$/Inf)
III. Sn → 1. ±Anim (*Die Feinde, die Heuschrecken, die Wolkenbrüche* bedrohen die Siedlung.)
2. Abstr (als Hum) (*Die volksfeindliche Regierung* bedroht die Arbeiter.)
3. Abstr (*Eine Hungersnot* bedroht Indien.)
Sa → 1. ±Anim (Der Verbrecher bedroht *die Passanten*, die Flut *die Tiere, die Häuser*.)
2. Abstr (Die Ereignisse bedrohen *das Leben*.)
p = mit,
pSd → 1. −Anim (Der Vulkan bedroht die Stadt *mit einem Ascheregen*.)
2. Abstr (Die Dürre bedroht das Land *mit einer Hungersnot*.)
NS → Act (Der Diktator bedroht das Volk damit, *daß er Ausnahmegesetze erlassen werde*.)
Inf → Act (Der Diktator bedroht das Volk damit, *Ausnahmegesetze zu erlassen*.)

Anmerkung:
Der bei „drohen" V 1 mögliche 3., fakultative Mitspieler taucht bei „bedrohen" nur beschränkt auf, wenn Sn → −Anim („Der Vulkan bedroht die Stadt *mit einem Ascheregen*") oder Abstr ist („Die Dürre bedroht das Land *mit einer Hungersnot*"). Es ist wohl möglich „Er bedroht mich *mit der Waffe*" (freie Angabe, vgl. Anm. 1 bei „drohen"), nicht aber „*Er bedroht ihn *mit der Entlassung*", „*Er bedroht ihn, *ihn zu entlassen*". Auffällig ist allerdings, daß selbst die freie Instrumentalangabe nur zulässig ist, wenn Sn → Hum ist.

abwehren

I. abwehren$_{2+(1)=3}$
II. abwehren → Sn, Sa, (pS)
III. Sn → 1. ±Anim (*Der Soldat, der Hund* wehrte die Angriffe ab.)
2. Abstr (als Hum) (*Die Regierung* wehrte die Angriffe ab.)
Sa → 1. Hum (Er wehrte *den Gegner* ab.)
2. Abstr (Er wehrte *die Vorwürfe* ab.)

~~~
        p = von,
        pSd →         1. Hum (Er wehrte die Angriffe *von den Kindern*
                         ab.)
                      2. Abstr (als Hum) (Er wehrte die Angriffe *von der
                         Institution* ab.)
                      3. Refl (pS = Sn) (Er wehrte die Angriffe *von
                         sich* ab.)
~~~

streiken

~~~
    I. streiken₁₊₍₁₎₌₂ (V1 = die Arbeit niederlegen)
   II. streiken → Sn, (pS)
  III. Sn →          Hum (*Die Stahlarbeiter* streiken.) rbeiter streiken.)
        p = für,
        pSa →        Abstr (Sie streiken *für höhere Löhne*.)
        p = gegen,
        pSa →        Abstr (Sie streiken *gegen die Unternehmerwillkür*.)


    I. streiken₁ (V2 = nicht mehr funktionieren)
   II. streiken → Sn
  III. Sn →          −Anim (*Der Motor* streikt.)
~~~

Anmerkung:
Bei V2 bleibt Sn auf Möglichkeiten wie die Lichtleitung, das Telefon, die Taschenlampe, die Klingel u. ä. beschränkt.

beneiden

~~~
    I. beneiden₂₊₍₁₎₌₃
   II. beneiden → Sn, Sa, (pS/NS_daß)
  III. Sn →          Hum (*Der Student* beneidete den Beststudenten.)
        Sa →         Hum (Er beneidete *die Gesunden*.)
        p = um,
        pSa →        1. ±Anim (Sie beneidete ihre Freundin *um das
                        Kind, den Hund, den Schmuck*.)
                     2. Abstr (Er beneidete sie *um ihre Perspektive*.)
                     3. Act (Sie beneidete ihre Freundin *um ihr Auf-
                        treten*.)
        NS →         Act (Er beneidete sie darum, *daß sie so sicher
                        war*.)
~~~

auslachen

I. auslachen₂
II. auslachen → Sn, Sa
III. Sn →   Hum (*Das Mädchen* lachte den Jungen aus.)
   Sa →   Hum (Die Kinder lachten *den Dreckfinken* aus.)

beschimpfen

I. beschimpfen₂
II. beschimpfen → Sn, Sa
III. Sn →   1. Hum (*Der Hereingefallene* beschimpfte den Betrüger.)
              2. Abstr (als Hum) (*Die Militärjunta* beschimpfte die Demokraten.)
   Sa →   1. Hum (Sie beschimpften *den Dieb*.)
              2. Abstr (als Hum) (Sie beschimpften *die Jury*.)
              3. Abstr (Er beschimpfte *die Würde des Pädagogen*.)

verspotten

I. verspotten₂
II. verspotten → Sn, Sa
III. Sn →   1. Hum (*Der Junge* verspottete die Mädchen.)
              2. Abstr (als Hum) (*Die Monopolverbände* verspotteten die Arbeiter.)
   Sa →   1. Hum (Er verspottete *den Betrüger*.)
              2. Abstr (als Hum) (Er verspottete *den Sportklub*.)
              3. Abstr (Der Promovend verspottete *die Argumente des Opponenten*.)

verdammen

I. verdammen₂ (V1 = ablehnen, verurteilen)
II. verdammen → Sn, Sa
III. Sn →   1. Hum (*Der Pfarrer* verdammte die Unzucht.)
              2. Abstr (als Hum) (*Die Regierung* verdammte die Ausbeutung.)

Sa →	1. Hum (Er verdammte *den Sohn.*)
	2. Abstr (als Hum) (Er verdammte *das Terrorregime.*)
	3. Abstr (Er verdammte *den Leichtsinn.*)

I. verdammen₃ (V2 = zwingen)
II. verdammen → Sn, Sa, pS

III. Sn →	Abstr (*Die Krankheit* verdammte ihn zur Untätigkeit.)
Sa →	Hum (*Die Geldeinbuße* verdammte *den Kollegen* zur Sparsamkeit.)
p = zu,	
pSd →	Act (Die Panne verdammte ihn *zum Laufen.*)

meiden

I. meiden₂
II. meiden → Sn, Sa

III. Sn →	+Anim (*Der Mensch* meidet die Hitze, *das Tier* das Feuer.)
Sa →	1. +Anim (Er meidet *seinen Gegner, Ungeziefer.*)
	2. −Anim (Er meidet *das Wasser.*)
	3. Abstr (Er meidet *die Liebe.*)
	4. Act (Er meidet *den Streit.*)

verdächtigen

I. verdächtigen₃
II. verdächtigen → Sn, Sa, Sg

III. Sn →	1. Hum (*Der Direktor* verdächtigte den Buchhalter der Unterschlagung.)
	2. Abstr (als Hum) (*Die Rennleitung* verdächtigte den Fahrer des Dopings.)
Sa →	1. Hum (Er verdächtigt *den Freund* der Nebenbuhlerschaft.)
	2. Abstr (als Hum) (Er verdächtigt *die Leitung* der Vetternwirtschaft.)
Sg →	Abstr (Er verdächtigt ihn *der Mißgunst.*)

reizen

I. reizen$_{2+(1)-3}$ (V1 = in Zorn bringen, herausfordern)
II. reizen → Sn, Sa, (pS/NS$_{daß}$/Inf)
III. Sn → 1. +Anim (*Der Junge, das Tier* reizte seine Spielgefährten.)
2. Abstr (als Hum) (*Das Terrorregime* reizte die Öffentlichkeit.)
3. Abstr (*Die Kritik* reizte ihn.)
Sa → 1. +Anim (Er reizte *den Jungen, die Katze.*)
2. Abstr (als Hum) (Die Militärjunta reizte *die Parteien.*)
p = zu,
pSd → 1. Abstr (Das Erlebnis reizte ihn *zum Lachen.*)
2. Act (Das Argument reizte ihn *zum Widerspruch.*)
NS → Act (Der Unsinn reizte ihn dazu, *daß er widersprach.*)
Inf → Act (Der Unsinn reizte ihn, *energisch zu widersprechen.*)

I. reizen$_2$ (V2 = locken, verlocken)
II. reizen → Sn/NS$_{daß}$/Inf, Sa
III. Sn → 1. Hum (*Das Mädchen* reizte den Mann.)
2. −Anim (*Die Stilmöbel* reizten ihn.)
3. Abstr (*Der Gedanke* reizte uns.)
4. Act (*Der Eiskunstlauf* reizte uns.)
NS → Act (*Daß er sie besuchen kann*, reizte ihn.)
Inf → Act (*Sie zu besuchen* reizte ihn.)
Sa → Hum (Das Mädchen reizte *den Mann.*)

Anmerkungen:
1. Wenn bei V 1 und V 2 Sn und Sa → Hum sind, dann ergeben sich Homonymien. Der Satz „Das Mädchen reizte den Mann" kann zweifach interpretiert werden:
a) ärgern, necken (= V 1)
b) locken, verlocken (= V 2)
2. Wenn „reizen" einwertig auftritt, dann handelt es sich um die Bedeutung „im Skatspiel denjenigen finden, der das Spiel übernimmt" (siehe auch bei „geben").

kränken

I. kränken$_2$
II. kränken → Sn, Sa

III. Sn → 1. Hum (*Der Mann* kränkte seine Frau.)
2. Abstr (*Der Vorwurf* kränkte ihn.)
Sa → 1. Hum (Er kränkte *das Mädchen*.)
2. Abstr (Der Witz kränkte *sein Selbstbewußtsein*.)

beleidigen

I. beleidigen$_2$
II. beleidigen → Sn, Sa
III. Sn → 1. Hum (*Der Junge* beleidigte das Mädchen.)
2. Abstr (als Hum) (*Die Militärjunta* beleidigte ihre Opfer.)
3. Abstr (*Das Gespräch* beleidigte unsere Moral.)
Sa → 1. Hum (Er beleidigte *das Mädchen*.)
2. Abstr (als Hum) (Sie beleidigten *die Regierung*.)
3. Abstr (Er beleidigte *unsere Gefühle*.)

schimpfen

I. schimpfen$_{1+(1)=2}$ (V1 = schelten)
II. schimpfen → Sn, (pS)
III. Sn → Hum (*Die Mutter* schimpft.)
p = auf, über,
pSa → keine Selektionsbeschränkungen (Er schimpft *auf / über den Kollegen, den Hund, das Fahrrad, den Sportklub, die Borniertheit, das Schwimmen*.)

I. schimpfen$_3$ (V2 = nennen, in kränkender Weise benennen)
II. schimpfen → Sn, Sa$_1$, Sa$_2$
III. Sn → 1. Hum (*Die Frau* schimpft ihn einen Esel.)
2. Abstr (als Hum) (*Die Rechtspartei* schimpft die Demokraten Verräter.)
Sa$_1$ → 1. Hum (Er schimpft *die Frau* eine Schlampe.)
2. Abstr (als Hum) (Er schimpft *das Institut* einen Eliteklub.)
Sa$_2$ → 1. Hum (Er schimpft den Kollegen *einen Esel*.)
2. Abstr (als Hum) (Er schimpft den Sportklub *einen Verein*.)

fluchen

I. fluchen$_{1+(1)=2}$
II. fluchen → Sn, (pS/Sd)
III. Sn →   Hum (*Der Kutscher* fluchte.)
    p = auf,
    pSa →   1. Hum (Er flucht *auf seine Gegner*.)
                  2. Abstr (Er flucht *auf das Laster*.)
    p = über,
    pSa →   1. Hum (Er flucht *über die Arbeitsbummelanten*.)
                  2. Abstr (Er flucht *über den Geiz*.)
    Sd →   1. Hum (Er fluchte *seinen Feinden*.)
                  2. Abstr (Er fluchte *seinem Schicksal*.)

zanken

I. zanken$_1$ (V1 = schelten)
II. zanken → Sn
III. Sn →   Hum (*Der Vater* zankt.)

I. sich zanken$_{1+(2)=3}$ (V2 = streiten)
II. sich zanken → Sn, (p$_1$S), (p$_2$S)
III. Sn →   Hum (*Der Trinker* zankt sich mit seiner Frau.)
    p$_1$ = mit,
    p$_1$Sd →   Hum (Er zankt sich *mit den Nachbarn*.)
    p$_2$ = um,
    p$_2$Sa →   1. +Anim (Er zankt sich mit ihm *um das Mädchen*.)
                  2. −Anim (Er zankt sich mit ihm *um den Ring*.)
                  3. Abstr (Er zankt sich mit ihm *um die Stelle*.)

Anmerkung:
Bei V 2 ist p$_1$S fakultativ, wenn Sn im Plural steht. p$_1$S wird obligatorisch, wenn Sn im Singular steht (Sie zanken sich. Aber: *Er zankt sich.).

strafen

I. strafen$_{2+(1)=3}$
II. strafen → Sn, Sa, (pS)
III. Sn →   1. Hum (*Die Mutter* straft ihr Kind.)
                  2. Abstr (als Hum) (*Das Gericht* strafte die Untat.)

```
     Sa →              1. +Anim (Er strafte das Kind, den Hund.)
                       2. Abstr (Er strafte den Mord.)
     p = mit,
     pSd →             Abstr (Er strafte die Untat mit Gefängnis.)
```

bestrafen₂

```
I. bestrafen₂₊₍₁₎₌₃
II. bestrafen → Sn, Sa, (pS)
III. Sn →              1. Hum (Der Richter bestrafte den Angeklagten.)
                       2. Abstr (als Hum) (Das Gericht bestrafte ihn mit
                          der Höchststrafe.)
     Sa →              1. Hum (Er bestrafte den Dieb mit 2 Jahren.)
                       2. Abstr (als Hum) (Er bestrafte den Betrieb mit
                          einer Konventionalstrafe.)
     p = mit,
     pSd →             Abstr (Das Gericht bestrafte ihn mit der Mindest-
                          strafe.)
```

quälen

```
I. quälen₂ (V1 = mit Vorbedacht weh tun)
II. quälen → Sn, Sa
III. Sn →              Hum (Der Sadist quält das Kind.)
     Sa →              1. +Anim (Er quält das Kind, das Tier.)
                       2. Sa = Sn (Refl) (Er quält sich.)


I. quälen₂ (V2 = Kummer, Schmerz verursachen)
II. quälen → Sn, Sa
III. Sn →              1. Abstr (Die Lieblosigkeit quält ihn.)
                       2. Act (Das Husten quält den Kranken.)
     Sa →              +Anim (Der Krach quält das Kind, das Tier.)
```

Anmerkung:

Wenn bei V 1 Sa = Sn (Refl) ist, so verschiebt sich die Bedeutung zu V 2. Refl steht bei V 1, um ungrammatische Sätze auszuschließen: *Die Lieblosigkeit quält sich.

wehren

I. sich wehren$_{1+(1)=2}$
II. sich wehren → Sn, (pS)
III. Sn →   1. Hum (*Der Junge* wehrte sich.)
           2. Abstr (als Hum) (*Das Institut* wehrte sich.)

p = gegen,
pSa →   1. Hum (Er wehrte sich *gegen seine Feinde.*)
           2. Abstr (Er wehrte sich *gegen die Vorwürfe.*)

beunruhigen

I. beunruhigen$_{2+(1)=3}$ (V1 = Sorge bereiten)
II. beunruhigen → Sn, Sa, (pS)
III. Sn →   1. +Anim (*Der Mann, der Hund* beunruhigt das Kind.)
           2. −Anim (*Das Dach* beunruhigt die Bewohner.)
           3. Abstr (*Das Problem* beunruhigt uns.)
           4. Act (*Das Blitzen* beunruhigt das Kind.)
Sa →   +Anim (Das Gewitter beunruhigt *die Frau, den Hund.*)

p = mit,
pSd →   1. −Anim (Er beunruhigte das Kind *mit seiner Larve.*)
           2. Abstr (Er beunruhigte das Kind *mit der Frage.*)

I. sich beunruhigen$_{1+(1)=2}$ (V2 = Sorgen haben)
II. sich beunruhigen → Sn, (pS)
III. Sn →   Hum (*Das Kind* beunruhigt sich.)

p = über,
pSa →   Abstr (Er beunruhigte sich *über den Verlauf der Krankheit.*)

Anmerkungen:

1. „sich beunruhigen" unterscheidet sich von „sich ängstigen" in den eingeschränkten semantischen Möglichkeiten. Während pS bei „ängstigen" kaum eingeschränkt erscheint, reduziert es sich bei „beunruhigen" auf Abstr. Auch Sn reduziert sich bei „beunruhigen" auf Hum.
2. Bei beiden Varianten ist pS subjektfähig; wenn Sn → Abstr bei V 1, ist das nicht möglich, da pS als Sn Hum verlangt, um auftreten zu können.

einschüchtern

I. einschüchtern$_{2+(1)=3}$
II. einschüchtern → Sn, Sa, (pS)
III. Sn →   1. Hum (*Der Schreihals* schüchterte ihn ein.)
                  2. Abstr (*Die Vornehmheit* schüchterte den Gast ein.)
    Sa →   Hum (Der Fremde schüchterte *das Kind* ein.)
    p = mit,
    pSd →   1. −Anim (Er schüchterte das Kind *mit einem Stock* ein.)
                  2. Abstr (Er schüchterte sie *mit seiner Aussage* ein.)

Anmerkungen:
1. Im Unterschied zu „ängstigen" und „beunruhigen" ist „einschüchtern" semantisch noch stärker eingeschränkt. Sa bleibt überhaupt auf Hum beschränkt.
2. pS erscheint nur, wenn Sn → Hum ist, nicht aber, wenn Sn → Abstr, denn dann ist Abstr aus der Position von pS in die von Sn in der Oberflächenstruktur übergegangen.

bedrängen

I. bedrängen$_{2+(1)=3}$
II. bedrängen → Sn, Sa, (pS)
III. Sn →   1. Hum (*Der Mann* bedrängte die Frau.)
                  2. Abstr (als Hum) (*Der Trust* bedrängte die Konkurrenz.)
    Sa →   1. Hum (Er bedrängte *das Mädchen*.)
                  2. Abstr (als Hum) (Das Terrorregime bedrängte *die Regierung des Nachbarstaates*.)
    p = mit,
    pSd →   1. −Anim (Waffe) (Er bedrängte den Fremden *mit einer Pistole*.)
                  2. Abstr (Er bedrängte das Mädchen *mit seinem Antrag*.)

belästigen

I. belästigen$_{2+(1)=3}$
II. belästigen → Sn, Sa, (pS/NS$_{daß}$)

III. Sn → 1. +Anim (*Der Fremde, der Hund* belästigte die Frau.)
2. Abstr (*Sein Benehmen* belästigte den Gast.)
Sa → Hum (Er belästigte *das Mädchen*.)
p = mit,
pSd → Abstr (Er belästigte den Gast *mit seinen Witzen*.)
NS → Act (Er belästigte sie damit, *daß er sie ständig ansah*.)

umzingeln

I. umzingeln$_2$
II. umzingeln → Sn, Sa
III. Sn → Hum (*Die Armee* umzingelte den Gegner.)
Sa → 1. Hum (Die Polizei umzingelte *die Aufrührer*.)
2. −Anim (Die Polizei umzingelte *den Wald*.)

terrorisieren

I. terrorisieren$_2$
II. terrorisieren → Sn, Sa
III. Sn → 1. Hum (*Der Trinker* terrorisiert seine Familie.)
2. Abstr (als Hum) (*Die Militärjunta* terrorisiert das Land.)
Sa → 1. Hum (Der Mann terrorisierte *seine Frau*.)
2. Abstr (als Hum) (*Das Terrorregime* terrorisierte *die Universitäten*.)

angreifen

I. angreifen$_{1+(1)=2}$ (V 1 = kämpfen, bekämpfen)
II. angreifen → Sn, (Sa)
III. Sn → 1. + Anim (*Der Soldat, der Löwe* greift an.)
2. Abstr (als Hum) (*Die Regierung* greift die Opposition an.)

Sa → 1. +Anim (Er greift *die Feinde, den Löwen* an.)
2. −Anim (Die Armee greift *die Festung* an.)
3. Abstr (als Hum) (Die Öffentlichkeit greift *den Sportklub* an.)
4. Abstr (Er greift *die Thesen* an.)

I. angreifen₂ (V2 = anfassen, berühren)
II. angreifen → Sn, Sa
III. Sn → Hum (*Die Käuferin* griff den Stoff an.)
Sa → 1. +Anim (Sie greift *das Kind, die Katze* an.)
2. −Anim (Sie greift *den Stuhl* an.)

I. angreifen₁₊₍₁₎₌₂ (V3 = schwächen, anstrengen)
II. angreifen → Sn, (Sa)
III. Sn → 1. Abstr (*Fieber* greift an.)
2. Act (*Trinken* greift den Körper an.)
Sa → 1. Hum (Fieber greift *den Menschen* an.)
2. −Anim (Körperteil) (Trinken greift *die Leber* an.)

I. angreifen₂ (V4 = beschädigen, einwirken auf)
II. angreifen → Sn, Sa
III. Sn → −Anim (Mat) (*Das Wasser* greift die Farbe an.)
Sa → −Anim (Mat) (Sauerstoff greift *das Eisen* an.)

täuschen

I. täuschen₂ (V1 = in die Irre führen)
II. täuschen → Sn, Sa
III. Sn → 1. +Anim (*Der Jäger* täuschte den Fuchs. *Der Fuchs* täuschte den Jäger.)
2. Abstr (als Hum) (*Das Terrorregime* täuschte die Weltöffentlichkeit.)
3. −Anim (*Der verstellte Wegweiser* täuschte den Wanderer.)
4. Act (*Das Lärmen* täuschte den Fuchs.)

    Sa →   1. +Anim (Er täuschte *den Feind, den Fuchs*.)
                        2. Abstr (als Hum) (Die Unterhändler täuschten *die Regierung*.)

I. sich täuschen$_{1+(1)=2}$ (V 2 = sich irren)
II. sich täuschen → Sn, (pS)
III. Sn →   1. +Anim (*Das Kind, der Hund* täuscht sich.)
                 2. Abstr (als Hum) (*Das Gericht* täuscht sich.)
    p = in,
    pSd →   1. +Anim (Er täuscht sich *in dem Kind, der Katze*.)
                 2. Abstr (als Hum) (Er täuscht sich *im Institut*.)
                 3. Abstr (Er täuscht sich *in seinen Erwartungen*.)

I. täuschen$_1$ (V 3 = trügen, enttäuschen)
II. täuschen → Sn
III. Sn →   Abstr (*Der erste Eindruck* täuscht.)

zürnen

I. zürnen$_2$
II. zürnen → Sn, Sd
III. Sn →   Hum (*Das Mädchen* zürnt dem Freund.)
    Sd →   1. Hum (Er zürnt *seinem Vater*.)
                 2. Abstr (Er zürnt *seinem Mißgeschick*.)

überlisten

I. überlisten$_2$
II. überlisten → Sn, Sa
III. Sn →   +Anim (*Der Gauner, der Fuchs* überlistete seine Verfolger.)
    Sa →   +Anim (Er überlistete *den Verfolger, den Löwen*.)

ringen

   I. ringen$_2$ (V1 = körperlich kämpfen)
  II. ringen → Sn, pS
 III. Sn →   Hum (*Der Soldat* rang mit seinem Gegner.)
      p = mit,
      pSd →   +Anim (Er rang *mit dem Olympiasieger, einem Bären.*)

   I. ringen$_2$ (V2 = geistig kämpfen)
  II. ringen → Sn, pS
 III. Sn →   Hum (*Der Kranke* rang mit seiner Krankheit.)
      p = mit, nach, um
      Wenn p = mit,
      pSd →   Abstr (Er ringt *mit dem Tode.*)
      Wenn p = nach,
      pSd →   Abstr (Er ringt *nach Fassung.*)
      Wenn p = um,
      pSa →   Abstr (Er ringt *um die Liebe des Mädchens.*)

prügeln

   I. prügeln$_2$ (V1 = jemanden schlagen)
  II. prügeln → Sn, Sa
 III. Sn →   Hum (*Der Betrunkene* prügelt das Kind.)
      Sa →   +Anim (Der Rohling prügelt *das Kind, die Katze.*)

   I. sich prügeln$_{1+(2)=3}$ (V2 = handgreiflich streiten)
  II. sich prügeln → Sn, (p$_1$S), (p$_2$S)
 III. Sn →   Hum (*Die Kinder* prügeln sich.)
      p$_1$ = mit,
      p$_1$Sd →   Hum (Der Junge prügelt sich *mit einem Mädchen.*)
      p$_2$ = um,
      p$_2$Sa →   1. +Anim (Sie prügeln sich *um das Mädchen, den Hund.*)
                    2. −Anim (Der Junge prügelt sich mit seinem Freund *um den Ball.*)
                    3. Abstr (Er prügelt sich mit dem Rivalen *um die Führung der Bande.*)

Anmerkung:
Bei V2 ist p$_1$S fakultativ, wenn Sn im Plural steht; p$_1$S wird obligatorisch, wenn Sn im Singular steht (Sie prügeln sich. Aber: *Er prügelt sich.).

verraten

I. verraten$_{2+(1)-3}$ (V 1 = preisgeben, gestehen)
II. verraten → Sn, Sa/NS$_{daß, w}$, (Sd/pS)
III. Sn →   Hum (*Der Feigling* verriet die Gruppe.)
   Sa →   1. Hum (Er verriet der Polizei *den Freund*.)
               2. Abstr (Er verriet der Polizei *das Versteck*.)
   NS →   Act (Er verrät, *daß er alles weiß* / *wer es alles weiß*.)
   Sd →   1. Hum (Er verriet den Plan *dem Feinde*.)
               2. Abstr (als Hum) (Er verriet das Produktionsgeheimnis *der ausländischen Konkurrenz*.)

   p = an,
   pSa →   1. Hum (Er verriet uns *an den Feind*.)
               2. Abstr (als Hum) (Er verriet den Komplizen *an die Polizei*.)

I. verraten$_2$ (V 2 = im Stiche lassen)
II. verraten → Sn, Sa
III. Sn →   Hum (*Der Feigling* verrät seinen Freund.)
   Sa →   1. Hum (Er verrät *seinen Freund*.)
               2. Abstr (als Hum) (Er verrät *die Partei*.)
               3. Sa = Sn (Refl) (Er verrät *sich*.)

I. verraten$_2$ (V 3 = erkennen, ahnen lassen)
II. verraten → Sn, Sa/NS$_{daß}$
III. Sn →   Abstr (*Seine Miene* verrät das schlechte Gewissen.)
   Sa →   1. Hum (Die Unsicherheit verrät *den Dieb*.)
               2. Abstr (Seine Haltung verrät *seine Unsicherheit*.)
   NS →   Act (Seine Haltung verrät, *daß er ein schlechtes Gewissen hat*.)

betrügen

I. betrügen$_{2+(1)-3}$
II. betrügen → Sn, Sa, (pS)
III. Sn →.   1. Hum (*Der Händler* betrog seine Kunden.)
               2. Abstr (als Hum) (*Die Regierung* betrügt bisweilen die Steuerzahler.)
   Sa →   1. Hum (Er betrügt *seine Frau*.)
               2. Abstr (als Hum) (Er betrügt *das Institut*.)

   p = um,
   pSa →   1. Abstr (Er betrügt ihn *um seinen Erfolg*.)
               2. −Anim (Er betrog ihn *um seinen Besitz*.)

irren

   I. irren$_{2+(1)=3}$ (V1 = umherschweifen)
  II. irren → Sn, p$_1$S, (p$_2$S)
 III. Sn →   Hum (*Der Flüchtling* irrte durch die Lande.)
      p$_1$ = durch, von
      Wenn p = durch,
      p$_1$Sa →   –Anim (Er irrte *durch das Gebirge*.)
      Wenn p$_1$ = von,
      p$_1$Sd →   –Anim (Er irrte *von einem Land* zum anderen.)
      p$_2$ = zu, in,
      p$_2$S →   – Anim (Er irrte von einem Stadtviertel *in ein anderes Stadtviertel.*)

   I. sich irren$_{1+(1)=2}$ (V2 = eine falsche Auffassung haben)
  II. sich irren → Sn, (pS)
 III. Sn →   1. Hum (*Der Schüler* irrte sich.)
                   2. Abstr (als Hum) (*Der Generalstab* irrte sich in der Beurteilung der Lage.)
      p = in,
      p$_2$S →   1. Hum (Er irrte sich *in dem Besucher*.)
                   2. –Anim (Er irrte sich *in der Tür*.)
                   3. Abstr (Er irrte sich *in seinem Verdacht*.)

Anmerkung:

Wenn bei V 1 p$_1$ = von, dann wird das Verb dreiwertig: Er irrte von einem Land zum anderen. Wenn p$_1$ = durch, hebt der Plural die Dreiwertigkeit auf: Er irrte durch die Lande. Aber „durch" ist nicht an den Plural gebunden: Er irrte durch den Wald.

stören

   I. stören$_{2+(1)=3}$ (V1 = beunruhigen)
  II. stören → Sn, Sa, (pS)
 III. Sn →   1. Hum (*Der Betrunkene* störte die Versammlung.)
                   2. Abstr (als Hum) (*Die Militärjunta* störte den Frieden.)
      Sa →   1. Hum (Er störte *die Versammelten*.)
                   2. Abstr (Er störte *die Ruhe*.)
                   3. Act (Er störte *das Tanzen*.)
      p = bei,
      pSd →   Act (Er störte uns *beim Schwimmen*.)

I. stören₂ (V2 = beunruhigt werden)
II. stören → Sn, Sa
III. Sn →   1. −Anim (*Das dunkle Fensterglas* stört uns.)
              2. Abstr (*Der Vorschlag* stört uns.)
              3. Act (*Das Pfeifen* stört uns.)
     Sa →   Hum (Der Lärm stört *die Schüler*.)

Anmerkung:
Die Trennung in zwei Varianten ist notwendig, um ungrammatische Kombinationen zu vermeiden: *Das Pfeifen stört den Frieden.

klagen

I. klagen$_{1+(1)=2}$ (V1 = jammern)
II. klagen → Sn, (pS/NS$_{daß}$/Inf)
III. Sn →   1. Hum (*Er* klagt über Schmerzen.)
              2. Abstr (als Hum) (*Das Institut* klagt über Arbeitsüberlastung.)
     p = über, wegen
     Wenn p = über,
     pSa →   keine Selektionsbeschränkungen (Er klagt *über den Untermieter, über seinen Hund, über den Betrieb, über die Möbel, über die Arbeit, über das Schwimmen.*)
     Wenn p = wegen,
     pSg →   keine Selektionsbeschränkungen (Er klagt *wegen des Untermieters, wegen seines Hundes, wegen des Betriebes, wegen der Möbel, wegen der Arbeit, wegen des Schwimmens.*)
     NS →   Act (Er klagt [darüber], *daß er zuviel Arbeit hat.*)
     Inf →   Act (Er klagt [darüber], *zuviel Arbeit zu haben.*)

I. klagen$_{2+(1)=3}$ (V2 = einen Kummer aussprechen)
II. klagen → Sn, Sa, (Sd)
III. Sn →   Hum (*Er* klagt sein Leid.)
     Sa →   Abstr (Der Betrieb klagt *seine Not*.)
     Sd →   Hum (Er klagt *dem Freund* sein Leid.)

I. klagen$_{1+(1)=2}$ (V 3 = vor Gericht Klage erheben)
II. klagen → Sn, (pS)
III. Sn → 1. Hum (*Der Mieter* klagt vor dem Amtsgericht.)
        2. Abstr (als Hum) (*Die Organisation* klagt vor dem Obersten Gericht.)

    p = auf, gegen, vor
    Wenn p = auf,
    pSa →   Abstr (−Art) (Er klagt *auf Schadenersatz*.)
    Wenn p = gegen,
    pSa →   1. Hum (Er klagt *gegen den Hauswirt*.)
                   2. Abstr (als Hum) (Er klagt *gegen das Institut*.)
    Wenn p = vor,
    pSd →   Loc (Er klagt *vor dem Amtsgericht*.)

Anmerkungen:
1. V 1 und V 2 müssen offensichtlich geschieden werden, nicht wegen der verschiedenen Bedeutungen, sondern *trotz* ihrer nahezu gleichen Bedeutung, aber auf Grund der Kombinierbarkeit. Sd muß für V 1 ausgeschlossen werden, damit keine ungrammatischen Sätze („*Er klagte *mir* über die viele Arbeit") entstehen: ebenso müssen pS und NS als alternative Varianten bei V 2 ausgeschlossen werden. Der Unterschied wird vielleicht deutlich in den Sätzen: „Er klagte über sein Leiden" – „Er klagte mir sein Leid".
2. Wenn bei V 1 p = wegen, ergibt sich eine leichte Bedeutungsverschiebung nach V 3 hin: „Er klagt *wegen der Wohnung*" ist homonym und kann im Sinne von V 1 und V 3 verstanden werden.

anklagen

I. anklagen$_{2+(1)=3}$
II. anklagen → Sn, Sa, (Sg/NS$_{daß}$/Inf)
III. Sn →   1. Hum (*Der Richter* klagt ihn an.)
                   2. Abstr (als Hum) (*Die Öffentlichkeit* klagt ihn an.)
    Sa →   1. Hum (Er klagt *den Verbrecher* des Mordes an.)
                   2. Abstr (als Hum) (Er klagt *die faschistische Organisation* des Massenmordes an.)
    Sg →   Abstr (Er klagt ihn *des Mordes* an.)
    Inf →   Act (Er klagt ihn an, *gemordet zu haben*.)
    NS →   Act (Er klagt ihn an, *daß er gemordet hat*.)

beklagen

I. beklagen$_2$ (V1 = betrauern)
II. beklagen → Sn, Sa/NS$_{daß}$/Inf
III. Sn →   1. Hum (*Die Frau* beklagt den Tod des Mannes.)
              2. Abstr (als Hum) (*Das Institut* beklagt den Tod des Mitarbeiters.)
  Sa →   Abstr (Sie beklagt *den Verlust*.)
  NS →   Act (Sie beklagt, *daß sie ihn verloren hat*.)
  Inf →   Act (Sie beklagt, *ihn verloren zu haben*.)

I. sich beklagen$_{1+(2)=3}$ (V2 = sich beschweren)
II. sich beklagen → Sn, (p$_1$S/NS$_{daß}$), (p$_2$S)
III. Sn →   1. Hum (*Der Lehrer* beklagt sich.)
             2. Abstr (als Hum) (*Die Schule* beklagt sich über die Kinder.)
  p$_1$ = über,
  p$_1$Sa →   keine Selektionsbeschränkungen (Er beklagt sich *über den Untermieter, über seinen Hund, über die Institution, über die Möbel, über die Arbeit, über das Schwimmen*.)
  NS →   Act (Er beklagt sich [darüber], *daß sie ihn verlassen hat*.)
  p$_2$ = bei,
  p$_2$Sd →   1. Hum (Er beklagt sich *beim Rektor* über den Fall.)
              2. Abstr (als Hum) (Er beklagt sich *beim Ministerium* über den Fall.)

verklagen

I. verklagen$_2$
II. verklagen → Sn, Sa
III. Sn →   1. Hum (*Der Patient* verklagt den Arzt.)
              2. Abstr (als Hum) (*Die Gewerkschaft* verklagt den Unternehmer.)
  Sa →   1. Hum (Er verklagt *den Kaufmann*.)
              2. Abstr (als Hum) (Er verklagt *die Organisation*.)

beschuldigen

I. beschuldigen$_3$
II. beschuldigen → Sn, Sa, Sg/NS$_{daß}$/Inf

III. Sn →	1. Hum (*Der Offizier* beschuldigt ihn des Verrats.)
	2. Abstr (als Hum) (*Das Gericht* beschuldigt ihn der Bestechung.)
Sa →	1. Hum (Er beschuldigt *den Fahrer* der Tat.)
	2. Abstr (als Hum) (Er beschuldigt *die Firma* der Korruption.)
Sg →	Act (Er beschuldigt mich *des Verrats*.)
NS →	Act (Er beschuldigt mich, *daß ich ihn verraten habe*.)
Inf →	Act (Er beschuldigt mich, *ihn verraten zu haben*.)

sorgen

I. sich sorgen$_2$ (V1 = unruhig sein, sich Sorge oder Kummer machen)
II. sich sorgen → Sn, pS/NS$_{daß}$

III. Sn →	1. Hum (*Die Mutter* sorgt sich um die Kinder.)
	2. Abstr (als Hum) (*Die Reederei* sorgt sich um das Schicksal der Schiffsbesatzung.)
p = um,	
pSa →	keine Selektionsbeschränkungen (Er sorgt sich *um das Kind, um den Hund, um das Institut, um die Anlagen, um meine Gesundheit, um mein Fernbleiben*.)
NS →	Act (Er sorgt sich [darum], *daß dem Kind etwas geschehen könnte*.)

I. sorgen$_2$ (V2 = Sorge tragen, sich kümmern)
II. sorgen → Sn, pS/NS$_{daß}$

III. Sn →	1. +Anim (*Die Mutter* sorgt für die Kinder, *die Hündin* für ihre Jungen.)
	2. Abstr (als Hum) (*Das Institut* sorgt für seine Mitarbeiter.)
p = für,	
pSa →	keine Selektionsbeschränkungen (Er sorgt *für das Kind, für den Hund, für das Institut, für die Bücher, für die Sicherheit, für das Weiterkommen*.)
NS →	Act (Er sorgt [dafür], *daß das Kind lernt*.)

Anmerkung:

Wenn Sn → +Anim (−Hum), bleibt bei V 2 pS beschränkt auf die Kategorie +Anim (−Hum).

besorgen

I. besorgen$_{2+(1)-3}$ (V1 = beschaffen)
II. besorgen → Sn, Sa, (Sd/pS)
III. Sn →   1. Hum (*Der Freund* besorgt die Ferienplätze.)
            2. Abstr (als Hum) (*Das Reisebüro* besorgt die Ferienplätze.)
   Sa →   1. ±Anim (Er besorgt *den Dolmetscher, den Hund, die Fahrkarte.*)
            2. Abstr (Er besorgt mir *die Erlaubnis.*)
   Sd →   1. Hum (Er besorgt *den Eltern* eine Fahrkarte.)
            2. Abstr (als Hum) (Er besorgt *dem Institut* eine Schreibmaschine.)
   p = für,
   pSa →   1. ±Anim (Er besorgt *für die Eltern* eine Karte, *für den Hund* eine Leine, *für das Haus* einen Schlüssel.)
            2. Abstr (als Hum) (Er besorgt *für das Institut* eine Schreibmaschine.)

I. besorgen$_2$ (V2 = betreuen, sorgen für)
II. besorgen → Sn, Sa
III. Sn →   1. Hum (*Die Mutter* besorgt den Haushalt.)
            2. Abstr (als Hum) (*Der Betrieb* besorgt den Verkauf.)
   Sa →   1. ±Anim (Er besorgt *die Kinder, die Hühner, die Bücher.*)
            2. Act (Er besorgt *den Gang, das Einkaufen.*)

Anmerkung:
Bei Sd/pS in V 1 scheint ein Grenzfall zwischen fakultativem Mitspieler und freier Angabe vorzuliegen, da sowohl der Empfänger (= Valenz) als auch der interessierte Auftraggeber (= frei) gemeint ist.

trauen

I. trauen$_2$ (V1 = vertrauen)
II. trauen → Sn, Sd
III. Sn →   1. Hum (*Der Freund* traut mir.)
            2. Abstr (als Hum) (*Die Polizei* traut der Aussage nicht.)

Sd →	1. +Anim (Wir trauen *dem Freund, dem Hund* nicht.)
	2. −Anim (Körperteil) (Der Mann traut *seinen Augen* nicht.)
	3. Abstr (als Hum) (Er traut *dem Institut* nicht.)
	4. Abstr (Er traut *unseren Worten.*)

I. trauen$_2$ (V 2 = in den Ehestand versetzen)
II. trauen → Sn, Sa
III. Sn →   Hum (*Der Standesbeamte* traut das Paar.)
    Sa →   Hum (Der Standesbeamte traut *das Paar.*)

I. sich trauen$_2$ (V 3 = wagen, sich getrauen)
II. sich trauen → Sn, pS/Inf
III. Sn →
    1. +Anim (*Die Frau, der Hund* traut sich nicht in das Zimmer.)
    2. Abstr (als Hum) (*Das Institut* traut sich nicht, selbständig zu entscheiden.)
p = in, auf, unter, zwischen, nach ... (Richtungspräpositionen),
pS →   Dir (Er traut sich nicht *in das Zimmer, auf die Straße, unter die Leute, zwischen die Straßenbahnwagen, nach Hause.*)
Inf →   Act (Er traut sich nicht *zu fragen.*)

Anmerkung:
Zum Verhältnis von „sich trauen" zu „sich getrauen" vgl. Anm. zu „sich getrauen".

anvertrauen

I. anvertrauen$_3$
II. anvertrauen → Sn, Sd, Sa/NS$_{daß,w}$
III. Sn →
    1. Hum (*Das Mädchen* vertraut sich ihrem Freund an.)
    2. Abstr (als Hum) (*Das Institut* vertraut dem Studenten die Arbeit an.)
Sd →
    1. Hum (Sie vertraut sich *dem Freund* an.)
    2. Abstr (als Hum) (Sie vertraut sich *der Polizei* an.)
    3. −Anim (Sie vertraut ihren Schmuck *dem Tresor* an.)

Sa →	1. ±Anim (Sie vertraut ihm *die Kinder, den Hund, die Bücher* an.)
	2. Abstr (als Hum) (Man vertraut ihm *das Institut* an.)
	3. Abstr (Sie vertraut ihrer Freundin *das Geheimnis* an.)
NS →	Act (Er vertraut mir an, *daß er die Prüfung nicht bestanden hat / wer die Prüfung nicht bestanden hat.*)

betrauen

I. betrauen$_3$
II. betrauen → Sn, Sa, pS/NS$_{daß}$/Inf

III. Sn →	1. Hum (*Der Professor* betraut ihn mit einer Aufgabe.)
	2. Abstr (als Hum) (*Das Institut* betraut ihn mit einer Aufgabe.)
Sa →	1. Hum (Das Institut betraut *den Studenten* mit der Aufgabe.)
	2. Abstr (als Hum) (Der Staat betraut *das Institut* mit der Aufgabe.)
p = mit,	
pSd →	Act (Das Ministerium betraut den Betrieb *mit der Produktion dieser Waren.*)
NS →	Act (Der Betrieb betraute ihn damit, *daß er die Delegation leitet.*)
Inf →	Act (Man betraute ihn damit, *die Sache in Ordnung zu bringen.*)

sich getrauen

I. sich getrauen$_2$
II. sich getrauen → Sn, pS/Inf

III. Sn →	1. +Anim (*Die Frau, der Hund* getraut sich nicht in das Zimmer.)
	2. Abstr (als Hum) (*Das Institut* getraut sich nicht, selbständig zu entscheiden.)

p = in, auf, unter, zwischen, nach ... (Richtungspräpositionen),
pS → Dir (Er getraut sich nicht *in das Zimmer, auf die Straße, unter die Leute, zwischen die Straßenbahnwagen, nach Hause*.)
Inf → Act (Er getraut sich nicht *zu fragen*.)

Anmerkung:

Obwohl „sich getrauen" semantisch und in den Umgebungen mit „trauen" V 3 (= „sich trauen") übereinstimmt, gibt es Unterschiede:

a) Refl ist bei „sich getrauen" Dativ oder Akkusativ, bei „sich trauen" nur Akkusativ: „Ich getraue *mich*, das zu tun" – „Ich getraue *mir*, das zu tun"; „Ich traue *mich*, das zu tun" – „*Ich traue *mir*, das zu tun".

b) Wenn bei „sich getrauen" Refl Dativ ist, ist als 2. Mitspieler nur Inf, nicht pS möglich „Ich getraue *mir* nicht, *zu fragen*" – „*Ich getraue *mir* nicht ins Zimmer".

mißtrauen

I. mißtrauen$_2$
II. mißtrauen → Sn, Sd
III. Sn → 1. Hum (*Das Kind* mißtraut dem Besucher.)
2. Abstr (als Hum) (*Das Institut* mißtraut dem Forschungsergebnis.)
Sd → 1. Hum (Er mißtraut *dem Freund*.)
2. Abstr (als Hum) (Er mißtraut *der Betriebsleitung*.)
3. Abstr (Er mißtraut *meinen Worten*.)

zutrauen

I. zutrauen$_3$
II. zutrauen → Sn, Sa/NS$_{daß}$/Inf, Sd
III. Sn → 1. Hum (*Der Lehrer* traut dem Schüler die Leistung zu.)
2. Abstr (als Hum) (*Der Ministerrat* traut dem Botschafter diese Fähigkeit zu.)
Sa → 1. Abstr (Wir trauen ihm *diese Fähigkeit* zu.)
2. Act (Wir trauen ihm *diese Handlung* zu.)
NS → Act (Wir trauen ihm zu, *daß er die Prüfung besteht*.)
Inf → Act (Wir trauen ihm zu, *die Prüfung zu bestehen*.)
Sd → 1. Hum (Wir trauen *dem Läufer* Schnelligkeit zu.)
2. Abstr (als Hum) (Wir trauen *dem Institut* keine Ungerechtigkeit zu.)

trauern

    I. trauern$_{1+(1)=2}$
    II. trauern → Sn, (pS)
    III. Sn →   1. Hum (*Die Witwe* trauert.)
                      2. Abstr (als Hum) (*Das Institut* trauert.)
    p = um,
    pSa →   1. ±Anim (Er trauert *um seinen Freund, um seinen Hund, um das verlorene Buch.*)
                      2. Abstr (Er trauert *um die verlorene Kindheit.*)

Anmerkung:
Wenn Sn → Abstr (als Hum), dann bleibt pSa beschränkt auf Hum bzw. Abstr (Verlust u. ä.). Vgl. Anm. zu „betrauern".

betrauern

    I. betrauern$_2$
    II. betrauern → Sn, Sa
    III. Sn →   1. Hum (*Der Kollege* betrauert seinen Freund.)
                      2. Abstr (als Hum) (*Das Institut* betrauert den Verlust.)
    Sa →   1. ±Anim (Er betrauert *seinen Freund, seinen Hund, das verlorene Buch.*)
                      2. Abstr (Er betrauert *die verlorene Kindheit.*)

Anmerkung:
Wenn Sn → Abstr (als Hum), dann bleibt Sa beschränkt auf Hum bzw. Abstr (Verlust u. ä.). Vgl. Anm. zu „trauern".

gewöhnen

    I. gewöhnen$_3$
    II. gewöhnen → Sn, Sa, pS/NS$_{daß}$/Inf
    III. Sn →   +Anim (*Das Kind, der Hund* gewöhnt sich an Sauberkeit.)
    Sa →   1. +Anim (Wir gewöhnen *den Jungen, das Tier* an Sauberkeit.)
                      2. Refl (Wir gewöhnen *uns* an die neue Wohnung.)

```
      p = an,
      pSa →           keine Selektionsbeschränkungen (Er gewöhnt sich
                      an das Kind, an den Hund, an den Betrieb,
                      an das Bett, an das Klima, an das Schwim-
                      men.)
      NS →            Act (Wir gewöhnen uns [daran], daß wir zeitig auf-
                      stehen.)
      Inf →           Act (Er gewöhnt sich [daran], morgens zeitig auf-
                      zustehen.)
```

abgewöhnen

I. abgewöhnen₃
II. abgewöhnen → Sn, Sd, Sa
III. Sn →   +Anim (*Der Freund* gewöhnt ihm das Rauchen
                    ab. *Der Hund* gewöhnt sich das Bellen
                    ab.)
   Sd →   1. +Anim (Wir gewöhnen *dem Freund* das Rauchen,
                       dem Hund das Bellen ab.)
                    2. Abstr (als Hum) (Das Institut gewöhnt *der
                       Kommission* die Unpünktlichkeit ab.)
                    3. Refl (Er gewöhnt *sich* das Rauchen ab.)
   Sa →   1. Act (Er gewöhnt sich *das Trinken* ab.)
                    2. Abstr (Er gewöhnt sich *die Unsitte* ab.)

angewöhnen

I. angewöhnen₃
II. angewöhnen → Sn, Sd, Sa
III. Sn →   +Anim (*Der Freund* gewöhnt ihm das Rauchen an.
                    Der Hund gewöhnt sich das rechtzeitige
                    Bellen an.)
   Sd →   1. +Anim (Wir gewöhnen *dem Freund* das Rauchen,
                       dem Hund das rechtzeitige Bellen an.)
                    2. Refl (Er gewöhnt *sich* das Rauchen an.)
   Sa →   1. Act (Er gewöhnt sich *das Trinken* an.)
                    2. Abstr (Er gewöhnt sich *Pünktlichkeit* an.)

Anmerkung:
Wenn Sn → +Anim (−Hum), dann Sa → Act; Sd ist beschränkt auf Refl und „Junges".

eilen

    I. eilen$_1$ (V 1 = eilig sein)
   II. eilen → Sn/NS$_{daß}$
  III. Sn →   1. Hum (*Die Frau* eilt.)
                  2. Abstr (*Die Angelegenheit* eilt.)
     NS →   Act (Es eilt, *daß er die Angelegenheit regelt.*)

    I. eilen$_2$ (V 2 = sich rasch nach einem Ziel bewegen)
   II. eilen → Sn, pS
  III. Sn →   Hum (*Die Frau* eilt über die Straße, in die Stadt.)
     p = durch, in, über, zu, auf ... (lokale Präpositionen),
     pS →   1. Loc (Die Frau eilt *durch die Straße, über den Platz.*)
                  2. Dir (Die Frau eilt *in den Garten, auf den Hof, zum Bahnhof.*)

Anmerkungen:
1. Wenn bei V 1 „es" allein zum Verb tritt, ist es kein Platzhalter, sondern Mitspieler, da es durch Sn substituiert werden kann („*Die Angelegenheit* eilt" – „*Es* eilt"); *es* erscheint jedoch als Platzhalter, wenn es außer einem hinter dem Verb stehenden NS auftritt („Es eilt, daß er die Angelegenheit regelt").
2. Obwohl der semantische Unterschied zwischen den beiden Varianten nur recht vage ist, sind sie unterschieden, um abweichende Sätze der Art „*Die Angelegenheit eilt zum Bahnhof" auszuschließen. Wenn Sn → Abstr, darf kein 2. Mitspieler folgen. Vgl. aber Anm. 1 und 2 zu „sich beeilen".

sich beeilen

    I. sich beeilen$_{1+(1)=2}$
   II. sich beeilen → Sn, (NS$_{daß}$/Inf)
  III. Sn →   1. Hum (*Die Frau* beeilt sich.)
                  2. Abstr (als Hum) (*Die Regierung* beeilt sich, die Angelegenheit zu regeln.)
     NS →   Act (Die Leitung beeilt sich, *daß sie das Problem bald löst.*)
     Inf →   Act (Die Leitung beeilt sich, *die Angelegenheit zu regeln.*)

Anmerkungen:
1. Ist Sn → Abstr (als Hum), wird der 2. Mitspieler obligatorisch („*Die Leitung beeilt sich").

2. Insofern verhält sich „beeilen" gerade umgekehrt wie „eilen": Bei „beeilen" erhöht sich die Wertigkeit, wenn Sn → Abstr (als Hum) ist, bei „eilen" (V 1) verringert sie sich, wenn Sn → Abstr ist.

gehen

    I. gehen$_{1+(1)=2}$ (V1 = sich mit Hilfe der Füße bewegen, meist vom Sprecher weg)
    II. gehen → Sn, (pS/I)
    III. Sn →   +Anim (*Der Junge, das Pferd* geht in den Stall.)
       p = in, an ... (Richtungspräpositionen),
       pS →   Dir (Er geht *in die Stadt*.)
       I →   Act (Er geht *einkaufen*.)

    I. gehen$_2$ (V2 = bewegt, befördert werden)
    II. gehen → Sn, pS
    III. Sn →   1. −Anim (*Der Brief* geht nach Dresden.)
                     2. Abstr (*Die Reise* geht an die See.)
       p = an, in, nach ... (Richtungspräpositionen),
       pS →   Dir (Die Fahrt geht *nach Berlin*.)

    I. gehen$_1$ (V3 = funktionieren, in Umlauf sein)
    II. gehen → Sn
    III. Sn →   −Anim (*Die Uhr* geht.)

    I. gehen$_2$ (V4 = ergehen)
    II. gehen → Sd, Adj
    III. Sd →   Hum (Es geht *dem Patienten* gut.)
       Adj →   Mod (Es geht dem Patienten *gut*.)

Anmerkungen:

1. Wenn bei V 1 I auftritt, kann Sn nur Hum sein: *Das Pferd geht einkaufen.

2. Bei V 1 treten als Sonderfälle auf: Er geht *einen schweren Gang* – 100 Pfennige gehen *auf die Mark*.

3. Im Satz „Es geht gut" ist im Unterschied zu V 4 „es" nicht unersetzbar, sondern durch abstrakte Substantive wie Sache, Prozeß u. ä. m. substituierbar.

eingehen

I. eingehen₁ (V1 = sterben)
II. eingehen → Sn
III. Sn → +Anim (−Hum) (*Der Hund, der Baum* geht ein.)

I. eingehen₁ (V2 = kürzer, schmaler werden)
II. eingehen → Sn
III. Sn → −Anim (Textilien) (*Der Stoff* geht ein.)

I. eingehen₂₊₍₁₎₌₃ (V3 = [ab]schließen)
II. eingehen → Sn, Sa, (pS)
III. Sn →   1. Hum (*Mein Freund* geht die Ehe ein.)
          2. Abstr (als Hum) (*Der Staat* geht das Wirtschaftsabkommen ein.)
  Sa → Abstr (Er geht *den Vertrag* ein.)
  p = mit,
  pSd → 1. Hum (Er geht *mit dem Freund* einen Vertrag ein.)
          2. Abstr (als Hum) (Er geht *mit dem Betrieb* einen Vertrag ein.)

I. eingehen₂ (V4 = sich einlassen, sich beschäftigen mit)
II. eingehen → Sn, pS/NS_daß/Inf
III. Sn → Hum (*Der Lehrer* geht auf den Text ein.)
  p = auf,
  pSa → keine Selektionsbeschränkungen (Wir gehen *auf das Kind, auf den Hund, auf den Betrieb, auf das Buch, auf den Vorschlag, auf das Schwimmen* ein.)
  NS → Act (Er geht darauf ein, *daß er den Text umarbeiten soll.*)
  Inf → Act (Er geht darauf ein, *den Text umzuarbeiten.*)

I. eingehen₂ (V5 = hineingehen, einen Platz finden)
II. eingehen → Sn, pS
III. Sn → keine Selektionsbeschränkungen (*Der Herrscher, der Löwe, die Akademie, das Interregnum, das Bauwerk, das Spießrutenlaufen* ging in die Geschichte ein.)

    p = in,
    pSa →   Abstr (Seine Tat geht *in die Geschichte* ein.)

I. eingehen₁ (V 6 = ankommen, geliefert werden)
II. eingehen → Sn
III. Sn →   1. −Anim (*Die Briefe, die Waren* gehen ein.)
              2. Abstr (*Die Meldungen* gehen ein.)

Anmerkung:

Von den genannten 6 Varianten sind V 3 (auf Stufe II), V 4 und V 5 (durch p) deutlich geschieden. V 1, V 2 und V 6 dagegen unterscheiden sich nur auf Stufe III. Deshalb entstehen auch teilweise Homonymien: „Die Stoffe gehen ein" kann im Sinne von V 2 und V 6 interpretiert werden.

hinausgehen

I. hinausgehen₁₊₍₁₎₌₂ (V 1 = nach draußen gehen)
II. hinausgehen → Sn, (pS)
III. Sn →   +Anim (*Der Junge, die Katze* geht hinaus.)
    p = an, auf, in, zu ... (alle Richtungspräpositionen),
    pS →   1. +Anim (Er geht *zu den Kindern, den Hühnern* hinaus.)
              2. −Anim (Er geht *zu dem Frühbeet* hinaus.)

I. hinausgehen₂ (V 2 = übertreffen, überschreiten)
II. hinausgehen → Sn, pS
III. Sn →   1. Hum (*Der Arzt* geht über seine Vorgänger hinaus.)
              2. Abstr (als Hum) (*Das Institut* geht über seine Befugnisse hinaus.)
              3. Abstr (*Seine Leistungen* gehen über den Durchschnitt hinaus.)
    p = über,
    pSa →   1. Hum (Er geht *über seine Konkurrenten* hinaus.)
              2. Abstr (als Hum) (Es geht *über die Sektion* hinaus.)
              3. Abstr (Er geht *über das Mittelmaß* hinaus.)

I. hinausgehen$_2$ (V 3 = in einer bestimmten Richtung liegen)
II. hinausgehen → Sn, pS
III. Sn → −Anim (*Die Tür* geht auf den Flur hinaus.)
    p = auf, nach,
    pS → Dir (Das Fenster geht *nach dem Hof* hinaus.)

Anmerkung:

V 3 unterscheidet sich von V 1 durch das obligatorische Auftreten von pS, von V 2 durch die unterschiedlichen Präpositionen.

vergehen

I. vergehen$_1$ (V 1 = sich allmählich auflösen)
II. vergehen → Sn
III. Sn →   1. +Anim (*Alle Lebewesen* vergehen.)
              2. −Anim (*Bauwerke* vergehen.)
              3. Abstr (*Erinnerungen* vergehen.)

I. sich vergehen$_2$ (V 2 = etwas Negatives tun)
II. sich vergehen → Sn, pS
III. Sn →   1. Hum (*Der Wüstling* verging sich an dem Kind.)
              2. Abstr (als Hum) (*Die Diktatur* verging sich gegen
                  das Volk.)
    p = an,
    pSd → Hum (Er verging sich *an dem Kind.*)
    p = gegen,
    pSa → 1. Abstr (Er verging sich *gegen das Gesetz.*)
           2. Hum (Er verging sich *gegen das Volk.*)

I. vergehen$_2$ (V 3 = leiden)
II. vergehen → Sn, pS
III. Sn → Hum (*Der Patient* vergeht vor Schmerz.)
    p = vor,
    pS → Abstr (−Art) (Er vergeht *vor Verlangen.*)

Anmerkung:

Wenn bei V 1 Sn → Abstr, dann verschiebt sich die Bedeutung zu „verblassen", „verstreichen": **Die Zeit vergeht.**

vorbeigehen

I. vorbeigehen$_2$ (V1 = vorübergehen, konkret gemeint)
II. vorbeigehen → Sn, pS
III. Sn →   Hum (*Der Fremde* geht am Hotel vorbei.)
    p = an,
    pSd →   1. Hum (Er geht *an dem Mädchen* vorbei.)
                  2. −Anim (Er geht *an dem Gebäude* vorbei.)

I. vorbeigehen$_{1+(1)=2}$ (V2 = verschonen, nicht erreichen)
II. vorbeigehen → Sn, (pS)
III. Sn →   1. −Anim (*Die Gewehrkugel* ging vorbei.)
                  2. Abstr (*Die Krankheit* geht vorbei.)
    p = an,
    pSd →   1. Hum (Die Krankheit ging *an ihm* vorbei.)
                  2. +Anim (Der Schuß ging *an dem Hasen* vorbei.)
                  3. −Anim (Die Kugel ging *an der Scheibe* vorbei.)
                  4. Abstr (Die Anfrage ging *an dem Problem* vorbei.)

zurückgehen

I. zurückgehen$_{1+(1)=2}$ (V1 = die Strecke noch einmal zurücklegen)
II. zurückgehen → Sn, (Sa/pS)
III. Sn →   1. +Anim (*Der Bote, das Pferd* geht den Weg zurück.)
                  2. −Anim (Sendungen) (*Der Brief* geht zurück.)
    Sa →   −Anim (Er geht *den Weg* zurück.)
    p = an, in, zu ... (Richtungspräpositionen),
    pS →   Dir (Er geht *an das Ufer* zurück.)

I. zurückgehen$_1$ (V2 = zurückweichen, sinken)
II. zurückgehen → Sn
III. Sn →   1. Hum (*Der Gegner* geht zurück.)
                  2. −Anim (*Die Flut* geht zurück.)
                  3. Abstr (*Das Fieber* geht zurück.)
                  4. Act (*Das Trinken* geht zurück.)

I. zurückgehen$_2$ (V 3 = zurückgreifen auf)
II. zurückgehen → Sn, pS
III. Sn →   1. Hum (*Der Wissenschaftler* geht auf das Sanskrit zurück.)
                   2. Abstr (als Hum) (*Die Regierung* geht auf alte Verträge zurück.)
                   3. Abstr (*Die Idee* geht auf Goethe zurück.)
p = auf,
pSa →   1. Hum (Er geht *auf seinen Vorgänger* zurück.)
                   2. −Anim (Er geht *auf das erste Auto* zurück.)
                   3. Abstr (Er geht *auf den Ursprung* zurück.)

begleiten

I. begleiten$_{2+(1)=3}$ (V 1 = mit jemandem gehen)
II. begleiten → Sn, Sa, (pS)
III. Sn →   1. ±Anim (*Der Freund, der Hund, das Bild, das Geschenk* begleitet ihn.)
                   2. Abstr (*Die Hoffnung* begleitet ihn.)
Sa →   1. Hum (Er begleitet *die Mutter* zur Stadt.)
                   2. −Anim (Er begleitet *den Transport*.)
p = in, auf, zu ... (lokale Präpositionen),
pS →   1. Loc (Er begleitet sie *auf der Reise*.)
                   2. Dir (Er begleitet sie *ins Kino, zur Straßenbahn*.)

I. begleiten$_2$ (V 2 = musikalisch begleiten)
II. begleiten → Sn, Sa
III. Sn →   Hum (*Der Pianist* begleitet die Sängerin.)
Sa →   Hum (Der Pianist begleitet *die Sängerin*.)

Anmerkungen:

1. V 2 unterscheidet sich von V 1 lediglich durch das fehlende pS; tritt bei V 2 zusätzlich pS auf, verschiebt sich die Bedeutung zu V 1 („Der Pianist begleitet die Sängerin *zur Straßenbahn*"), es sei denn, es wird mit p = auf oder p = mit das Instrument (als freie Angabe) genannt: „Er begleitet sie *auf dem Flügel, mit der Trompete*".
2. Wenn bei V 1 Sn → Abstr, ist pS manchmal nicht möglich („*Der Erfolg begleitete den Sänger *zur Straßenbahn*". Aber: „Gute Wünsche begleiten ihn *auf die Reise*").

verabschieden

I. sich verabschieden$_{1+(1)=2}$ (V1 = Abschied nehmen)
II. sich verabschieden → Sn, (pS)
III. Sn → Hum (*Der Gast* verabschiedet sich.)
    p = von,
    pSd → Hum (Der Gast verabschiedet sich *von den Gastgebern.*)

I. verabschieden$_2$ (V2 = entlassen)
II. verabschieden → Sn, Sa
III. Sn → Hum (*Der Präsident* verabschiedet die Minister.)
    Sa → Hum (Er verabschiedet *die Sekretärin.*)

I. verabschieden$_2$ (V3 = annehmen, Gesetzeskraft erlangen)
II. verabschieden → Sn, Sa
III. Sn → 1. Hum (*Die Minister* verabschiedeten die Vorlage.)
          2. Abstr (als Hum) (*Der Bundestag* verabschiedet das Gesetz.)
    Sa → Abstr (Sie verabschiedeten *die Vorlage.*)

einsteigen

I. einsteigen$_{1+(1)=2}$
II. einsteigen → Sn, (pS)
III. Sn → Hum (*Der Fahrgast* steigt ein.)
    p = in, durch
    Wenn p = in,
    pSa → 1. Dir (Er steigt *in das Auto* ein.)
          2. Abstr (Er steigt *in das Geschäft* ein.)
    Wenn p = durch,
    pSa → −Anim (Er steigt *durch das Fenster* ein.)

Anmerkungen:
1. Wenn p = durch, schattiert sich die Bedeutung zu ‚unerlaubt betreten', wenn p = in und pS → Abstr, zu ‚beginnen'.
2. p = in und p = durch können kombiniert werden: „Er steigt *durch das Fenster in das Zimmer* ein".
3. Wenn pSa → Abstr, dann ist nur eine beschränkte Selektion möglich (Verfahren, Beweisführung u. a.).

fahren

  I. fahren$_{1+(1)=2}$ (V1 = [von Fahrzeugen] sich fortbewegen)
  II. fahren → Sn, (pS)
  III. Sn →   −Anim (Fahrzeug) (*Das Auto* fährt.)
     p = nach, zu, in ... (Richtungspräpositionen),
     pS →   Dir (Das Auto fährt *nach Berlin, zum Bahnhof, in die Stadt.*)

  I. fahren$_{1+(2)=3}$ (V2 = [von Personen] sich fortbewegen)
  II. fahren → Sn, (p$_1$Sd), (p$_2$Sd)
  III. Sn →   Hum (*Seine Frau* fährt.)
     p$_1$ = in, nach, zu ... (Richtungspräpositionen),
     p$_1$S →   Dir (Er fährt *nach Dresden.*)
     p$_2$ = mit,
     p$_2$S →   −Anim (Er fährt *mit dem Wagen* nach Dresden.)

  I. fahren$_{1+(1)=2}$ (V3 = ein Fahrzeug führen)
  II. fahren → Sn, (Sa)
  III. Sn →   Hum (*Der Chef* fährt.)
     Sa →   −Anim (Der Kollege fährt *einen Wartburg.*)

  I. fahren$_{2+(1)=3}$ (V4 = transportieren)
  II. fahren → Sn, Sa, (pS)
  III. Sn →   1. Hum (*Der Arbeiter* fährt das Holz.)
                      2. Abstr (als Hum) (*Die Firma* fährt die Möbel.)
                      3. −Anim (*Der Autobus* fährt die Kinder.)
     Sa →   ±Anim (Er fährt *das Kind, das verletzte Pferd, das Holz.*)
     p = auf, nach, zu, vor ... (Richtungspräpositionen),
     pS →   Dir (Die Firma fährt den Schutt *auf den Müllplatz,* die Möbel *nach Berlin, zur Bahn, vor das Haus.*)

  I. fahren$_2$ (V5 = streichen)
  II. fahren → Sn, pS
  III. Sn →   Hum (*Der Junge* fährt über ihr Haar.)
     p = über, in,
     pSa →   −Anim (Körperteil) (Er fährt ihr *über das Gesicht, ins Gesicht.*)

Anmerkungen:
1. Die Trennung in 5 Varianten erfolgt nicht in erster Linie wegen der Bedeutungsdifferenz, sondern wegen der Kombinierbarkeit bei der Erzeugung von Sätzen. V 1 und

V 3 dürfen nicht gekoppelt werden, weil sonst der abweichende Satz „*Das Auto fährt den Wagen" zugelassen wird. Wenn Sa → −Anim (Fahrzeug) ist, ist Sn → Hum vorausgesetzt. Wenn Sn als Fahrzeug mit Sa verbunden wird, entsteht aus V 1 automatisch V 4.

2. Wenn V 2 und V 4 scheinbar gekoppelt werden („Er fährt das Holz mit dem Wagen"), wird pS frei. Sa meint in V 3 das Transportmittel, in V 4 das Transportierte. Insofern muß der genannte Satz im Sinne von V 4 verstanden werden.

3. Das Transportmittel kann in V 2 als pS (p = mit) oder in V 3 als Sa erscheinen.

4. Bei V 5 tritt häufig Sd auf, das aber nicht als Mitspieler, sondern als freier possessiver Dativ bei Körperteilen interpretiert wird („Er fährt *ihr* über das Haar" – „Er fährt über *ihr* Haar").

abfahren

I. abfahren$_{1+(1)-2}$ (V1 = eine Fahrt beginnen)
II. abfahren → Sn, (pS)
III. Sn →   1. Hum (*Die Reisenden* fahren ab.)
           2. −Anim (Fahrzeuge) (*Das Schiff* fährt ab.)
p = an, aus, nach, von, zu ...,
pS →   Dir (Er fährt *nach Dresden, zu seinen Eltern* ab.
           Er fährt *aus Berlin, vom Bahnhof* ab.)

I. abfahren$_2$ (V2 = wegtransportieren)
II. abfahren → Sn, Sa
III. Sn →   1. Hum (*Der Bauer* fuhr Holz ab.)
           2. −Anim (*Der Trecker* fuhr Holz ab.)
Sa →   1. +Anim (Er fuhr *den Verletzten* ab.)
           2. −Anim (Der Betrieb fuhr *Sand* ab.)

Anmerkungen:
Bei V 2 ergibt sich eine Differenzierung nach Sa:

1. Wenn Sa → ±Anim (im Falle von −Anim = Mat) ergibt sich die Bedeutung „wegtransportieren": Er fuhr *den Verwundeten, den Schutt* ab.

2. Wenn Sa → −Anim (Körperteil), dann verschiebt sich die Bedeutung zu „abtrennen": Er fuhr (ihm) *das Bein* ab.

3. Wenn Sa → Loc, dann bedeutet es „eine Strecke kontrollierend durchfahren": Er fuhr *die Strecke, die Front* ab.

4. Wenn Sa → −Anim (nur: Rad, Reifen), dann verschiebt sich die Bedeutung zu „durch Fahren abnutzen": Er hat *den Reifen* abgefahren.

5. Wenn Sa → −Anim (nur: Fahrkarte, Preis), dann bedeutet es „durch Fahren ausnutzen": Er hat *das Fahrgeld* abgefahren.

anfahren

I. anfahren$_2$ (V 1 = anschnauzen)
II. anfahren → Sn, Sa
III. Sn$_1$→   Hum (*Der Mann* fuhr das Kind an.)
     Sa →   +Anim (Er fuhr *das Kind, den Ochsen* an.)

I. anfahren$_{2+(1)=3}$ (V 2 = zusammenstoßen mit)
II. anfahren → Sn, Sa, (pS)
III. Sn →   1. Hum (*Der Radfahrer* fuhr die Frau an.)
                  2. −Anim (*Das Auto* fuhr das Kind an.)
     Sa →   1. +Anim (Er fuhr *das Kind, die Kuh* an.)
                  2. −Anim (Er fuhr *den Laternenmast* an.)
     p = mit,
     pSd →   −Anim (Fahrzeugteil) (Er fuhr ihn *mit dem Rad* an.)

I. anfahren$_1$ (V 3 = sich in Bewegung setzen)
II. anfahren → Sn
III. Sn→   −Anim (Fahrzeuge) (*Der Zug* fuhr an.)

I. anfahren$_{2+(1)=3}$ (V 4 = herantransportieren)
II. anfahren → Sn, Sa, (pS)
III. Sn →   1. Hum (*Der Junge* fährt Holz an.)
                  2. Abstr (als Hum) (*Der Betrieb* fährt Kohle an.)
                  3. −Anim (*Der Kühlzug* fährt Fisch an.)
     Sa →   −Anim (Mat) (Er fährt *Brennholz* an.)
     p = aus, von ... (Richtungspräpositionen),
     pS →   Dir (Das Auto fährt *aus dem Milchhof* Käse an.)

Anmerkung:
Bei V 2 ist pS (p = mit) deshalb Aktant, weil es subjektfähig ist: Er fuhr ihn *mit dem Auto* an. − *Das Auto* fuhr ihn an. Ist allerdings in diesem Sinne Sn → −Anim, so ist ein zusätzliches pS nicht mehr möglich.

erfahren

I. erfahren$_{2+(1)=3}$ (V1 = Kenntnis erhalten)
II. erfahren → Sn, Sa/p$_1$S/NS$_{w, ob, daß}$, (p$_2$S)
III. Sn →   1. Hum (*Das Kind* erfuhr den Tod seiner Mutter.)
                2. Abstr (als Hum) (*Die Polizei* erfuhr seinen Namen.)
   Sa →   Abstr (Er erfuhr *kein Wort*.)
   p$_1$ = von,
   p$_1$Sd →   Abstr (Er erfuhr *von dem erfreulichen Ereignis*.)
   NS →   Act (Er erfuhr [davon], *wer versetzt wird / ob er versetzt wird / daß er versetzt wird*.)
   p$_2$ = von, durch
   Wenn p$_2$ = von,
   p$_2$Sd →   1. Hum (Er erfuhr *von den Schülern* die Wahrheit.)
                2. Abstr (als Hum) (Er erfuhr *vom Ministerium* die Wahrheit.)
   Wenn p$_2$ = durch,
   p$_2$Sa →   1. Hum (Er erfuhr *durch die Schüler* die Wahrheit.)
                2. Abstr (als Hum) (Er erfuhr *durch das Ministerium, durch den Rundfunk* die Wahrheit.)
                3. Abstr (Er erfuhr *durch Zufall* von der Sache.)

I. erfahren$_2$ (V2 = erleiden, erleben)
II. erfahren → Sn, Sa
III. Sn →   1. Hum (*Der Direktor* erfuhr viel Undank.)
                2. Abstr (als Hum) (*Die Hochschule* erfuhr einige Rückschläge.)
                3. −Anim (*Das Gebäude* erfuhr eine Vergrößerung.)
                4. Abstr (*Die Produktion* erfuhr einen Aufschwung.)
                5. Act (*Das Turnen* erfuhr einige Veränderungen.)
   Sa →   Abstr (Er erfuhr *viel Undank, viel Liebe*.)

Anmerkung:
Bei V 1 wird ein Unterschied deutlich zwischen p$_2$ = von und p$_2$ = durch; letzteres könnte wahrscheinlich schon als freie Modalangabe angesehen werden.

zurückfahren

I. zurückfahren$_{1+(1)=2}$ (V 1 = den Weg in umgekehrter Richtung noch einmal machen)
II. zurückfahren → Sn, (Sa/pS)

III. Sn →   1. Hum (*Der Student* fährt zurück.)
                        2. −Anim (Fahrzeug) (*Das Auto* fährt zurück.)
Sa →   Loc (Er fährt *die Straße, den Weg* zurück.)
p = in, nach, zu ... (Richtungspräpositionen),
pS →   Dir (Er fährt *in die Stadt, nach Frankreich, zum Ausgang* zurück.)

I. zurückfahren$_{2+(1)=3}$ (V2 = zurückbefördern)
II. zurückfahren → Sn, Sa, (pS)
III. Sn →   1. Hum (*Der Lehrer* fährt seine Kollegin zurück.)
                        2. −Anim (Fahrzeug) (*Das Auto* fährt die Kinder zurück.)
Sa →   ±Anim (Das Auto fährt *die Kinder, die Pferde, die Kisten* zurück.)
p = in, nach, zu ... (Richtungspräpositionen),
pS →   Dir (Das Auto fährt die Kinder *in die Schule, nach Frankreich, zum Ausgang* zurück.)

I. zurückfahren$_{1+(1)=2}$ (V3 = zurückschrecken)
II. zurückfahren → Sn, (pS)
III. Sn →   +Anim (*Das Kind, die Katze* fuhr zurück.)
p = vor,
pSd →   ±Anim (Das Kind fuhr *vor dem Fremden, vor dem Hund, vor dem Stock* zurück.)

Anmerkungen:
1. Wenn das Verb einwertig erscheint und Sn → Hum ist, können Homonymien zwischen V 1 und V 3 auftreten: „Das Kind fährt zurück".
2. Bei V 1 ist Sa nur auf wenige Substantive beschränkt (Strecke, Route, Weg u. a.).
3. Bei V 2 ist Sn auch in beschränktem Maße als +Anim (Zugtier) möglich: „*Das Pferd* fuhr den Wagen zurück".

laufen

I. laufen$_1$ (V1 = funktionieren, in Bewegung sein)
II. laufen → Sn
III. Sn →   −Anim (*Der Motor* läuft.)

I. laufen$_{1+(1)-2}$ (V2 = zu Fuß gehen)
II. laufen → Sn, (pS)
III. Sn → +Anim (*Das Kind, der Hund* läuft.)
p = an, auf, in ... (Richtungspräpositionen),
pS → Dir (Er läuft *in die Schule*.)

I. laufen$_2$ (V3 = sich sportlich betätigen)
II. laufen → Sn, Sa
III. Sn → Hum (*Der Junge* läuft Schlittschuh.)
Sa → −Anim (−Art) (Er läuft *Schi*.)

I. laufen$_2$ (V4 = hindurch-, hinweggehen)
II. laufen → Sn, pS
III. Sn → 1. Abstr (*Ein Schauder* läuft mir über den Rücken.)
  2. Act (*Ein Zittern* läuft mir über den Rücken.)
p = durch, auf, über,
pSa → 1. −Anim (Körperteil) (Ein Schauder lief ihr *über den Rücken*.)
  2. Hum (Ein Geraune lief *durch die Menge*.)

Anmerkung:

Der bei V 4 auftretende Dativ – wenn pS → −Anim (Körperteil) – ist ein freier possessiver Dativ: „Ein Zittern läuft *mir* über den Rücken" – „Ein Zittern läuft über *meinen* Rücken".

verlaufen

I. sich verlaufen$_1$ (V1 = sich verirren)
II. sich verlaufen → Sn
III. Sn → +Anim (*Das Kind, die Katze* verläuft sich.)

I. sich verlaufen$_1$ (V2 = ablaufen)
II. sich verlaufen → Sn
III. Sn → −Anim (Flüssigkeit) (*Das Öl* verläuft sich.)

I. sich verlaufen$_1$ (V3 = auseinanderlaufen)
II. sich verlaufen → Sn
III. Sn → +Anim (Plural oder Kollektivbegriff) (*Die Demonstration, die Herde* verläuft sich.)

I. verlaufen₂ (V 4 = sich vollziehen)
II. verlaufen → Sn, pS
III. Sn →   1. −Anim (*Die Straße* verläuft an der Grenze.)
            2. Abstr (*Die Krankheit* verläuft zur Zufriedenheit.)
            3. Act (*Das Schwimmen* verlief wie ein Volksfest.)
p = an, auf, durch, wie, zu
Wenn p = an, auf, durch ... (lokale Präpositionen),
pS →   Loc (Die Grenze verläuft *durch die Stadt*.)
Wenn p = wie, zu,
pS →   Mod (Die Grenze verläuft *wie eine Gerade*.)

I. verlaufen₂ (V 5 = mit Laufen verbringen)
II. verlaufen → Sn, Sa
III. Sn →   Hum (*Eine Hausfrau* verläuft viel Zeit.)
Sa →   Temp (Er verläuft *den ganzen Tag*.)

Anmerkung:
In der Berührungszone von V 1 und V 3 entstehen Homonymien: Die Aufrührer verlaufen sich.

weglaufen

I. weglaufen₁₊₍₁₎₌₂
II. weglaufen → Sn, (Sd/pS)
III. Sn →   +Anim (*Das Kind, der Hund* läuft weg.)
Sd →   +Anim (Der Hund läuft *dem Manne*, die Maus *der Katze* weg.)
p = aus, von, vor,
pSd →   1. ±Anim (Er läuft *vor dem Mann, dem Wolf, dem Auto* weg.)
           2. Abstr (Er läuft *vor der Gefahr* weg.)

wandern

I. wandern₁₊₍₁₎₌₂
II. wandern → Sn, pS
III. Sn →   +Anim (*Der Mann* wandert. *Die Tiere* wandern zu neuen Weideplätzen.)

p = durch, zu, in ...,
pS → 1. Dir (Sie wandern *zu einer Jugendherberge*.)
2. Loc (Sie wandern *durch die Stadt*.)

Anmerkung:

Im übertragenen Sinne ist vereinzelt auch Sn → −Anim oder Abstr möglich: Die Bücher wanderten ins Feuer. Die Gedanken wandern in die Zukunft.

reisen

I. reisen$_{1+(1)=2}$
II. reisen → Sn, (pS)
III. Sn → Hum (*Der Mann* reist.)
  p = in, nach, zu ... (Richtungspräpositionen),
  pS → Dir (Er reist *nach dem Süden*.)

springen

I. springen$_{1+(1)=2}$ (V1 = Sprünge machen, vom Boden abschnellen)
II. springen → Sn, (pS)
III. Sn → ±Anim (*Der Sportler, der Hund, der Ball* springt.)
  p = an, auf, in ... (Richtungspräpositionen),
  pS → Dir (Er springt *an das Ufer*.)

I. springen$_1$ (V2 = Risse bekommen, platzen)
II. springen → Sn
III. Sn → −Anim (Mat) (*Das Glas* springt.)

Anmerkungen:

1. Wenn Sn → −Anim (flüssig), dann ist „springen" obligatorisch zweiwertig („Blut springt aus der Wunde", „Wasser springt aus dem Felsen").
2. Vereinzelt erscheint auch Sn → Abstr („*Das Problem* springt ins Auge"); durch dieses Überspringen der Selektionsbeschränkungen entsteht die übertragene Bedeutung ‚hervortreten', ‚sichtbar werden'.
3. Wenn pS → Loc („Der Ball springt *auf der Stelle*"), muß es als frei angesehen werden.

umspringen

a) umspringen, sprang um, ist umgesprungen

  I. umspringen$_{1+(1)=2}$ (V1 = die Richtung wechseln)
  II. umspringen → Sn, (pS)
  III. Sn →   −Anim (*Der Wind* sprang um.)
     p = nach,
     pSd →   Dir (Der Sturm sprang *nach Norden* um.)

  I. umspringen$_3$ (V2 = jemanden rücksichtslos behandeln)
  II. umspringen → Sn, Adj, pS
  III. Sn →   1. Hum (*Der Mann* sprang mit seiner Frau rücksichtslos um.)
                   2. Abstr (als Hum) (*Der Trust* sprang mit den Streikenden hart um.)
     p = mit,
     pSd →   Hum (Er sprang *mit den Bummelanten* rücksichtslos um.)
     Adj →   Mod (Er sprang mit seiner Frau *hart* um.)

b) umspringen, umsprang, hat umsprungen

  I. umspringen$_2$ (um jemanden herum springen)
  II. umspringen → Sn, Sa
  III. Sn →   +Anim (*Das Kind, der Hund* umspringt den Mann.)
     Sa →   1. +Anim (Das Kind umspringt *die Mutter, den Hund.*)
                 2. −Anim (Die Kinder umspringen *das Auto.*)

werfen

  I. werfen$_3$
  II. werfen → Sn, Sa, pS
  III. Sn →   1. +Anim (*Das Kind, der Hund* wirft die Schachtel in den Fluß.)
                 2. Abstr (*Das Unglück* wirft ihn zu Boden.)

Sa →   1. ±Anim (Er wirft *das Kind* in die Luft, *den toten Hund* in den Fluß, *das Buch* zu Boden.)
        2. Abstr (Der Baum wirft *Schatten*.)
p = auf, in, nach, zu ... (alle Richtungspräpositionen),
pS →   Dir (Er wirft das Buch *auf den Tisch*, den Hut *ins Gras*, den Stein *nach dem Hund*, den Handschuh *zu Boden*.)

Anmerkungen:
1. pS kann unter Umständen → Ø werden („Der Baum wirft Schatten"), ebenso Sa („Der Sportler wirft"). In solchen und ähnlichen Fällen sind jedoch Sa und pS unabhängig vom Kontext jeweils eindeutig festgelegt und mitgedacht.
2. Im Falle „Ich werfe *ihm* den Handschuh ins Gesicht" ist Sd kein Mitspieler, sondern freie Angabe und attributiv zu pS verwendet („in *sein* Gesicht").
3. Wenn Sn → Abstr, ist Sa beschränkt auf Hum.

fliegen

I. fliegen$_{1+(1)=2}$ (V1 = sich durch die Luft bewegen)
II. fliegen → Sn, (pS)
III. Sn →   ± Anim (*Der Pilot, der Sperling, die DC 10* fliegt.)
p = in, über, nach ... (Richtungspräpositionen),
pS →   Dir (Er fliegt *ins Ausland, nach London*.)

I. fliegen$_3$ (V2 = durch die Luft transportieren)
II. fliegen → Sn, Sa, pS
III. Sn →   1. Hum (*Der Pilot* fliegt die Apparate nach Afrika.)
      2. Abstr (als Hum) (*Die Fluggesellschaft* fliegt die Passagiere nach Moskau.)
      3. −Anim (Flugzeug) (*Die Il 18* fliegt die Gäste an die See.)
Sa →   ±Anim (Er fliegt *die Gäste, die Hunde, die Koffer* nach Ungarn.)
p = in, zu, nach ... (Richtungspräpositionen),
pS →   Dir (Er fliegt die Gäste *in die Hauptstadt, zum Kongreß, nach Paris*.)

I. fliegen$_2$ (V 3 = unfreiwillig durch die Luft bewegt werden)
II. fliegen → Sn, pS
III. Sn → ±Anim (*Der Fahrer* flog gegen den Baum, *der Fisch, der Stein* durch die Luft.)

p = in, durch, gegen ... (Richtungspräpositionen),
pS → Dir (Der Stein flog *ins Wasser, durch die Luft,* der Fahrer *gegen den Baum.*)

Anmerkung:
Wenn bei V 2 Sa → +Anim oder −Anim (Flugzeugtyp) ist, ist Zweiwertigkeit möglich: „Er fliegt *eine Delegation*", „Er fliegt *eine Tu 104*".

bewegen

a) bewegen, bewegte, hat bewegt

I. bewegen$_{2+(1)-3}$ (V 1 = von der Stelle bringen)
II. bewegen → Sn, Sa, (pS)
III. Sn → ±Anim (*Der Maschinist* bewegt den Hebel, *das Pferd* den Pflug, *der Sturm* die Blätter.)
Sa → 1. −Anim (Der Wind bewegt *die Bätter.*)
2. Refl (Der Schlafende bewegt *sich.*)

p = in, nach ... (Richtungspräpositionen),
pS → Dir (Er bewegt den Hebel *nach der Seite.*)

I. bewegen$_2$ (V 2 = [innerlich] rühren)
II. bewegen → Sn, Sa
III. Sn → 1. Hum (*Mein Freund* bewegte mich.)
2. Abstr (*Seine Worte* bewegten mich.)
Sa → Hum (Der Vortrag bewegte *die Zuhörer.*)

I. sich bewegen$_2$ (V 3 = nahekommen, umgeben)
II. sich bewegen → Sn, pS
III. Sn → Abstr (*Seine Gedanken* bewegten sich um das Mädchen.)

p = um, zwischen
Wenn p = um,
pSa → keine Selektionsbeschränkungen (Seine Gedanken bewegten sich *um das Mädchen, um den Vogel, um den Staat, um das Buch, um das Thema, um das Schwimmen.*)

Wenn p = zwischen,
pSd → Abstr (Die Mieten bewegen sich *zwischen 30 und 100 Mark.* Die Stimmung bewegt sich *zwischen Hoffnung und Furcht.*)

Anmerkungen:

1. Bei V 1 kann als Sa Refl obligatorisch werden, wenn Sn → —Anim („Die Blätter bewegen *sich*").
2. In Einzelfällen ist bei V 1 pS unzulässig, wenn keine Richtungsveränderung angezeigt werden kann („Der Spieler bewegte die Saiten der Gitarre", „Der Wind bewegte das Meer").

b) bewegen, bewog, hat bewogen (= veranlassen)

  I. bewegen$_3$
 II. bewegen → Sn, Sa, pS/NS$_{daß}$/Inf
III. Sn → keine Selektionsbeschränkungen (*Der Lehrer, das hilflose Tier, das Institut, das Buch, diese Einsicht, das Schreiben* bewog ihn zu der Entscheidung.)

    Sa → 1. Hum (Der Freund bewog *den Direktor* zur Reise.)
           2. Abstr (als Hum) (Der Mangel an Arbeitskräften bewog *den Betrieb*, technische Verbesserungen rasch einzuführen.)

  p = zu,
  pSd → 1. Act (Der Arbeitskräftemangel bewog die Betriebsleitung *zur raschen Einführung technischer Verbesserungen.*)
              2. Abstr (Die Situation bewog ihn *zu dieser Konzeption.*)

  NS → Act (Der Arbeitskräftemangel bewog die Betriebsleitung [dazu], *daß sie technische Verbesserungen einführte.*)

  Inf → Act (Der Arbeitskräftemangel bewog die Betriebsleitung [dazu], *technische Verbesserungen einzuführen.*)

kommen

  I. kommen$_{1+(1)=2}$ (V 1 = sich [auf jemanden od. etwas hin] bewegen)
 II. kommen → Sn, (pS/I)

III. Sn →   1. ±Anim (*Der Freund, der Hund, die Zeitung* kommt.)
p = aus, auf ... (Richtungspräpositionen),
pS →   Dir (Er kommt *aus der Stadt, auf das Schiff*.)
I →   Act (Caus) (Er kommt *schwatzen*.)

I. kommen$_2$ (V2 = verlieren, einbüßen)
II. kommen → Sn, pS
III. Sn →   1. Hum (*Der Rentner* kommt um sein Geld.)
                2. Abstr (als Hum) (*Das Terrorregime* kam um sein Ansehen.)
p = um,
pSa →   1. −Anim (Er kommt *um sein Geld*.)
              2. Abstr (Er kam *um seine Gesundheit*.)

I. kommen$_2$ (V3 = gewinnen, erringen)
II. kommen → Sn, pS
III. Sn →   1. Hum (*Der Kaufmann* kam zu Geld.)
                2. Abstr (als Hum) (*Das Terrorregime* kam zu trauriger Berühmtheit.)
p = zu,
Sd →   1. −Anim (Er kommt *zu Besitz*.)
              2. Abstr (Er kam *zu Ansehen*.)

I. kommen$_2$ (V4 = in eine Lage geraten)
II. kommen → Sn, pS
III. Sn →   keine Selektionsbeschränkungen (*Der Turner, das Pferd, der Schrank* kommt ins Rutschen. *Der Betrieb* kommt in Verlegenheit. *Das Pfeiferauchen, die Farbe* kommt in Mode.)
p = in,
pSa →   1. Abstr (Er kommt *in Verlegenheit*.)
              2. Act (Er kommt *ins Rutschen*.)

I. kommen$_2$ (V5 = stammen von)
II. kommen → Sn, pS/NS$_{daß}$
III. Sn →   1. Abstr (*Der Appetit* kommt vom Naschen.)
              2. −Anim (*Die Muskeln* kommen vom Trainieren.)

```
p = von,
pSd →            1. Abstr (Die Blamage kommt von seiner Neugier.)
                 2. Act (Der Bauch kommt vom guten Essen.)
NS →             Act (Der Ärger kommt davon, daß er arrogant ist.)
```

I. kommen₂ (V6 = bekommen)
II. kommen → Sn, Sd
III. Sn →   Abstr (*Ein Einfall, ein Wunsch* kam dem Kind.)
    Sd →   Hum (*Dem Lehrer* kam ein Gedanke.)

ankommen

I. ankommen₁₊₍₁₎₋₂ (V1 = anlangen)
II. ankommen → Sn, (pS)
III. Sn →   1. +Anim (*Die Kinder, die Tiere* kommen an.)
                   2. −Anim (*Das Paket* kommt an.)
                   3. Abstr (*Die Nachricht* kommt an.)
    p = in, auf, an ... (lokale Präpositionen),
    pSd →   Loc (Die Tiere kommen *im Zoo* an.)

I. ankommen₂₊₍₁₎₋₃ (V2 = verstanden werden)
II. ankommen → Sn, Adj, (pS)
III. Sn →   1. Hum (*Der Schlagersänger* kommt an.)
                   2. Abstr (als Hum) (*Der Singeklub* kommt bei der
                        Bevölkerung an.)
                   3. Abstr (*Der Witz* kommt beim Publikum an.)
    Adj →   Mod (Der Sänger kommt *gut* an.)
    p = bei,
    pSd →   1. Hum (Die Kritik kommt *bei den Schülern* an.)
                   2. Abstr (als Hum) (Die Hinweise kommen *bei dem
                        Sportklub* gut an.)

I. ankommen₂ (V3 = befallen, ergreifen)
II. ankommen → Sn, Sa/Sd
III. Sn →   Act (*Das Weinen* kam sie an.)
    Sa →   Hum (Das Zittern kam *den Mann* an.)
    Sd →   Hum (Das Lachen kam *dem Manne* an.)

I. ankommen₁ (V4 = abhängig, notwendig sein)
II. ankommen → pS/NS_{daß, ob, w}
III. p = auf,
   pSa → keine Selektionsbeschränkungen (Es kommt *auf jeden Bürger, auf jedes Pferd, auf jedes Brot, jeden Vorschlag, jede Regierung, jeden Lauf* an.)
   NS → Act (Es kommt darauf an, *daß alle mitmachen / ob alle mitmachen / wer mitmacht.*)

I. ankommen₂ (V5 = gewachsen sein)
II. ankommen → Sn, pS
III. Sn → 1. +Anim (*Der Soldat, der Kater* kommt gegen seine Feinde an.)
   2. Abstr (als Hum) (*Der Senat* kommt gegen seine Kritiker an.)
   p = gegen,
   pSa → 1. +Anim (Er kommt *gegen die Angreifer, die Wölfe* an.)
   2. Abstr (als Hum) (Sie kommen *gegen die Militärjunta* nicht an.)

Anmerkungen:
1. In V 4 ist „es" weder echter Mitspieler noch Platzhalter für den Nebensatz.
2. Wenn bei V 2 kein Adj steht, ist es unabhängig vom Kontext eindeutig: Er kommt an.
← Er kommt gut an.

bekommen

I. bekommen_{2+(1)=3} (V1 = erhalten)
II. bekommen → Sn, Sa, (Part II/Inf)
III. Sn → keine Selektionsbeschränkungen (*Das Kind, der Hund* bekommt Schelte, *das Institut* eine Bibliothek, *das Haus* einen neuen Anstrich, *das Ereignis, das Schwimmen* eine große Bedeutung.)
   Sa → 1. ±Anim (Sie bekommt *ein Kind, eine Katze, ein Buch.*)
   2. Abstr (als Hum) (Die Stadt bekommt *eine neue Hochschule.*)

	3. Abstr (Sie bekommt *Angst, Urlaub, Hunger, Strafe.*)
Part II →	Mod (Sie bekommt ein Rad *geschenkt.*)
Inf →	Mod (Sie bekommt Südfrüchte *zu kaufen.*)

I. bekommen$_3$ (V2 = förderlich sein)
II. bekommen → Sn, Sd, Adj

III. Sn →	1. −Anim (*Das Essen, der Alkohol* bekommt ihm gut.)
	2. Act (*Die Arbeit, das Schwimmen* bekommt ihm gut.)
Sd →	+Anim (Die Früchte bekommen *dem Patienten, dem Tier* schlecht.)
Adj →	Mod (Die Arbeit bekam ihm *schlecht.*)

Anmerkungen:
1. Bei V 1 sind Inf und Part II nur beschränkt möglich. In einigen Fällen erscheint als 3., fakultativer Mitspieler auch Adj; dann bestehen für Sa keine Selektionsbeschränkungen („Er bekommt *die Tante, die Vögel, die Bücher, diese Idee, das Gerede* satt").
2. Bei V 1 hat Sn nur dann keine Selektionsbeschränkungen, wenn Sa → Abstr (allerdings beschränkt auf Substantive wie Bedeutung, Geltung, Wert u. a.). Sa → Abstr (als Hum) und ±Anim dagegen kann nur mit Sn → Hum oder Abstr (als Hum) oder −Anim gekoppelt werden. Sn → +Anim (−Hum) kann auch verbunden werden mit Sa → ±Anim.
3. Wenn V 2 zweiwertig erscheint, ist der 3. Mitspieler (= gut) immer eindeutig unabhängig vom Kontext fixiert („Meinem Freund bekommt das Essen").

empfangen

I. empfangen$_2$ (V1 = erhalten, entgegennehmen)
II. empfangen → Sn, Sa

III. Sn →	Hum (*Der Mann* empfängt eine Belohnung.)
Sa →	1. −Anim (Er empfängt *Geld.*)
	2. Abstr (Er empfängt *Anweisungen.*)

I. empfangen$_2$ (V2 = hören)
II. empfangen → Sn, Sa

III. Sn →	Hum (*Die Hörer* empfangen eine Sendung.)
Sa →	Abstr (Er empfängt *ein Konzert.*)

I. empfangen₂ (V3 = als Gast begrüßen)
II. empfangen → Sn, Sa
III. Sn →   1. Hum (*Der Rektor* empfängt die Gäste.)
                   2. Abstr (als Hum) (*Der Senat* empfängt die Gäste.)
    Sa →   Hum (Er empfängt *den Gast*.)

I. empfangen₂₊₍₁₎₌₃ (V4 = geschwängert werden)
II. empfangen → Sn, Sa, (pS)
III. Sn →   Hum (*Die Frau* empfängt ein Kind.)
     Sa →   Hum (Die Frau empfängt *ein Kind*.)
     p = von,
     pSd →   Hum (Sie empfängt *von ihrem Mann* ein Kind.)

Anmerkung:

Die Trennung in 4 Varianten ergibt sich aus der Verschiedenheit von Sa: Bei V 1 ist Sa —Anim, seltener Abstr (Ablehnung, Befehl u. ä.), bei V 2 nur Abstr (beschränkt auf Inhalte von Sendungen oder Sender), bei V 3 nur Hum, bei V 4 nur Hum (beschränkt auf Kind, Junge, Mädchen u. ä.) und immer mit möglichem fakultativem pS und obligatorischem Sn → Hum (Fem.). Bei V 3 ist fakultatives pS ausgeschlossen. In seltenen Fällen (Sa → Abstr bei V 1 u. V 2) ergibt sich Homonymie: Er empfängt den Auftrag.

hereinkommen

I. hereinkommen₁₊₍₁₎₌₂
II. hereinkommen → Sn, (pS)
III. Sn →   1. +Anim (*Der Junge, die Katze* kommt aus dem Hof herein.)
                   2. —Anim (*Südfrüchte* kommen herein.)
     p = aus, von ... (Richtungspräpositionen),
     pSd →   Dir (Kartoffeln kommen *aus Mecklenburg* herein.)

mitkommen

I. mitkommen₁₊₍₂₎₌₃ (V1 = begleiten)
II. mitkommen → Sn, (p₁S), (p₂S)
III. Sn →   1. +Anim (*Der Lehrer, der Hund* kommt mit der Gruppe mit.)
                   2. —Anim (*Der Koffer* kommt mit.)

p_1 = mit,
$p_1Sd \rightarrow$ 1. Hum (Er kommt *mit der Klasse* mit.)
                   2. −Anim (Beförderungsmittel) (Er kommt *mit dem Auto* mit.)
p_2 = nach, in ... (Richtungspräpositionen),
$p_2S \rightarrow$ Dir (Er kommt mit der Gruppe *ins Theater* mit.)

I. mitkommen$_{1+(1)=2}$ (V2 = das Tempo mithalten)
II. mitkommen → Sn, (pS)
III. Sn →   Hum (*Der Schüler* kommt mit.)
   p = mit,
   pSd →   1. Hum (Er kommt *mit der Gruppe* mit.)
                  2. Abstr (Er kommt *mit dem Lerntempo* mit.)

Anmerkung:
Zwischen V 1 und V 2 treten häufig Homonymien auf, nämlich immer dann, wenn Sn und pS Hum sind: Er kommt mit der Klasse mit 1. begleitet die Klasse, 2. bleibt im Lernen nicht zurück. Der Unterschied zwischen beiden Varianten wird in den unterschiedlichen Umgebungen von pS deutlich:
V 1 = pS → −Anim
V 2 = pS → Abstr.

zurückkommen

I. zurückkommen$_{1+(1)=2}$ (V1 = zurückkehren)
II. zurückkommen → Sn, (pS)
III. Sn →   1. ±Anim (*Der Kollege, der Hund, der Brief* kommt zurück.)

                2. Abstr (*Das Echo* kommt zurück.)
   p = von, aus, nach ... (Richtungspräpositionen),
   pS →   Dir (Der Chef kommt *von Berlin* zurück.)

I. zurückkommen$_2$ (V2 = noch einmal von etwas sprechen)
II. zurückkommen → Sn, pS
III. Sn →   1. Hum (*Der Freund* kommt auf meine Bitte zurück.)
                2. Abstr (als Hum) (*Die Regierung* kommt auf das Angebot zurück.)

    p = auf,
    pSa →   keine Selektionsbeschränkungen (Der Lehrer kommt *auf den Schüler, das Tier, das Buch, das Problem, die Schulleitung, das Wandern* zurück.)

zurückkehren

I. zurückkehren$_{1+(1)=2}$
II. zurückkehren → Sn, (pS)
III. Sn →   1. +Anim (*Die Urlauber, die Vögel* kehren zurück.)
                 2. −Anim (*Die Flut* kehrt zurück.)
    p = aus, von ... (Richtungspräpositionen),
    pS →   Dir (Er kehrt *in die Heimat* zurück.)

Anmerkungen:
1. Sn → −Anim bleibt beschränkt auf Naturvorgänge wie Gewitter, Regen, Frost u. ä.
2. pS erscheint nur, wenn Sn → +Anim ist.

haben

I. haben$_2$ (V1 = besitzen)
II. haben → Sn, Sa
III. Sn →   1. +Anim (*Der Hausbesitzer* hat viel Geld. *Die Katze* hat ein Junges.)
                2. Abstr (als Hum) (*Das Institut* hat viele Mitarbeiter.)
    Sa →   ±Anim (Er hat *ein Kind, einen Hund, ein Haus.*)

I. haben$_2$ (V2 = als Teil in einem Ganzen enthalten sein)
II. haben → Sn, Sa
III. Sn →   keine Selektionsbeschränkungen (*Der Mensch, der Hund* hat ein gesundes Herz, *das Ministerium* drei Abteilungen, *der Schrank* zwei Türen, *der Vortrag* zwei Teile, *das Schwimmen* vier Disziplinen.)
    Sa →   1. Hum (Die Kommission hat *drei Mitglieder.*)
               2. −Anim (Körperteil) (Er hat nur noch *eine Niere.*)

　　　　　　　　　　3. −Anim (Die Wohnung hat *drei Fenster*.)
　　　　　　　　　　4. Abstr (Das Schwimmen hat *vier Disziplinen*.)

I. haben₂ (V3 = eine Eigenschaft haben)
II. haben → Sn, Sa
III. Sn →　　　　　1. +Anim (*Der Soldat, der Hund* hat Mut.)
　　　　　　　　　　2. Abstr (als Hum) (*Das Institut* hat Langmut.)
　　Sa →　　　　　Abstr (Der Lehrer hat *Ausdauer*.)

I. haben₂ (V4 = für jemanden/etwas vorhanden sein)
II. haben → Sn, Sa
III. Sn →　　　　　1. Hum (*Der Tourist* hat gutes Wetter.)
　　　　　　　　　　2. Abstr (als Hum) (*Das Institut* hat eine Perspektive.)
　　Sa →　　　　　Abstr (Er hat *gutes Wetter, Glück, eine gute Idee*.)

I. haben₃ (V5 = zur Verfügung haben)
II. haben → Sn, Sa, I
III. Sn →　　　　　1. Hum (*Der Lehrer* hat gute Bücher liegen.)
　　　　　　　　　　2. Abstr (als Hum) (*Das Institut* hat alte Möbel stehen.)
　　Sa →　　　　　±Anim (Der Arzt hat *viele Patienten, viele Hunde* im Wartezimmer sitzen, die Frau *viele Kleider* im Schrank hängen.)
　　I →　　　　　　Mod (Sie hat viele Kleider im Schrank *hängen*.)

I. haben₃ (V6 = können)
II. haben → Sn, Adj, I
III. Sn →　　　　　1. Hum (*Der Kollege* hat gut lachen.)
　　　　　　　　　　2. Abstr (als Hum) (*Das Institut* hat gut reden.)
　　Adj →　　　　Mod (Er hat *leicht* reden.)
　　I →　　　　　　Act (Er hat leicht *reden*.)

I. haben₂ (V7 = müssen)
II. haben → Sn, Inf
III. Sn →　　　　　1. +Anim (*Das Kind* hat zu schlafen.)
　　　　　　　　　　2. Abstr (als Hum) (*Das Institut* hat zu antworten.)
　　Inf →　　　　　Act (Der Student hat *zu arbeiten*.)

I. haben₂ (V 8 = in einem Zustand sein)
II. haben → Sn, es + Adj
III. Sn →   1. +Anim (*Die Urlauber, die Tiere* haben es gut.)
             2. Abstr (als Hum) (*Das Institut* hat es eilig.)
   Adj →   Mod (Der Gast hat es *bequem*.)

Anmerkungen:

1. Bei V 2 erscheint Hum als Sa nur, wenn Sn → Abstr (als Hum) ist („Die Delegation hat *drei Mitglieder*"). Wenn Sn → +Anim, ist Sa immer Körperteil; ansonsten wird aus V 2 automatisch V 1 („Der Lehrer hat *blaue Augen*" – „Der Lehrer hat *viele Bücher*"). Sn → Abstr oder Act erfordert Sa → Abstr.
2. Bei V 4 ist bei Sa das adjektivische Attribut oft erforderlich („*Wir haben Wetter").
3. Bei V 5 ist I auf wenige Verben des Zustands beschränkt („stehen", „hängen", „sitzen", „liegen"), die ihrerseits eine Präpositionalphrase fordern (vgl. die Beschreibung von „sitzen", „liegen" usw.), die jedoch hier fakultativ erscheint und ohnedies kein direkter Mitspieler von „haben" ist.
4. Bei V 6 sind nur wenige Adjektive möglich (gut, leicht).
5. Mitunter kann V 7 auch die Bedeutung von ‚können' annehmen (etwa: „Er hat viel zu erzählen"); in diesen Fällen ist meist unbest Num hinzufügbar und damit auch strukturell eine Annäherung an V 6 gegeben.
6. Wenn bei V 7 weitere substantivische Kasus im Satz auftreten, sind sie nicht mehr von „haben", sondern von der infiniten Form (Inf bzw. Part II) abhängig: „Er hat *ihn* zu besuchen". In V 6 und V 7 tritt „haben" als Hilfsverb auf. Vgl. Anm. 1 zu „müssen" und Anm. 2 zu „sollen".
7. Bei V 8 ist „es" kein Mitspieler, da es nicht durch ein Substantiv substituierbar ist. Eine Ausnahme bildet wohl „satt": „Wir haben *es/die Diskussion satt*". Überhaupt ist die Möglichkeit von V 8 durch die Beschränktheit der zulässigen Adj (gut, schlecht, eilig, kalt, warm, heiß, bequem, nahe, weit usw.) begrenzt.

anhaben

I. anhaben₂
II. anhaben → Sn, Sa
III. Sn →   Hum (*Die Frau* hat einen Mantel an.)
    Sa →   –Anim (Kleidungsstück) (Er hat *eine Jacke* an.)

werden

I. werden₂ (V 1)
II. werden → Sn₁, Sn₂/Adj/pS

III. Sn_1 → keine Selektionsbeschränkungen (*Mein Freund* wird Arzt, *der Bulle* Zuchttier, *das Institut* Schrittmacher, *das Eis* Wasser, *die Ahnung* Gewißheit, *das Schwimmen* Gewohnheit.)
Sn_2 → 1. Hum (−Ind) (Mein Freund wird *Arzt*.)
2. −Anim (Mat) (Das Eis wird *Wasser*.)
3. Abstr (Die Arbeit wird *ein Bedürfnis*.)
Adj → Mod (Er wird *krank*.)
p = zu, wie
Wenn p = zu,
pSd → 1. Hum (−Ind) (Er wird *zum Verbrecher*.)
2. −Anim (Mat) (Das Eis wird *zu Wasser*.)
3. Abstr (Die Arbeit wird *zum Bedürfnis*.)
Wenn p = wie,
pSn → Mod (Sie wird *wie ihre Mutter*.)

I. $werden_1$ (V 2)
II. werden → Sn/Adj
III. Sn → Abstr (Temp) (Es wird *Tag, Abend, Winter*.)
Adj → Mod (Es wird *dunkel*.)

Anmerkungen:

1. Wenn bei V 1 statt Sn_2/Adj als Mitspieler Part II oder I auftritt, so handelt es sich um das Hilfsverb „werden": Er wird gerufen − Er wird rufen.
2. Bei V 1 erscheint −Anim (unter Sn_2 und pSd) mit −Art (da Mat), bei V 2 Sn (da als Temp Abstr).
3. Bei V 1 kann unter Sn_2 +def Art (Individualbezeichnung), −def Art (Klassifizierung) oder −Art (Zuschreibung einer Funktion) erscheinen: „Berlin wird *die* Hauptstadt", „Jena wird *eine* große Stadt", „Mein Freund wird Arzt".
4. Bei V 2 ist „es" nicht durch ein Substantiv substituierbar, bleibt aber erhalten, auch wenn Sn oder Adj vor das Verb tritt.
5. Bei V 1 sind die Umgebungen Sn_1 und Sn_2/pS semantisch meist adäquat: Sn_1 → Hum verlangt Sn_2 → Hum, Sn_1 → −Anim verlangt Sn_2 → −Anim, Sn_1 → Abstr verlangt Sn_2 → Abstr.

dürfen

I. $dürfen_2$ (V 1 = die Erlaubnis haben oder bekommen)
II. dürfen → Sn, I

III. Sn → 1. +Anim (*Das Kind, der Hund* darf den Ball nehmen.)
2. Abstr (als Hum) (*Das Institut* darf arbeiten.)
I → Act (Er darf *rauchen*.)

I. dürfen₂ (V 2 = sollen)
II. dürfen → Sn, nicht + I
III. Sn → keine Selektionsbeschränkungen (*Das Kind* darf nicht spielen. *Der Hund* darf nicht bellen. *Die Kommission* darf nicht entscheiden. *Steine* dürfen nicht herabfallen. *Dieses Problem* darf nicht ungelöst bleiben. *Das Schwimmen* darf nicht vertagt werden.)
nicht + I → Act (Der Schüler darf *nicht schwatzen*. Der Rasen darf *nicht betreten werden*.)

I. dürfen₂ (V 3 = wahrscheinlich sein)
II. dürfen → Sn, I
III. Sn → keine Selektionsbeschränkungen (*Der Verbrecher, der Käfer, die Polizei, der Stein* dürfte aus dem Steinbruch kommen. *Diese Arbeit, das Schwimmen* dürfte beendet sein.)
I → Act (Der Junge dürfte über den Zaun *geklettert sein*. Die Tagung dürfte morgen *beendet werden*.)

Anmerkungen:
1. Im Unterschied zu V 1 ist bei V 2 die Negation und bei V 3 der Konjunktiv obligatorisch.
2. Wenn außer Sn und I noch weitere Glieder im Satz erscheinen (Sa, Sd, pS, Part II), sind sie Mitspieler zu I, nicht zum finiten Verb („Er darf *ihn* besuchen", „Wir dürfen *ihm* vertrauen"). Vgl. Anm. 1 zu „müssen" und Anm. 2 zu „sollen". In allen diesen Fällen wird der Hilfsverbcharakter der Modalverben deutlich. Dabei kann unter bestimmten Bedingungen der Satz um das Vollverb reduziert werden (auf das sich pS bezieht): Er darf ins Kino gehen → Er darf ins Kino.

können

I. können₂ (V 1 = vermögen, dürfen)
II. können → Sn, I

III. Sn →　　　　　　1. +Anim (*Der Arzt* kann helfen. *Der Papagei* kann sprechen.)
　　　　　　　　　　2. Abstr (als Hum) (*Das Institut* kann entscheiden.)
I →　　　　　　　　 Act (Der Papagei kann *sprechen*.)

I. können₂ (V2 = möglich sein,
II. können → Sn, I
III. Sn →　　　　　　keine Selektionsbeschränkungen (*Der Patient, der Hund* kann sterben, *das Ministerium* eingreifen, *das Haus* einstürzen, *die Liebe* erlöschen, *das Schwimmen* aufhören.)
I →　　　　　　　　 Act (Der Patient kann *sterben*.)

Anmerkung:
Wenn außer Sn und I noch mehrere Mitspieler im Satz erscheinen (etwa: „Er kann *ihn* besuchen"), so werden diese von der Valenz des „Vollverbs" gefordert. Vgl. Anm. 2 zu „dürfen". Damit erweist sich die Kombination Sn—pS als Ellipse. pS bezieht sich auf den eliminierten Infinitiv (Er kann *in die Stadt* gehen → Er kann in die Stadt). Dasselbe gilt für Sa, das in der Oberfläche neben Sn auftreten kann (Er kann Englisch sprechen → Er kann Englisch).

müssen

I. müssen₂
II. müssen → Sn, I
III. Sn →　　　　　　keine Selektionsbeschränkungen (*Der Arzt, die Behörde* muß arbeiten, *der Hund* fressen, *das Korn* reifen, *der Vorschlag* sich bewähren, *das Pfeifen* aufhören.)
I →　　　　　　　　 Act (Der Sportler muß *trainieren*.)

Anmerkungen:
1. Wenn außer Sn und I noch pS, Sa, Sd oder Adj auftritt, sind sie Mitspieler zu I, nicht zu „müssen": „Er muß *den Zug* erreichen", „Er muß *krank* sein". Vgl. Anm. 2 zu „dürfen" und zu „sollen". Bei pS (das in der Oberfläche neben Sn erscheinen kann) kann der Satz um das Vollverb reduziert werden (Er muß zum Arzt gehen → Er muß zum Arzt).
2. Das Verb vereinigt mehrere Bedeutungen (= ‚nötig', ‚gezwungen sein', ‚wahrscheinlich sein'), die aber distributionell kaum zu trennen sind.

sollen

I. sollen₂
II. sollen → Sn, I
III. Sn → keine Selektionsbeschränkungen (*Der Lehrer, der Hund, die Kommission* soll aufpassen. *Der Kasten* soll einen Deckel bekommen. *Die Wissenschaft, das Schwimmen* soll ihm helfen.)
I → Act (*Der Betrieb* soll rentabel *arbeiten*.)

Anmerkungen:
1. Das Verb hat mehrere Bedeutungen (‚die Aufgabe haben', ‚werden', ‚angeblich sein'), die distributionell kaum zu trennen sind. Deshalb entstehen auch Homonymien: „Er soll den Preis bekommen" (1. = ‚wird bekommen', 2. = ‚bekommt angeblich').
2. Wenn außer Sn und I weitere Glieder im Satz auftreten, sind sie Mitspieler zu I („Er soll *ihn* besuchen"). Vgl. Anm. 2 zu „dürfen" und Anm. 1 zu „müssen". Das betrifft bereits pS, das sich auf den eliminierten Infinitiv der Ellipse beziehen kann (Er soll in die Schule gehen → Er soll in die Schule.).

scheinen

I. scheinen$_{1+(1)=2}$ (V1 = Licht geben, leuchten)
II. scheinen → Sn, (pS)
III. Sn → −Anim (*Die Sonne* scheint.)
p = auf, in ... (Richtungspräpositionen),
pS → Dir (Die Sonne scheint *in das Zimmer*.)

I. scheinen₂ (V2 = den Anschein haben)
II. scheinen → Sn, Inf
III. Sn → keine Selektionsbeschränkungen (*Das Kind, der Hund, die Polizei* scheint zu kommen, *das Haus* zu zerfallen, *die Lösung* zu stimmen, *das Schwimmen* gesund zu sein.)
Inf → Act (Er scheint *zu kommen*.)

Anmerkung:
Wenn bei V 2 noch mehrere Mitspieler auftreten, sind diese vom Inf abhängig, nicht von „scheinen": „Er scheint *gesund* zu sein"; „Er scheint *ihn* zu besuchen", „scheinen" ist hier Hilfsverb.

lassen

I. lassen₃ (V1 = an einem/einen Ort lassen)
II. lassen → Sn, Sa, pS
III. Sn →   1. Hum (*Der Vater* läßt das Kind zu Hause.)
                 2. Abstr (als Hum) (*Die Regierung* läßt die Geldreserve im Tresor.)
    Sa →   1. +Anim (Er läßt *die Kinder, den Hund* zu Hause.)
               2. −Anim (Er läßt *die Banknoten* im Tresor.)
    p = an, auf, in ...,
    pS →   −Anim (Die Mutter läßt das Kind *im Bett, ins Bett.*)

I. lassen₂ (V2 = unterlassen)
II. lassen → Sn, Sa
III. Sn →   +Anim (*Der Kranke* läßt das Rauchen, *der Hund* das Kläffen.)
    Sa →   Act (Das Kind läßt *das Schwatzen.*)

I. lassen₃ (V3 = belassen)
II. lassen → Sn, Sa, Adj/Part/I/pS
III. Sn →   1. Hum (*Der Lehrer* läßt die Sache auf sich beruhen.)
               2. Abstr (als Hum) (*Die Abteilung* läßt den Fall unbearbeitet.)
               3. Abstr (*Die Sache* läßt ihn kalt.)
               4. Act (*Das Turnen* läßt ihn kalt.)
    Sa →   1. Hum (Die Sache läßt *den Mann* kalt.)
               2. Abstr (als Hum) (Der Fall läßt *die Regierung* unberührt.)
               3. Abstr (Die Abteilung läßt *den Fall* liegen.)
    Adj →   Mod (Ihn läßt die Sache *kühl.*)
    p = bei,
    pSd →   Abstr (Er läßt ihn *bei seinen Ideen.*)
    Part →   Mod (Sie läßt die Sache *unberührt.*)
    I →   Act (Er läßt die Sache *ruhen.*)

I. lassen₂₊₍₁₎₌₃ (V4 = veranlassen, zulassen)
II. lassen → Sn, I, (Sa)

III. Sn →	1. Hum (*Der Lehrer* läßt übersetzen.)
	2. Abstr (als Hum) (*Die Regierung* läßt den Staatsmann einladen.)
Sa →	1. Hum (Er läßt *die Mädchen* stehen.)
	2. Abstr (als Hum) (Er läßt *die Betriebe* exportieren.)
I →	Act (Er läßt den Jungen *ausbilden*.)

I. lassen₃ (V 5 = überlassen)
II. lassen → Sn, Sa, Sd

III. Sn →	1. Hum (*Der Bibliothekar* läßt mir das Buch.)
	2. Abstr (als Hum) (*Die Bibliothek* läßt mir das Buch.)
Sa →	1. +Anim (−Hum) (Er läßt mir *die Katze*.)
	2. −Anim (Er läßt ihm *das Buch*.)
	3. Abstr (Er läßt ihm *die Freude*.)
Sd →	1. Hum (Er läßt *dem Kind* die Freude.)
	2. Abstr (als Hum) (Die Stadt läßt *dem Betrieb* den Platz.)

I. lassen₂ (V 6 = weggeben, verlieren)
II. lassen → Sn, Sa

III. Sn →	Hum (*Der Soldat* läßt das Leben.)
Sa →	1. − Anim (− Art.) (Er läßt *Wasser*.)
	2. Abstr (Er läßt *das Leben*.)

I. sich lassen₂ (V 7 = möglich sein)
II. sich lassen → Sn, I

III. Sn →	keine Selektionsbeschränkungen (*Das Kind* läßt sich überzeugen. *Der Hund* läßt sich kämmen. *Die Tür* läßt sich schließen. *Das Ministerium* läßt sich überzeugen. *Die Idee* läßt sich verwirklichen. *Das Springen* läßt sich durchführen.)
I →	Act (Die Tür läßt sich *öffnen*.)

Anmerkung:

Wenn bei V 4 Sa erscheint, handelt es sich im Grunde um einen Aktanten zu I und nicht zu „lassen". Sa kann Subjekt oder Objekt zu I sein: Der Lehrer läßt die Schüler singen. ← Der Lehrer läßt es: *Die Schüler* singen. Der Lehrer läßt das Lied singen. ← Der Lehrer läßt es: X singt *das Lied*.

Dabei gelten folgende Regeln: Wenn I eines intransitiven Verbs steht, dann ist Sa immer Subjekt zu I. Wenn aber I eines transitiven Verbs (mit fakultativem Sa) steht, kann Sa Subjekt oder Objekt zu I sein (z. B. singen, essen, exportieren). Wenn I eines transitiven Verbs (mit obligatorischem Sa) steht, müssen zwei Sa stehen: Er läßt *das Mädchen den jungen Mann* besuchen.

einlassen

I. einlassen$_{2+(1)=3}$ (V 1 = eintreten lassen)
II. einlassen → Sn, Sa, (pS)
III. Sn →   Hum (*Der Pförtner* ließ die Besucher ein.)
    Sa →   Hum (Die Aufsicht ließ *die Schüler* ein.)
    p = in,
    pSa →   Dir (Der Hausherr ließ den Fremden *in die Wohnung* ein.)

I. einlassen$_{2+(1)=3}$ (V 2 = Flüssigkeit in ein Gefäß laufen lassen)
II. einlassen → Sn, Sa, (pS)
III. Sn →   Hum (*Der Bademeister* ließ Wasser ein.)
    Sa →   −Anim (Flüssigkeit) (Er ließ *Öl* ein.)
    p = in,
    pSa →   −Anim (Gefäß) (Er ließ Wasser *in die Wanne* ein.)

I. sich einlassen$_{2+(1)=3}$ (V 3 = sich abgeben)
II. sich einlassen → Sn, (p$_1$S), p$_2$S
III. Sn →   1. Hum (*Der Händler* ließ sich mit dem Fremden auf ein Gespräch ein.)
                 2. Abstr (als Hum) (*Die Regierung* ließ sich auf Verhandlungen ein.)
    p$_1$ = mit,
    p$_1$Sd →   1. Hum (Er ließ sich *mit dem Ganoven* auf ein Gespräch ein.)
                 2. Abstr (als Hum) (Die Militärregierung ließ sich *mit dem Nachbarstaat* auf einen Krieg ein.)
    p$_2$ = auf,
    p$_2$Sa →   Abstr (Er ließ sich *auf ein Gespräch* ein.)

verlassen

I. verlassen₂ (V1 = sich entfernen von)
II. verlassen → Sn, Sa
III. Sn → 1. +Anim (*Der Mann, der Hund* verläßt den Hof.)
           2. −Anim (*Die Zeitung* verläßt die Druckerei.)
           3. Abstr (*Die Krankheit* verläßt ihn.)
   Sa → 1. Hum (Er verläßt *seine Familie.*)
           2. +Anim (Der Hengst verläßt *die Herde.*)
           3. −Anim (Er verläßt *die Stadt.*)
           4. Abstr (Er verläßt *das Thema.*)

I. sich verlassen₂ (V2 = rechnen mit)
II. sich verlassen → Sn, pS
III. Sn → 1. Hum (*Die Arbeiter* verlassen sich auf ihre Gewerkschaft.)
          2. Abstr (als Hum) (*Die Regierung* verläßt sich auf die Bevölkerung.)
   p = auf,
   pSa → 1. +Anim (Er verläßt sich *auf die Schüler, das Pferd.*)
           2. Abstr (als Hum) (Die Bevölkerung verläßt sich *auf ihre Regierung.*)
           3. −Anim (Er verläßt sich *auf sein Fahrrad.*)
           4. Abstr (Er verläßt sich *auf sein Geschick.*)

machen

I. machen₂ (V1 = spielen)
II. machen → Sn, Sa
III. Sn → Hum (*Sein Freund* macht den Anführer.)
   Sa → Hum (Der Schauspieler macht *den Tell.*)

I. machen₂ (V2 = ausmachen)
II. machen → Sn, Sa
III. Sn → −Anim (*Die Waren* machen 50 Mark.)
   Sa → 1. −Anim (Das macht *50 Mark.*)
         2. Abstr (Das macht *eine große Summe.*)

I. machen₂ (V 3 = schaffen, hervorbringen)
II. machen → Sn, Sa
III. Sn →   1. Hum (*Die Feinde* machen Frieden.)
               2. Abstr (als Hum) (*Die Staaten* machen einen Vertrag.)
    Sa →   Abstr (Sie machen *Frieden*.)

I. machen₂ (V 4 = ausführen, durchführen, tun)
II. machen → Sn, Sa
III. Sn →   Hum (*Die Technikerin* macht die Reparatur.)
    Sa →   Act (Er macht *die Arbeit*.)

I. machen₃ (V 5 = bewirken, verwandeln)
II. machen → Sn, Sa, Adj/pS
III. Sn →   1. Hum (*Der Händler* macht seine Bestellung rückgängig.)
               2. Abstr (als Hum) (*Die Firma* macht ihre Bestellung rückgängig.)
    Sa →   Abstr (Er macht *seine Bestellung* rückgängig.)
    Adj →   Mod (Das Essen macht mich *satt*.)
    p = zu,
    pSd →   Abstr (Er hat die Ausnahme *zur Regel* gemacht.)

I. machen₃ (V 6 = verwandeln in)
II. machen → Sn, Sa, pS
III. Sn →   1. Hum (*Der Schüler* macht aus der Not eine Tugend.)
               2. Abstr (als Hum) (*Die Organisation* macht aus der Not eine Tugend.)
               3. Abstr (*Die Liebe* macht aus den Menschen Narren.)
    Sa →   1. Hum (Die Liebe macht aus den Menschen *Narren*.)
               2. −Anim (Der Krieg macht aus der Stadt *eine Festung*.)
               3. Abstr (Er macht aus seiner Meinung *kein Hehl*.)
    p = aus,
    pSd →   1. Hum (Liebe macht *aus den Menschen* Narren.)
               2. −Anim (Der Krieg macht *aus der Stadt* eine Festung.)
               3. Abstr (Er macht *aus der Not* eine Tugend.)

I. machen₃ (V7 = bereiten, zufügen)
II. machen → Sn, Sa, Sd
III. Sn →   keine Selektionsbeschränkungen (*Der Fremde, der Hund, die Schule, die Figur, die Krankheit, das Schwimmen* macht dem Jungen Angst.)
 Sa →   Abstr (−Art) (Der Freund macht mir *Sorge, Mut*.)
 Sd →   1. +Anim (Der Ball macht *den Jungen, den Katzen* Spaß.)
      2. Refl (Der Lehrer macht *sich* Gedanken.)

I. machen₂₊₍₁₎₌₃ (V8 = herstellen, gewinnen)
II. machen → Sn, Sa, (pS)
III. Sn →   1. Hum (*Der Winzer* macht aus Trauben Wein.)
      2. Abstr (als Hum) (*Die Molkerei* macht aus Milch Butter.)
 Sa →   −Anim (Mat) (Die Molkerei macht *Käse*.)
 p = aus,
 pSd → −Anim (Mat) (Die Molkerei macht *aus Milch Käse*.)

I. sich machen₂ (V9 = beginnen)
II. sich machen → Sn, pS/Inf
III. Sn →   1. Hum (*Der Prüfling* machte sich an die Arbeit.)
      2. Abstr (als Hum) (*Die Kommission* machte sich an das Prüfen.)
 p = an,
 pSa → Act (Er macht sich *an die Arbeit*.)
 Inf →   Act (Die Kommission machte sich daran, *den Fall zu untersuchen*.)

I. machen₂₊₍₁₎₌₃ (V10 = eine Eigenschaft verursachen)
II. machen → Sn, Adj, (Sa)
III. Sn →   1. −Anim (*Das Essen* macht durstig.)
      2. Abstr (*Die Liebe* macht ihn blind.)
 Adj → Mod (Sein Haß macht ihn *hellhörig*.)
 Sa →   Hum (Das Rauchen macht *ihn* krank.)

I. machen₃ (V11 = veranlassen)
II. machen → Sn, Sa, I

III. Sn →	1.	−Anim (*Der Hampelmann* macht die Kinder lachen.)
	2.	Abstr (*Der Witz* macht die Kinder lachen.)
Sa →		Hum (Das macht *die Kinder* lachen.)
I →		Act (Der Schreck machte sie *weinen*.)

I. machen$_{3+(1)=4}$ (V 12 = erklären, erläutern)
II. machen → Sn, Sa/NS$_{daß, w}$, Adj, (Sd)

III. Sn →	1.	Hum (*Der Lehrer* machte verständlich, daß alle intensiv lernen müssen.)
	2.	Abstr (als Hum) (*Das Ministerium* machte den Betrieben verständlich, daß die Arbeitsproduktivität zu niedrig sei.)
	3.	Abstr (*Die Gewichtszunahme* machte ihm deutlich, daß er zuviel gegessen hatte.)
Sd →	1.	Hum (Er machte *den Zuhörern* deutlich, wer hinter dem Faschismus stand.)
	2.	Abstr (als Hum) (Die Informationen machten *dem Ministerium* klar, daß es handeln müsse.)
Sa →	1.	Abstr (Er machte ihm *die Idee* verständlich.)
	2.	Act (Der Vater machte uns *das Schachspielen* klar.)
NS →		Act (Er machte klar, *daß gehandelt werden müsse / wer den Auftrag übernehmen müsse*.)
Adj →		Mod (Er machte *klar*, daß es zu spät war.)

Anmerkungen:

1. Wenn bei V 3 Sn → −Anim, ist Sa als Abstr nur beschränkt möglich („Der Apparat macht *Lärm, Freude*". Aber: „*Der Motor macht Frieden*").
2. Bei V 5 scheinen Adj und pS aus strukturellen und semantischen Gründen alternativ möglich zu sein: „Er macht seinen Freund *nervös*" − „Er macht seinen Freund *zu einem nervösen Mann*".
3. Bei V 5 können Ellipsen entstehen: Die Mutter macht das Bett (= macht frisch) − Der Junge macht den Hof (= macht sauber).
4. Zwischen V 7 und V 4 gibt es Beziehungen. Der Satz „Der Junge macht mir Arbeit" gehört zu V 7, der Satz „Der Junge macht mir die Arbeit" gehört zu V 4, wobei der Dativ in diesem Falle frei ist, während er bei V 7 zu den obligatorischen Mitspielern rechnet.
5. Bei V 5 entspricht die semantische Kategorie von pS immer der von Sa: pS → Hum, wenn Sa → Hum; pS → −Anim, wenn Sa → −Anim usw.

6. V 8 unterscheidet sich von V 1 dadurch, daß pS möglich ist, von V 6 dadurch, daß es nicht notwendig ist wie dort („*Er machte eine Tugend". Aber: „Die Molkerei macht Butter").
7. Bei V 7 ist Refl nur möglich, wenn Sn → Hum oder Abstr (als Hum) und Sa → Abstr („*Der Ball machte *sich* Sorgen").
8. V 10 unterscheidet sich von V 5 durch den fakultativen Charakter von Sa sowie durch die anderen Umgebungen. Der Satz „Das Essen macht mich satt" gehört zu V 10, der Satz „Er macht die Bestellung rückgängig" bleibt bei V 5.
9. Wenn bei V 11 weitere Mitspieler erscheinen, dann treten sie zum Infinitiv, nicht zum finiten Verb „machen": Er macht uns das Unrecht vergessen.
Mit V 11 hängt ein NS zusammen, aus dem sich I erklärt: Das Theater machte, *daß die Kinder lachten.*

aufmachen

I. aufmachen$_2$ (V 1 = öffnen)
II. aufmachen → Sn, Sa
III. Sn →   Hum (*Der Junge* macht die Tür auf.)
    Sa →   −Anim (Er macht *die Büchse* auf.)

I. aufmachen$_1$ (V 2 = geöffnet werden)
II. aufmachen → Sn
III. Sn →   −Anim (*Das Kaufhaus* macht auf.)

I. aufmachen$_2$ (V 3 = eröffnen)
II. aufmachen → Sn, Sa
III. Sn →   1. Hum (*Der Arzt* macht eine Praxis auf.)
               2. Abstr (als Hum) (*Die Stadt* macht ein neues Kaufhaus auf.)
    Sa →   1. −Anim (Loc) (Der Arzt macht *eine Praxis* auf.)
               2. Abstr (Der Kaufmann macht *einen Textilhandel* auf.)

I. aufmachen$_3$ (V 4 = zurechtmachen, darstellen)
II. aufmachen → Sn, Sa, Adj
III. Sn →   1. Hum (*Der Dekorateur* macht die Waren ansprechend auf.)
               2. Abstr (als Hum) (*Das Geschäft* macht die Waren ansprechend auf.)

Sa →   1. −Anim (Er macht *die Waren* ansprechend auf.)
                      2. Abstr (Er macht *die Meldung* tendenziös auf.)
Adj →   Mod (Er macht die Zeitung *wirkungsvoll* auf.)

I. sich aufmachen$_{1+(1)=2}$ (V5 = sich erheben, um mit einem bestimmten Zweck wegzugehen)
II. sich aufmachen → Sn, (pS/Inf)
III. Sn →   Hum (*Der Lehrer* machte sich auf.)
   p = in, zu ... (Richtungspräpositionen),
pS →   Dir (Er machte sich *in die Stadt, zur Stadt* auf.)
Inf →   Caus (Er machte sich auf, *um ihn zu besuchen.*)

Anmerkungen:

1. Wenn bei V 1 Sa → −Anim als Körperteil erscheint, tritt ein zusätzlicher freier, possessiver Dativ auf („Der Chirurg machte *ihm* den Bauch auf"); ist −Anim nicht Körperteil, kann ein zusätzlicher freier Dativus commodi auftreten („Er machte *seinem Freund* die Büchse auf").
2. V 2 steht zu V 1 in einem bestimmten Transformationsverhältnis: „Er macht sein Geschäft auf" (V 1) → „Sein Geschäft macht auf" (V 2); Sa bei V 1 wird zu Sn bei V 2, wobei Sn bei V 1 eliminiert wird.
3. V 3 unterscheidet sich von V 1 nicht nur semantisch, sondern auch – zumindest partiell – strukturell in den Umgebungen auf Stufe III. Es bleiben allerdings Homonymien, wenn Sa → −Anim ist: „Der Kaufmann macht das Geschäft auf" (1. = ‚öffnet' [morgens regelmäßig], 2. = ‚eröffnet' [richtet einmalig ein]).
4. Bei V 1 kann Sa → ∅ werden („Die Mutter macht auf"); dabei ist Sa (= die Tür) unabhängig vom Kontext eindeutig mitgedacht.
5. Zum Verhältnis zu „öffnen" vgl. die Anmerkungen zu „öffnen".

zumachen

  I. zumachen$_1$ (V 1 = geschlossen werden)
 II. zumachen → Sn
III. Sn →   −Anim (*Das Geschäft, das Restaurant* macht zu.)

  I. zumachen$_2$ (V 2 = schließen)
 II. zumachen → Sn, Sa
III. Sn →   +Anim (*Der Arbeiter, der Fuchs* macht das Loch zu.)

Sa → 1. —Anim (Loc) (Er macht *das Haus, die Tür, das Restaurant* zu.)
2. —Anim (Körperteil) (Er macht *den Mund, die Augen* zu.)
3. —Anim (verschließbare Objekte) (Er macht *die Büchse, die Flasche, die Tasche, den Koffer, den Brief* zu.)

Anmerkung:
Bei V 1 können als Sn (—Anim) nur lokalisierte Institutionen auftreten (Oper, Theater, Kaufhaus, Schule, Amt, Schwimmbad u. a.).

tun

I. tun_2 (V 1 = arbeiten, leisten)
II. tun → Sn, Sa
III. Sn → 1. Hum (*Der Arbeiter* tut seine Pflicht.)
2. Abstr (als Hum) (*Der Staat* tut seine Pflicht.)
Sa → Abstr (Er tut *seine Pflicht*.)

I. tun_2 (V 2 = bewirken)
II. tun → Sn, Sa
III. Sn → 1. —Anim (*Das Medikament* tut Wunder.)
2. Abstr (*Die Liebe* tut Wunder.)
Sa → Abstr (Der Alkohol tut *seine Wirkung*.)

I. $tun_{2+(1)=3}$ (V 3 = zufügen)
II. tun → Sn, Adj/Sa, (Sd)
III. Sn → 1. Hum (*Das Mädchen* tut ihm weh.)
2. —Anim (*Das Medikament* tut ihm gut.)
3. Act (*Das Schwimmen* tut ihm gut.)
Adj → Mod (Der Junge tut dem Mädchen *weh*.)
Sa → Mod (Er tut uns *viel Gutes*.)
Sd → Hum (Der Mann tut *dem Kind* nichts Schlechtes.)

I. tun_2 (V 4 = sich verstellen)
II. tun → Sn, pS/Adj
III. Sn → Hum (*Der Mann* tut ungläubig.)
p = wie,
pSn → Mod (Er tut *wie ein Betrunkener*.)
Adj → Mod (Die Frau tut *freundlich*.)

I. tun₃ (V 5 = setzen, stellen, legen, geben)
II. tun → Sn, Sa, pS
III. Sn →   Hum (*Das Kind* tut alles an seinen Platz.)
    Sa →   1. Hum (Er tut *das Kind* in den Kindergarten.)
                2. +Anim (Er tut *den Vogel* in den Käfig.)
                3. −Anim (Er tut *die Hefte* in den Schrank.)
    p = an, auf, in ... (Richtungspräpositionen),
    pSa →   Dir (Sie tut die Sachen *in den Schrank*.)

Anmerkungen:

1. Bei V 3 ist Adj beschränkt auf Wörter wie „gut" und „weh", Sa auf substantivierte Adjektive (Gutes, Schlechtes) und auf „nichts".

2. Wenn bei V 3 Sn → Hum ist, wird Sd obligatorisch, falls als 2. Mitspieler Adj auftritt: *Die Mutter tut weh.
Wenn Sn nicht Hum ist, muß der 2. Mitspieler Adj „gut" sein: Das Schwimmen tut ihm gut. Aber: *Das Schwimmen tut ihm Schlechtes.

3. Wenn bei V 3 Sn nicht Hum ist, dann rückt es an V 2 heran: Das Medikament tut ihm gut.

4. Bei V 2 bleibt Sa auf wenige Substantive wie Wunder und Wirkung beschränkt.

5. „tun" tritt gelegentlich in übertragener Bedeutung auch unpersönlich auf: Es tut sich etwas. Es tut nicht gut.

erzeugen

I. erzeugen$_{2+(1)=3}$
II. erzeugen → Sn, Sa, (pS)
III. Sn →   1. Hum (*Der Arbeiter* erzeugt Produkte.)
                2. Abstr (als Hum) (*Der Betrieb* erzeugt Fertigteile.)
                3. Act (*Reibung* erzeugt Wärme.)
    Sa →   1. −Anim (Die LPG erzeugt *Milch*.)
                2. Abstr (Reibung erzeugt *Wärme*.)
    p = aus,
    pSd →   −Anim (Leuna erzeugt Benzin *aus Kohle*.)

Anmerkungen:

1. Sn → Abstr (als Hum) bleibt beschränkt auf Produktionsbetriebe.

2. pS ist fakultativ nur dann möglich, wenn die Bedeutung = gewinnen (Der Betrieb erzeugt Fertigteile), nicht aber, wenn die Bedeutung = neu entstehen lassen (Reibung erzeugt Wärme.)

gründen

I. gründen₂ (V1 = ins Leben rufen)
II. gründen → Sn, Sa
III. Sn →   1. Hum (*Die Kolonisten* gründeten eine Stadt.)
           2. Abstr (als Hum) (*Der Betrieb* gründete eine Sportgruppe.)
   Sa →   1. − Anim (Die Kolonisten gründeten *eine Stadt.*)
           2. Abstr (Die Palästinenser gründeten *eine Widerstandsorganisation.*)

I. sich gründen₂ (V2 = aufbauen auf)
II. sich gründen → Sn, pS
III. Sn →   Abstr (*Sein Verdacht* gründet sich auf Beobachtung.)
   p = auf,
   pSa →   Abstr (Seine Ausführungen gründen sich *auf Erfahrung.*)

Anmerkung:
Bei V 1 ergibt sich eine semantische Differenzierung nach Sa: Wenn Sa → −Anim (Ort, Stadt, Dorf ... u. ä.), ist die Bedeutung = Fundament legen, wenn Sa → Abstr (als Hum) (Organisation, Staat, Verein u. ä.), ist die Bedeutung = ins Leben rufen.

schaffen

a) schaffen, schuf, hat geschaffen (= hervorbringen, herstellen)

I. schaffen₂
II. schaffen → Sn, Sa
III. Sn →   1. Hum (*Der Musiker* schuf eine Sinfonie.)
           2. Abstr (als Hum) (*Das Institut* schuf gute Arbeitsbedingungen.)
           3. Abstr (*Seine Haltung* schuf eine neue Situation.)
   Sa →   1. Hum (Die Arbeit schuf *den Menschen.*)
           2. −Anim (Der Künstler schuf *ein Aquarell.*)
           3. Abstr (Der Dichter schuf *ein Meisterwerk.*)

b) schaffen, schaffte, hat geschafft

   I. schaffen$_2$ (V1 = erreichen, bewältigen)
   II. schaffen → Sn, Sa/NS$_{daß}$/Inf
   III. Sn →   1. Hum (*Der Schüler* schafft seine Aufgaben.)
                        2. Abstr (als Hum) (*Der Betrieb* schaffte es, den Export zu steigern.)
     Sa →   Abstr (Er schafft *seine Arbeit*.)
     NS →   Act (Er schafft es, *daß sein Freund die Arbeit abschließt*.)
     Inf →   Act (Er schafft es, *die Arbeit zu beenden*.)

   I. schaffen$_3$ (V2 = transportieren)
   II. schaffen → Sn, Sa, pS
   III. Sn →   Hum (*Der Arbeiter* schaffte die Kiste in das Zimmer.)
     Sa →   ±Anim (Er schafft *das Kind, den Hund, den Brief* zu seinen Eltern.)
     p = zu, in, ... (Richtungspräpositionen),
     pS →   Dir (Er schafft den Brief *zu seinem Vater, zur Post, in die Stadt*.)

Anmerkung:

Wenn bei a) Sn → Abstr, ist meist auch Sa → Abstr. Wenn Sa → Hum ist, kann Sn nicht → Hum sein.

anziehen

   I. anziehen$_2$ (V1 = ankleiden)
   II. anziehen → Sn, Sa
   III. Sn →   Hum (*Die Frau* zieht das Kind an.)
     Sa →   1. Hum (Die Mutter zieht *das Kind* an.)
                     2. −Anim (Kleidungsstücke) (Die Frau zieht *das Kleid* an.)
                     3. Sa = Sn (Refl) (Die Frau zieht *sich* an.)

   I. anziehen$_1$ (V2 = zu ziehen beginnen, steigen)
   II. anziehen → Sn
   III. Sn →   1. ±Anim (*Das Pferd, der Bus* zieht an.)
                     2. Abstr (*Die Preise* ziehen an.)

I. anziehen₂ (V 3 = an sich ziehen, konkret)
II. anziehen → Sn, Sa
III. Sn →   1. Hum (*Der Sportler* zieht die Beine an.)
            2. −Anim (*Der Magnet* zieht Eisen an.)
Sa →   1. −Anim (Körperteil) (Er zieht *die Beine* an.)
           2. −Anim (Salz zieht *Feuchtigkeit* an.)

I. anziehen₂ (V 4 = an sich ziehen, attraktiv wirken, übertragen)
II. anziehen → Sn, Sa
III. Sn →   keine Selektionsbeschränkungen (*Der Schauspieler* zieht die Menschen an. *Das Bauwerk* zieht die Interessenten an. *Der Fortschritt* zieht die Menschen an. *Die Stadt* zieht die Menschen an. *Der Eiskunstlauf* zieht das Publikum an. *Die Affen* ziehen die Leute an.)
Sa →   1. Hum (Der Lehrer zieht *die Kinder* an.)
           2. Sa = Sn (Refl) (Gegensätze ziehen *sich* an.)

I. anziehen₂ (V 5 = festziehen)
II. anziehen → Sn, Sa
III. Sn →   Hum (*Der Mechaniker* zieht die Schrauben an.)
Sa →   −Anim (Er zieht *die Schraubenmutter* an.)

Anmerkungen:
1. Die Trennung in V 3 und V 4 ist notwendig, um falsche Kombinationen auszuschließen: *Der Fortschritt zieht das Eisen an.
2. Bei V 5 bleibt Sa auf wenige Möglichkeiten beschränkt (Schraubenmutter, Zügel, Schraube, Bremse).

ausziehen

I. ausziehen₂ (V 1 = auskleiden)
II. ausziehen → Sn, Sa
III. Sn →   Hum (*Die Mutter* zieht das Kind aus.)
Sa →   1. Hum (Die Frau zieht *das Kind* aus.)
           2. −Anim (Kleidungsstücke) (Die Mutter zieht *das Kleid* aus.)
           3. Sa = Sn (Refl) (Der Mann zieht *sich* aus.)

I. ausziehen$_{1+(1)=2}$ (V2 = die Wohnung wechseln)
  II. ausziehen → Sn, (pS)
 III. Sn →   Hum (*Die Familie* zieht aus.)
     p = aus,
     pSd →   −Anim (Gebäude) (Der Student zieht *aus der Villa*
                        aus.)

   I. ausziehen$_2$ (V3 = auseinanderziehen, nachziehen)
  II. ausziehen → Sn, Sa
 III. Sn →   Hum (*Der Zeichner* zieht die Linien aus.)
     Sa →   1. −Anim (Er zieht *das Stativ* aus.)
                        2. Abstr (Er zieht *die Umrisse* aus.)

Anmerkung:

Bei V 1 ist zusätzlich Sd (als freier possessiver Dativ) möglich, aber nur dann, wenn Sa →
−Anim ist: Die Mutter zieht *dem Kind* den Mantel aus.

umziehen

   I. umziehen$_{1+(1)=2}$ (V1 = eine andere Wohnung nehmen)
  II. umziehen → Sn, (pS)
 III. Sn →   1. Hum (*Der Nachbar* zieht um.)
                  2. Abstr (als Hum) (*Der Betrieb* zieht um.)
     p = in, nach
     pS →   Dir (Er zieht *in einen Neubau* um.)

   I. umziehen$_2$ (V2 = sich anders kleiden)
  II. umziehen → Sn, Sa
 III. Sn →   Hum (*Die Mutter* zieht das Kind um.)
     Sa →   1. Hum (Die Mutter zieht *das Kind* um.)
                        2. Sa = Sn (Refl) (Sie zieht *sich* um.)

unterziehen

a) unterziehen, unterzog, hat unterzogen

   I. unterziehen$_3$
  II. unterziehen → Sn, Sa, Sd

III. Sn → 1. Hum (*Der Patient* unterzieht sich einer Untersuchung.)
2. Abstr (als Hum) (*Die Organisation* unterzieht den Kollegen einer Prüfung.)
Sa → keine Selektionsbeschränkungen (Wir unterziehen *das Kind, den Hund, das Institut, den Brief, diese Erklärung, das Turnen* einer Untersuchung.)
Sd → Abstr (Er unterzieht die Maschine *einem Test*.)

Anmerkung:
Sa → Refl, wenn Sa = Sn („Ich unterziehe *mich* einer Prüfung").

b) unterziehen, zog unter, hat untergezogen
I. unterziehen$_2$
II. unterziehen → Sn, Sa
III. Sn → Hum (*Das Kind* zog warme Sachen unter.)
Sa → −Anim (Mat) (Die Kinder zogen *warme Sachen* unter.)

zurückziehen

I. zurückziehen$_2$ (V 1 = aus der eingeschlagenen Richtung zurücknehmen)
II. zurückziehen → Sn, Sa
III. Sn → 1. +Anim (*Der Mann, das Pferd* zieht den Wagen zurück.)
2. −Anim (Fahrzeug) (*Der Trecker* zieht den Wagen zurück.)
Sa → 1. +Anim (Er zieht *die Frau, das Pferd* zurück.)
2. −Anim (Er zieht *die Gardine* zurück.)
3. Abstr (Er zieht *die Beschwerde* zurück.)

I. zurückziehen$_{2+(1)=3}$ (V 2 = sich entfernen)
II. zurückziehen → Sn, Sa, (pS)
III. Sn → 1. Hum (*Die Frau* zog sich zurück.)
2. Abstr (als Hum) (*Die DDR* zog ihren Vertreter zurück.)

       Sa →   1. Refl (Sie zog *sich* zurück.)
                         2. ±Anim (Die DDR zog *ihren Vertreter, die
                                 Tiere, die Wagen* zurück.)
p = aus, von ... (lokale Präpositionen),
pSd →   Loc (Sie zog sich *aus der Gesellschaft* zurück.)

I. zurückziehen$_{1+(1)=2}$ (V 3 = zurückkehren)
II. zurückziehen → Sn, (pS)
III. Sn →   +Anim (*Die Flüchtlinge, die Vögel* ziehen zurück.)
     p = aus,
     pSd →   −Anim (Die Zugvögel ziehen *aus dem Süden*
                                 zurück.)

Anmerkung:
Bei V 1 kann Sa → Abstr nur mit Sn → Hum gekoppelt werden.

erben

I. erben$_{2+(1)=3}$
II. erben → Sn, Sa, (pS)
III. Sn →   +Anim (*Das Kind, der Hund* erbt die Eigenschaften
                                 seiner Mutter.)
     Sa →   1. ±Anim (−Hum) (Er erbt *die Katze* von seinem
                                 Nachbarn, *das Haus* von seinem Vater.)
                         2. Abstr (Er erbte *den Fleiß* von seinem Vater.)
     p = von,
     pSd →   1. Hum (Er erbt das Haus *von seinem Vater*.)
                         2. Abstr (als Hum) (Er erbt *von der Familie* die
                                 Möbel.)

Anmerkungen:
1. Wenn Sn → +Anim (−Hum), dann ist Sa nur als Abstr möglich („*Der Hund* erbt das Haus").
2. Als Sa ist vereinzelt auch Act möglich, aber nur zur Charakterisierung animalischer Gebrechen („Der Junge erbte von seiner Mutter *das Schielen, das Stottern, das Hinken, das Lispeln* usw.").

beerben

I. beerben$_2$
II. beerben → Sn, Sa
III. Sn →   Hum (*Der Sohn* beerbt den Vater.)
    Sa →   Hum (Der Sohn beerbt *den Vater*.)

enterben

I. enterben$_2$
II. enterben → Sn, Sa
III. Sn →   Hum (*Der Vater* enterbt den Sohn.)
    Sa →   Hum (Er enterbt *den Sohn.*)

vererben

I. vererben$_{2+(1)=3}$
II. vererben → Sn, Sa, (Sd)
III. Sn →   Hum (*Der Vater* vererbt sein Vermögen.)
    Sa →   1. ±Anim (−Hum) (Der Vater vererbt dem Sohn *sein Pferd, sein Vermögen.*)
                2. Abstr (Der Vater vererbt seinem Sohn *seinen Mut.*)
    Sd →   Hum (Der Vater vererbt *dem Sohn* sein Vermögen.)

fallen

I. fallen$_1$ (V1 = sich nach unten bewegen, sich senken)
II. fallen → Sn
III. Sn →   1. −Anim (*Der Theatervorhang, das Laub* fällt.)
                2. Abstr (*Der Börsenkurs* fällt.)

I. fallen$_1$ (V2 = erfolgen, hörbar werden)
II. fallen → Sn
III. Sn →   Abstr (*Der Schuß, das Wort, die Entscheidung* fällt.)

I. fallen₁ (V 3 = besiegt werden, im Kampf sterben)
II. fallen → Sn
III. Sn →   1. Hum (*Der Soldat* fällt.)
            2. −Anim (Loc) (*Die Festung, die Stadt* fällt.)

I. fallen₂ (V 4 = sich zu einem Zielpunkt bewegen)
II. fallen → Sn, pS
III. Sn →   1. +Anim (*Das Kind, der Hund* fiel in das Wasser, *der Bleistift* unter den Schrank.)
            2. Abstr (*Die Wahl* fiel auf eine Frau.)
   p = lokale Präpositionen,
   pS →   1. Loc (Er fiel *über das Kind, über den Hund.* Der Schatten fällt *auf die Wand.*)
            2. Abstr (Die Frau fällt *in Ohnmacht*.)
            3. Ø (Das Kind *fällt*.)

I. fallen₂ (V 5 = gehören)
II. fallen → Sn, pS
III. Sn →   keine Selektionsbeschränkungen (*Das Kind, der Vogel, der Betrieb, die Wäsche, dieses Thema, das Schwimmen* fällt nicht unter diese Bestimmung.)
   p = in, unter,
   pSa →   Abstr (Die Hauptwerke des Dichters fallen *in diese Zeit.* Sein Delikt fällt *unter diesen Paragraphen.*)

I. fallen₃ (V 6 = werden)
II. fallen → Sn/Inf, Sd, Adj
III. Sn →   1. Abstr (*Sprachen* fallen ihm leicht.)
            2. Act (*Das Lernen* fällt ihm schwer.)
   Inf →   Act (*Dir zu glauben* fällt mir schwer.)
   Sd →   1. +Anim (*Dem Kranken, dem Pferd* fällt das Atmen schwer.)
            2. Abstr (als Hum) (*Dem Institut* fällt die Entscheidung schwer.)
   Adj →   Mod (Ihm fällt das Laufen *schwer*.)

Anmerkungen:

1. V 1, V 2 und V 3 unterscheiden sich – neben der Semantik – allein auf Stufe III, und auch dort nicht eindeutig, wenn Sn → Abstr ist. Wenn Sn → −Anim (meist Mat) ist, entsteht

V 1; wenn Sn → Hum ist, entsteht V 3. Wenn dagegen Sn → Abstr ist, können V 1 und V 2 entstehen; Sn ist in diesen Varianten auf wenige Wörter beschränkt: bei V 1 meist auf Wert- und Preisbezeichnungen, bei V 2 meist auf akustisch wahrnehmbare Resultate einer Handlung.

2. Bei V 4 kann pS weggelassen werden, wenn Sn → Hum ist; es bleibt jedoch obligatorischer Mitspieler, da es in diesem Falle unabhängig vom Kontext eindeutig (= zu Boden) mitgedacht ist.

3. Wenn bei V 4 pS den Teil eines Ganzen meint, tritt dieses Ganze (meist Hum) als zusätzlicher freier (possessiver) Dativ hinzu („Er fällt *seinem Vater* um den Hals").

4. Bei V 4 ist pS → Abstr nur möglich, wenn Sn → Hum („Das Kind fiel *in einen tiefen Schlaf*").

5. V 5 unterscheidet sich von V 4 nur auf Stufe III und durch die Präpositionen; die semantische Differenz ist unverkennbar.

6. V 6 ist auf wenige Fälle beschränkt (da nur die Adj *schwer, leicht* in dieser Kombination vorkommen).

gefallen

I. gefallen$_2$
II. gefallen → Sn/Inf, Sd
III. Sn →   keine Selektionsbeschränkungen (*Das Mädchen, der Hund, das Institut, der Schrank, der Erfolg, das Baden, es* gefällt ihm.)
Inf →   Act (*Zu baden* gefällt ihm.)
Sd →   Hum (Das Baden gefällt *dem Freund*.)

Anmerkungen:
1. Wenn Sd = Sn, wird Sd → Refl („Der Clown gefällt *sich*").
2. Wenn Inf hinter dem Verb steht, steht „es" vor dem Verb („*Es* gefällt ihm *zu baden*"). „Es" ist dabei nur Platzhalter für den folgenden Infinitiv, kein 3. Mitspieler — im Gegensatz zu „*Es* gefällt ihm" (hier ist „es" substituierbar: „*Das Theaterstück* gefällt ihm").

fehlen

I. fehlen$_{1+(1)=2}$
II. fehlen → Sn/pS, (Sd)

III. Sn → keine Selektionsbeschränkungen (*Ein Schüler, ein Tier, ein Ministerium* fehlt. *Ein Buch, ein wichtiges Problem, das Schwimmen* fehlt [ihm].)

p = an,
pSd → keine Selektionsbeschränkungen (Es fehlt *an einem Lehrer, an einem Lasttier, an einer Kommission, an Möbeln, an Ideen, am Üben.*)

Sd → 1. ±Anim (*Dem Kind, dem Hund* fehlt ein Auge, *dem Haus* das Dach.)
2. Abstr (als Hum) (*Dem Betrieb* fehlen Arbeiter.)
3. Abstr (*Seinen Formulierungen* fehlt Eleganz.)

Anmerkungen:

1. Sn und pS sind substituierbar: „Der Gruppe fehlt *Ehrgeiz*" – „Es fehlt der Gruppe *an Ehrgeiz*". Steht jedoch pS, wird „es" obligatorisch (nicht nur in Spitzenstellung als Platzhalter).

2. Nicht gekoppelt werden können Sn → −Anim und Sd → Abstr; Sn → Act kann nur verbunden werden mit Sd → Hum.

befehlen

I. befehlen$_{2+(1)=3}$
II. befehlen → Sn, Sa/NS$_{daß, w}$/Inf, (Sd)
III. Sn → 1. Hum (*Der Offizier* befiehlt den Angriff.)
2. Abstr (als Hum) (*Das Oberkommando* befahl das Bombardement.)

Sa → 1. Abstr (Er befahl *das Attentat*.)
2. Act (Er befahl *die Tötung der Tiere*.)

NS → Act (Er befahl, *daß das Tier getötet wird / wer das Tier töten soll*.)

Inf → Act (Er befahl, *das Tier zu töten*.)

Sd → Hum (Er befahl *dem Soldaten*, den Verbrecher zu verfolgen.)

Anmerkungen:

1. Sa, NS und Inf (als Bezeichnung von Act) sind – wie pS, Inf und NS bei „beauftragen" – weithin substituierbar.

2. Obwohl „anordnen" (V 1), „beauftragen" und „befehlen" semantisch ähnlich sind, unterscheiden sie sich sehr deutlich auf Stufe II: Bei „anordnen" fehlt der personale Gegenspieler überhaupt, bei „beauftragen" steht er (obligatorisch) in Sa (darum muß die Sache als pS, Inf oder NS erscheinen), bei „befehlen" steht er (fakultativ) in Sd (darum steht die Sache als Sa, NS oder Inf).

anordnen

I. anordnen₂ (V1 = befehlen)
II. anordnen → Sn, Sa/NS_{daß, w, ob}/Inf
III. Sn →   1. Hum (*Der Arzt* ordnet die Untersuchung an.)
            2. Abstr (als Hum) (*Die Direktion* ordnet die Untersuchung des Falles an.)
   Sa →   Act (Er ordnet *Schwimmen* an.)
   NS →   Act (Die Kommission ordnet an, *daß der Fall untersucht wird / wer den Fall untersucht / ob der Fall untersucht wird.*)
   Inf →   Act (Die Kommission ordnet an, *den Fall zu untersuchen.*)

I. anordnen₃ (V2 = gruppieren)
II. anordnen → Sn, Sa, pS/Adj
III. Sn →   Hum (*Der Dekorateur* ordnet die Bilder gefällig an.)
   Sa →   ±Anim (Er ordnet *die Schüler, die Pferde, die Bilder* in einer bestimmten Reihenfolge an.)
   p = in, zu,
   pSd →   Mod (Er ordnet die Gäste *in einer Reihenfolge, zu einem Kreis* an.)
   Adj →   Mod (Er ordnet die Blumen *malerisch* an.)

Anmerkungen:
1. Bei V 2 ist pS manchmal substituierbar durch Adj („Er ordnet die Steine *zu einer Terrasse* an" – „Er ordnet die Steine *terrassenförmig* an").
2. Zum Verhältnis zu „befehlen" und „beauftragen" vgl. Anm. 2 zu „befehlen".
3. Bei V 2 ist Sa → +Anim und erst recht →Hum selten, weil es eine Art Versachlichung voraussetzt.

beauftragen

I. beauftragen₂₊₍₁₎₌₃
II. beauftragen → Sn, Sa, (pS/NS_{daß}/Inf)
III. Sn →   1. Hum (*Der Offizier* beauftragt ihn.)
            2. Abstr (als Hum) (*Das Institut* beauftragt ihn mit der Geschäftsführung.)
   Sa →   1. Hum (Das Institut beauftragt *den Mitarbeiter* mit der Geschäftsführung.)

p = mit,	2. Abstr (als Hum) (Die Stadt beauftragt *den Betrieb* mit der Lieferung.)
pSd →	Act (Wir beauftragen ihn *mit der Lektüre, mit dem Lesen dieses Buches.*)
NS →	Act (Wir beauftragen ihn [damit], *daß er das Buch lesen soll.*)
Inf →	Act (Wir beauftragen ihn [damit], *das Buch zu lesen.*)

Anmerkungen:
1. pS, Inf und NS sind semantisch weitgehend äquivalent und strukturell substituierbar. Vgl. auch Anm. 1 zu „befehlen".
2. Zum Verhältnis zu „befehlen" und „anordnen" vgl. Anm. 2 zu „befehlen".

verfügen

I. verfügen$_2$ (V1 = besitzen, haben)
II. verfügen → Sn, pS
III. Sn →   1. ±Anim (*Der Sportler, das Pferd* verfügt über große Reserven, *das Haus* über drei Ausgänge.
        2. Abstr (als Hum) (*Das Institut* verfügt über große Reserven.)
        3. Abstr (*Sein Verstand* verfügt über große Potenzen.)

p = über,
pSa →   1. ±Anim (Der Rennstall verfügt *über gute Reiter und Pferde*, die Bücherei *über viele Bücher*.)
        2. Abstr (als Hum) (Die Kommission verfügt *über viele Fachgruppen*.)
        3. Abstr (Das Team verfügt *über große Reserven*.)

I. verfügen$_2$ (V2 = bestimmen)
II. verfügen → Sn, Sa/NS$_{daß, w}$
III. Sn →   1. Hum (*Der Direktor* verfügte die Entlassung.)
        2. Abstr (als Hum) (*Das Ministerium* verfügte die Entlassung.)

Sa →   Act (Er verfügte *die Entlassung, das Schließen des Tores*.)

NS →   Act (Er verfügte, *daß sein Vermögen verteilt wird / wer sein Vermögen verteilen soll.*)

I. sich verfügen$_2$ (V 3 = sich begeben)
II. sich verfügen → Sn, pS
III. Sn → Hum (*Der Gast* verfügt sich in sein Zimmer.)
p = in, auf ... (Richtungspräpositionen),
pS → Dir (Er verfügt sich *auf die Straße, in sein Zimmer.*)

Anmerkung:
Wenn bei V 1 Sn → −Anim, ist pS → −Anim; wenn Sn → Abstr, ist auch pS → Abstr.

verordnen

I. verordnen$_{2+(1)=3}$
II. verordnen → Sn, Sa, (Sd)
III. Sn → Hum (*Der Arzt* verordnet Medizin.)
Sa → 1. −Anim (Er verordnet *Rotwein.*)
2. Abstr (Er verordnet *Bettruhe.*)
Sd → +Anim (Er verordnet *dem Kind, dem Pferd* Medizin.)

führen

I. führen$_{1+(1)=2}$ (V1 = an der Spitze stehen)
II. führen → Sn, (pS)
III. Sn → 1. ±Anim (*Der junge Sportler, das braune Pferd* führt. *Mineralöl* führt im Export.)
2. Abstr (als Hum) (*Der Berliner Sportklub* führt.)
p = in,
pSd → 1. Abstr (Mineralöl führt *im Export.*)
2. Act (Der Sportler führt *im Laufen.*)

I. führen$_{2+(1)=3}$ (V2 = leiten)
II. führen → Sn, Sa, (pS)
III. Sn → +Anim (*Der Einheimische, der Hund* führt uns.)
Sa → 1. +Anim (Er führt *das Kind, das Pferd.*)
2. Abstr (als Hum) (Er führt *das Institut.*)
3. Act (Er führt *die Untersuchung.*)
p = nach, in, auf ... (alle Richtungspräpositionen),
pS → Dir (Er führt uns *nach Berlin, in die Stadt, auf den historischen Platz.*)

I. führen$_{2+(1)=3}$ (V3 = eine Richtung haben)
II. führen → Sn, pS, (Sa)
III. Sn → 1. −Anim (*Die Straße* führt ins Tal.)
          2. Abstr (*Diese Idee* führt zu nichts.)
          3. Act (*Die Unterhaltung* führt zur Klärung.)
p = zu, in ... (alle Richtungspräpositionen),
pS → 1. Dir (Der Weg führt *in die Stadt*.)
          2. Abstr (Das Gespräch führt *zur Einsicht*.)
          3. Act (Das Gespräch führt *zu einer Lösung*.)
Sa → 1. Hum (Die Straße führt *den Wanderer* ins Tal.)
          2. Abstr (als Hum) (Dieses Gespräch führt *die Behörde* zur Einsicht.)

I. führen$_2$ (V4 = haben, gebrauchen)
II. führen → Sn, Sa
III. Sn → 1. Hum (*Der Lehrer* führt das Wort.)
          2. Abstr (als Hum) (*Die Leitung* führt das Wort.)
Sa → 1. −Anim (Der Kaufmann führt *die Waren*.)
          2. Abstr (Der Lehrer führt *die Aufsicht*.)

Anmerkungen:

1. Von den vier Varianten unterscheiden sich V 1 und V 4 untereinander und von V 2 und V 3 schon auf Stufe I, V 2 und V 3 unter sich auf Stufe II (bei V 2 ist Sa, bei V 3 pS obligatorisch) und III (bei Sn). Entsprechend ist auch der semantische Unterschied zwischen V 2 und V 3 geringer als der zwischen ihnen und V 1 und V 4.
2. Wenn bei V 2 Sa → Act, ist das fakultative pS nicht zulässig („*Er führt die Untersuchung *nach Berlin*").
3. Wenn bei V 3 Sn → Act oder Abstr, dann ist pS beschränkt auf Abstr.

abführen

I. abführen$_{2+(1)=3}$ (V1 = abgeben)
II. abführen → Sn, Sa, (Sd/pS)
III. Sn → 1. Hum (*Der Kaufmann* führt Steuern ab.)
          2. Abstr (als Hum) (*Die Organisation* führt Steuern ab.)
Sa → −Anim (Geld und Waren) (Er führt *das Geld* ab.)
Sd → 1. Hum (Er führt *dem Hauswirt* die Miete ab.)
          2. Abstr (als Hum) (Er führt *der Gemeinde* die Steuern ab.)

p = an,
pSa → 1. Hum (Er führt die Miete *an den Hauswirt* ab.)
2. Abstr (als Hum) (Er führt die Steuern *an die Gemeinde* ab.)

I. abführen$_2$ (V2 = verhaften)
II. abführen → Sn, Sa
III. Sn → Hum (*Der Polizist* führt den Verbrecher ab.)
Sa → Hum (Er führt *den Gefangenen* ab.)

I. abführen$_1$ (V3 = laxieren, Stuhlgang verursachen)
II. abführen → Sn
III. Sn → −Anim (Mat) (*Das Medikament* führt ab.)

I. abführen$_{2+(1)=3}$ (V4 = abweichen, abbringen)
II. abführen → Sn, pS, (Sa)
III. Sn → 1. +Anim (*Der Angeklagte* führte uns von der Spur ab. *Der Hund* führte ihn vom Wege ab.)
2. Abstr (*Der Gedanke* führt vom Hauptproblem ab.)
p = von,
Sd → Dir (Das führt *vom Thema* ab.)
Sa → Hum (Der Gedanke führt *die Zuhörer* vom Thema ab.)

Anmerkungen:
1. Bei V 4 ist Sa als 3. Mitspieler obligatorisch, wenn Sn → +Anim („*Der Angeklagte führte vom Wege ab").
2. Wenn bei V 4 Sn → +Anim (−Hum), dann bleibt pS beschränkt auf Weg, Spur, Richtung, Straße u. ä.

anführen

I. anführen$_2$ (V1 = leiten, führen)
II. anführen → Sn, Sa
III. Sn → +Anim (*Der Sportler* führt das Feld an. *Das Leittier* führt die Herde an.)
Sa → +Anim (Der Offizier führt *die Soldaten* an. Der Bulle führt *die Elefanten* an.)

I. anführen₂ (V2 = betrügen, täuschen, zum Narren halten)
II. anführen → Sn, Sa
III. Sn →   1. Hum (*Der Schüler* führt den Freund an.)
            2. Abstr (als Hum) (*Die Firma* führt den Mitarbeiter an.)
   Sa →   1. Hum (Er führt *seine Freunde* an).
            2. Abstr (als Hum) (Er führt *die Kommission* an.)

I. anführen₂ (V3 = zitieren, behaupten, nennen)
II. anführen → Sn, Sa
III. Sn →   1. Hum (*Der Lehrer* führt die Dichterworte an.)
            2. Abstr (als Hum) (*Das Gericht* führte neue Tatsachen an.)
   Sa →   keine Selektionsbeschränkungen (Er führt *seine Kollegen, die Löwen, das Institut, die Pyramiden, die Worte, das Reiten* an.)

Anmerkung:
Alle drei Varianten unterscheiden sich nicht auf Stufe I und II, selbst auf Stufe III nur in geringem Maße. Entsprechend entstehen auch Homonymien: Der Satz „Er führte seine Kollegen an" kann in dreifachem Sinne (V 1, V 2 und V 3) verstanden werden. Allerdings muß Sa (wenn es Hum ist) bei V 1 immer im Plural stehen. Folglich kann der Satz „Er führt seinen Freund an" nur im Sinne von V 2 und V 3 interpretiert werden.

aufführen

I. aufführen₂ (V1 = darstellen, vollführen)
II. aufführen → Sn, Sa
III. Sn →   1. +Anim (*Die Kinder, die Vögel* führen ein Geschrei auf.)
            2. Abstr (als Hum) (*Die Staatsoper* führt das Stück auf.)
   Sa →   1. Abstr (Die Schauspieler führen *das Stück* auf.)
            2. Act (Die Kinder führen *ein Geschrei* auf.)

I. aufführen₂ (V2 = errichten)
II. aufführen → Sn, Sa
III. Sn →   1. Hum (*Die Maurer* führen ein Gebäude auf.)
            2. Abstr (als Hum) (*Die Firma* führt ein Gebäude auf.)

Sa →   −Anim (Bauwerke) (Die Maurer führen *ein Gebäude* auf.)

I. aufführen₂ (V 3 = anführen, nennen)
II. aufführen → Sn, Sa
III. Sn →   1. Hum (*Der Student* führt die verwendete Literatur auf.)
            2. Abstr (als Hum) (*Die Leitung* führt alle Schwierigkeiten auf.)
Sa →   keine Selektionsbeschränkungen (Er führt *die Teilnehmer, die Vögel, die Institute, die Bücher, den Fleiß, die Unterredungen, die Bearbeitungen* auf.)

I. sich aufführen₂ (V 4 = sich benehmen)
II. sich aufführen → Sn, Adj/pS
III. Sn →   Hum (*Der Junge* führt sich schlecht auf.)
Adj →   Mod (Er führt sich *schlecht* auf.)
p = wie,
pSn →   Mod (Er führt sich *wie ein dummer Junge* auf.)

Anmerkungen:
1. V 1, V 2 und V 3 unterscheiden sich nur partiell auf Stufe III in Sa. Da sich die Umgebungen teilweise überschneiden, entstehen Homonymien: Der Satz „Er führt die Mauern auf" ist im Sinne von V 2 und V 3, die Sätze „Er führt das Geschrei auf" und „Die Schauspieler führen das Stück auf" sind im Sinne von V 1 und V 3 interpretierbar.
2. Bei V 2 ist in beschränktem Umfang als Sn auch −Anim möglich („Das Buch, die Tafel, das Denkmal, der Grabstein führt alle Namen auf").
3. Ist bei V 1 Sn → +Anim (−Hum), dann ist Sa auf Act beschränkt.

ausführen

I. ausführen₂ (V 1 = exportieren)
II. ausführen → Sn, Sa
III. Sn →   1. Hum (*Der Goldschmied* führt Schmuck aus.)
           2. Abstr (als Hum) (*Das Industrieland* führt Maschinen aus.)
Sa →   ±Anim (−Hum) (Das Land führt *Pferde,* das Agrarland *Feldfrüchte* aus.)

I. ausführen₂ (V2 = vollbringen, durchführen)
II. ausführen → Sn, Sa
III. Sn →   1. +Anim (*Der Soldat, der Hund* führt den Befehl aus.)
            2. Abstr (als Hum) (*Der Betrieb* führt den Auftrag aus.)
    Sa →   Abstr (Er führt *die Tat, den Befehl, den Plan* aus.)

I. ausführen₂ (V3 = erklären)
II. ausführen → Sn, Sa/NS$_{daß, ob, w}$/Inf
III. Sn →   1. Hum (*Der Direktor* führte seine Pläne weiter aus.)
            2. Abstr (als Hum) (*Die Direktion* führte ihre Pläne weiter aus.)
    Sa →   Abstr (Er führt *seine Gedanken* aus.)
    NS →   Act (Er führt aus, *daß Änderungen notwendig sind / ob Änderungen notwendig sind / wer Änderungen anbringen soll.*)
    Inf →   Act (Er führt aus, *von der Sache nichts gewußt zu haben.*)

I. ausführen₂ (V4 = spazierenführen)
II. ausführen → Sn, Sa
III. Sn →   Hum (*Der Mann* führt seine Frau aus.)
    Sa →   +Anim (Der Mann führt *seine Frau, den Hund* aus.)

Anmerkungen:

1. Die vier Varianten unterscheiden sich kaum (bis auf die Substituierbarkeit von Sa durch NS und Inf bei V 3) auf Stufe II, sondern erst auf Stufe III: Sa ist bei V 1 —Anim [selten +Anim (—Hum)], bei V 4 +Anim, bei V 2 und V 3 Abstr.
2. Deshalb sind auch Sätze wie „Er führt seinen Plan, seine Idee aus" notwendig homonym, weil sie im Sinne von V 2 und V 3 verstanden werden können.
3. Ebenso entstehen im Grenzbereich zwischen V 1 und V 4 [wenn Sa → +Anim (—Hum)] Homonymien: „Er führte *die Hunde* aus".
4. Dagegen ist die Homonymie von „Er führt seinen Besuch aus" (V 2 und V 4) nur scheinbar syntaktisch, in Wahrheit aber lexikalisch: „Besuch" meint bei V 2 Abstr (d. h. die Handlung), bei V 4 Hum (d. h. die Besucher).
5. Wenn bei V 1 als Sa → +Anim (—Hum) erscheint („Das Land führt *Pferde* aus"), so sind diese nicht eigentlich als Lebewesen, sondern als Sachen gefaßt. Vgl. Anm. 2 zu „einführen". Überhaupt stimmt V 1 von „ausführen" weitgehend mit V 1 von „einführen" überein; allerdings ist bei „einführen" als Sa auch Abstr und Act möglich (mit einer leichten Bedeutungsschattierung), bei „ausführen" nicht.

durchführen

I. durchführen₂
II. durchführen → Sn, Sa
III. Sn →   1. Hum (*Der Werkleiter* führt eine Kontrolle durch.)
                    2. Abstr (als Hum) (*Die Arbeitsschutzinspektion* führt eine Kontrolle durch.)
    Sa →   Act (Sie führen *die Unterweisung* durch.)

einführen

I. einführen₂ (V1 = importieren, in Gebrauch bringen)
II. einführen → Sn, Sa
III. Sn →   1. Hum (*Der Händler* führt Obst ein.)
                    2. Abstr (als Hum) (*Die Firma* führt Tee ein.)
    Sa →   1. ±Anim (−Hum) (Das Land führt *Elefanten, Kohle* ein.)
                    2. Abstr (Er führt *neue Sitten* ein.)
                    3. Act (Er führt *das Rauchen* ein.)

I. einführen$_{2+(1)=3}$ (V2 = einweihen, vorstellen)
II. einführen → Sn, Sa, (pS)
III. Sn →   1. Hum (*Der Lehrer* führt die Kinder ein.)
                    2. Abstr (als Hum) (*Die Institutsleitung* führt die Studenten ein.)
                    3. Abstr (*Diese Ansprache* führt uns in die Problematik ein.)
                    4. Act (*Das Rechnen* führt ihn in die Mathematik ein.)
    Sa →   1. Hum (Der Vortrag führt *die Zuhörer* ein.)
                    2. Refl (Er führt *sich* ein.)

p = in, bei
Wenn p = in,
    pSa →   1. Abstr (als Hum) (Er führt mich *in das Institut* ein.)
                    2. Abstr (Er führt mich *in die Sitten* ein.)
                    3. Act (Er führt mich *in das Autofahren* ein.)

Wenn p = bei,
    pSd →   1. Hum (Er führt mich *bei seinen Eltern* ein.)
                    2. Abstr (als Hum) (Er führt ihn *beim Verlag* ein.)

I. einführen$_{2+(1)=3}$ (V 3 = hineinleiten)
II. einführen → Sn, Sa, (pS)
III. Sn →   Hum (*Der Arzt* führt die Kanüle ein.)
    Sa →   −Anim (Er führt *den Schlauch* in den Magen ein.)
    p = in,
    pSa →   −Anim (Dir, meist Körperteil) (Er führt das Gerät
                               in den Arm ein.)

Anmerkungen:

1. Die drei Varianten unterscheiden sich erst auf Stufe III und dort auch nur bei Sa und unvollkommen: So kann ein Satz „Er führt *das Gerät* ein" im Sinne von V 1 und V 3 verstanden werden.

2. Wenn bei V 1 als Sa → +Anim („Das Land führt *Elefanten* ein") erscheint, so sind diese nicht eigentlich als Lebewesen, sondern als Sachen gefaßt. Vgl. Anm. 5 zu „ausführen".

3. Bei V 2 kann statt pSa auch pSd stehen, wenn p = in und pS → Abstr (als Hum) („Er führt ihn *in diesem Kreis ein*". Aber: „*Er führte ihn *in dem Autofahren* ein").

4. Bei V2 ist Refl beschränkt auf Sn → Hum oder Abstr (als Hum).

verführen

I. verführen$_{2+(1)=3}$
II. verführen → Sn, Sa, (pS/NS$_{daß}$/Inf)
III. Sn →   1. Hum (*Der junge Mann* verführte das Mädchen.)
                  2. −Anim (*Der Gebirgssee* verführt uns zum Baden.)
                  3. Abstr (*Seine Liebenswürdigkeit* verführt uns.)
    Sa →   1. Hum (Der junge Mann verführte *das Mädchen*.)
                  2. Abstr (als Hum) (Der Faschismus verführte *das
                        Volk*.)
    p = zu,
    pSd →   1. Abstr (Er verführt uns *zum Leichtsinn*.)
                  2. Act (Er verführt uns *zum Trinken*.)
    NS →   Act (Er verführte uns dazu, *daß wir leichtsinnig
                    wurden*.)
    Inf →   Act (Er verführte uns dazu, *leichtsinnig zu sein*.)

Anmerkung:

Wenn Sn → −Anim, wird pS obligatorisch und Sa fakultativ („Der See verführt *uns zum Baden*").

leiten

  I. leiten$_{1+(1)=2}$ (V 1 = durchlässig sein)
  II. leiten → Sn, (Sa)
  III. Sn →   −Anim (*Kupfer* leitet.)
      Sa →   Abstr (Kupfer leitet *den Strom*. Eisen leitet *die Wärme*.)

  I. leiten$_2$ (V 2 = vorstehen, anführen)
  II. leiten → Sn, Sa
  III. Sn →   1. Hum (*Der Technologe* leitet das Gespräch.)
               2. Abstr (als Hum) (*Die Regierung* leitet den Staat.)
               3. Abstr (*Der Gedanke* leitete ihn.)
      Sa →   1. Hum (Der Lehrer leitete *die Schüler*.)
               2. Abstr (als Hum) (Er leitet *das Institut*.)
               3. Act (Er leitet *das Schwimmen, die Untersuchung*.)

  I. leiten$_3$ (V 3 = führen, schicken)
  II. leiten → Sn, Sa, pS
  III. Sn →   1. Hum (*Der Chemiker* leitet das Gas durch ein Rohr.)
               2. Abstr (als Hum) (*Das Ministerium* leitet das Schreiben an den Regierungsbezirk.)
      Sa →   1. − Anim (Die Post leitet *den Brief* nach Dresden.)
               2. Abstr (Er leitet *den Vorschlag* an den Stadtrat.)
  p = an, durch, nach ... (Richtungspräpositionen),
      pS →   Dir (Er leitet das Schreiben *an den Bürgermeister*, das Gas *durch ein Rohr*, den Brief *nach Leipzig*.)

Anmerkungen:

1. V 1 ist beschränkt auf elektrische und Wärmeleiter (als Sn) und Elektrizität bzw. Wärme (als Sa).
2. Wenn bei V 2 Sn als Abstr auftritt („*Der Gedanke* leitete ihn"), dann bleibt Sa beschränkt auf Hum.

lenken

  I. lenken$_{1+(1)=2}$ (V 1 = steuern)
  II. lenken → Sn, (Sa)

III. Sn →   Hum (*Die Frau* lenkt.)
   Sa →   1. +Anim (−Hum) (Er lenkt *die Pferde*.)
                     2. −Anim (Fahrzeug) (Er lenkt *das Auto*.)

I. lenken$_2$ (V 2 = unter Kontrolle haben)
II. lenken → Sn, Sa
III. Sn →   1. Hum (*Der Versammlungsleiter* lenkt die Diskussion.)
                  2. Abstr (als Hum) (*Die Regierung* lenkt den Export des Landes.)
   Sa →   1. Hum (Er lenkt *die Studienbewerber*.)
                  2. Abstr (Er lenkt *die Diskussion*.)

I. lenken$_3$ (V 3 = in Beziehung bringen)
II. lenken → Sn, Sa, pS/NS$_{daß}$
III. Sn →   1. Hum (*Der Verbrecher* lenkt den Verdacht auf seinen Mittäter.)
                  2. Abstr (als Hum) (*Die Regierung* lenkt das Interesse auf eine wichtige Frage.)
                  3. Abstr (*Die Entdeckung* lenkt den Verdacht auf ihn.)
   Sa →   Abstr (Er lenkt *den Verdacht, ihre Aufmerksamkeit, ihren Blick* auf sich.)
p = auf, in,
pS →   Dir (keine Selektionsbeschränkungen) (Er lenkt ihre Aufmerksamkeit *auf den Mann, auf den Hund, auf den Stadtrat, auf den Stein, auf das Problem, auf das Schwimmen*.)
NS →   Act (Er lenkt ihre Aufmerksamkeit darauf, *daß sie sich schonen müsse*.)

Anmerkung:
Bei V 1 ist Sa → +Anim (−Hum) aus außerlinguistischen Gründen auf wenige Last- und Reittiere beschränkt.

zeigen

I. zeigen$_2$ (V1 = auf etwas oder jemanden deuten)
II. zeigen → Sn, pS

III. Sn → 1. Hum (*Der Lehrer* zeigt nach Norden.)
2. −Anim (*Die Magnetnadel* zeigt nach Norden.)

p = nach, auf
Wenn p = nach,
pSd → 1. Dir (Er zeigt *nach Süden*.)
2. −Anim (Er zeigt *nach dem Haus*.)

Wenn p = auf,
pSa → ±Anim (Er zeigt *auf den Kranken, auf das Pferd, auf das Haus*.)

I. zeigen$_{2+(1)=3}$ (V2 = sehen oder merken lassen)
II. zeigen → Sn, Sa/NS$_{daß, ob, w}$, (Sd)
III. Sn → Hum (*Der Sieger* zeigte uns die Medaille.)
Sa → 1. ±Anim (Er zeigte uns *seine Kinder, seinen Hund, die Bücher*.)
2. Abstr (Er zeigte mir *sein Wohlwollen*.)
NS → Act (Er zeigte mir, *daß er mir wohlwollte / ob er mir wohlwollte / wer mir wohlwollte*.)
Sd → Hum (Er zeigte *dem Freund* das Buch.)

I. zeigen$_2$ (V3 = beweisen)
II zeigen → Sn, Sa/NS$_{daß, w}$
III. Sn → 1. ±Anim (*Der Fußballer, der Hund, der Motor* zeigte seine volle Leistung.)
2. Abstr (als Hum) (*Der Betrieb* zeigte eine gute Leistung.)
3. Abstr (*Die Natur* zeigt ihre Widerstandskraft.)
Sa → Abstr (Er zeigt *seine Stärke*.)
NS → Act (Er zeigte, *daß er es konnte / wer es konnte*.)

I. sich zeigen$_2$ (V4 = sich erweisen)
II. sich zeigen → Sn/NS$_{daß}$, pS/(p)Adj
III. Sn → 1. ±Anim (*Der Soldat, der Hund* zeigt sich als guter Wächter, *die Medizin* als wirkungsvoll.)
2. Abstr (als Hum) (*Das Ministerium* zeigte sich informiert.)
3. Abstr (*Die Natur* zeigte sich als stark.)
NS → Act (Es zeigte sich, *daß er uns verraten hatte*.)

p = als,
pSn → 1. ±Anim (Er zeigte sich *als schnellster Läufer, als schnellster Hund,* das Material *als wertvoller Kunststoff.*)
2. Abstr (Die Hoffnung zeigte sich *als Illusion.*)
(p) Adj → Mod (Er zeigte sich [*als*] *stark.*)

Anmerkungen:
1. Bei V 2 wird Sa → Refl, wenn Sa = Sn. In diesem Falle verändert sich die Wortstellung (Refl tritt vor Sd: „Er zeigte *sich dem Volke*"), und es tritt statt Sd vielfach Adj auf („Er zeigte sich *öffentlich*").
2. V 3 unterscheidet sich von V 2 nur dadurch, daß es nicht auf einen Empfänger, sondern nur auf einen Gegenstand gerichtet ist. Obwohl eine Abgrenzung bei Sa (bei V 3 nur → Abstr) und vor allem bei Sn vorhanden ist, sind Übergänge denkbar („Er zeigte *uns* seine Stärke").
3. V 4 wird einwertig, wenn NS statt Sn erscheint („*Daß er uns verraten hatte,* zeigte sich"); das dabei auftauchende „es" (wenn NS hinter dem Verb steht) ist nur Platzhalter. Dasselbe gilt mit Einschränkung auch dann, wenn Sn → Abstr ist („*Seine Schwäche* zeigte sich").
4. Wenn bei V 4 Sn → Abstr, dann erscheint als 2. Mitspieler (p)Adj oder pS (→ Abstr).
5. Zum Verhältnis zu „weisen" vgl. Anm. 2 zu „weisen".

weisen

I. weisen$_{2+(1)=3}$ (V 1 = zeigen)
II. weisen → Sn, Sa, (Sd)
III. Sn → 1. Hum (*Der Polizist* weist ihm den Weg.)
2. Abstr (als Hum) (*Die Schule* weist ihm den Weg.)
Weg.)
Sa → Abstr (Er weist ihm *das Ziel.*)
Sd → 1. Hum (Er weist *dem Jungen* den Weg.)
2. Abstr (als Hum) (Er weist *dem Institut* den Weg.)

I. weisen$_2$ (V 2 = zeigen, deuten auf)
II. weisen → Sn, pS
III. Sn → 1. Hum (*Der Polizist* weist auf ihn.)
2. −Anim (*Die Kompaßnadel* weist nach Norden.)
3. Abstr (*Die Spur* weist nach Süden.)
p = nach, auf, in,
Wenn p = nach, in,
pS → Dir (Die Spur weist *nach Süden.*)

Wenn p = auf,
pSa → 　　　　　1. ±Anim (Er weist *auf diesen Mann, auf diesen Hund, auf dieses Haus.*)
　　　　　　　　2. Abstr (Er weist *auf die richtige Lösung.*)

I. weisen₃ (V 3 = schicken, führen)
II. weisen → Sn, Sa, pS
III. Sn → 　　　　1. Hum (*Der Arzt* weist ihn aus dem Zimmer.)
　　　　　　　　2. Abstr (als Hum) (*Das Gericht* weist ihn aus dem Saal.)
　　　　　　　　3. Abstr (*Die Reue* weist ihn auf den richtigen Weg.)
Sa → 　　　　　Hum (Er weist *den Mann* aus dem Hause.)
p = von, in ... (Richtungspräpositionen),
pS → 　　　　　Dir (Er weist den Studenten *von der Universität, in das Quartier.*)

Anmerkungen:
1. Die Trennung der drei Varianten erscheint notwendig vor allem wegen der Umgebungsverschiedenheiten und der Kombinierbarkeit. Wenn man V 1 und V 2 nicht trennt, muß man Sd auch für V 2 zulassen und damit ungrammatische Sätze erlauben („*Die Spur weist *meinem Freund* nach Süden", „*Er weist *meinem Freund* auf mich"). Ersetzt man in solchen ungrammatischen Sätzen Sd durch Sa, erhält man automatisch V 3.
2. V 2 von „weisen" entspricht V 1 von „zeigen", V 1 von „weisen" V 2 von „zeigen" sowohl in der Bedeutung als auch in den Umgebungen. Wo kleine Unterschiede in der Distribution auftreten, können sie dazu dienen, die „Synonyme" strukturell zu differenzieren.

abweisen

I. abweisen₂
II. abweisen → Sn, Sa
III. Sn → 　　　　1. Hum (*Der Mann* wies den Bettler ab.)
　　　　　　　　2. Abstr (als Hum) (*Die Direktion* wies die Ansprüche ab.)
Sa → 　　　　　1. Hum (Er wies *den Bittsteller* ab.)
　　　　　　　　2. Abstr (Er wies *die Bitte* ab.)

zurückweisen

I. zurückweisen₂
II. zurückweisen → Sn, Sa
III. Sn →   1. Hum (*Die Frau* wies das Ansinnen zurück.)
                2. Abstr (als Hum) (*Die Regierung* wies die Zumutung zurück.)
  Sa →   1. Hum (Der Hotelier wies *mehrere Reisende* zurück.)
                2. −Anim (Er wies *das Geschenk* zurück.)
                3. Abstr (Er wies *den Vorschlag* zurück.)

klären

I. klären₂ (V1 = deutlich machen)
II. klären → Sn, Sa/NS$_{w,\,ob}$
III. Sn →   1. Hum (*Der Polizist* klärt den Sachverhalt.)
                2. Abstr (als Hum) (*Die Polizei* klärt den Fall.)
                3. Abstr (*Die Diskussion* klärt die Standpunkte.)
  Sa →   Abstr (Das Gespräch klärt *die Fronten*.)
  NS →   Act (Die Polizei klärt, *wer der Täter war / ob er der Täter war*.)

I. klären₂ (V2 = reinigen)
II. klären → Sn, Sa
III. Sn →   1. Hum (*Der Koch* klärt die Brühe.)
                2. −Anim (*Das Gewitter* klärt die Luft.)
  Sa →   −Anim (Die Anlage klärt *das Wasser*.)

I. sich klären₁ (V3 = deutlich werden)
II. sich klären → Sn
III. Sn →   Abstr (*Der Fall* klärt sich.)

I. sich klären₁ (V4 = gereinigt werden)
II. sich klären → Sn
III. Sn →   −Anim (*Der Himmel* klärt sich.)

Anmerkungen:

1. V 1 und V 2 unterscheiden sich durch die Möglichkeit von NS auf Stufe II, durch die unterschiedliche semantische Füllung von Sa, zum Teil auch von Sn.
2. V 3 ist die (reflexive) Umkehrung von V 1. V 4 ist die (reflexive) Umkehrung von V 2. Deshalb gibt es semantische Entsprechungen von Sa bei V 1 und Sn bei V 3, zwischen Sa bei V 2 und Sn bei V 4.

erklären

I. erklären$_{2+(1)=3}$ (V 1 = erläutern, verkünden)
II. erklären → Sn, Sa/NS$_{daß, w, ob}$/Inf, (Sd)
III. Sn →   1. Hum (*Der Lehrer* erklärt die Aufgabe.)
          2. Abstr (als Hum) (*Das Ministerium* erklärt die Situation.)
          3. Abstr (*Diese Nachricht* erklärt den Sachverhalt.)
Sa →   1. −Anim (Er erklärt *die Maschine*.)
          2. Abstr (Er erklärt *die Zensur, seine Liebe, den Krieg*.)
          3. Act (Der Lehrer erklärt *das Schwimmen*.)
NS →   Act (Er erklärte, *daß er kommen werde / wer kommen werde / ob er kommen werde*.)
Inf →   Act (Er erklärte, *sprechen zu wollen*.)
Sd →   1. Hum (Der Angeklagte erklärte *dem Richter* seinen Fall.)
          2. Abstr (als Hum) (Er erklärt *dem Ministerium*, wer die Situation klären muß.)

I. erklären$_3$ (V 2 = beurteilen)
II. erklären → Sn, Sa, pAdj/pPart
III. Sn →   1. Hum (*Der Rektor* erklärt die Sitzung für vertagt.)
          2. Abstr (als Hum) (*Das Gericht* erklärt den Schöffen für befangen.)
          3. Abstr (*Das Urteil* erklärt den Angeklagten für schuldig.)
Sa →   keine Selektionsbeschränkungen (Er erklärt *den Angeklagten* für schuldig, *das Tier* für tollwütig, *die Kommission* für befangen, *das Buch* für gelungen, *den Paragraphen* für dehnbar, *sich* für unzuständig, *das Trinken* für gesundheitsschädlich.)
p = für,
pAdj →   Mod (Er erklärt den Freund *für schuldig*.)
p = für,
pPart →   Mod (Er erklärt das Kind *für sterbend*, die Sitzung *für vertagt*.)

Anmerkung:
Wenn bei V 2 Sn → Abstr, ist als Sa Refl nicht möglich.

finden

    I. finden₂ (V1 = auf etwas stoßen)
    II. finden → Sn, Sa
    III. Sn →   1. +Anim (*Das Kind, der Hund* findet den Weg.)
                          2. Abstr (als Hum) (*Die Akademie* findet keine Lösung.)
        Sa →   1. ±Anim (Er findet *das Waisenkind, den Hund, den Schlüssel*.)
                          2. Abstr (Er fand *das Glück*.)

    I. finden₂ (V2 = erhalten, bekommen)
    II. finden → Sn, Sa
    III. Sn →   keine Selektionsbeschränkungen (*Der Sportler, das Pferd, das Institut, der Schrank, die Idee, das Schwimmen* findet Beifall, Anerkennung, Berücksichtigung.)
        Sa →   Abstr (−Art) (Der Turner findet *Beifall, Anerkennung*, der Vorschlag *Berücksichtigung*.)

    I. finden₂ (V3 = meinen, feststellen)
    II. finden → Sn, NS_{daß}
    III. Sn →   1. Hum (*Der Lehrer* findet, daß die Klasse sich disziplinierter verhalten muß.)
                          2. Abstr (als Hum) (*Die Direktion* findet, daß die Arbeit verbessert werden muß.)
        NS →   Act (Die Betriebsleitung findet, *daß sich die Arbeit verbessern muß*.)

    I. finden₃ (V4 = ansehen als, bewerten)
    II. finden → Sn, Sa, Adj/Part
    III. Sn →   1. Hum (*Die Lehrerin* findet die Arbeit gut.)
                          2. Abstr (als Hum) (*Das Institut* findet die Arbeit gelungen.)
        Sa →   keine Selektionsbeschränkungen (Er findet *das Mädchen, den Hund, den Betrieb, den Schrank, die Idee, das Turnen* schön.)
        Adj →   Mod (Er findet das Problem *schwierig*.)
        Part →   Mod (Er findet den Roman *spannend, kompliziert*.)

Anmerkungen:
1. Obwohl V 1 und V 2 sich auf Stufe I und II gleich verhalten, ist ihr Unterschied nicht rein semantisch (ursprüngliche und übertragene Bedeutung), sondern durchaus mit Hilfe der Umgebungen auf Stufe III faßbar: Sa ist bei V 2 auf Abstr (−Art) beschränkt (die Sätze sind transformierbar ins Passiv: „Er findet *Anerkennung*" − „Er *wird anerkannt*"), Sn ist bei V 1 auf +Anim bzw. Abstr (als Hum) beschränkt.
2. Wenn bei V 1 Sa → + Anim, ist ein zusätzliches Auftreten von Part I oder Part II möglich („Wir finden das Kind *schlafend*" − „Wir finden das Kind *blutüberströmt*"). Damit berührt sich V 1 scheinbar mit V 4, von dem es aber nicht nur in der Bedeutung, sondern auch dadurch geschieden bleibt, daß Part bei V 4 obligatorisch ist und zu jedem Sa treten kann. Trotzdem können im Grenzbereich Homonymien entstehen: „Wir finden das Kind überanstrengt" (1. = ‚wir stoßen auf das überanstrengte Kind', 2. = ‚wir halten es für überanstrengt').

befinden

I. befinden$_3$ (V1 = beurteilen)
II. befinden → Sn, Sa, pAdj
III. Sn →   1. Hum (*Der Meister* befindet die Arbeit für gut.)
            2. Abstr (als Hum) (*Das Ministerium* befindet das Buch für wertvoll.)
    Sa →   keine Selektionsbeschränkungen (Der Richter befindet *den Angeklagten, die Institution* für schuldig. Der Züchter befindet *den Bullen* für tauglich. Er befindet *den Raum* für geeignet, *die Maßnahme* für ungenügend, *das Schwimmen* für nützlich.)
    p = für,
    pAdj → Mod (Die Kontrolle befindet das Essen *für gut.*)

I. befinden$_2$ (V2 = entscheiden)
II. befinden → Sn, pS/NS$_{daß, ob, w}$
III. Sn →   1. Hum (*Der Arzt* befindet über den Krankenhausaufenthalt.)
            2. Abstr (als Hum) (*Das Gericht* befindet über das Strafmaß.)
    p = über,
    pSa →   Abstr (Das Ministerium befindet *über diese Angelegenheit.*)
    NS →   Act (Der Arzt befindet [darüber], *daß der Patient nicht aufstehen soll / ob er aufstehen soll / wer aufstehen soll.*)

I. sich befinden₂ (V3 = sein, sich fühlen)
II. sich befinden → Sn, pS/Adj
III. Sn → 1. ±Anim (*Die Mutter* befindet sich in der Küche, *die Kuh* auf der Weide, *die Kiste* auf dem Transport.)
2. Abstr (als Hum) (*Die Akademie* befindet sich in diesem Gebäude.)
3. Abstr (*Diese Konzeption* befindet sich im Anfangsstadium.)
p = in, auf ... (lokale Präpositionen),
pSd → 1. Loc (Der Tiger befindet sich *in einem Käfig*, der Mann *auf einem Aussichtssturm*.)
2. Abstr (Der Patient befindet sich *in guter Stimmung*, das Brautpaar *auf Hochzeitsreise*.)
Adj → Mod (Der Patient befindet sich *wohl*.)

Anmerkung:

Wenn bei V 3 Adj auftritt, muß Sn → +Anim sein.

erfinden

I. erfinden₂
II. erfinden → Sn, Sa
III. Sn → Hum (*Der Ingenieur* erfindet eine Maschine.)
Sa → 1. −Anim (−Loc) (Er erfindet *diese Maschine*.)
2. Abstr (Der Dichter erfindet *eine Geschichte*.)
3. Act (Er erfand *das Fotografieren*.)

Anmerkungen:

1. Neben dem semantischen Unterschied zwischen „entdecken" und „erfinden" (entdeckt kann nur etwas werden, was bereits vorhanden, aber nicht bekannt ist) erscheinen auch strukturelle Unterschiede zwischen den beiden Verben. Der semantische Unterschied tritt deutlicher zutage, wenn die beiden Verben mit den gleichen Umgebungen vorkommen: „Er entdeckt/erfindet die Maschine", „Er entdeckt/erfindet ein Verbrechen".
2. Wenn Sa → Abstr, verschiebt sich die Bedeutung oft zu ‚sich ausdenken', ‚erdichten': „Er erfindet eine Geschichte". Aber: „Er erfand die Buchdruckerkunst".

entdecken

I. entdecken₂
II. entdecken → Sn, Sa/NS$_{daß, w}$

III. Sn →	1. +Anim (*Der Polizist, der Löwe* entdeckt die Tür.)
	2. Abstr (als Hum) (*Die Polizei* entdeckt das Verbrechen.)
Sa →	1. ±Anim (Er entdeckt *seinen Freund, die Maus, das Dokument, das Land.*)
	2. Abstr (Er entdeckt *das Verbrechen.*)
NS →	Act (Er entdeckt, *daß man ihn bestohlen hat / wer ihn bestohlen hat.*)

Anmerkung:
Zum Verhältnis zu „erfinden" vgl. Anm. 1 zu „erfinden".

suchen

I. suchen$_2$ (V 1 = zu finden versuchen)
II. suchen → Sn, Sa/pS

III. Sn →	1. +Anim (*Der Jäger, der Hund* sucht die Hütte.)
	2. Abstr (als Hum) (*Die Polizei* sucht den Flüchtling.)
Sa →	1. ±Anim (Er sucht *den Polisten, den Hund, das Buch.*)
	2. Abstr (Er sucht *den Zusammenhang.*)
p = nach,	
pSd →	1. ±Anim (Er sucht *nach dem Polizisten, dem Hund, dem Buch.*)
	2. Abstr (Er sucht *nach dem Zusammenhang.*)

I. suchen$_2$ (V 2 = versuchen, anstreben)
II. suchen → Sn, Sa/NS$_{daß, ob, w}$/Inf

III. Sn →	Hum (*Der Kaufmann* sucht das Arrangement.)
Sa →	Abstr (Er sucht *den Kontakt.*)
NS →	Act (Er sucht [danach], *daß alles klappt / ob alles klappt / wer fehlt.*)
Inf →	Act (Er sucht [danach], *Kontakt zu bekommen.*)

Anmerkungen:
1. In übertragener Bedeutung (= ‚außer Konkurrenz sein') kommt bei „suchen" V 1 Sn ohne Selektionsbeschränkung vor: „*Der Maler, der Hund, der Vorstand, der Plan, das Denkmal, das Musizieren* sucht seinesgleichen".
2. Sn → +Anim (−Hum) bei V 1 kann nicht gekoppelt werden mit Sa → Abstr oder pS → Abstr.

wählen

I. wählen$_{2+(1)=3}$ (V1 = aussuchen, sich entscheiden)
II. wählen → Sn, Sa, (pS)
III. Sn →   Hum (*Das Mädchen* wählte ein Sommerkleid.)
     Sa →   1. +Anim (Er wählte *eine Tänzerin, eine Katze.*)
                  2. −Anim (Er wählte *eine Krawatte.*)
                  3. Abstr (Er wählte *eine Telefonnummer.*)
    p = zu,
    pSd →   Abstr (Sie wählte ihn *zum Vorbild.*)

I. wählen$_{2+(1)=3}$ (V2 = stimmen für)
II. wählen → Sn, Sa, (pS)
III. Sn →   Hum (*Die Arbeiter* wählten ihre Leitung.)
     Sa →   1. Hum (Sie wählten *den Meister* in die Leitung.)
                  2. Abstr (als Hum) (Sie wählten *eine neue Leitung.*)
    p = in, zu
    Wenn p = in,
    pSa →   Abstr (als Hum) (Sie wählten ihn *in das Sekretariat.*)
    Wenn p = zu,
    pSd →   Hum (Sie wählten ihn *zum Vorsitzenden.*)

Anmerkung:
Bei V 2 ist Sa beschränkt auf Menschen. Bei V 1 ist pS unmöglich, wenn Sa nicht Hum ist. Bei pS ergeben sich Berührungen:
Er wählt ihn *zum Vorbild*   (= V 1)
Er wählte ihn *zum Präsidenten* (= V 2)
Die unterschiedliche semantische Füllung von pS trennt beide Varianten deutlich: Bei V 1 ist pS → Abstr, bei V 2 ist pS → Hum.

besuchen

I. besuchen$_2$
II. besuchen → Sn, Sa
III. Sn →   Hum (*Der Freund* besucht uns.)
     Sa →   1. Hum (Wir besuchen *die Freunde.*)
                  2. Abstr (Die Studenten besuchen *die Vorlesung.*)
                  3. −Anim (Loc) (Wir besuchen *den Zoo.*)

untersuchen

I. untersuchen$_{2+(1)=3}$
II. untersuchen → Sn, Sa/NS$_{ob, w}$, (pS)
III. Sn →   1. Hum (*Der Techniker* untersucht das Material.)
              2. Abstr (als Hum) (*Die Polizei* untersucht den Fall.)
   Sa →   1. ±Anim (Er untersucht *den Patienten, die Kuh, das Mineral.*)
              2. Abstr (Er untersucht *das Problem.*)
   NS →   Act (Die Polizei untersucht, *ob ein Diebstahl vorliegt / wer gestohlen hat.*)
   p = auf,
   pSa →   Abstr (Er untersucht die Milch *auf ihren Fettgehalt.*)

Anmerkung:
pS kann nur erscheinen, wenn der 2. Mitspieler Sa ist.

anprobieren

I. anprobieren$_{1+(1)=2}$
II. anprobieren → Sn, (Sa)
III. Sn →   Hum (*Die Schneiderin* probiert an.)
   Sa →   −Anim (Sie probiert *das Kleid* an.)

Anmerkung:
Als Sa sind nur Kleidungsstücke möglich.

treffen

I. treffen$_2$ (V1 = begegnen)
II. treffen → Sn, Sa
III. Sn →   Hum (*Der Lehrer* traf seinen Schüler.)
   Sa →   Hum (Der Junge traf *das Mädchen.*)

I. treffen$_{1+(1)=2}$ (V2 = schießend erreichen)
II. treffen → Sn, (Sa/pS)
III. Sn →   1. Hum (*Der Schütze* traf.)
                2. −Anim (*Die Kugel* traf ins Schwarze.)
  Sa →   ±Anim (Die Kugel traf *den Feind, das Tier, die Scheibe.*)
  p = in,
  pSa →   Abstr (Die Kugel traf *ins Zentrum der Scheibe.*)

I. treffen$_2$ (V3 = stoßen auf)
II. treffen → Sn, Sa/pS
III. Sn →   Hum (*Der Student* trifft einen Freund.)
  Sa →   1. Hum (Er trifft *seinen Feind.*)
              2. −Anim (Er trifft *den Gedenkstein.*)
              3. Abstr (Er trifft *das Problem.*)
  p = auf,
  pSa →   1. ±Anim (Er trifft *auf einen Bekannten, einen Hasen, einen Kreuzweg.*)
              2. Abstr (Er trifft *auf ein Problem.*)

I. treffen$_2$ (V4 = erreichen; fallen auf)
II. treffen → Sn, Sa
III. Sn →   Abstr (*Der Fluch* traf ihn.)
  Sa →   Hum (Der Fluch traf *den Sohn.*)

I. treffen$_3$ (V5 = sich fügen, geschehen)
II. treffen → Sn/NS$_{daß}$, Adj, es/sich
III. Sn →   +Anim (*Das Kind, die Katze* traf es gut.)
  NS →   Act (*Daß er uns anruft*, trifft sich gut.)
  Adj →   Mod (Der Patient traf es *schlecht.*)

I. treffen$_2$ (V6 = veranlassen, zustande bringen)
II. treffen → Sn, Sa
III. Sn →   1. Hum (*Der Lehrer* trifft Vorbereitungen.)
              2. Abstr (als Hum) (*Die Regierung* trifft Vorbereitungen.)
  Sa →   Abstr (Wir treffen *eine Maßnahme, eine Verfügung, Vorsorge.*)

Anmerkungen:

1. Auf Grund der sich zum Teil überlappenden Umgebungen entstehen Homonymien: Er trifft seinen Freund (V 1, V 2 und V 3).

2. Bei V 5 erscheint „es", wenn Sn auftaucht, „sich", wenn NS auftritt. „Es" ist obligatorisch nur in Kombination mit Sn; es wird zum Platzhalter in Kombination mit NS („*Es* trifft sich gut, *daß er uns trifft*").
3. Bei V 6 ist Sa → Abstr beschränkt auf wenige Substantive.

begegnen

I. begegnen$_2$ (V1 = treffen)
II. begegnen → Sn, Sd
III. Sn → Hum (*Der Jäger* begegnete einem Wanderer.)
 Sd → Hum (Der Förster begegnete *einem Wilderer*.)

I. begegnen$_2$ (V2 = stoßen auf, finden)
II. begegnen → Sn, Sd
III. Sn → 1. Hum (*Der Fremde* begegnete allgemeinem Mißtrauen.)
     2. Abstr (als Hum) (*Die Regierung* begegnete großer Bereitschaft.)
     3. Abstr (*Die Idee* begegnete ungeteilter Zustimmung.)
     4. Act (*Das Wandern* begegnet großer Beliebtheit.)
 Sd → Abstr (Sein Vorschlag begegnete *allgemeiner Zustimmung*.)

I. begegnen$_3$ (V3 = entgegnen)
II. begegnen → Sn, Sd, pS
III. Sn → Hum (*Der Angeklagte* begegnete dem Urteil mit Fassung.)
 Sd → 1. Hum (Er begegnete *dem Besucher* mit Zurückhaltung.)
     2. Abstr (Er begegnete *dem Einwand* mit Geschick.)
 p = mit,
 pSd → Abstr (Er begegnete dem Richter *mit Vorbehalten*.)

Anmerkung:
Bei V 2 tritt zu Sd ein obligatorisches Attribut, da sich sonst ungrammatische Sätze ergeben: *Das Wandern begegnet Beliebtheit.

folgen

I. folgen$_{1+(1)=2}$ (V1 = nachgehen, nachfolgen)
II. folgen → Sn, (Sd/pS)
III. Sn →   1. ±Anim (*Das Kind, der Hund, das Auto* folgt dem Jäger.)
           2. Abstr (*Ein Unglück* folgt dem anderen.)
           3. Act (*Das Schwimmen* folgt dem Turnen.)
    Sd →   1. ±Anim (Er folgte *dem Jäger, dem Hund, dem Lastkraftwagen.*)
           2. Abstr (Er folgt *unserem Gedankengang.*)
           3. Act (Er folgt *unserem Pfeifen.*)
    p = auf,
    pSa →   1. ±Anim (Das Auto folgt *auf die Radfahrer, auf die Hunde, auf den Sarg.*)
           2. Abstr (Das Auto folgte *auf die Pause.*)
           3. Act (Das Schwimmen folgte *auf das Turnen.*)

I. folgen$_{1+(1)=2}$ (V2 = gehorchen)
II. folgen → Sn, (Sd)
III. Sn →   1. Hum (*Das Kind* folgt den Eltern.)
           2. −Anim (*Alle Körper* folgen dem Gesetz der Schwere.)
           3. Abstr (*Das Verb* folgt der Regel.)
    Sd →   1. +Anim (Der Hund folgt *seinem Herrn*, die Jungen folgen *der Bärenmutter.*)
           2. Abstr (als Hum) (Er folgte *der Prüfungskommission.*)
           3. Abstr (Er folgte *seinem Gefühl.*)

I. folgen$_2$ (V3 = sich ergeben, resultieren [abstrakt])
II. folgen → Sn/NS$_{daß}$, pS
III. Sn →   Abstr (Aus diesen Dokumenten folgt *seine Schuld.*)
    NS →   Act (Aus seinen Worten folgt, *daß wir uns beeilen müssen.*)
    p = aus,
    pSd →   1. −Anim (*Aus den Dokumenten* folgt seine Schuld.)
           2. Abstr (*Aus diesem Problem* folgt die Schwierigkeit.)

Anmerkungen:

1. Von diesen drei Varianten hebt sich V 3 am deutlichsten ab, da in ihr pS nicht durch Sd substituierbar ist, NS erscheinen kann und die semantischen Umgebungen anders festgelegt sind. Dagegen taucht bei V 1 und bei V 2 in gleicher Weise Sd auf, teilweise sogar mit gleicher semantischer Füllung: Diese Überschneidung (wenn Sd → +Anim oder Abstr) führt zu entsprechenden Homonymien („Der Hund folgt *dem Jäger*", „Er folgt *seinem Gefühl*"), die sowohl im Sinne von V 1 als auch im Sinne von V 2 interpretierbar sind. Dasselbe trifft dann zu, wenn der 2., fakultative Mitspieler nicht auftritt: „Das Kind folgt" (1. = ‚folgt nach', 2. = ‚gehorcht').
2. Der wesentliche Unterschied zwischen V 1 und V 2 besteht darin, daß bei V 1 – zumindest beschränkt – Sd substituierbar ist durch pS („Ein Unglück folgt *dem anderen*" – „Ein Unglück folgt *auf das andere*").
3. Sd ist bei V 2 ein obligatorischer Mitspieler, wenn Sn → −Anim oder Abstr und Sd → Abstr („*Alle Körper folgen", „*Das Verb folgt"). Wenn bei V 2 Sn → Abstr, muß auch Sd → Abstr sein.

befolgen

I. befolgen$_2$
II. befolgen → Sn, Sa
III. Sn →   1. Hum (*Das Kind* befolgt unseren Rat.)
            2. Abstr (als Hum) (*Die Polizei* befolgt die Weisung.)
    Sa →   Abstr (Das Kind befolgt *unseren Rat*.)

verfolgen

I. verfolgen$_2$ (V 1 = Jagd auf jemanden oder etwas machen)
II. verfolgen → Sn, Sa
III. Sn →   1. +Anim (*Der Polizist, der Hund* verfolgt den Flüchtling.)
            2. −Anim (Fahrzeuge) (*Das Auto* verfolgte den Flüchtling.)
    Sa →   1. +Anim (Der Förster verfolgte *den Wilderer, das Reh*.)
            2. −Anim (Fahrzeuge) (Der Polizist verfolgte *das Auto*.)

I. verfolgen₂ (V 2 = in der Vorstellung bedrängen, beherrschen)
II. verfolgen → Sn, Sa
III. Sn → keine Selektionsbeschränkungen (*Die Frau, der Polyp, die Höhle, das Institut, die Wahnvorstellung, das Spielen* verfolgte ihn.)
Sa → Hum (Die Idee verfolgte *den Forscher*.)

I. verfolgen₂ (V 3 = einem Gedanken nachgehen)
II. verfolgen → Sn, Sa
III. Sn → 1. Hum (*Der Lehrer* verfolgt seinen Plan.)
2. Abstr (als Hum) (*Die Regierung* verfolgt eine bestimmte Absicht.)
Sa → Abstr (Er verfolgt *bestimmte Pläne*.)

Anmerkungen:
1. Zwischen V 1 und V 2 sind Homonymien möglich: Das Auto verfolgte ihn (1. = jagt ihn; 2. = bedrängt ihn in Gedanken).
2. Zwischen V 2 (Seine Gedanken verfolgen ihn) und V 3 (Er verfolgt seine Gedanken) besteht teilweise ein Umkehrungsverhältnis.

geben

I. geben₃ (V 1 = reichen)
II. geben → Sn, Sa, Sd
III. Sn → Hum (*Der Schüler* gibt dem Lehrer das Heft.)
Sa → 1. +Anim (Er gibt ihm *das Kind, die Katze*.)
2. −Anim (Er gibt dem Kind *den Roller*.)
Sd → +Anim (Er gibt *dem Kind* einen Apfel, *den Tauben* Futter.)

I. geben₃ (V 2 = zuteil werden lassen)
II. geben → Sn, Sa, Sd
III. Sn → keine Selektionsbeschränkungen (*Die Frau, das Pferd, das Auto, das Institut, der Vorschlag, das Schwimmen* gibt ihm neue Möglichkeiten.)
Sd → keine Selektionsbeschränkungen (Die Verfügung gibt *der Jugend, den Raubvögeln, den Kulturdenkmälern, der Initiative, dem Wandern* bessere Bedingungen.)
Sa → Abstr (Er gibt dem Jugendlichen *eine Aufgabe*.)

I. geben₁ (V 3 = existieren, nur in der 3. Pers. Sing. Neutr.)
II. geben → Sa
III. Sa → 1. ±Anim (Es gibt *viele Rentner, viele Hunde, viele Bücher.*)
2. Abstr (als Hum) (Es gibt *viele Kommissionen.*)
3. Abstr (Es gibt *viele Meinungen.*)

Anmerkung:
Wenn bei V 1 der 3. oder gar auch der 2. Mitspieler fehlt, ist er unabhängig vom Kontext eindeutig: „Er gibt" = „Er gibt die Karten" = „Er gibt den Spielern die Karten".

abgeben

I. abgeben₂₊₍₁₎₌₃ (V 1 = überreichen, überlassen)
II. abgeben → Sn, Sa, (pS/Sd)
III. Sn → 1. Hum (*Der Bote* gibt den Brief ab.)
2. −Anim (*Der Ofen* gibt Wärme ab.)
Sa → 1. Hum (Er gibt *das Kind* ab.)
2. +Anim (Er gibt *die Katze* ab.)
3. −Anim (Er gibt *das Paket* ab.)
4. Abstr (Er gibt *den Auftrag* an mich ab.)
Sd → 1. Hum (Er gibt *dem Kollegen* den Auftrag ab.)
2. Abstr (als Hum) (Er gibt *dem Institut* den Auftrag ab.)
p = an, bei,
pS → 1. Hum (Er gibt den Auftrag *an den Kollegen* ab.)
2. Abstr (als Hum) (Er gibt den Auftrag *an das Institut* ab.)

I. abgeben₂ (V 2 = etwas vorstellen, darstellen)
II. abgeben → Sn, Sa
III. Sn → Hum (*Der Junge* gibt einen guten Aufpasser ab.)
Sa → Hum (Er gibt *einen guten Vater* ab.)

I. sich abgeben₂ (V 3 = sich beschäftigen mit)
II. sich abgeben → Sn, pS
III. Sn → Hum (*Der Kollege* gibt sich mit den Lehrlingen ab.)
p = mit,
pSd → keine Selektionsbeschränkungen (Er gibt sich *mit Kindern, Hunden, Briefmarken, Problemen, dem Sportklub, dem Turnen* ab.)

I. abgeben₂ (V4 = äußern, aufgeben)
II. abgeben → Sn, Sa
III. Sn →   Hum (*Der Lehrer* gibt ein Urteil ab.)
     Sa →   Abstr (Er gibt *seine Funktion* ab.)

Anmerkungen:
1. Bei V 1 ergibt sich durch das Hinzutreten des 3., fakultativen Mitspielers jeweils eine andere Semantik:
Wenn zu Sa Sd hinzutritt, dann verschiebt sich die Bedeutung zu „überlassen": Er gibt ihm Tabak ab.
Wenn p = *bei* erscheint, so ergibt sich die Bedeutung „abliefern": Er liefert den Brief *bei mir* ab.
Wenn p = *an* auftritt, so verschiebt sich die Bedeutung zu „weitergeben": Er gibt den Brief *an mich* ab.
2. Wenn bei V 4 Sa → Meinung, Urteil, Stellungnahme, dann hat das Verb die Bedeutung „äußern". Wenn Sa dagegen Funktion, Stelle, Amt u. ä. meint, so ergibt sich die Bedeutung „aufgeben."

sich begeben

I. sich begeben₂ (V1 = gehen)
II. sich begeben → Sn, pS
III. Sn →   Hum (*Der Gast* begibt sich ins Kino.)
     p = in, zu, nach, auf ... (Richtungspräpositionen),
     pS →   Dir (Er begibt sich *zu seinem Freund, zu den Löwen, an die See, in Gefahr, zum Schwimmen.*)

I. sich begeben₂ (V2 = einbüßen)
II. sich begeben → Sn, Sg
III. Sn →   1. Hum (*Die Kollegin* begibt sich allen Respekts.)
                   2. Abstr (als Hum) (*Das Parlament* begibt sich seines Einflusses.)
     Sg →   Abstr (Er begibt sich *seiner Rechte.*)

I. sich begeben₂ (V3 = sich ereignen)
II. sich begeben → Sn/NS$_{daß}$, pS

| III. Sn → | Abstr (*Der Unfall* begab sich am Morgen.) |
| NS | Act (Es begab sich, *daß er Besuch bekam.*) |

p = an, in, wegen ... (ohne Beschränkung),
pS → 1. Temp (Der Unfall begab sich *an einem Montag.*)
       2. Loc (Der Unfall begab sich *im Nachbardorf.*)
       3. Caus (Der Unfall begab sich *wegen Trunkenheit.*)

Anmerkung:

In Abhängigkeit von der Wortstellung und dem Erscheinen des Platzhalters „es" kann manchmal der 2. Mitspieler fehlen: Es begab sich ein schwerer Unfall. Aber: *Der Unfall begab sich.

ergeben

I. ergeben$_2$ (V 1 = ein Resultat bringen)
II. ergeben → Sn, Sa/NS$_{daß, ob, w}$
III. Sn →   Abstr (*Die Überprüfung der Kasse* ergab einen Überschuß.)
   Sa →   Abstr (Die Überprüfung der Kasse ergab *einen Überschuß.*)
   NS →   Act (Sein Verhör ergibt, *daß er gestohlen hat / ob er gestohlen hat / wer gestohlen hat.*)

I. sich ergeben$_{1+(1)=2}$ (V2 = ersichtlich werden)
II. sich ergeben → Sn/NS$_{daß, ob, w}$, (pS)
III. Sn →   Abstr (*Seine Unschuld* ergibt sich.)
   NS →   Act (*Daß er ihn besucht hat / ob er ihn besucht hat / wer ihn besucht hat,* ergibt sich aus dem Gespräch.)

p = aus,
pSd →   1. −Anim (Seine Unschuld ergibt sich *aus den Akten.*)
       2. Abstr (Seine Tat ergibt sich *aus seiner Haltung.*)
       3. Act (Seine Fähigkeiten ergeben sich *aus der Prüfung.*)

I. sich ergeben$_{1+(1)=2}$ (V3 = den Widerstand aufgeben)
II. sich ergeben → Sn, (Sd/pS)

III. Sn → Hum (*Der Soldat* ergibt sich.)
Sd → 1. Hum (Er ergibt sich *dem Gegner.*)
2. Abstr (Er ergibt sich *dem Laster.*)
p = in,
pSa → Abstr (Er ergibt sich *in sein Schicksal.*)

Anmerkungen:
1. Bei V 2 tritt „es" als Platzhalter vor dem Verb auf, wenn NS hinter dem Verb steht („*Es* ergibt sich, *daß er unschuldig ist*").
2. Bei V 3 ist pS auf wenige Substantive beschränkt (Los, Schicksal u. ä.).

nachgeben

I. nachgeben$_{1+(1)=2}$ (V 1 = auf Widerstand verzichten)
II. nachgeben → Sn, (Sd)
III. Sn → 1. Hum (*Der Lehrer* gibt nach.)
2. Abstr (als Hum) (*Das Institut* gibt nach.)
Sd → 1. Hum (Er gab *dem Kind* nach.)
2. Abstr (Er gibt *der Mutlosigkeit* nach.)
3. Act (Er gibt *dem Drängen* nach.)

I. nachgeben$_{1+(1)=2}$ (V 2 = nicht standhalten)
II. nachgeben → Sn, (Sd)
III. Sn → −Anim (*Die Wand* gibt nach.)
Sd → Abstr (Die Wand gibt *dem Druck* nach.)

zugeben

I. zugeben$_2$ (V 1 = eingestehen, zugestehen)
II. zugeben → Sn, Sa/NS$_{daß}$/Inf
III. Sn → 1. Hum (*Der Schüler* gab seinen Fehler zu.)
2. Abstr (als Hum) (*Das Institut* gab seinen Fehler zu.)
Sa → Abstr (Der Kollege gab *seinen Fehler* zu.)
NS → Act (Der Schüler gab zu, *daß er sich getäuscht hat.*)
Inf → Act (Der Schüler gab zu, *sich getäuscht zu haben.*)

I. zugeben₂ (V 2 = dazugeben, hinzufügen)
II. zugeben → Sn, Sa
III. Sn → Hum (*Der Sänger* gab mehrere Lieder zu.)
    Sa → 1. −Anim (Der Koch gab noch *einige Gewürze* zu.)
          2. Abstr (Der Pianist gab noch *ein Stück* zu.)

Anmerkung:
Innerhalb von V 1 kann eine leichte Bedeutungsschattierung auftreten (von ‚eingestehen' zu ‚erlauben': „Wir geben es nicht zu, daß er alles allein macht"), die sich aber auf die Umgebungen nur insofern auswirkt, als Inf als 2. Mitspieler nicht erscheinen kann („*Wir geben es nicht zu, *ihn alles allein machen zu lassen*"). Sobald Inf auftreten kann, liegt die normale Bedeutung von ‚eingestehen', ‚zugestehen' vor.

nehmen

I. nehmen₂ (V 1 = einnehmen, in die Hände nehmen, kaufen)
II. nehmen → Sn, Sa
III. Sn → +Anim (*Der Junge, das Tier* nimmt das Medikament.)
    Sa → 1. +Anim (Die Familie nimmt *das Kind, den Hund*.)
          2. −Anim (Der Student nimmt *ein Buch*.)

I. nehmen₂ (V 2 = erreichen)
II. nehmen → Sn, Sa
III. Sn → 1. Abstr (*Die Epidemie* nimmt ein Ende.)
          2. Act (*Das Schwimmen* nimmt ein Ende.)
    Sa → Abstr (Das Fest nimmt *einen ungeahnten Verlauf*.)

I. nehmen₂ (V 3 = aufnehmen)
II. nehmen → Sn, Sa
III. Sn → 1. Hum (*Der Schüler* nimmt Englischunterricht.)
          2. Abstr (als Hum) (*Die Regierung* nimmt einen Kredit.)
    Sa → Abstr (Er nimmt *Nachhilfeunterricht*.)

I. nehmen₂ (V 4 = überwinden, einen Platz einnehmen)
II. nehmen → Sn, Sa

III. Sn → 1. +Anim (*Der Sportler, das Pferd* nimmt die Kurve.)
2. −Anim (*Das Auto* nimmt die Kurve.)
Sa → 1. Abstr (Der Sportler nimmt *die Spitze*.)
2. −Anim (Das Auto nimmt *die Steigung*.)

I. nehmen$_{2+(1)=3}$ (V5 = wegnehmen [konkret])
II. nehmen → Sn, Sa, (Sd)
III. Sn → 1. +Anim (*Der Junge, der Fuchs* nahm die Küken.)
2. Abstr (*Der Krieg* nahm ihm den Vater.)
Sa → 1. +Anim (Er nahm dem Kind *die Mutter, die Katze*.)
2. −Anim (Er nahm dem Kind *das Spielzeug*.)
Sd → Hum (Er nahm *dem Mädchen* den Ball.)

I. nehmen$_3$ (V6 = wegnehmen [abstrakt]; befreien, entledigen)
II. nehmen → Sn, Sa, Sd
III. Sn → keine Selektionsbeschränkungen (*Der Vater, der Hund, das Team, die Lampe, das Gespräch, das Turnen* nimmt dem Kind die Furcht.)
Sa → Abstr (Der Applaus nahm ihr *die Befangenheit*.)

I. nehmen$_3$ (V7 = in Obhut nehmen)
II. nehmen → Sn, Sa, pS
III. Sn → Hum (*Der Junge* nimmt das Mädchen unter seine Obhut.)
Sa → keine Selektionsbeschränkungen (Er nimmt *die Kinder, die Pferde, die Häuser, die Institute, die Vorarbeiten, die Spiele* unter seine Obhut.)
p = an, bei, in, unter,
pS → Abstr (Er nimmt das Kind *in Pflege*.)

I. nehmen$_3$ (V8 = anfassen)
II. nehmen → Sn, Sa, pS
III. Sn → Hum (*Der Mann* nimmt das Kind an die Hand.)
Sa → +Anim (Er nimmt *das Kind* an die Hand, *den Hund* an die Leine.)
p = an,
pSa → −Anim (Er nahm sie *an die Hand*.)

I. nehmen$_3$ (V 9 = in eine Richtung befördern)
II. nehmen → Sn, Sa, pS
III. Sn →   Hum (*Der Mann* nimmt das Motorrad in das Haus.)
    Sa →   1. +Anim (Er nimmt *das Kind, die Katze* in die Wohnung.)
                  2. −Anim (Er nimmt *die Akten* in seinen Schreibtisch.)
    p = in,
    pSa →   Dir (Er nimmt das Fahrrad *in das Haus*.)

I. nehmen$_3$ (V 10 = behandeln)
II. nehmen → Sn, Sa, Adj
III. Sn →   Hum (*Der Lehrer* nimmt das Kind ernst.)
    Sa →   1. +Anim (Er nimmt *die Kinder, die Tiere* ernst.)
                  2. Abstr (als Hum) (Er nimmt *den Sportklub* zu wichtig.)
                  3. Abstr (Er nimmt *diese Idee* wichtig.)
                  4. Act (Er nimmt *das Turnen* leicht.)
    Adj →   Mod (Er nimmt die Sache *wichtig*.)

Anmerkungen:

1. Bei V 1 können mehrere Homonymien auftreten, da mehrere Bedeutungen vereinigt sind. Der Satz „Der Patient nimmt das Medikament" kann bedeuten 1. = ‚kauft', 2. = ‚nimmt zur Hand', 3. = ‚nimmt ein'.
2. Wenn bei V 9 der 3. obligatorische Mitspieler verschwindet, wird sie automatisch zu V 1 („Er nimmt das Motorrad *in das Haus*" – „Er nimmt das Motorrad").
3. Bei V 10 ist Adj auf wenige Wörter beschränkt (z. B. ernst, leicht, wichtig, schwer).

teilnehmen

I. teilnehmen$_{1+(1)=2}$ (V 1 = sich beteiligen, mitmachen)
II. teilnehmen → Sn, (pS)
III. Sn →   1. +Anim (*Der Läufer, das Pferd* nimmt an dem Rennen teil.)
                 2. Abstr (als Hum) (*Das Institut* nimmt an der Feier teil.)
    p = an,
    pSd →   Act (Er nimmt *am Schwimmen* teil.)

I. teilnehmen$_2$ (V 2 = anteilnehmen, mitfühlen)
II. teilnehmen → Sn, pS
III. Sn →   Hum (*Die Nachbarn* nehmen an seinem Unglück teil.)

p = an,
pSd →   Abstr (Er nimmt *an meinem Kummer* teil.)

beteiligen

I. beteiligen$_{2+(1)=3}$
II. beteiligen → Sn, Sa, (pS)
III. Sn →   1. Hum (*Der Sportler* beteiligt sich an dem Wettkampf.)
                2. Abstr (als Hum) (*Der Betrieb* beteiligt sich an der Ausschreibung.)
Sa →   1. Hum (Die Gesellschaft beteiligt *ihre Mitarbeiter* am Gewinn.)
                2. Abstr (als Hum) (Das Ministerium beteiligt *den Betrieb* an der Produktion.)
                3. Sa = Sn (Refl) (Der Bürger beteiligt *sich*.)

p = an,
pSd →   1. Act (Der Betrieb beteiligt die Arbeiter *an der Leitung*.)
                2. Abstr (Wir beteiligen uns *am Wettbewerb*.)

annehmen

I. annehmen$_2$ (V 1 = übernehmen, aufnehmen, entgegennehmen)
II. annehmen → Sn, Sa
III. Sn →   1. Hum (*Der Lehrer* nimmt die Stelle an.)
                2. Abstr (als Hum) (*Die Polizei* nimmt den Fall an.)
Sa →   1. ±Anim (Er nimmt *das Kind, den Vogel, den Brief* an.)
                2. Abstr (Er nimmt *den Fall* an.)

I. annehmen$_2$ (V 2 = aufnehmen)
II. annehmen → Sn, Sa
III. Sn →   −Anim (*Der Stoff* nimmt die Farbe an.)
Sa →   Abstr (Das Glas nimmt *neue Eigenschaften* an.)

I. annehmen₂ (V3 = sich angewöhnen, zustimmen)
II. annehmen → Sn, Sa
III. Sn → 　　　　1. Hum (*Das Kind* nimmt Vernunft an.)
　　　　　　　　2. Abstr (als Hum) (*Die Akademie* nimmt den Vorschlag an.)
　　Sa → 　　　　Abstr (Er nimmt *Vernunft, den Auftrag, den Antrag* an.)

I. annehmen₂₊₍₁₎₌₃ (V4 = vermuten, voraussetzen)
II. annehmen → Sn, Sa/NS_daß/Inf, (pAdj/pPart)
III. Sn → 　　　　1. Hum (*Der Lehrer* nimmt an, daß der Schüler krank ist.)
　　　　　　　　2. Abstr (als Hum) (*Die Polizei* nimmt ein Verbrechen an.)
　　Sa → 　　　　Abstr (Die Polizei nimmt *ein Verbrechen* an.)
　　NS → 　　　　Act (Die Polizei nimmt an, *daß ein Verbrechen geschehen ist*.)
　　Inf → 　　　　Act (Die Polizei nimmt an, *ihn wiederzuerkennen*.)
　　p = als,
　　pAdj → 　　　Mod (Die Polizei nimmt das Verbrechen *als sicher* an. Die Polizei nimmt *als sicher* an, daß ein Verbrechen geschehen ist.)
　　p = als,
　　pPart → 　　　Mod (Die Polizei nimmt das Verbrechen *als geschehen* an.)

halten

I. halten₁ (V1 = anhalten, haltmachen)
II. halten → Sn
III. Sn → 　　　　1. +Anim (*Der Chauffeur, das Pferd* hält.)
　　　　　　　　2. −Anim (Fahrzeug) (*Der Wagen* hält.)

I. halten₁ (V2 = ganz bleiben)
II. halten → Sn
III. Sn → 　　　　−Anim (*Das Seil* hält.)

I. halten₂ (V3 = abonnieren)
II. halten → Sn, Sa

III. Sn →   1. Hum (*Der Lehrer* hält die Zeitschrift.)
                 2. Abstr (als Hum) (*Das Institut* hält viele Zeitschriften.)
Sa →   −Anim (Druckerzeugnisse) (Er hält *drei Zeitungen*.)

I. halten$_2$ (V4 = unterhalten)
II. halten → Sn, Sa
III. Sn →   Hum (*Der Mann* hält zwei Hunde.)
Sa →   1. +Anim (−Hum) (Er hält *Reitpferde*.)
             2. −Anim (Er hält *drei Autos*.)

I. halten$_2$ (V5 = festhalten)
II. halten → Sn, Sa
III. Sn →.   +Anim (*Der Junge, der Hund* hält den Stock.)
Sa →   1. +Anim (Er hält *das Kind, die Katze*.)
             2. −Anim (Er hält *den Mantel*.)

I. halten$_{2+(1)=3}$ (V6 = bewahren, einhalten)
II. halten → Sn, Sa, (Sd)
III. Sn →   1. Hum (*Der Lehrer* hält sein Versprechen.)
             2. Abstr (als Hum) (*Die Betriebsleitung* hält ihr Versprechen.)
Sa →   Abstr (Er hält seinen Freunden *die Treue*.)
Sd →   1. +Anim (Er hält *seinem Freund, dem Hund* die Treue.)
             2. Abstr (als Hum) (Er hält *dem Land* die Treue.)

I. halten$_2$ (V7 = achthaben)
II. halten → Sn, pS/NS$_{daß}$
III. Sn →   1. Hum (*Der Schüler* hält auf seine Kleidung.)
             2. Abstr (als Hum) (*Die Regierung* hält auf Ordnung.)
p = auf,
pSa →   keine Selektionsbeschränkungen (Er hält *auf seine Freunde, seine Kaninchen, auf den Betrieb, auf sich, auf seine Bücher, auf sein Ansehen, auf sein Benehmen*.)
NS →   Act (Er hält darauf, *daß er keine Schulden hat*.)

I. halten₂ (V 8 = sich beherrschen)
II. halten → Sn, pS
III. Sn →   Hum (*Der Lehrer* hält an sich.)
    p = an,
    pSa →   Refl (Er hält *an sich*.)

I. halten₂ (V 9 = auf einer bestimmten Seite stehen)
II. halten → Sn, pS
III. Sn →   1. Hum (*Der Arbeiter* hält zu seiner Partei.)
                       2. Abstr (als Hum) (*Die Arbeiterparteien* halten zu
                          den unterdrückten Völkern.)
    p = zu,
    pSd →   1. Hum (E₁ hält *zu seinem Freund*.)
                       2. Abstr (als Hum) (Er hält *zu seiner Partei*.)

I. halten₂ (V 10 = veranstalten, abhalten)
II. halten → Sn, Sa
III. Sn →   Hum (*Der Lektor* hält eine Vorlesung.)
    Sa →   Abstr (Der Redner hält *ein Referat*.)

I. halten₃ (V 11 = einschätzen, beurteilen)
II. halten → Sn, Sa, pS/pAdj/pPart
III. Sn →   1. Hum (*Das Kind* hält ihn für einen Arzt.)
                       2. Abstr (als Hum) (*Die Akademie* hält ihn für
                          einen hervorragenden Wissenschaftler.)
    Sa →   keine Selektionsbeschränkungen (Er hält *den Lehrer*,
                          *den Hund, die Schule, das Buch, diesen
                          Plan, das Schwimmen, sich* für gut.)
    p = für,
    pSa →   keine Selektionsbeschränkungen (Wir halten ihn *für
                          einen Arzt*, den Hund *für einen Pudel*, den
                          Betrieb *für einen Musterbetrieb*, den
                          Schrank *für ein wertvolles Möbelstück*,
                          diesen Plan *für seine Idee*, dieses Kraulen
                          nicht *für Schwimmen*.)
    p = für,
    pAdj →   Mod (Der Passant hält ihn *für tot*.)
    p = für,
    pPart →   Mod (Der Arzt hält die Operation *für geglückt*, die
                          Medikamente *für ausreichend*.)

I. halten₃ (V12 = bewahren, in einem Zustand erhalten)
II. halten → Sn, Sa, Adj/Part II
III. Sn →   1. Hum (*Die Mutter* hält das Essen warm.)
            2. Abstr (als Hum) (*Das Ministerium* hält die Akten verschlossen.)
Sa →   1. ±Anim (Sie hält *die Kinder, den Hund* streng, *die Speisen* kühl.)
            2. Abstr (Er hält *das Ergebnis* geheim.)
Adj →   Mod (Sie hält die Kinder *streng*.)
Part II → Mod (Der Pförtner hält die Tür *geschlossen*.)

I. halten₃ (V13 = in einem Zustand erhalten)
II. halten → Sn, Sa, pS
III. Sn →   keine Selektionsbeschränkungen (*Die Frau, der Hund, die Kommission, die Wohnung, das Problem, das Schwimmen* hält ihn in Aufregung.)
Sa →   1. +Anim (Der Dieb hält *den Polizisten*, der Wolf *die Schafe* in Aufregung.)
            2. Abstr (als Hum) (Die Nachrichten halten *das Ministerium* in Aufregung.)
p = in,
pSd →   Abstr (Die Probleme halten ihn *in Aufregung*.)

I. sich halten₂ (V14 = sich orientieren, befolgen)
II. sich halten → Sn, pS/NS_daß
III. Sn →   1. Hum (*Der Direktor* hält sich an seinen Vertreter.)
            2. Abstr (als Hum) (*Die Polizei* hält sich an den Bürgen.)
p = an,
pSa →   1. Hum (Er hält sich *an seinen Freund*.)
            2. Abstr (als Hum) (Er hält sich *an den Betrieb*.)
            3. Abstr (Er hält sich *an das Gesetz*.)
NS →   Act (Er hält sich daran, *daß der Betrieb die Lieferung garantiert*.)

Anmerkungen:

1. In der Grenzzone zwischen V 1 und V 2 entstehen Homonymien („Das Motorrad hält"). Sn als +Anim (−Hum) bei V 1 ist auf wenige (Zug-) Tiere beschränkt.
2. V 6 unterscheidet sich von V 5 in Sa und durch den fakultativen Dativ. Auch bei V 5 kann Sd auftreten („Er hält *seinem Freund* den Mantel, die Zeitschrift"); dieser ist jedoch

als frei zu bewerten („Er hält den Mantel *des Freundes*, die Zeitschrift *für den Freund*").
Eine solche Transformation ist bei V 6 nicht zulässig („Er hält *mir* die Treue" – „*Er hält *meine* Treue", „Er hält *für mich* die Treue"); eben deshalb handelt es sich um eine (fakultative) Valenz.

3. Bei folgenden Sätzen ergeben sich Homonymien:
Er hält die Hunde (V 4 und V 5; Sa → +Anim)
Er hält die Zeitung (V 3 und V 5; Sa → −Anim)
Er hält das Motorrad (V 4 und V 5; Sa → −Anim)

4. Bei V 11 gelten die fehlenden Selektionsbeschränkungen für pS nur insofern, als die Kategorie der von Sa entspricht. Nur pS → Abstr ist unbeschränkt zulässig: „Er hält den Lehrer, den Hund, das Schwimmen *für ein Glück*").

5. V 12 und V 13 stimmen zwar in der Bedeutung des Verbs überein, unterscheiden sich aber in den Umgebungen.

erhalten

I. erhalten$_2$ (V 1. = empfangen [konkret])
II. erhalten → Sn, Sa
III. Sn →   1. +Anim (*Das Kind, das Pferd* erhält ein Medikament.)
                 2. Abstr (als Hum) (*Das Institut* erhält Impfstoff.)
    Sa →   1. +Anim (Der Arzt erhält *neue Patienten, einen Hund.*)
                 2. −Anim (Der Sanitäter erhält *Pflaster.*)
                 3. Abstr (Der Sanitäter erhält *einen Auftrag.*)

I. erhalten$_2$ (V 2 = gewinnen [übertragen])
II. erhalten → Sn, Sa
III. Sn →   keine Selektionsbeschränkungen (*Das Kind, das Pferd, das Institut, das Flugzeug, das Problem, das Turnen* erhält eine große Bedeutung.)
    Sa →   Abstr (Das Reiten erhält *einen neuen Aufschwung.*)

I. erhalten$_2$ (V 3 = ernähren, unterhalten)
II. erhalten → Sn, Sa
III. Sn →   1. Hum (*Der Vater* erhält eine große Familie.)
                 2. Abstr (als Hum) (*Die Mission* erhält die Waisen.)
    Sa →   ± Anim (Er erhält *die Kinder, die Pferde, das Grundstück.*)

I. erhalten$_2$ (V4 = bewahren)
II. erhalten → Sn, Sa
III. Sn →
    1. Hum (*Er* erhält seine gute Laune.)
    2. Abstr (als Hum) (*Die Delegation* erhält den Frieden.)
    3. Abstr (*Dieser Ratschlag* erhält die gute Laune.)
    4. Act (*Schwimmen* erhält die Gesundheit.)

Sa →
    1. Abstr (Dieses Abkommen erhält *den Frieden*.)
    2. Hum (Dieses Medikament erhält *den Kranken*.)

Anmerkungen:

1. Die vier Varianten unterscheiden sich auf Stufe III vor allem durch Sa, aber auch durch Sn. Bei V 1 ist Sa → Abstr beschränkt (Hinweis, Bedeutung, Ratschlag, Zusage usw.).

2. V 2 ist eine Umschreibung von anderen Konstruktionen:

Er erhält einen Hinweis   (← wird hingewiesen).
Das erhält Bedeutung   (← wird bedeutsam).

3. Homonymien zwischen V 1 und V 3 tauchen auf, wenn Sn → Hum bzw. Abstr (als Hum) und Sa → ±Anim („Er erhält das Grundstück, die Pferde") ist. Homonymien zwischen V 1, V 3 und V 4 können dann eintreten, wenn Sn → Hum oder Abstr (als Hum) und Sa → Hum ist: Der Satz „Der Betrieb erhält den Rentner" kann bedeuten 1. ‚bekommt ihn', 2. = ‚unterhält ihn', 3. = ‚bewahrt ihn'.

zurückhalten

I. zurückhalten$_{2 \div (1) = 3}$ (V 1 = vorenthalten)
II. zurückhalten → Sn, Sa/p$_1$S, (p$_2$S)
III. Sn →
    1. Hum (*Der Kaufmann* hielt das Geld zurück.)
    2. Abstr (als Hum) (*Die Nachrichtenagentur* hielt die Veröffentlichung zurück.)
    3. Abstr (*Der Artikel* hielt die Wahrheit nicht zurück.)

Sa →
    1. Hum (Das Militärregime hält *die Gefangenen* zurück.)
    2. +Anim (Die Händler halten *die Rinder* zurück.)
    3. −Anim (Der Sammler hält *die besten Marken* zurück.)
    4. Abstr (Er hält *die Wahrheit* zurück.)

p$_1$ = mit,
p$_1$Sd →
    Abstr (Die Nachrichtenagentur hielt *mit der Veröffentlichung* zurück.)

p_2 = vor, von,
p_2Sd → 　　1. Hum (Er hielt mit der Mitteilung *vor seiner Frau* zurück.)
　　　　　　2. Abstr (Er hält ihn *von seinem Schritt* zurück.)
　　　　　　3. Act (Er hält sie *vom Trinken* zurück.)

I. sich zurückhalten$_{1+(1)=2}$ (V2 = zurückhaltend sein)
II. sich zurückhalten → Sn, (pS)
III. Sn →　　Hum (*Das Mädchen* hält sich zurück.)
　p = vor,
　pSd →　　Hum (Er hält sich *vor seiner Frau* zurück.)

hängen

a) hängen, hing, hat gehangen

I. hängen$_2$ (V1 = befestigt sein)
II. hängen → Sn, pS/Adj
III. Sn →　　1. Hum (*Der Artist* hängt am Trapez.)
　　　　　　2. −Anim (*Das Bild* hängt an der Wand.)
　　　　　　3. Abstr (*Sein Leben* hing an einem Faden.)
　p = an, auf, vor ... (lokale Präpositionen),
　pS →　　Loc (Das Bild hängt *an der Wand.* Die Kirschen hängen *auf dem Baum.* Die Gardine hängt *vor dem Fenster.*)
　Adj →　　Mod (Das Bild hängt *gut.*)

I. hängen$_2$ (V2 = treu sein)
II. hängen → Sn, pS
III. Sn →　　+Anim (*Das Kind* hängt an seiner Mutter, *der Hund* an seinem Herrn.)
　p = an,
　pSd →　　keine Selektionsbeschränkungen (Er hängt *an seinem Freund, an seinem Hund, an seinem Betrieb, an seinen Büchern, an seinen Vorurteilen, am Schwimmen.*)

Anmerkungen:
1. Bei V 1 kann Adj zusätzlich zu pS auftreten, wird aber dann als frei empfunden („Das Bild hängt an der Wand *gut*").

2. Ist bei V 1 Sn → Abstr, ist p auf „an" beschränkt und Adj nicht zulässig.
3. Bei V 2 ist +Anim (−Hum) als Sn nur beschränkt möglich und kann nicht mit pS → Abstr (als Hum), Abstr und Act verbunden werden.

b) hängen, hängte, hat gehängt
  I. hängen$_3$ (V 1 = befestigen)
  II. hängen → Sn, Sa, pS
  III. Sn →   Hum (*Mein Freund* hängte die Tasche an die Tür.)
     Sa →   1. ±Anim (Er hängt *den Verunglückten* an das Rettungsseil, *den Hund* an die Leine, *das Bild* an die Wand.)
                  2. Refl (Er hängt *sich* an das Klettergerüst.)
     p = an, auf, vor, neben ... (Richtungspräpositionen),
     pS →   Dir (Er hängt das Bild *an die Wand*, die Wäsche *auf die Leine*, die Gardine *vor das Fenster*, das Schild *neben die Tür*.)

  I. sich hängen$_2$ (V 2 = nachlaufen, beschatten)
  II. sich hängen → Sn, pS
  III. Sn →   +Anim (*Der Freund, der Hund* hängt sich an ihn.)
     p = an,
     pSa →   +Anim (Der Schüler hängt sich *an den Lehrer*, der Dackel *an den Wolfshund*.)

Anmerkung:
V 1 bei a) und b) stehen in einem bestimmten Verhältnis zueinander: Sn bei a) entspricht Sa bei b), pS ist bei beiden gleich, bei b) tritt ein zusätzliches Sn (als Agens) auf.

abhängen

  I. abhängen$_2$ (V 1 = abhängig sein)
  II. abhängen → Sn, pS/NS$_{daß}$
  III. Sn →   1. +Anim (*Der Sohn* hängt von seinem Vater, *der Hund* von seinem Herrn ab.)
                  2. Abstr (als Hum) (*Der Betrieb* hängt von der Nachfrage ab.)
                  3. Abstr (*Der Erfolg* hängt von der Leistung ab.)
                  4. Act (*Das Handeln* hängt von uns ab.)

  p = von,
  pSd →   keine Selektionsbeschränkungen (Das hängt *vom Lehrer, von den Löwen, vom Betrieb, von der Butter, vom Erfolg, von der Erfüllung der Forderung* ab.)
  NS →   Act (Der Erfolg hängt davon ab, *daß alle kommen.*)

I. abhängen$_2$ (V2 = hinter sich lassen, überrunden)
II. abhängen → Sn, Sa
III. Sn →   Hum (*Der Läufer* hängt seine Gegner ab.)
  Sa →   Hum (Der Läufer hängt *seinen Rivalen* ab.)

I. abhängen$_{2+(1)=3}$ (V3 = abkuppeln)
II. abhängen → Sn, Sa, (pS)
III. Sn →   Hum (*Der Rangierer* hängt den Wagen ab.)
  Sa →   −Anim (Fahrzeug) (Er hängt *den Anhänger* ab.)
  p = von,
  pSd →   −Anim (Fahrzeug) (Er hängt den Anhänger *vom Triebwagen* ab.)

Anmerkung:
Bei V 1 ist eine Koppelung von Sn → Hum oder Abstr (als Hum) und pS → +Anim (−Hum), Abstr und Act kaum zulässig.

anhängen

I. anhängen$_{2+(1)=3}$ (V1 = ankoppeln)
II. anhängen → Sn, Sa, (pS/Sd)
III. Sn →   Hum (*Der Rangierer* hängt den Wagen an.)
  Sa →   −Anim (Fahrzeuge) (Er hängt *den Anhänger* an.)
  p = an,
  pSa →   −Anim (Der Mann hängt das Boot *an die Kette* an.)
  Sd →   −Anim (Fahrzeuge) (Er hängt *dem Zug* einen Wagen an.)

I. anhängen$_3$ (V2 = verdächtigen)
II. anhängen → Sn, Sa, Sd

III. Sn →   Hum (*Der Gauner* hängte dem Nachbarn seine Alimente an.)
Sa →   Abstr (Er hängte ihr *einen schlechten Ruf* an.)
Sd →   Hum (Er hängte *der Frau* einen Seitensprung an.)

I. anhängen$_2$ (V 3 = Beschwerden verursachen, lasten auf)
II. anhängen → Sn, Sd
III. Sn →   Abstr (*Der Verdacht* hängt ihm an.)
Sd →   Hum (Die Verleumdung hängt *dem Kollegen* an.)

Anmerkung:

In V 1 sind pS und Sd nicht einfach austauschbar. Das ist nur dann möglich, wenn sowohl pS als auch Sd ein Fahrzeug bezeichnen, nicht aber, wenn pS = Befestigungsmittel (Kette, Pfosten u. ä.): *Er hängt das Boot der Kette an.

setzen

I. setzen$_3$ (V 1 = sitzen machen)
II. setzen → Sn, Sa, pS
III. Sn →   Hum (*Die Mutter* setzt das Kind auf den Stuhl.)
Sa →   1. ±Anim (Die Mutter setzt *das Kind, den Hund* auf den Stuhl, *den Topf* auf das Feuer.)
                        2. Refl (Sie setzt *sich* an den Tisch.)
p = Richtungspräpositionen,
pS →   Dir (Sie setzt sich *auf das Pferd, auf die Bank, zu den Kindern*.)

I. setzen$_3$ (V 2 = bestimmen, festlegen)
II. setzen → Sn, Sa, Sd
III. Sn →   keine Selektionsbeschränkungen (*Der Lehrer, das Institut* setzt ihm einen Termin. *Das Gift, die Schlange, die Überanstrengung, das Trinken* setzt seinem Leben ein Ende.)
Sa →   1. −Anim (Man setzt ihm *ein Denkmal*.)
                        2. Abstr (Er setzt seinem Freund *ein Ziel*.)
Sd →   1. Hum (Er setzt *dem Studenten* ein Ziel.)
                        2. Abstr (als Hum) (Er setzt *dem Institut* ein festes Ziel.)
                        3. Abstr (Der Beschluß setzt *der Willkür* ein Ende.)
                        4. Act (Die Polizei setzt *seinem Tun* ein Ende.)

I. setzen$_2$ (V 3 = überqueren, springen)
II. setzen → Sn, pS
III. Sn →　　　　　1. +Anim (*Das Kind, das Pferd* setzt über den Graben.)
　　　　　　　　　2. −Anim (Fahrzeuge) (*Die Panzer* setzen über den Fluß.)
p = über,
pSa →　　　　　　−Anim (Er setzt *über die Mauer*.)

I. setzen$_2$ (V 4 = einpflanzen, anordnen, anbringen)
II. setzen → Sn, Sa
III. Sn →　　　　　1. Hum (*Der Gärtner* setzt junge Bäume.)
　　　　　　　　　2. −Anim (*Das Schiff* setzt Segel.)
Sa →　　　　　　−Anim (Der Ofensetzer setzt *einen Ofen*, der Schriftsteller *einen Punkt*, der Setzer *das Manuskript*.)

I. setzen$_3$ (V 5 = bringen)
II. setzen → Sn, Sa, pS
III. Sn →　　　　　keine Selektionsbeschränkungen (*Der Verbrecher, die Bank* setzt Banknoten in Umlauf. *Das gestohlene Denkmal, der Alarm, das Pfeifen* setzt die Polizei in Bewegung.)
Sa →　　　　　　1. +Anim (Das Pfeifen setzt *das Kind, den Hund* in Bewegung.)
　　　　　　　　　2. Abstr (als Hum) (Das Pfeifen setzt *die Polizei* in Kenntnis der Gefahr.)
p = in,
pS →　　　　　　Abstr (Der Löwe setzt die Stadt *in Verwirrung*.)

I. setzen$_1$ (V 6 = geben)
II. setzen → Sa
III. Sa →　　　　　Abstr (−def Art) (Es setzt *Schläge, Hiebe, Strafe, Mahnungen*.)

I. sich setzen$_1$ (V 7 = sich ablagern)
II. sich setzen → Sn
III. Sn →　　　　　−Anim (Mat) (*Der Kaffee, das Erdreich* setzt sich.)

I. setzen₃ (V 8 = entgegenbringen, aussetzen, arrangieren)
II. setzen → Sn, Sa, pS/NS$_{daß}$/Inf
III. Sn →   1. Hum (*Der Lehrer* setzt Vertrauen in den Schüler.)
                       2. Abstr (als Hum) (*Das Ministerium* setzt Vertrauen in ihn.)
Sa →   Abstr (Er setzt *das Problem* auf die Tagesordnung.)
p = in, auf
Wenn p = in,
pSa →   1. Hum (Wir setzen Hoffnung *in die Mitarbeiter*.)
                       2. Abstr (als Hum) (Wir setzen Vertrauen *in das Ministerium*.)
Wenn p = auf,
pSa →   keine Selektionsbeschränkungen (Wir setzen unsere Hoffnungen *auf den Mitarbeiter, auf die neuen Rinder, auf das Ministerium, auf das Edelmetall, auf diese Veranstaltung, auf das Laufen*.)
NS →   Act (Wir setzen unsere Hoffnung darauf, *daß wir neue Mitarbeiter erhalten*.)
Inf →   Act (Sie setzen alle Hoffnung darauf, *neue Mitarbeiter zu erhalten*.)

Anmerkungen:

1. Bei V 1 ist Sa als −Anim beschränkt auf solche Gegenstände, die gesetzt (und nicht gelegt) werden: „*Wir setzen *die Zeitung* auf den Tisch". Das hängt von objektiven und außersprachlichen Merkmalen der Gegenstände ab. „setzen", „legen" und „stellen" scheinen sich manchmal komplementär zu verhalten: Wir stellen das Buch in den Schrank, legen es auf den Tisch. Ein Bleistift, eine Zeitung oder ein Schlips kann nur gelegt (kaum gestellt, nicht gesetzt) werden, ein Schrank kann nur gestellt (allenfalls gesetzt, nur unter besonderen Umständen gelegt) werden. Vgl. Anm. 1 zu „stellen".
2. Bei V 4 sind nur wenige Sa (Segel, Flaggen) möglich, wenn Sn → −Anim (nur Schiff o. ä.) ist; andernfalls entstehen abweichende Sätze wie „*Das Schiff setzt *einen Ofen*".
3. Wenn bei V 1 Sa = Sn ist, wird Sa → Refl; dabei ist Einwertigkeit möglich („Das Kind setzt *sich*"). Wenn vereinzelt ±Anim (−Hum) als Sn erscheint, ist Refl notwendig („Die Fliege setzt *sich* an die Wand", „Der Staub setzt *sich* in die Kleider"). Bei +Anim als Sn kann pS ohne Bedeutungsveränderung wegfallen, bei −Anim als Sn ergibt sich durch Wegfall von pS Bedeutungsschattierung zu V 7 („Der Staub setzt sich").
4. Wenn bei V 2 Sn → Hum oder Abstr (als Hum), kann Zweiwertigkeit auftreten („Er setzt eine Frist").
5. Bei V 6 ist „es" zwar kein Platzhalter, aber auch kein Mitspieler, da es nicht substituierbar ist.

aufsetzen

I. aufsetzen$_{2+(1)=3}$ (V 1 = versehen mit)
II. aufsetzen → Sn, Sa, (Sd)
III. Sn → Hum (*Das Mädchen* setzt den Hut auf.)
  Sa → −Anim (Sie setzt *den Hut* auf.)
  Sd → 1. Hum (Sie setzt *dem Kind* die Mütze auf.)
  2. −Anim (Die Maurer setzen *dem Haus* ein Stockwerk auf.)
  3. Sd = Sn (Refl) (Sie setzt *sich* den Hut auf.)

I. aufsetzen$_2$ (V 2 = abfassen)
II. aufsetzen → Sn, Sa
III. Sn → Hum (*Der Sekretär* setzt einen Vertrag auf.)
  Sa → − Anim (Er setzt *einen Brief* auf.)

I. aufsetzen$_2$ (V 3 = aufrichten)
II. aufsetzen → Sn, Sa
III. Sn → Hum (*Die Mutter* setzt das Kind auf.)
  Sa → 1. Hum (Sie setzt *das Kind* auf.)
  2. Sa = Sn (Refl) (Sie setzt *sich* auf.)

I. aufsetzen$_2$ (V 4 = zum Kochen hinstellen)
II. aufstellen → Sn, Sa
III. Sn → Hum (*Die Frau* setzt die Kartoffeln auf.)
  Sa → −Anim (Sie setzt *das Essen* auf.)

I: aufsetzen$_{1+(1)=2}$ (V 5 = landen)
II. aufsetzen → Sn, (pS)
III. Sn → ±Anim (*Der Springer, der Vogel, das Flugzeug* setzt auf.)
  p = auf,
  pSd → Loc (Er setzt *auf dem Boden* auf.)

Anmerkungen:
1. Bei V 1 bestehen zwischen Sd und Sa jeweils die Beziehungen Teil (bzw. Kleidungsstück) und Ganzes (bzw. Person).
2. Bei V 2 bleibt Sa beschränkt auf Schriftstücke u. ä.
3. V 3 und V 4 unterscheiden sich dadurch, daß bei V 3 Sa niemals −Anim und bei V 4 nur −Anim sein darf (meist beschränkt auf Speisen und Getränke).

besetzen

I. besetzen$_2$ (V1 = einnehmen, belegen, bewachen, vergeben)
II. besetzen → Sn, Sa
III. Sn →   1. Hum (*Der Student* besetzt einen Platz.)
              2. Abstr (als Hum) (*Das Ministerium* besetzt die Stelle.)
    Sa →   1. −Anim (Loc) (Er besetzt *den Platz*.)
              2. Abstr (Er besetzt *den Posten, die Stelle, die Rolle*.)

I. besetzen$_{2+(1)=3}$ (V2 = ausschmücken)
II. besetzen → Sn, Sa, (pS)
III. Sn →   Hum (*Die Schneiderin* besetzt den Mantel.)
    Sa →   −Anim (Sie besetzt *ihren Mantel*.)
    p = mit,
    pSd →   −Anim (Sie besetzt ihren Mantel *mit Pelz*.)

Anmerkungen:

1. Beide Varianten sind nicht nur durch das fakultative pS bei V 2, sondern auch durch Sa auf Stufe III geschieden.
2. Die verschiedenen Bedeutungen von V 1 ergeben sich aus den verschiedenen semantischen Füllungen von Sa.
3. Trotzdem entstehen innerhalb von V 1 Homonymien: „Er besetzt den Posten" kann meinen: 1. = ‚einnehmen', 2. = ‚vergeben', 3. = ‚bewachen'.

einsetzen

I. einsetzen$_1$ (V1 = beginnen)
II. einsetzen → Sn
III. Sn →   1. Hum (*Der Sänger* setzt ein.)
              2. −Anim (*Der Motor* setzt ein.)
              3. Abstr (*Der Winter, der Regen* setzt ein.)
              4. Act (*Das Gelächter, das Pfeifen* setzt ein.)

I. einsetzen$_2$ (V2 = anwenden)
II. einsetzen → Sn, Sa
III. Sn →   1. Hum (*Der Lehrer* setzt technische Hilfsmittel ein.)

	2. Abstr (als Hum) (*Der Betrieb* setzt schwere Maschinen ein.)
Sa →	1. ±Anim (Die Polizei setzt *die Helfer, die Hunde, Rettungswagen* ein.)
	2. Abstr (als Hum) (Er setzt *das kriminaltechnische Labor* ein.)
	3. Abstr (Er setzt *seine ganze Kraft, sein Leben* ein.)

I. einsetzen$_{2+(1)=3}$ (V3 = hineinsetzen)
II. einsetzen → Sn, Sa, (pS)
III. Sn →   1. Hum (*Die Schneiderin* setzt ein Stück Stoff ein.)
              2. Abstr (als Hum) (*Der Betrieb* setzt neue Scheiben ein.)
              3. −Anim (nur Maschinen) (*Der Kran* setzt einen Stein ein.)
Sa →   −Anim (Er setzt *eine Sicherung* ein.)
p = in,
pSa →   −Anim (Sie setzt ein Stück Stoff *in das Kleid* ein.)

I. einsetzen$_{2+(1)=3}$ (V4 = ernennen)
II. einsetzen → Sn, Sa, (pS)
III. Sn →   1. Hum (*Der Direktor* setzt die Lehrer ein.)
              2. Abstr (als Hum) (*Die Direktion* setzt die Lehrer ein.)
Sa →   1. Hum (Er setzt *den Lehrer* ein.)
              2. Abstr (als Hum) (Er setzt *eine Regierung* ein.)
p = als, in
Wenn p = als,
pSa →   Hum (Berufs- oder Funktionsbezeichnung) (Er setzt ihn *als Bürgermeister* ein.)
Wenn p = in,
pSa →   Abstr (Er setzt ihn *in das Bürgermeisteramt* ein.)

I. sich einsetzen$_2$ (V5 = eintreten für)
II. sich einsetzen → Sn, pS
III. Sn →   1. Hum (*Der Nobelpreisträger* setzt sich für den Frieden ein.)
              2. Abstr (als Hum) (*Diese Regierung* setzt sich für die Jugend ein.)

p = für,
pSa → keine Selektionsbeschränkungen (Er setzt sich *für die Jugend, für seltene Tiere, für die Akademie, für Kulturdenkmäler, für die Erhaltung des Friedens, für die Schutzimpfung* ein.)

Anmerkungen:
1. Bei V 2 wird Sa → Refl, wenn Sa = Sn („Er setzt *den Freund* ein" – „Er setzt *sich* ein").
2. V 3 unterscheidet sich von V 2 dadurch, daß pS in lokalem Sinne möglich ist. Es gibt freilich Überschneidungen, wenn Sa → −Anim ist; entsprechend kann der Satz „Er setzt *neue Sicherungen* ein" homonym sein und im Sinne von V 2 und V 3 verstanden werden.
3. V 3 und V 4 unterscheiden sich nicht nur durch die Art der Präpositionen, sondern auch durch die semantische Füllung von Sa.

versetzen

I. versetzen$_2$ (V 1 = an eine andere Stelle setzen)
II. versetzen → Sn, Sa
III. Sn →   1. Hum (*Der Lehrer* versetzt die Schüler.)
               2. Abstr (als Hum) (*Die Regierung* versetzt den Angestellten.)
   Sa →   1. Hum (Der Lehrer versetzt *den Schüler*.)
               2. −Anim (Pflanzen) (Der Gärtner versetzt *den Baum*.)
               3. −Anim (Besitz) (Der Mann versetzt *seine Uhr*.)

I. versetzen$_3$ (V 2 = geben, beibringen)
II. versetzen → Sn, Sa, Sd
III. Sn →   1. Hum (*Der Boxer* versetzte dem Gegner einen Schlag.)
               2. Abstr (als Hum) (*Die Armee* versetzte dem Gegner einen Schlag.)
   Sa →   Abstr (Er versetzte ihm *einen Stoß*.)
   Sd →   1. +Anim (Er versetzt *dem Gegner, dem Hund* den Todesstoß.)
               2. Abstr (als Hum) (Er versetzt *dem Konkurrenzunternehmen* den Todesstoß.)

I. versetzen₃ (V 3 = in eine Lage bringen oder hineinversetzen)
II. versetzen → Sn, Sa, pS
III. Sn →   1. Hum (*Der Dichter* versetzt uns in eine andere Zeit.)
                    2. Abstr (*Die Dichtung* versetzt uns in eine andere Zeit.)
                    3. Act (*Das Trinken* versetzt ihn in eine gute Stimmung.)
    Sa →   1. Hum (Er versetzt *die Schüler* in eine schwierige Lage.)
                    2. Abstr (als Hum) (Er versetzt *das Institut* in eine schwierige Lage.)
    p = in,
    pSa →   Abstr (Er versetzt uns *in eine schwierige Lage.*)

I. versetzen₃ (V 4 = mischen)
II. versetzen → Sn, Sa, pS
III. Sn →   Hum (*Der Chemiker* versetzt Zinkchlorid mit Schwefelsäure.)
    Sa →   −Anim (Mat) (Er versetzt *Zinkchlorid* mit Schwefelsäure.)
    p = mit,
    pSd →   −Anim (Mat) (Er versetzt Zinkchlorid *mit Schwefelsäure.*)

Anmerkungen:
1. V 1 und V 2 unterscheiden sich untereinander und von V 3 und V 4 bereits auf Stufe II. V 3 und V 4 unterscheiden sich durch p und Sa auf Stufe III.
2. Bei V 1 ergeben sich durch spezielle semantische Merkmale von Sa verschiedene Bedeutungsschattierungen des Verbs:
a) Wenn Sa → Hum (Schüler), dann = ‚in die höhere Klasse aufnehmen';
b) wenn Sa → Hum (Angestellter), dann = ‚in eine andere Institution einweisen' („Das Schulamt versetzt *ihn* an die andere Schule");
c) wenn Sa → Hum (allgemein), dann = ‚eine Verabredung nicht einhalten' („Er hat *seine Freundin* versetzt");
d) wenn Sa → −Anim (Pflanze) oder Hum, dann = ‚rein lokal an eine andere Stelle setzen';
e) wenn Sa → −Anim (Besitz), dann = ‚zum Leihhaus bringen'.
Entsprechend diesen verschiedenen Bedeutungen treten zuweilen Homonymien auf: „Der Lehrer versetzt den Schüler" kann im Sinne von a), c) und d), „Der Direktor versetzt den Angestellten" im Sinne von b), c) und d), „Der Gärtner versetzt die teure Pflanze" im Sinne von d) und e) verstanden werden.

vorsetzen

   I. vorsetzen₂ (V1 = nach vorn setzen)
  II. vorsetzen → Sn, Sa
 III. Sn →   +Anim (*Das Kind, das Pferd* setzt ein Bein vor.)
      Sa →   −Anim (Die Verwaltung setzt *einen Zaun* vor.)

   I. vorsetzen₃ (V2 = anbieten)
  II. vorsetzen → Sn, Sa, Sd
 III. Sn →   Hum (*Der Wirt* setzt uns ein Glas Wein vor.)
      Sa →   −Anim (Wir setzen ihnen *ein Glas Wein* vor.)
      Sd →   Hum (Sie setzt *dem Kind* das Essen vor.)

Anmerkung:
Bei V1 ist Sa in Verbindung mit Sn → +Anim (−Hum) immer beschränkt auf einige Körperteile (Bein, Fuß o. ä.).

legen

   I. legen₃ (V1 = liegen machen)
  II. legen → Sn, Sa, pS
 III. Sn →   Hum (*Die Mutter* legt das Paket in die Ecke.)
      Sa →   1. ±Anim (Der Arzt legt *das Kind, den Hund, das Buch* auf den Tisch.)
                      2. Refl (Er legt *sich* ins Bett.)
      p = in, auf ... (Richtungspräpositionen),
      pS →   Dir (Sie legt die Wäsche *in den Schrank*. Er legt das Buch *auf den Tisch*.)

   I. legen₃ (V2 = zuwenden)
  II. legen → Sn, Sa, pS/NS_{daß}/Inf
 III. Sn →   1. Hum (*Der Direktor* legt Wert auf den Mitarbeiter.)
                      2. Abstr (als Hum) (*Die Firma* legt Wert auf den Kunden.)
      Sa →   Abstr (Die Firma legt *Wert* auf den Kunden.)
      p = auf, in
      Wenn p = auf,
      pSa →   keine Selektionsbeschränkungen (Er legt Wert *auf den Mitarbeiter, auf das Pferd, auf das bewährte Institut, auf das Buch, auf die Beurteilung, auf das Schwimmen*.)

Wenn p = in,	
pSa →	1. Abstr (Er legt viel Wärme *in seine Bitte*.)
	2. Act (Er legt großen Ehrgeiz *in das Schwimmen*.)
NS →	Act (Er legt Wert darauf, *daß sie kommt*.)
Inf →	Act (Er legt Wert darauf, *sie zu sehen*.)

I. legen$_2$ (V 3 = zusammenlegen, anordnen)
II. legen → Sn, Sa
III. Sn →   Hum (*Die Frau* legt Wäsche.)
    Sa →   −Anim (Er legt *Wäsche, Fliesen, Karten, Kartoffeln* u. ä.)

I. legen$_2$ (V 4 = produzieren)
II. legen → Sn, Sa
III. Sn →   +Anim (Vögel) (*Die Henne* legt ein Ei.)
    Sa →   −Anim (Die Henne legt *ein Ei*.)

I. sich legen$_1$ (V 5 = nachlassen, beruhigen)
II. sich legen → Sn
III. Sn →   1. −Anim (*Der Sturm* legte sich.)
          2. Abstr (*Die Aufregung* legte sich.)

I. sich legen$_2$ (V 6 = sich ausbreiten)
II. sich legen → Sn, pS
III. Sn →   −Anim (*Der Nebel* legte sich auf das Land.)
    p = auf, über,
    pS →   Dir (Der Nebel legt sich *auf die Wiese, über die Stadt*.)

Anmerkungen:
1. Bei V 1 erscheint Sn auch als +Anim, wenn Sa → Refl („*Der Hund* legt *sich* unter den Stuhl").
2. Bei V 2 ist Sa auf einige Substantive beschränkt sowohl bei p = auf (Wert, Gewicht, Nachdruck u. ä.) als auch bei p = in (Kraft, Wärme, Klang, Ausdruck u. ä.); pS ist nur durch NS und Inf substituierbar, wenn p = auf.
3. Im Falle „Die Henne legt" handelt es sich nur scheinbar um Einwertigkeit; in Wahrheit ist der 2. Mitspieler (= Eier) stets eindeutig unabhängig vom Kontext mitgedacht.
4. Zum Verhältnis zu „setzen" und „stellen" vgl. Anm. 1 zu „stellen".

ablegen

I. ablegen$_{2+(1)=3}$ (V1 = fortlegen)
II. ablegen → Sn, Sa, (pS)
III. Sn →   1. +Anim (*Der Gast* legte den Mantel, *der Hirsch* das Geweih ab.)
    Sa →   1. −Anim (Er legte *die Akten* ab.)
               2. −Anim (Kleidungsstück) (Er legte *den Mantel* ab.)
p = in, auf, neben ... (Richtungspräpositionen),
pS →   Dir (Er legte die Mappen *in den Schrank* ab.)

I. ablegen$_2$ (V2 = sich entledigen, leisten)
II. ablegen → Sn, Sa
III. Sn →   Hum (*Der Junge* legte seine Fehler ab.)
    Sa →   1. Abstr (Er legte *seine Gewohnheiten* ab.)
               2. Act (Er legte *eine Prüfung* ab.)

Anmerkungen:

1. Wenn bei V 2 Sa → Abstr, dann ergibt sich die Bedeutung „sich entledigen", wenn hingegen Sa → Act, dann = leisten.
2. Bei V 2 erscheint je nach der lexikalischen Bedeutung von Sa das Verb in der Bedeutung von „sich entledigen" (Sa → Fehler, Gewohnheit, Laster u. ä.) oder von „leisten" (Sa → Prüfung, Eid u. ä.)

anlegen

I. anlegen$_{1+(1)=2}$ (V1 = festmachen)
II. anlegen → Sn, (pS)
III. Sn →   −Anim (Wasserfahrzeuge) (*Das Schiff* legt an.)
p = an, in ...   (lokale Präpositionen),
pSd →   Loc (Das Schiff legt *in Rostock* an.)

I. anlegen$_{2+(1)=3}$ (V2 = anziehen, umlegen, verbinden)
II. anlegen → Sn, Sa, (Sd)
III. Sn →   Hum (*Die Frau* legt den Schmuck an.)
    Sa →   −Anim (Er legt dem Pferd *die Zügel* an.)
    Sd →   1. +Anim (Sie legt *dem Kind* einen Verband, *dem Hund* die Leine an.)
               2. −Anim (Er legt *dem Faß* die Reifen an.)

I. anlegen$_2$ (V 3 = schaffen)
II. anlegen → Sn, Sa
III. Sn → 1. Hum (*Der Gärtner* legt einen Garten an.)
   2. Abstr (als Hum) (*Der Betrieb* legt ein Bungalowdorf an.)
   Sa → −Anim (Sie legen *einen Spielplatz* an.)

I. anlegen$_2$ (V 4 = an die Brust legen)
II. anlegen → Sn, Sa
III. Sn → Hum (*Die Mutter* legte den Säugling an.)
   Sa → Hum (Sie legte *das Kind* an.)

I. anlegen$_{2+(1)=3}$ (V 5 = anlehnen, stellen)
II. anlegen → Sn, Sa, (pS)
III. Sn → Hum (*Der Gärtner* legte die Leiter an den Baum an.)
   Sa → −Anim (Er legte *die Leiter* an.)
   p = an,
   pSa → Loc (Er legte die Leiter *an die Wand* an.)

I. anlegen$_2$ (V 6 = Brennmaterial aufs Feuer legen)
II. anlegen → Sn, Sa
III. Sn → Hum (*Der Mann* legte Holz an.)
   Sa → −Anim (Mat) (Sie legte *Kohle* an.)

I. anlegen$_2$ (V 7 = stiften)
II. anlegen → Sn, Sa
III. Sn → Hum (*Der Strolch* legte Feuer an.)
   Sa → Abstr (Er legte *einen Brand* an.)

I. anlegen$_{2+(1)=3}$ (V 8 = nutzbringend verwenden)
II. anlegen → Sn, Sa, (pS)
III. Sn → Hum (*Der Arbeiter* legte sein Geld in Hypothekenpfandbriefen an.)
   Sa → −Anim (Er legte *sein Geld* für ein Auto an.)
   p = in, für,
   pS → −Anim (Er legte sein Geld *in Hypothekenpfandbriefen* an.)

I. anlegen₃ (V9 = eine Schußwaffe auf jemanden richten)
II. anlegen → Sn, Sa, pS
III. Sn →   Hum (*Der Förster* legte die Flinte auf den Hasen an.)
    Sa →   −Anim (Schußwaffe) (Der Polizist legte *die Pistole* auf den Verbrecher an.)
    p = auf,
    pSa →   1. +Anim (Er legte die Flinte *auf den Feind, den Fuchs* an.)
                   2. −Anim (Er legte die Pistole *auf die Scheibe* an.)

Anmerkungen:
1. Bei V 4 bleibt Sa beschränkt auf Wörter wie Baby, Kind, Säugling u. ä.
2. Bei V 6 bleibt Sa beschränkt auf Brennmaterialien.

stellen

I. stellen₃ (V1 = stehen machen)
II. stellen → Sn, Sa, pS
III. Sn →   Hum (*Die Hausfrau* stellt die Vase auf den Tisch.)
    Sa →   1. +Anim (Der Arzt stellt *das Kind, den Hund* auf den Tisch.)
                   2. −Anim (Sie stellt *den Teller* auf den Tisch.)
                   3. Sa = Sn (Refl) (Er stellt *sich* auf die Bühne.)
    p = an, auf, in ... (Richtungspräpositionen),
    pSa →   Dir (Sie stellt den Schirm *in den Ständer*.)

I. stellen₃ (V2 = in einen Zustand versetzen [konkret])
II. stellen → Sn, Sa, Adj
III. Sn →   Hum (*Die Mutter* stellt die Suppe warm.)
    Sa →   −Anim (Mat) (Er stellt *das Bier* kalt.)
    Adj →   Mod (Sie stellt das Essen *warm*.)

I. stellen₃ (V3 = in einen Zustand versetzen [abstrakt])
II. stellen → Sn, Sa, pS
III. Sn →   Hum (*Der Lehrer* stellt den Schüler auf die Probe.)
    Sa →   Hum (Er stellt *die Klasse* auf die Probe.)
    p = an, auf, in,
    pSa →   Abstr (Er stellt die Mitschüler *in den Schatten*.)

I. stellen₂ (V 4 = bereitstellen, herbeischaffen)
II. stellen → Sn, Sa
III. Sn →   1. Hum (*Der Verhaftete* stellte einen Bürgen.)
          2. Abstr (als Hum) (*Die Betriebe* stellen die Autos.)
   Sa →   ± Anim (Der Betrieb stellt *den Fahrer, die Pferde, die Wagen.*)

I. stellen₂ (V 5 = richtig stellen, richten, aufstellen)
II. stellen → Sn, Sa
III. Sn →   Hum (*Der Mann* stellt seine Uhr.)
   Sa →   −Anim (Er stellt *Fallen.*)

I. stellen₂ (V 6 = an der Flucht hindern)
II. stellen → Sn, Sa
III. Sn →   1. +Anim (*Der Polizist, der Hund* stellte den Mann.)
          2. Abstr (als Hum) (*Die Polizei* stellt den Dieb.)
   Sa →   +Anim (Der Förster stellt *den Wilderer, den Fuchs.*)

I. stellen₂ (V 7 = festsetzen)
II. stellen → Sn, Sa
III. Sn →   1. Hum (*Der Lehrer* stellt die Aufgabe.)
          2. Abstr (als Hum) (*Der Betrieb* stellt Forderungen.)
   Sa →   Abstr (Er stellt *Ansprüche.*)

I. sich stellen₂ (V 8 = heucheln)
II. sich stellen → Sn, Adj/pS
III. Sn →   1. Hum (*Der Verbrecher* stellt sich taub.)
          2. Abstr (als Hum) (*Die Polizei* stellt sich unwissend.)
   Adj →   Mod (Der Schüler stellt sich *krank.*)
   p = wie,
   pSn →   Hum (Er stellt sich *wie ein Betrunkener.*)

I. sich stellen₁₊₍₁₎₌₂ (V 9 = sich melden)
II. sich stellen → Sn, (Sd)

III. Sn →   Hum (*Der Verbrecher* stellt sich.)
Sd →   1. Hum (Er stellt sich *dem Richter*.)
                2. Abstr (als Hum) (Er stellt sich *dem Gericht*.)
                3. Abstr (Er stellt sich *der Diskussion*.)

Anmerkungen:

1. Die Struktur von „stellen" (V 1) ist im wesentlichen parallel zu der von „setzen" (V 1) und „legen" (V 1). Die dreiwertigen Verben hängen in der Selektion jeweils vom Objekt und vom objektiven Vorgang ab (vgl. Anm. 1 zu „setzen").
2. Bei V 5 bleibt Sa auf wenige Substantive beschränkt (Uhr, Zeiger, Falle, Feder, Schraube u. ä.).
3. Zwischen V 4 und V 6 ergeben sich Homonymien; Die Polizei stellt 3 Mann (= 1. bereitstellen; 2. an der Flucht hindern).

anstellen

I. anstellen$_2$ (V1 = in Betrieb setzen)
II. anstellen → Sn, Sa
III. Sn →   Hum (*Der Hausmeister* stellte die Heizung an.)
Sa →   −Anim (Er stellte *die Sirene* an.)

I. anstellen$_2$ (V2 = ausführen, machen)
II. anstellen → Sn, Sa
III. Sn →   1. Hum (*Der Schüler* stellte eine Berechnung an.)
               2. Abstr (als Hum) (*Der Betrieb* stellte eine Untersuchung an.)
Sa →   Abstr (Er stellte *Nachforschungen* an.)

I. anstellen$_{2+(1)=3}$ (V3 = eine Beschäftigung geben)
II. anstellen → Sn, Sa, (pS)
III. Sn →   1. Hum (*Der Direktor* stellte ihn an.)
               2. Abstr (als Hum) (*Der Betrieb* stellte ihn an.)
Sa →   Hum (Er stellte *den Kraftfahrer* an.)
p = als,
pSa →   Hum (Beruf) (Er stellte ihn *als Kraftfahrer* an.)

I. sich anstellen₂ (V 4 = sich benehmen)
II. sich anstellen → Sn, Adj/pS
III. Sn → Hum (*Das Kind* stellt sich ungeschickt an.)
    Adj → Mod (Das Kind stellt sich *schlau* an.)
    p = wie,
    pSn → Mod (Er stellt sich *wie ein dummer Junge* an.)

I. sich anstellen$_{1+(1)=2}$ (V 5 = sich in einer Reihe ordnen)
II. sich anstellen → Sn, (pS)
III. Sn → Hum (*Die Kinder* stellen sich an.)
    p = nach,
    pSd → 1. −Anim (Er stellt sich *nach Obst* an.)
            2. Abstr (Er stellt sich *nach einer Auskunft* an.)

bestellen

I. bestellen₂ (V 1 = in Auftrag geben)
II. bestellen → Sn, Sa
III. Sn → 1. Hum (*Der Lehrer* bestellt die Bücher.)
          2. Abstr (als Hum) (*Der Betrieb* bestellt Material.)
    Sa → 1. +Anim (−Hum) (Er bestellt *Jungtiere*.)
          2. −Anim (Er bestellt *Bier*.)
          3. Abstr (Er bestellt *einen Werbeslogan*.)

I. bestellen₃ (V 2 = jemanden an einen bestimmten Ort kommen lassen)
II. bestellen → Sn, Sa, pS
III. Sn → 1. Hum (*Der Lehrer* bestellte die Schüler zum Direktor.)
          2. Abstr (als Hum) (*Die Buchhandlung* bestellte die Verlagsvertreter zum Gespräch.)
    Sa → Hum (Der Arzt bestellt *die Patienten* in die Sprechstunde.)
    p = zu,
    pSd → 1. Hum (Er bestellte die Schüler *zum Direktor*.)
          2. pSd = Sn (Refl) (Er bestellte die Mädchen *zu sich*.)
    p = an, auf, in ... (Richtungspräpositionen),
    pS → Dir (Er bestellte sie *zum Bahnhof*.)

I. bestellen₂ (V3 = bearbeiten)
II. bestellen → Sn, Sa
III. Sn →　　　　　　Hum (*Der Bauer* bestellte den Acker.)
　　Sa →　　　　　　Loc (Die LPG bestellte *das Land*.)

I. bestellen₂₊₍₁₎₌₃ (V4 = ausrichten, überbringen)
II. bestellen → Sn, Sa, (Sd)
III. Sn →　　　　　　Hum (*Der Sohn* bestellte herzliche Grüße.)
　　Sa →　　　　　　1. Abstr (Er bestellte *Grüße*.)
　　　　　　　　　　2. −Anim (Sendungen) (Er bestellte *ein Paket*.)
　　Sd →　　　　　　Hum (Er bestellte *seiner Mutter* herzliche Grüße.)

I. bestellen₃　　　 (V5 = ernennen, festsetzen)
II. bestellen → Sn, Sa, pS
III. Sn →　　　　　　Hum (*Er* bestellte ihn zum Verteidiger.)
　　Sa →　　　　　　Hum (Er bestellte *den Kollegen* zum Vertreter.)
　　p = zu,
　　pSd →　　　　　Hum (Er bestellte ihn *zum Vormund*.)

feststellen

I. feststellen₂ (V1 = ermitteln [abstrakt])
II. feststellen → Sn, Sa/NS_{daß, ob, w}
III. Sn →　　　　　　1. Hum (*Der Lehrer* stellt viele Fehler fest.)
　　　　　　　　　　2. Abstr (als Hum) (*Die Verwaltung* stellt die Einwohnerzahl fest.)
　　Sa →　　　　　　1. ±Anim (Die Polizei stellt *die Verbrecher, die Haustiere, das Diebesgut* fest.)
　　　　　　　　　　2. Abstr (Der Richter stellt *die Personalien* fest.)
　　NS →　　　　　　Act (Der Chef stellt fest, *daß der Plan erfüllt worden ist / ob man den Plan erfüllt hat / wer den Plan erfüllte.*)

I. feststellen₂ (V2 = mechanisch einstellen [konkret])
II. feststellen → Sn, Sa
III. Sn →　　　　　　Hum (*Der Arbeiter* stellt die Schraube fest.)
　　Sa →　　　　　　−Anim (Der Arbeiter stellt *die Schraube* fest.)

Anmerkungen:

1. Die beiden Varianten unterscheiden sich im allgemeinen eindeutig durch Sa auf Stufe III. Nur in seltenen Fällen kommen Homonymien dann vor, wenn —Anim auch als Sa bei V 1 erscheint („Der Betrieb stellte die Schrauben fest" bedeutet 1. = ‚ermitteln', 2. = ‚mechanisch anziehen').
2. Zu V 1 vgl. Anm. 1 zu „konstatieren".

herstellen

I. herstellen$_{2+(1)=3}$ (V 1 = produzieren)
II. herstellen → Sn, Sa, (pS)
III. Sn → 1. Hum (*Der Mann* stellt Besen her.)
             2. Abstr (als Hum) (*Der Betrieb* stellt Öfen her.)
Sa → —Anim (Der Betrieb stellt *Werkzeug* her.)
p = aus,
pSd → —Anim (Mat) (Der Arbeiter stellt *aus Zement Beton* her.)

I. herstellen$_2$ (V 2 = schaffen)
II. herstellen → Sn, Sa
III. Sn → 1. Hum (*Der Redner* stellte den Zusammenhang her.)
             2. Abstr (als Hum) (*Der Staat* stellte die diplomatischen Beziehungen her.)
             3. Abstr (*Dieser Gedanke* stellt den Zusammenhang her.)
Sa → Abstr (Die Polizei stellt *die Ruhe* her.)

Anmerkung:
Zwischen Sa und pSd bei V 1 besteht echte semantische Übereinstimmung. Beides ist nur als —Anim möglich. Deshalb ist pS auf die erste Variante beschränkt.

nachstellen

I. nachstellen$_{2+(1)=3}$ (V 1 = zurückstellen, eichen)
II. nachstellen → Sn, Sa, (pS)
III. Sn → Hum (*Der Uhrmacher* stellte die Uhr nach.)

  Sa →   −Anim (Er stellte *die Waage* nach.)
  p = um,
  pSa →   Abstr (Er stellte die Uhr *um eine Stunde* nach.)

I. nachstellen$_2$ (V2 = verfolgen)
II. nachstellen → Sn, Sd
II. Sn →   1. Hum (*Der Wilderer* stellte dem Wild nach.)
       2. Abstr (als Hum) (*Die Militärjunta* stellte den Demokraten nach.)
  Sd →   +Anim (Er stellt *den Mädchen, den Vögeln* nach.)

vorstellen

I. vorstellen$_2$ (V1 = nach vorn stellen)
II. vorstellen → Sn, Sa
III. Sn →   +Anim (*Der Sportler, das Pferd* stellt den Fuß vor.)
  Sa →   −Anim (Er stellt *das Bein, den Zeiger* vor.)

I. vorstellen$_{2+(1)=3}$ (V2 = bekanntmachen)
II. vorstellen → Sn, Sa, (Sd)
III. Sn →   1. Hum (*Der Direktor* stellt den neuen Kollegen vor.)
       2. Abstr (als Hum) (*Die Regierung* stellt der Presse die neuen Staatssekretäre vor.)
  Sa →   1. Hum (Der Direktor stellt *den neuen Kollegen* vor.)
       2. Abstr (als Hum) (Der Ministerpräsident stellt *die neue Regierung* vor.)
       3. Abstr (Er stellt *seine neue Sinfonie* vor.)
       4. Sa = Sn (Refl) (Er stellt *sich* vor.)
  Sd →   1. Hum (Er stellt *der Dame* den Kollegen vor.)
       2. Abstr (als Hum) (Er stellt *der Regierung* den neuen Botschafter vor.)

I. sich vorstellen$_2$ (V3 = sich denken)
II. sich vorstellen → Sn, Sa/NS$_{daß, w}$
III. Sn →   Hum (*Der Junge* stellt sich seine Zukunft vor.)

Sa →		keine Selektionsbeschränkungen (Er stellt sich einen Räuber, einen Saurier, einen Goldklumpen, die neue Schulleitung, die Zukunft, das Rudern vor.)
NS →		Act (Er stellt sich vor, *daß er schwimmt / wer ihn besuchen könnte.*)

I. vorstellen$_2$ (V 4 = darstellen)
II. vorstellen → Sn, Sa
III. Sn →   Hum (*Der Schauspieler* stellt einen Rebellen vor.)
Sa →   Hum (Der Sänger stellt *einen Diener* vor.)

Anmerkungen:
1. Wenn bei V 1 Sn → +Anim (−Hum), bleibt Sa beschränkt auf wenige Wörter wie Fuß, Huf, Bein u. a.
2. Bei V 2 bleibt Sa → Abstr beschränkt auf Geistesprodukte.
3. Bei V 4, aber auch bei V 2 (außer Sa → Abstr und Refl) liegt echte semantische Identität der einzelne Mitspieler untereinander vor.

prüfen

I. prüfen$_{2+(1)=3}$
II. prüfen → Sn, Sa/NS$_{ob, w}$, (pS)
III. Sn →   1. +Anim (*Der Jäger, der Hund* prüft die Witterung.)
  2. −Anim (*Das Gerät* prüft den Luftdruck.)
  3. Abstr (als Hum) (*Die Regierung* prüft den Vertrag.)
  4. Abstr (*Das Leben* prüft ihn.)
Sa →   1. +Anim (Er prüft *den Lehrling, das Pferd.*)
  2. −Anim (Er prüft *das Gerät.*)
  3. Abstr (Er prüft *seine Argumente.*)
NS →   Act (Er prüft, *ob die Argumente stimmen / wer fährt.*)
p = auf,
pSa →   Abstr (Er prüft das Gerät *auf Genauigkeit.*)

Anmerkung:
pS ist als fakultativer Mitspieler nur möglich, wenn der 2. Mitspieler Sa ist, aber nicht, wenn der 2. Mitspieler NS ist.

konstatieren

I. konstatieren₂
II. konstatieren → Sn, Sa/NS_daß
III. Sn →   1. Hum (*Der Arzt* konstatiert eine Veränderung an dem Kranken.)
          2. Abstr (als Hum) (*Die Kommission* konstatiert eine Veränderung an dem Kranken.)
   Sa →   Abstr (Die Kommission konstatiert *eine Veränderung* an dem Kranken.)
   NS →   Act (Er konstatiert, *daß der Patient an dieser Krankheit gestorben ist.*)

Anmerkung:
Vgl. dazu „feststellen" V 1. Im Unterschied dazu läßt „konstatieren" Sa nicht als Hum oder −Anim, sondern nur als Abstr und meist in Verbindung mit pS zu und schränkt NS mehr ein.

beteuern

I. beteuern₂₊₍₁₎₌₃
II. beteuern → Sn, Sa/NS_daß/Inf, (Sd)
III. Sn →   1. Hum (*Der Angeklagte* beteuerte seine Unschuld.)
          2. Abstr (als Hum) (*Die Militärjunta* beteuerte ihre Legitimität.)
   Sa →   Abstr (Er beteuerte *seine Unschuld.*)
   Sd →   1. Hum (Der Angeklagte beteuerte *dem Richter* seine Unschuld.)
          2. Abstr (als Hum) (Er beteuerte *der Regierung* seine Loyalität.)
   NS →   Act (Sie beteuerte, *daß sie ihn nicht gesehen hätte.*)
   Inf →   Act (Sie beteuerte, *ihn nicht gesehen zu haben.*)

darstellen

I. darstellen₂ (V 1 = wiedergeben, interpretieren)
II. darstellen → Sn, Sa/NS_daß, w
III. Sn →   1. Hum (*Der Künstler* stellt einen römischen Kaiser dar.)

	2. Abstr (als Hum) (*Das Institut* stellt seine Problematik dar.)
	3. −Anim (*Das Gemälde* stellt ein Mädchen, *das Haus* ein Meisterwerk dar.)
Sa →	keine Selektionsbeschränkungen (Der Künstler stellt *seinen Freund, einen Schwan, die Familie, eine Frucht, eine Idee, die Ermordung Cäsars* dar.)
NS →	Act (Er stellt dar, *daß Tell dem Landvogt gegenübertrat / wer dem Landvogt gegenübertrat.*)

I. sich darstellen$_{2+(1)-3}$ (V2 = sich darbieten)
II. sich darstellen → Sn, pS, (Sd)

III. Sn →	−Anim (*Die Landschaft* stellt sich als ein zerklüftetes Gebirge dar.)
p = als,	
pSn →	−Anim (Die Landschaft stellt sich *als ein zerklüftetes Gebirge* dar.)
Sd →	Hum (Die Landschaft stellt sich *dem Betrachter* als ein zerklüftetes Gebirge dar.)

repräsentieren

I. repräsentieren$_2$
II. repräsentieren → Sn, Sa

III. Sn →	keine Selektionsbeschränkungen (*Der Diplomat* repräsentiert seinen Staat, *der Pudel* seine Klasse, *die Akademie* die Wissenschaft, *das Haus* einen hohen Wert, *das Humanitätsideal* die Dichtung der Goethezeit, *das Tanzen* die Volkskunst.)
Sa →	1. Abstr (als Hum) (Der Lehrer repräsentiert *seine Schule.*)
	2. Abstr (Das Haus repräsentiert *einen großen Wert.*)

Anmerkung:
Sobald „repräsentieren" Sn als Hum hat und mit den Modalverben „können", „sollen", „wollen", „müssen" verwendet wird, erscheint es auch ohne weiteren Mitspieler: „Der Diplomat muß repräsentieren".

sitzen

I. sitzen$_{1+(1)=2}$ (V1 = sich im sitzenden Zustand befinden)
II. sitzen → Sn, (pS)
III. Sn → Hum (*Das Kind* sitzt.)
   p = auf, vor, unter ... (lokale Präpositionen),
   pSd → Loc (Er saß *unter dem Vordach*.)

I. sitzen$_2$ (V2 = passen)
II. sitzen → Sn, Adj
III. Sn → −Anim (Kleidungsstücke) (*Der Anzug* sitzt.)
   Adj → Adj (Das Kleid sitzt *bequem*.)

I. sitzen$_2$ (V3 = sich befinden)
II. sitzen → Sn, pS
III. Sn → 1. Hum (*Der Alte* sitzt zu Hause.)
   2. −Anim (*Der Nagel* sitzt in der Wand.)
   p = in, auf, zu ... (lokale Präpositionen),
   pSd → 1. Loc (Das Messer saß *im Herzen*.)
   2. Ø (Der Verbrecher sitzt.)

Anmerkungen:
1. Nur vereinzelt erscheint in übertragener Bedeutung Sn als −Anim („*Der Splitter* sitzt unter dem Nagel") oder Abstr („*Die Angst* saß ihm im Nacken").
2. Wenn der 2. Mitspieler eliminiert ist, ist er unabhängig vom Kontext eindeutig mitgedacht: „Der Dieb sitzt" (= V 3 im Gefängnis), „Der Anzug sitzt" (= V 2 gut).

besitzen

I. besitzen$_2$
II. besitzen → Sn, Sa
III. Sn → 1. Hum (*Der Arzt* besitzt ein Haus.)
   2. Abstr (als Hum) (*Das Institut* besitzt mehrere Personenwagen.)
   Sa → 1. ±Anim (Er besitzt *mehrere Freunde, mehrere Tiere, mehrere Häuser*.)
   2. Abstr (−Art) (Er besitzt *Mut, Kraft, Ausdauer*.)

stehen

I. stehen₁₊₍₁₎₋₂ (V1 = in aufrechter Haltung, auf den Füßen sein)
II. stehen → Sn, (pS)
III. Sn →   Hum (*Der Schüler* steht.)
    p = an, auf, in . . . (lokale Präpositionen),
    pSd →   Loc (Er steht *unter dem Vordach*.)

I. stehen₂ (V2 = fungieren als)
II. stehen → Sn, Sa
III. Sn →   1. Hum (*Der Freund* steht Pate.)
                       2. Abstr (als Hum) (*Der Betrieb* steht Pate.)
    Sa →   Abstr (−Art) (Die Freunde stehen *Wache, Posten,*
                         Modell, Schlange.)

I. stehen₁ (V3 = unbeweglich, fest sein)
II. stehen → Sn
III. Sn →   −Anim (*Die Uhr, der Motor* steht.)

I. stehen₃ (V4 = kleiden)
II. stehen → Sn, Sd, Adj
III. Sn →   1. −Anim (*Das Kleid* steht dem Mädchen schlecht.)
                       2. Abstr (*Die Farbe* steht ihm gut.)
    Sd →   Hum (Der Hut steht *ihr* ausgezeichnet.)
    Adj →   Mod (Diese Farbe steht ihr *vorzüglich*.)

I. stehen₂ (V5 = festgelegt sein, anzeigen)
II. stehen → Sn, pS
III. Sn →   1. −Anim (*Das Barometer* steht auf Regen.)
                       2. Abstr (*Der Akkusativ* steht auf die Frage „Wo-
                            hin?".)
    p = auf,
    pSa →   Abstr (*Auf Mord* steht die Todesstrafe.)

I. stehen₂ (V6 = sich befinden)
II. stehen → Sn, pS

III. Sn → keine Selektionsbeschränkungen (*Der Lehrer, der Hund, der Betrieb, das Denkmal, das Problem, das Schwimmen* steht zur Diskussion.)
p = zu,
pSd → Abstr (Die Maschinen stehen *zur Verfügung*.)

Anmerkungen:
1. Bei V 4 kann Adj wegfallen, da unabhängig von Kontext eindeutig (= gut).
2. Bei V 2 ist Sa auf die genannten Beispiele beschränkt. Ebenso sind die Möglichkeiten für Sn bei V 3, V 4 und V 5 äußerst beschränkt: bei V 3 z. B. auf bewegliche Objekte, bei V 4 auf Farben, Kleidungsstücke und Schmuckgegenstände.

bestehen

I. bestehen$_2$ (V1 = vorhanden sein, existieren)
II. bestehen → Sn, pS
III. Sn → Abstr (als Hum) (*Das Institut* bestand schon lange.)
p = alle lokalen und temporalen Präpositionen,
pS → 1. Loc (Die Konsumgenossenschaft bestand *in dieser Stadt*.)
2. Temp (Die Organisation besteht *seit 2 Jahren*.)

I. bestehen$_2$ (V2 = mit Erfolg absolvieren)
II. bestehen → Sn, Sa
III. Sn → +Anim (*Der Ringer, der Bär* bestand den Kampf.)
Sa → Abstr (Er bestand *die Prüfung*.)

I. bestehen$_2$ (V3 = sich bewähren)
II. bestehen → Sn, pS
III. Sn → Hum (*Der Kassierer* besteht vor der Kommission.)
p = vor,
pSd → 1. Hum (Er besteht *vor seinen Kollegen*.)
2. Abstr (als Hum) (Er besteht *vor der Polizei*.)
3. Abstr (Er besteht *vor seinem Gewissen*.)

I. bestehen$_2$ (V4 = insistieren)
II. bestehen → Sn, pS/NS$_{daß}$/Inf

III. Sn → Hum (*Der Kollege* besteht auf seiner Forderung.)
p = auf,
pSd → Abstr (Er besteht *auf seiner Bitte*.)
NS → Act (Er besteht darauf, *daß das Fenster offen bleibt*.)
Inf → Act (Er besteht darauf, *das Fenster zu öffnen*.)

I. bestehen$_2$ (V 5 = begründet liegen)
II. bestehen → Sn, pS/NS$_{daß}$/Inf
III. Sn → Abstr (*Der Grundgedanke* besteht in wenigen Sätzen.)
p = in,
pSd → Abstr (Das Problem besteht *in der Hitzeentwicklung*.)
NS → Act (Das Problem besteht darin, *daß Hitze entwickelt werden muß*.)
Inf → Act (Das Problem besteht darin, *Hitze zu entwickeln*.)

I. bestehen$_2$ (V 6 = zerfallen in)
II. bestehen → Sn, pS
III. Sn → 1. −Anim (*Das Buch* besteht aus drei Teilen.)
2. Abstr (*Die Begründung* besteht aus drei Kerngedanken.)
p = aus,
pSd → 1. −Anim (Luft besteht *aus Sauerstoff und Stickstoff*.)
2. Abstr (Das Referat besteht *aus drei Teilen*.)

Anmerkung:
Bei V 2 ist Sa → Abstr beschränkt auf Wörter wie Prüfung, Bewährung, Probe u. ä.,
bei V 3 ist pSd → Abstr beschränkt auf Wörter wie Gesetz, Anspruch, Geschichte u. a.

verstehen

I. verstehen$_2$ (V 1 = hören, begreifen)
II. verstehen → Sn, Sa/NS$_{daß, w}$
III. Sn → 1. Hum (*Der Patient* versteht den Arzt.)
2. Abstr (als Hum) (*Die Hochschule* versteht den Beschluß.)

Sa → 1. Hum (Er versteht *den Ansager.*)
2. Abstr (als Hum) (Der Lehrer versteht *das Ministerium.*)
3. Abstr (Er versteht *die Musik.*)
4. Act (Er versteht *das Singen.*)

NS → Act (Er versteht, *daß er zu helfen hat / wem er zu helfen hat.*)

I. verstehen$_2$ (V 2 = können, gelernt haben)
II. verstehen → Sn, Sa/Inf
III. Sn → Hum (*Der Student* versteht Russisch.)
Sa → 1. Abstr (Er versteht *zwei Sprachen.*)
2. Act (Er versteht *das Angeln.*)
Inf → Act (Er versteht *zu angeln.*)

I. verstehen$_2$ (V 3 = unnütz herumstehen)
II. verstehen → Sn, Sa
III. Sn → Hum (*Die Frau* versteht ihre Zeit.)
Sa → Temp (Er versteht *den ganzen Tag.*)

I. sich verstehen$_{2+(1)=3}$ (V 4 = gleicher Meinung sein)
II. sich verstehen → Sn, p$_1$S, (p$_2$S)
III. Sn → Hum (*Der Lehrer* versteht sich mit der Klasse.)
p$_1$ = mit,
p$_1$Sd → Hum (Das Kind versteht sich *mit dem Vater.*)
p$_2$ = in,
p$_2$Sd → Abstr (Der Redner versteht sich mit seinen Zuhörern *in diesem Problem.*)

I. sich verstehen$_1$ (V 5 = selbstverständlich sein)
II. sich verstehen → Sn/NS$_{daß}$
III. Sn → 1. Abstr (*Anstand* versteht sich.)
2. Act (*Sein Kommen* versteht sich.)
NS → Act (Es versteht sich, *daß er sich entschuldigt.*)

Anmerkungen:

1. Unter V 1 sind zwei Bedeutungen zusammengefaßt: 1. = ‚hören' (konkret), 2. = ‚begreifen', ‚erfassen' (abstrakt). Entsprechend sind die meisten Sätze homonym schon innerhalb von V 1 („Der Patient versteht den Arzt", „Die Klasse versteht den Lehrer").

2. Zusätzliche Homonymien treten auf zwischen V 1 und V 2, vor allem wenn Sa → Act ist: „Er versteht *das Fechten*" kann bedeuten 1. = ‚begreift es in seinen Spielregeln' (V 1), 2. = ‚kann es praktisch' (V 2). Im zweiten Falle ist es substituierbar durch Inf, im ersten nicht.

3. Bei V 1 ist Sa → Act beschränkt auf Substantive, die Akustisches meinen (Singen, Brüllen, Rufen u. a.); wenn manuelle oder intellektuelle Fertigkeiten gemeint sind, verschiebt sich die Bedeutung zu V 2 („Er versteht *das Hobeln*").

4. Zwischen V 1 und V 3 entstehen Homonymien („Die Frau versteht ihre Zeit").

5. Bei V 4 ist p_1S nur obligatorisch, wenn Sn im Sing. steht. Es wird fakultativ, wenn Sn im Plural steht: *Die Mutter versteht sich in dieser Frage. Aber: *Die Eltern* verstehen sich in dieser Frage.

entstehen

I. entstehen$_{1+(1)=2}$
II. entstehen → Sn, (pS)
III. Sn →   1. Abstr (als Hum) (*Ein neuer Betrieb* entstand.)
            2. −Anim (*Ein neues Gebäude* entstand.)
            3. Abstr (*Eine Krankheit, eine falsche Meinung* entstand.)

p = aus,
pSd →   1. Hum (Eine Arbeitsgemeinschaft entstand *aus den Mitarbeitern.*)
            2. −Anim (Kochsalz entsteht *aus Salzsäure und Natronlauge.*)
            3. Abstr (Die Liebe entstand *aus der Freundschaft.*)

Anmerkung:
Die Kategorien von Sn und pS auf Stufe III müssen sich entsprechen.

entwickeln

I. entwickeln$_2$ (V 1 = heranbilden, entfalten, darlegen, ausbilden)
II. entwickeln → Sn, Sa
III. Sn →   1. Hum (*Der Lehrer* entwickelt seine Schüler.)
            2. Abstr (als Hum) (*Die Hochschule* entwickelt ausgezeichnete Spezialisten.)
            3. Act (*Lernen* entwickelt die Denkfähigkeit.)
    Sa →   1. Hum (Das Studium entwickelt *den Menschen.*)
            2. Abstr (Er entwickelte *große Fähigkeiten.*)

I. entwickeln$_2$ (V2 = hervorbringen, erreichen)
II. entwickeln → Sn, Sa
III. Sn →   −Anim (*Das schmelzende Metall* entwickelt eine hohe Temperatur.)
    Sa →   Abstr (Die Rakete entwickelt *eine hohe Geschwindigkeit*.)

I. entwickeln$_2$ (V3 = konstruieren, sichtbar machen)
II. entwickeln → Sn, Sa
III. Sn →   Hum (*Der Techniker* entwickelte ein neues Gerät.)
    Sa →   −Anim (Er entwickelte *einen Film*.)

I. sich entwickeln$_{1+(2)=3}$ (V4 = wachsen)
II. sich entwickeln → Sn, (p$_1$S), (p$_2$S)
III. Sn →   1. +Anim (*Das Kind, die Larve* entwickelte sich.)
                   2. Abstr (als Hum) (*Das Institut* entwickelt sich.)
                   3. Abstr (*Die Freundschaft* entwickelte sich.)
                   4. Act (*Das Wandern* entwickelte sich.)
    p$_1$ = aus,
    p$_1$Sd →   1. +Anim (*Aus dem Mädchen* entwickelt sich eine Frau, *aus dem Engerling* ein Maikäfer.)
                   2. Abstr (als Hum) (*Aus der Abteilung* entwickelt sich ein Institut.)
                   3. Abstr (*Aus dem Mitleid* entwickelt sich die Liebe.)
    p$_2$ = zu,
    p$_2$Sd →   1. +Anim (Das Mädchen entwickelt sich *zur Frau*.)
                   2. Abstr (als Hum) (Die Abteilung entwickelt sich *zum Institut*.)
                   3. Abstr (Ihr Gefühl entwickelte sich aus Mitleid *zur Liebe*.)

liegen

I. liegen$_{1+(1)=2}$ (V1 = in liegender Haltung sein)
II. liegen → Sn, (pS)
III. Sn →   +Anim (*Das Kind, das Pferd* liegt.)
    p = an, auf, in ... (lokale Präpositionen),
    pSd →   Loc (Das Ferkel liegt *im Stroh*.)

I. liegen₂ (V2 = sich befinden)
II. liegen → Sn, pS
III. Sn → 1. Hum (*Die Ehegatten* liegen in Scheidung.)
2. Abstr (als Hum) (*Das Institut* liegt an der Spitze.)
3. −Anim (Loc) (*München* liegt an der Isar.)
4. −Anim (Fahrzeuge) (*Das Schiff* liegt am Kai.)
p = an, auf, in ... (lokale Präpositionen),
pSd → 1. Loc (Der Kahn liegt *am Ufer*.)
2. Abstr (Die Mannschaft liegt *am Schluß des Feldes*.)

I. liegen₂ (V3 = sein)
II. liegen → Sn, Adj
III. Sn → 1. Hum (*Der Bummelant* liegt schief.)
2. Abstr (*Die Umstände* liegen günstig.)
Adj → Mod (Er liegt *richtig*.)

I. liegen₂ (V4 = begründet sein, bestehen in)
II. liegen → Sn, pS/NS_{daß}
III. Sn → Abstr (*Die Ursache* liegt darin, daß er schweigt.)
p = bei, in
Wenn p = bei,
pSd → 1. Hum (Die Schuld liegt *beim Reiter*.)
2. Abstr (als Hum) (Die Lösung liegt *beim Institut*.)
Wenn p = in,
pSd → Abstr (Das Problem liegt *in den ungenauen Voraussetzungen*.)
NS → Act (Das Problem besteht darin, *daß er die Voraussetzungen nicht geklärt hat*.)

I. liegen₂ (V5 = passen, angemessen sein)
II. liegen → Sn/Inf, Sd
III. Sn → 1. Abstr (*Die Rolle* liegt dem Schauspieler.)
2. Act (*Das Singen* liegt dem Jungen nicht.)
Inf → Act (*Öffentlich zu singen* liegt dem Jungen nicht.)
Sd → Hum (Das Singen liegt *dem Jungen* nicht.)

I. liegen$_{2+(1)=3}$ (V6 = interessiert sein, sich interessieren)
II. liegen → (Sn), Sd, pS/NS$_{daß}$/Inf
III. Sn → unbest Num (Mir liegt *eine Menge, viel, wenig, nichts* an deinem Rat.)
Sd → 1. Hum (*Dem Arzt* liegt nichts an seiner Meinung.)
2. Abstr (als Hum) (*Dem Ministerium* liegt viel an seiner Meinung.)
p = an,
pSd → keine Selektionsbeschränkungen (Mir liegt *an dem Mädchen, an der Katze, an dem Institut, an dem Buch, an seinen Worten, am Turnen.*)
NS → Act (Mir liegt daran, *daß er kommt.*)
Inf → Act (Mir liegt daran, *nicht zu spät zu kommen.*)

I. liegen$_2$ (V7 = sich in / an einem Körperteil oder Kleidungsstück befinden)
II. liegen → Sn, pS
III. Sn → 1. Hum (*Der Sohn* liegt seinem Vater auf der Tasche.)
2. Abstr (*Die Musik* liegt diesem Volk im Blut.)
p = in, auf, an,
pSd → −Anim (Körperteil, Kleidungsstück) (Die Musik liegt ihm *im Blut*, die Angelegenheit *am Herzen.* Er liegt ihm *auf der Tasche.*)

ausruhen

I. ausruhen$_{1+(2)=3}$
II. ausruhen → Sn, (Sa), (pS)
III. Sn → +Anim (*Der Wanderer, das Pferd* ruht aus.)
Sa → 1. Refl (Der Sportler ruht *sich* aus.)
2. −Anim (Körperteil) (Er ruht *seine Beine* aus.)
p = von,
pSd → 1. Abstr (Er ruht sich *von der Anstrengung* aus.)
2. Act (Er ruht sich *vom Schwimmen* aus.)

grenzen

I. grenzen$_2$
II. grenzen → Sn, pS

III. Sn →   1. −Anim (*Das Betriebsgelände* grenzt an eine Straße.)
             2. Abstr (*Seine Furcht* grenzt an Feigheit.)
             3. Act (*Sein Benehmen* grenzt an Feigheit.)
p = an,
pSa →   1. −Anim (Das Grundstück grenzt *an einen Wald.*)
             2. Abstr (Sein Benehmen grenzt *an Unverfrorenheit.*)

Anmerkung:
Wenn Sn → −Anim, dann auch pS → −Anim (= sich berühren); wenn Sn → Abstr oder Act, dann pS → Abstr (−Art) (= gleichkommen).

herrschen

I. herrschen₁₊₍₁₎₌₂
II. herrschen → Sn, (pS)
III. Sn →   1. Hum (In diesem Land herrscht *ein König.*)
             2. Abstr (als Hum) (Im Land herrscht *eine Militärjunta.*)
             3. Abstr (Es herrschte *eine drückende Hitze.*)
p = auf, in, während ... (temporale und lokale Präpositionen); über
pS →   1. Loc (Er herrscht *in / über Spanien.*)
             2. Temp (*Während des Krieges* herrschte Hungersnot.)
             3. Hum (Er herrschte *über viele Bürger.*)

beherrschen

I. beherrschen₂
II. beherrschen → Sn, Sa
III. Sn →   1. Hum (*Das Kind* beherrscht ihn.)
             2. −Anim (*Die Uniform* beherrscht ihn.)
             3. Abstr (*Die Angst* beherrscht ihn.)
Sa →   keine Selektionsbeschränkungen (Er beherrscht *seine Frau, die Löwen, das Institut, das Terrain, die Lektion, das Schwimmen, sich.*)

Anmerkungen:
1. Wenn Sn → −Anim, verschiebt sich meist die Bedeutung zu ‚erreichen' („*Die Geschütze* beherrschen das Tal"). Wenn Sa → −Anim, Abstr oder Act, verschiebt sie sich zu ‚sicher handhaben' („Er beherrscht den Degen, das Einmaleins, das Schwimmen").

2. Refl ist nur möglich, wenn Sn → Hum. Dabei ergibt sich eine leichte Bedeutungsschattierung.

3. Sn → Hum kann gekoppelt werden mit allen Sa, Sa → Hum mit allen angegebenen Sn. Außerdem kann sich Sn → −Anim mit Sa → Abstr und Sn → Abstr mit Sa → Abstr (als Hum) verbinden.

hindern

I. hindern₃
II. hindern → Sn, Sa, pS/NS_{daß}/Inf
III. Sn →   keine Selektionsbeschränkungen (*Der Polizist, der Hund, die Polizei, das Diebesgut, die Unsicherheit, das Bellen* hindert den Einbrecher an der Flucht.)

Sa →   1. +Anim (Der Verkehr hindert *das Kind, den Hund* am Spielen.)
    2. Abstr (als Hum) (Die Umstände hindern *das Amt* an der Ausübung seiner Pflicht.)

p = an,
pSd →   Act (Wir hindern ihn *am Schreiben.*)
NS →   Act (Wir hindern ihn [daran], *daß er schreibt.*)
Inf →   Act (Wir hindern ihn [daran], *den Brief zu schreiben.*)

Anmerkung:

Wenn Sn → −Anim, kann der 3. Mitspieler wegfallen („Die Last hindert mich"); die Bedeutung verschiebt sich dann zu ‚behindern'.

behindern

I. behindern₂
II. behindern → Sn, Sa
III. Sn →   1. Hum (*Das Kind* behindert die Arbeiter.)
    2. −Anim (*Die Koffer* behindern die Leute.)
    3. Abstr (*Die Unsicherheit* behindert den Dieb beim Einbruch.)
    4. Act (*Das Klirren* behindert den Dieb beim Einbruch.)

Sa →   1. ±Anim (Er behindert *den Spieler, den Hund* beim Laufen, *das Auto* beim Ausfahren aus der Garage.)
            2. Act (Er behindert *unsere Arbeit.*)

Anmerkung:
Wenn Sn → Act oder Abstr, ist Sa → Hum.

verhindern

I. verhindern$_2$
II. verhindern → Sn, Sa/NS$_{daß}$
III. Sn →   keine Selektionsbeschränkungen (*Der Kraftfahrer, der Hund, die Polizei, die Verkehrsampel, die Geistesgegenwart, das plötzliche Reagieren* verhindert den Unfall.)
   Sa →   Abstr (Die Sauberkeit verhindert *die Krankheit.*)
   NS →   Act (Die Krankheit verhinderte, *daß er vorankam.*)

hungern

I. hungern$_{1+(1)=2}$
II. hungern → Sn/Sa, (pS/NS$_{daß}$/Inf)
III. Sn →   +Anim (*Der Kranke, der Hund* hungert.)
   Sa →   +Anim (*Mich* hungert. *Den Hund* hungert.)
   p = nach,
   pSd →   Abstr (Er/ihn hungert *nach Liebe.*)
   NS →   Act (Ihn hungert danach, *daß er geliebt wird.*)
   Inf →   Act (Ihn hungert danach, *geliebt zu werden.*)

Anmerkungen:
1. Wenn Sa erscheint und nach dem Verb steht, tritt „es" als Platzhalter vor das Verb, ohne Mitspieler zu sein: „*Es* hungert mich / den Hund".
2. Die Äquivalenz von Sn und Sa als 1. Mitspieler geht so weit, daß der Kasus manchmal kaum noch eindeutig erkennbar ist („*Das Kind* hungert").
3. Der 2. Mitspieler ist nicht möglich, wenn Sn oder Sa → +Anim (−Hum): „*Der Hund hungert nach Liebe*".

aushungern

I. aushungern$_2$
II. aushungern → Sn, Sa
III. Sn →   Hum (*Die Soldaten* hungern die Feinde aus.)
  Sa →   +Anim (Er hungert *den Gegner, den Fuchs* aus.)

verhungern

I. verhungern$_1$
II. verhungern → Sn
III. Sn →   +Anim (*Der Kranke, das Tier* verhungert.)

kämpfen

I. kämpfen$_{1+(2)=3}$
II. kämpfen → Sn, (p$_1$S/NS$_{daß}$/Inf), (p$_2$S/NS$_{daß}$/Inf)
III. Sn →   1. ±Anim (*Der Gladiator, der Löwe* kämpfte mit seinem Gegner, *der Panzer* mit dem Geschütz.)
    2. Abstr (als Hum) (*Das Institut* kämpft um Planstellen.)
    3. Abstr (*Der Fortschritt* kämpft mit der Reaktion.)

  p$_1$ = mit, gegen
  Wenn p$_1$ = mit,
  p$_1$Sd →   1. ±Anim (Er kämpft *mit seinem Gegner, mit dem Löwen, mit dem Panzer*.)
    2. Abstr (als Hum) (Das Institut kämpft *mit dem Nachbarinstitut*.)
    3. Abstr (Der Fortschritt kämpft *mit der Reaktion*.)

  Wenn p$_1$ = gegen,
  p$_1$Sa →   1. ±Anim (Er kämpft *gegen seinen Feind, gegen den Löwen, gegen den Panzer*.)
    2. Abstr (als Hum) (Das Institut kämpft *gegen das Nachbarinstitut*.)
    3. Abstr (Der Fortschritt kämpft *gegen die Reaktion*.)

  NS →   Act (Er kämpft dagegen, *daß er falsch verstanden wird*.)
  Inf →   Act (Er kämpft dagegen, *falsch verstanden zu werden*.)

p₂ = um, für
Wenn p₂ = um,
p₂Sa → keine Selektionsbeschränkungen (Er kämpft *um seinen Freund, um den Hund, um die Abteilung, um den Schrank, um die Idee, um das Schwimmen.*)
Wenn p₂ = für,
p₂Sa → 1. Abstr (Er kämpft mit allen Demokraten *für den Fortschritt.*)
2. Act (Er kämpft *für das Schwimmen.*)
NS → Act (Er kämpft darum/dafür, *daß er anerkannt wird.*)
Inf → Act (Er kämpft darum / dafür, *anerkannt zu werden.*)

Anmerkungen:
1. Wenn p₁ = mit, kann Homonymie eintreten. Der Satz „Der Gladiator kämpft *mit seinem Herrn*" kann bedeuten: 1. = ‚mit ihm zusammen', 2. = ‚gegen ihn'.
2. Wenn p₂ = um und p₂ = für, dann muß Sn → Hum oder Abstr (als Hum) sein.
3. p₂ = um und p₂ = für sind nur identisch, wenn pS → Abstr oder Act ist. Ist dagegen pS → ±Anim, wird ein Bedeutungsunterschied zwischen p₂ = um und p₂ = für empfunden („Er kämpft *um den Freund*" – „Er kämpft *für den Freund*").
4. Beide pS sind kombinierbar (Er kämpft mit ihm um den Titel), aber nur *ein* NS oder Inf ist im Satz möglich.

bekämpfen

I. bekämpfen₂
II. bekämpfen → Sn, Sa
III. Sn → 1. +Anim (*Die Gegner, die Hunde* bekämpfen sich.)
2. Abstr (als Hum) (*Die Staaten* bekämpfen sich.)
Sa → 1. +Anim (Er bekämpft *seine Gegner, die Ratten.*)
2. Abstr (Er bekämpft *den Schlaf.*)
3. Act (Er bekämpft *das Rauchen.*)

erkämpfen

I. erkämpfen₂
II. erkämpfen → Sn, Sa

III. Sn → 1. Hum (*Der Reiter* erkämpft den Sieg.)
2. Abstr (als Hum) (*Das Institut* erkämpft den Sieg.)
Sa → 1. −Anim (Er erkämpft *die Medaille*.)
2. Abstr (Er erkämpft *den Sieg*.)

Anmerkung:
Zum Verhältnis zu „erzielen" vgl. Anm. zu „erzielen".

siegen

I. siegen$_{1+(1)=2}$
II. siegen → Sn, (pS)
III. Sn → 1. Hum (*Der Sportler* siegte.)
2. Abstr (als Hum) (*Die Antihitlerkoalition* siegte.)
3. Abstr (*Die beste Idee* siegte.)

p = gegen, über,
pSa → 1. Hum (Er siegte *gegen, über seine Herausforderer*.)
2. Abstr (als Hum) (Die Sowjetunion siegte *gegen/über das faschistische Deutschland*.)
3. Abstr (Er siegte *gegen / über die große Übermacht*.)

erreichen

I. erreichen$_2$
II. erreichen → Sn, Sa
III. Sn → 1. ±Anim (*Der Reiter, das Pferd* erreicht das Ziel, *der Brief* den Empfänger.)
2. Abstr (als Hum) (*Das Institut* erreicht sein Ziel.)
Sa → 1. ±Anim (Wir erreichen *den Lehrer, die Viehherde, den Zug*.)
2. Abstr (als Hum) (Wir erreichen *die Polizei*.)
3. Abstr (Wir erreichen *das Ziel*.)

Anmerkung:
Zum Verhältnis zu „erzielen" vgl. Anm. zu „erzielen".

erringen

I. erringen₂
II. erringen → Sn, Sa
III. Sn →   1. +Anim (*Der Sportler, das Pferd* erringt den Sieg.)
2. Abstr (als Hum) (*Das Institut* erringt Erfolge.)
3. Abstr (*Das Gute* erringt den Sieg.)
  Sa →   1. −Anim (Er erringt *den Pokal*.)
2. Abstr (Er erringt *den Sieg*.)

Anmerkungen:
1. Wenn Sn → Abstr, dann ist auch Sa nur als Abstr möglich („*Das Gute erringt *den Pokal*").
2. Zum Verhältnis zu „erzielen" vgl. Anm. zu „erzielen".

erzielen

I. erzielen₂
II. erzielen → Sn, Sa
III. Sn →   1. Hum (*Der Bauer* erzielte hohe Erträge.)
2. Abstr (als Hum) (*Die Firma* erzielte hohe Erträge.)
  Sa →   Abstr (Er erzielt *einen Rekord*.)

Anmerkung:
Sätze wie „Der Bauer erzielte *10 Zentner Kartoffeln pro Hektar*" (Sa → −Anim) sind kaum möglich, allenfalls als Ersatz von Abstr (einen Ertrag von ...); das scheint „erzielen" von „erringen", „erkämpfen" und „erreichen" zu unterscheiden.

befreien

I. befreien₂₊₍₁₎₌₃
II. befreien → Sn, Sa, (pS)
III. Sn →   1. +Anim (*Die Soldaten* befreien die Gefangenen. *Der Hund* befreit sich.)
2. Abstr (als Hum) (*Die Bewegung* befreite das Land vom Kolonialismus.)

Sa →		1. +Anim (Er befreit *den Gefangenen, den Hund* aus seiner Lage.)
		2. Refl (Er befreit *sich*.)
p = aus, von,		
Wenn p = aus,		
pSd →		1. −Anim (Er befreit ihn *aus dem Eisen, aus dem Gefängnis*.)
		2. Abstr (Er befreit ihn *aus seiner Lage, aus der Gefangenschaft*.)
Wenn p = von,		
pSd →		1. Hum (Er befreit ihn *von den Feinden*.)
		2. Abstr (Er befreit ihn *von den Schulden*.)

gewinnen

I. gewinnen$_{1+(1)=2}$ (V1 = erhalten, erwerben, siegen)
II. gewinnen → Sn, (Sa)
III. Sn → +Anim (*Der Freund, das Pferd* gewinnt.)
    Sa → 1. ±Anim (−Hum) (Er gewann *eine Gans, den Kühlschrank*.)
           2. Act (Er gewann *das Rennen*.)

I. gewinnen$_{2+(1)=3}$ (V2 = herstellen)
II. gewinnen → Sn, Sa, (pS)
III. Sn → 1. Hum (*Der Chemiker* gewinnt Zinksulfat.)
            2. Abstr (als Hum) (*Der Betrieb* gewinnt Kohle.)
    Sa → −Anim (Mat) (Der Betrieb gewinnt *Kohle*.)
    p = aus,
    pSd → −Anim (Mat) (Man gewinnt Alkohol *aus Trauben*, Mehl *aus Getreide*.)

I. gewinnen$_3$ (V3 = verschaffen)
II. gewinnen → Sn, Sa, Sd
III. Sn → 1. −Anim (*Das Buch* gewinnt ihm viele Freunde.)
            2. Abstr (*Seine Intelligenz* gewinnt ihm viele Freunde.)
            3. Act (*Das Fußballspielen* gewinnt ihm viele Freunde.)

Sa →	Hum (Das Fußballspielen gewinnt ihm *viele Freunde.*)
Sd →	1. Hum (Das Spiel gewann *dem Schiedsrichter* viele Freunde.)
	2. Abstr (als Hum) (Die Vortragsreihe gewann *der Akademie* viele Freunde.)

I. gewinnen$_{2+(1)=3}$ (V4 = erreichen, zunehmen)
II. gewinnen → Sn, Sa/p$_1$S, (p$_2$S)

III. Sn →	keine Selektionsbeschränkungen (*Der Minister, der Hund, die Akademie, seine Idee, das Turnen, das Buch* gewann an Ansehen, Einfluß, Bedeutung.)
Sa →	1. Hum (Er gewann *den Freund.*)
	2. Abstr (Er gewann *den Einfluß.*)
p$_1$ = an,	
p$_1$Sd →	1. Hum (−Art) (Er gewann *an Freunden.*)
	2. Abstr (−Art) (Er gewann *an Einfluß.*)
p$_2$ = durch,	
p$_2$Sa →	keine Selektionsbeschränkungen (Er gewann *durch seine Frau, durch seine Reitpferde, durch die Akademie, durch seine Bücher, durch seine Freigebigkeit, durch das Autorennen* an Ansehen.)

Anmerkungen:
1. Bei V 1 ist nur vereinzelt als Sn Abstr möglich („*Jedes Los* gewinnt").
2. V 4 kann als passivische Umkehrung von V 3 verstanden werden: „Das Fußballspielen gewann ihm viele Freunde" – „Er gewann *durch das Fußballspielen* die Freunde/an Freunden".

sich bemächtigen

I. sich bemächtigen$_2$
II. sich bemächtigen → Sn, Sg

III. Sn →	1. Hum (*Der Dieb* bemächtigte sich des Geldes.)
	2. Abstr (*Große Freude* bemächtigt sich der Menschen.)

Sg → ±Anim (Der Fremde bemächtigt sich *des Kindes, des Hundes.* Er bemächtigte sich *des Buches.*)

Anmerkung:
Wenn Sn → Abstr, kann als Sg nur Hum erscheinen („*Die Freude bemächtigte sich *des Schrankes*").

weichen

a) weichen, weichte, hat geweicht (= weich werden)

I. weichen$_1$
II. weichen → Sn
III. Sn → −Anim (Mat) (*Die Wäsche* weicht.)

b) weichen, wich, ist gewichen (= verdrängt werden)

I. weichen$_{1+(1)=2}$
II. weichen → Sn, (Sd/pS)
III. Sn → 1. Hum (*Der Soldat* weicht.)
  2. Abstr (*Der Schmerz* weicht.)
 Sd → 1. Hum (Der Soldat weicht *dem Gegner.*)
  2. Abstr (Die Sanftmut weicht *der Gewalt.*)
 p = vor; von, aus
 Wenn p = vor,
 pSd → 1. Hum (Er weicht *vor dem Feind.*)
  2. Abstr (Er weicht *vor der Übermacht.*)
 Wenn p = von, aus,
 pSd → Loc (Er weicht *von der Stelle.* Das Blut weicht *aus ihrem Gesicht.*)

Anmerkung:
Wenn Sn → Abstr, kann Sd nicht Hum sein („*Die Gewalt weicht *dem Soldaten*").

kaufen

I. kaufen$_2$
II. kaufen → Sn, Sa

III. Sn → 1. Hum (*Das Kind* kauft Brot.)
           2. Abstr (als Hum) (*Der Staat* kauft Südfrüchte.)
Sa →   1. ±Anim (−Hum) (Er kauft *Pferde, Bücher*.)
           2. Abstr (Er kauft *die Lizenz*.)

Anmerkung:
Erscheint als Sa → Hum, dann hat „kaufen" heute meist die Bedeutung von ‚bestechen': „Er kaufte den Zeugen".

einkaufen

I. einkaufen$_{1+(1)=2}$
II. einkaufen → Sn, (Sa)
III. Sn → 1. Hum (*Die Mutter* kauft ein.)
           2. Abstr (als Hum) (*Der Betrieb* kauft neue Maschinen ein.)
Sa →   ±Anim (−Hum) (Er kauft *neue Pferde, Fleisch* ein.)

verkaufen

I. verkaufen$_{2+(1)=3}$
II. verkaufen → Sn, Sa, (Sd/pS)
III. Sn → 1. Hum (*Der Besitzer* verkauft das Haus.)
           2. Abstr (als Hum) (*Die Gesellschaft* verkauft das Haus.)
Sa →   1. ±Anim (−Hum) (Er verkauft *seine Pferde, seine Grundstücke*.)
           2. Abstr (Er verkauft *die Lizenz*.)
Sd →   1. Hum (Er verkauft *dem Nachbar* den Garten.)
           2. Abstr (als Hum) (Er verkauft *der Genossenschaft* das Haus.)
p = an,
pSa →   1. Hum (Er verkauft das Haus *an den Nachbar*.)
           2. Abstr (als Hum) (Er verkauft das Haus *an die Genossenschaft*.)

bezahlen

I. bezahlen$_{2+(2)=4}$
II. bezahlen → Sn, Sa, (Sd/p$_1$S), (p$_2$S)
III. Sn → 1. Hum (*Der Gast* bezahlt das Fahrgeld.)
2. Abstr (als Hum) (*Das Institut* bezahlt das Fahrgeld.)
Sa → 1. ±Anim (Er bezahlt *den Fahrer, den Vogel, das Brot.*)
2. Abstr (Er bezahlt *den Preis.*)
3. Act (Er bezahlt *den Eintritt.*)
Sd → 1. Hum (Ich bezahle *dem Freund* die Bücher.)
2. Abstr (als Hum) (Ich bezahle *dem Institut* die Bücher.)
p$_1$ = an,
p$_1$Sa → 1. Hum (Ich bezahle das Geld *an den Freund.*)
2. Abstr (als Hum) (Ich bezahle das Geld *an das Institut.*)
p$_2$ = von, mit,
p$_2$Sd → Abstr (Ich bezahle das Buch an den Freund *vom nächsten Gehalt.* Er bezahlt den Verrat *mit seinem Leben.*)

Anmerkungen:

1. Sa kann auch → Ø werden („Er bezahlt"). Trotzdem bleibt das Verb dabei zweiwertig, da Sa unabhängig vom Kontext mitgedacht ist (= die Rechnung).
2. Im Satz „Ich bezahle *dir* das Essen" ist Sd homonym: 1. = ‚an dich' (dann fakultativer Mitspieler), 2. = ‚für dich', ‚an deiner Stelle' (dann freie Angabe).
3. Wenn p = an, ist pS semantisch äquivalent mit Sd („Ich bezahle *an ihn* das Geld" – „Ich bezahle *ihm* das Geld").

einzahlen

I. einzahlen$_{2+(1)=3}$
II. einzahlen → Sn, Sa, (pS)
III. Sn → 1. Hum (*Der Mann* zahlt die Miete ein.)
2. Abstr (als Hum) (*Der Betrieb* zahlt die Miete ein.)
Sa → −Anim (Er zahlt *das Geld* ein.)
p = auf,
pSd → Hum (Er zahlt das Geld *auf der Bank* ein.)

abheben

I. abheben$_{2+(1)=3}$ (V1 = wegnehmen, herunternehmen)
II. abheben → Sn, Sa, (pS)
III. Sn →   1. Hum (*Der Kunde* hebt das Geld ab.)
                2. Abstr (als Hum) (*Der Betrieb* hob alles Geld ab.)
   Sa →   −Anim (Er hebt *Geld* ab.)
   p = von,
   pSd →   1. −Anim (Er hebt den Deckel *vom Topf* ab.)
                2. Abstr (Er hebt Geld *von seinem Konto* ab.)

I. abheben$_{1+(1)=2}$ (V2 = starten)
II. abheben → Sn, (pS)
III. Sn →   ±Anim (Hum) (*Der Vogel, das Flugzeug* hebt vom
                     Boden ab.)

I. sich abheben$_{1+(1)=2}$ (V3 = kontrastieren, sich abzeichnen)
II. sich abheben → Sn, (pS)
III. Sn →   −Anim (*Der Turm* hebt sich deutlich ab.)
   p = von,
   pSd →   −Anim (Der Turm hebt sich *vom Horizont* ab.)
   p = gegen,
   pSa →   −Anim (Das Flugzeug hebt sich *gegen die*
                     Wolken ab.)

Anmerkung:
Bei V 2 bleibt Sn beschränkt auf große Vögel und Flugzeuge.

sparen

I. sparen$_{1+(2)=3}$
II. sparen → Sn, (Sa/p$_1$S), (p$_2$S)
III. Sn →   1. Hum (*Der Student* spart.)
                2. Abstr (als Hum) (*Die Universität* spart.)
                3. Abstr (*Freundlichkeit* spart Mühe.)
   Sa →   1. −Anim (Er spart *sein Geld.*)
                2. Abstr (Er spart *seine Worte.*)

$p_1 =$ an,
$p_1 Sd \rightarrow$ −Anim (Er spart *an Geld*.)
$p_2 =$ auf,
$p_2 Sa \rightarrow$ 1. −Anim (Er spart *auf ein Auto*.)
                         2. Abstr (Er spart *auf den Urlaub*.)

Anmerkungen:

1. $p_2 S$ ist zu koppeln mit Sa, nicht aber mit $p_1 S$:
Er spart Geld auf ein Auto.
*Er spart an Geld auf ein Auto.
p = *an* meint Objekte des Sparens, p = *auf* meint Zweck des Sparens.
2. Wenn Sn → Abstr, wird ein 2. Mitspieler obligatorisch: *Fleiß* spart.
3. Es kann Sd auftreten, das jedoch frei ist:
Er spart (*ihm*) die Mühe.
Er spart (*sich*) das Geld.

lösen

    I. lösen$_2$ (V 1 = bewältigen, auflösen [abstrakt])
    II. lösen → Sn, Sa
    III. Sn →   1. Hum (*Der Mann* löst die Ehe.)
                       2. Abstr (als Hum) (*Die Regierung* löst die Probleme.)
      Sa →   Abstr (Er löst *die Verbindung*.)

    I. lösen$_{2+(1)=3}$ (V 2 = lockern, losmachen, auflösen [konkret])
    II. lösen → Sn, Sa, (pS)
    III. Sn →   1. Hum (*Der Maurer* löste den Stein.)
                       2. −Anim (*Der Regen* löste das Erdreich.)
                       3. Abstr (*Der Wettereinfluß* löste den Stein.)
                       4. Act (*Das Turnen* löste die Muskeln.)
      Sa →   −Anim (Er löst *die Riemen*.)
      p = in, von,
      pSd →   −Anim (Der Sturm löste Teile des Erdreichs *vom Ufer*.)

    I. sich lösen$_1$ (V 3 = gelöst, bewältigt werden [abstrakt])
    II. sich lösen → Sn
    III. Sn →   Abstr (*Das Problem* löst sich.)

I. sich lösen$_{1+(1)=2}$ (V 4 = gelöst werden, sich ablösen [konkret])
II. sich lösen → Sn, (pS)
III. Sn →   −Anim (*Die Marke* löste sich.)
   p = von,
   pSd →   −Anim (Die Marke löste sich *vom Umschlag*.)

I. sich lösen$_2$ (V 5 = sich trennen)
II. sich lösen → Sn, pS
III. Sn →   1. Hum (*Der Mann* löste sich von der Frau.)
          2. Abstr (als Hum) (*Der Staat* löste sich von der Vergangenheit.)
   p = von,
   pSd →   1. Hum (Er löste sich *von seiner Freundin*.)
          2. Abstr (Er löste sich *von dem Gedanken*.)

Anmerkungen:
1. Zwischen V 1 und V 3 besteht ein Entsprechungsverhältnis (Er löst das Problem – Das Problem löst sich), ebenso zwischen V 2 und V 4 (Er löst den Stein von der Mauer – Der Stein löst sich von der Mauer).
2. Bei V 3 ist pS unmöglich, bei V 4 ist pS fakultativ, bei V 5 obligatorisch (außer den Unterschieden auf Stufe III).

anbinden

I. anbinden$_{2+(1)=3}$ (V 1 = festmachen)
II. anbinden → Sn, Sa, (pS)
III. Sn →   Hum (*Der Bauer* bindet die Kuh an.)
   Sa →   1. +Anim (Der Soldat bindet *den Gefangenen, das Pferd* an.)
          2. −Anim (Der Gärtner bindet *die Blumen* an.)
   p = an,
   pS →   Loc (Er bindet den Hund *an den Zaun* an.)

I. anbinden$_2$ (V 2 = sich mit jemandem anlegen)
II. anbinden → Sn, pS
III. Sn →   1. Hum (*Der Betrunkene* band mit jedem an.)

p = mit,
pSd →

2. Abstr (als Hum) (*Das Terrorregime* band mit dem Sozialismus an.)

1. Hum (Der Betrunkene band *mit dem Wirt* an.)
2. Abstr (als Hum) (Die Militärjunta band *mit dem Nachbarstaat* an.)

verbinden

I. verbinden$_3$ (V 1 = vereinigen)
II. verbinden → Sn, Sa, pS
III. Sn →

1. +Anim (*Der Polizist* verbindet die Suche mit einer Inspektion. *Die Spinne* verbindet ihr Netz mit einem Dachbalken.)
2. −Anim (*Der Kanal* verbindet die beiden Flüsse.)
3. Abstr (*Das Musikstück* verbindet den geselligen Teil des Abends mit dem Vortrag.)
4. Act (*Das Rudern* verbindet ihn mit dem Sport.)

Sa →

1. Hum (Das Turnen verbindet *ihn* mit dem Sport.)
2. Abstr (als Hum) (Die gemeinsame Produktion verbindet *die beiden Betriebe*.)
3. −Anim (Der Kanal verbindet *die Ostsee* mit der Nordsee.)
4. Abstr (Dieser Gedanke verbindet *die Darstellung* mit dem Auditorium.)
5. Act (Er verbindet *das Schwimmen* mit einem Flirt.)

p = mit,
pSd →

1. Hum (Die Arbeit verbindet ihn *mit seinen Kollegen.*)
2. +Anim (Die Kindheit verbindet ihn *mit den Tieren.*)
3. −Anim (Der Kanal verbindet die Havel *mit der Spree.*)
4. Abstr (als Hum) (Die Musik Bachs verbindet viele Menschen *mit Leipzig.*)
5. Abstr (Seine Herkunft verbindet ihn *mit dem Klassenkampf.*)
6. Act (Er verbindet das Schwimmen *mit dem Rudern.*)

I. verbinden$_2$ (V2 = einen Verband anlegen)
II. verbinden → Sn, Sa
III. Sn →   Hum (*Die Schwester* verbindet das Kind.)
    Sa →   1. +Anim (Er verbindet *das Kind, den Hund.*)
                 2. −Anim (Körperteil) (Er verbindet *die Wunde.*)
                 3. Sa = Sn (Refl) (Er verbindet *sich.*)

I. sich verbinden$_{2+(1)=3}$ (V3 = chemisch reagieren)
II. sich verbinden → Sn, p$_1$S, (p$_2$S)
III. Sn →   −Anim (Mat) (*Eisen* verbindet sich mit Sauerstoff zu Rost.)

    p$_1$ = mit,
    p$_1$Sd →   −Anim (Mat) (Kupfer verbindet sich *mit Sauerstoff.*)

    p$_2$ = zu,
    p$_2$Sd →   −Anim (Mat) (Chlor verbindet sich mit Zink *zu Zinkchlorid.*)

Anmerkung:
Bei V 1 ist der 3. Mitspieler nicht obligatorisch, wenn Sa im Plural steht: Die Eisenbahn verbindet *die beiden Städte* (mit der Hauptstadt). Der 3. Mitspieler ist aber immer obligatorisch, wenn Sa im Singular steht: Der Kanal verbindet die Havel *mit der Spree.* Aber: *Der Kanal verbindet den Fluß.

wissen

I. wissen$_2$ (V1 = kennen)
II. wissen → Sn, Sa/pS/NS$_{daß, ob, w}$
III. Sn →   1. Hum (*Mein Freund* weiß den Weg.)
             2. Abstr (als Hum) (*Der Betrieb* weiß einen Ausweg.)
    Sa →   1. ±Anim (Er weiß *einen zuverlässigen Arzt, Hund, ein gutes Lokal.*)

    p = um, von
    Wenn p = um,
    pSa →   1. Abstr (Er weiß *um ihre Sorgen.*)
                 2. Act (Er weiß *um das Schwimmen.*)

    Wenn p = von,
    pSd →   1. Abstr (Er weiß *von dem Unglück.*)
                 2. Act (Er weiß *von dem Training.*)

NS → Act (Er weiß [darum / davon], *daß die Gruppe arbeitet / ob gearbeitet wird / wer arbeitet.*)

I. wissen₂ (V2 = können)
II. wissen → Sn, Inf
III. Sn →   1. Hum (*Der Lehrer* weiß zu handeln.)
            2. Abstr (als Hum) (*Der Kegelklub* weiß zu feiern.) -
            Act (Er weiß *zu diskutieren.*)
Inf →   Act (Er weiß *zu diskutieren.*)

kennen

I. kennen₂ (V1 = wissen)
II. kennen → Sn, Sa
III. Sn →   +Anim (*Mein Freund, der Hund* kennt den Weg.)
   Sa →   keine Selektionsbeschränkungen (Er kennt *die Frau, das Tier, das Ministerium, das Denkmal, die Aufführung, das Kegeln.*)

I. kennen₂ (V2 = haben)
II. kennen → Sn, Sa
III. Sn →   1. Abstr (*Das Entzücken* kennt keine Grenzen.)
            2. Act (*Das Kegeln* kennt genaue Regeln.)
   Sa →   Abstr (Das Vertrauen kennt *Grenzen.*)

Anmerkung:
Aus der Gegenüberstellung von „kennen" und „wissen" – jeweils V 1 – ergeben sich die Unterschiede (wenn pS, NS oder Inf als 2. Mitspieler erscheint) und die Berührungspunkte (wenn Sa erscheint, vor allem als −Anim). Ist Sa → +Anim, ist es bei „wissen" nur beschränkt zulässig. Im allgemeinen entsprechen sich Sa bei „kennen" und pS bei „wissen": „Er kennt *den Vorfall*" – „Er weiß *um den Vorfall*".

erkennen

I. erkennen₂ (V1 = sehen, sinnlich wahrnehmen)
II. erkennen → Sn, Sa

III. Sn →	Hum (*Der Lehrer* erkennt die kleine Schrift.)
Sa →	±Anim (Er erkannte *einen Menschen, ein Reh, einen Fluß, einen Berg.*)

I. erkennen$_{2+(1)=3}$ (V 2 = begreifen, feststellen)
II. erkennen → Sn, Sa/NS$_{daß, w}$, (pS)

III. Sn →	1. Hum (*Der Staatsmann* erkannte den Ernst der Lage.)
	2. Abstr (als Hum) (*Die Regierung* erkannte den Betrug.)
Sa →	Abstr (Der Autofahrer erkannte *die Gefahr.*)
NS →	Act (Der Kriminalist erkannte, *daß er betrogen worden war / wer ihn betrogen hatte.*)
p = an, pSd →	1. Abstr (Der Arzt erkannte die Krankheit *an ihren Symptomen.*)
	2. Act (Der Polizist erkennt ihn *am Sprechen.*)

I. erkennen$_2$ (V 3 = juristisch bestimmen, ein Urteil fällen)
II. erkennen → Sn, pS/pAdj

III. Sn →	Hum (*Der Richter* erkannte auf lebenslänglich.)
p = auf, pSa →	Abstr (Das Gericht erkannte *auf Gefängnis, auf Freispruch, auf drei Jahre.*)
p = auf, pAdj →	Temp (Er erkannte *auf lebenslänglich.*)

Anmerkung:
Da pS auf Gefängnis, Freispruch, Bewährung, Haft u. a., Adj auf lebenslänglich, bedingt beschränkt ist, ist V 3 wenig üblich.

merken

I. merken$_{2+(1)=3}$ (V 1 = wahrnehmen)
II. merken → Sn, Sa/NS$_{daß, ob, w}$, (pS)

III. Sn →	1. Hum (*Das Kind* merkt die Absicht des Vaters.)
	2. Abstr (als Hum) (*Das Gericht* merkt die Absicht des Angeklagten.)

Sa →	Abstr (Wir merken *seine Absicht*.)
NS →	Act (Wir merken, *daß er gehen will / ob er gehen will / wer gehen will*.)
p = an, pSd →	Abstr (Er merkt seinen Fehler *an ihrer Verlegenheit*.)

I. sich merken$_2$ (V 2 = im Gedächtnis behalten)
II. sich merken → Sn, Sa/NS$_{daß, ob, w}$
III. Sn → Hum (*Das Kind* merkt sich den Vorfall.)
  Sa → keine Selektionsbeschränkungen (Er merkt sich *den Mann, den Hund, das Institut, das Buch, die Idee, die Versammlung*.)
  NS → Act (Er merkt sich, *daß er von ihm betrogen worden ist / ob er von ihm betrogen worden ist / wer ihn betrogen hat*.)

Anmerkungen:

1. Bei V 2 ist Refl = Dativ „(Ich merke *mir* den Vorfall"); es wird nicht als Mitspieler gerechnet, da es nicht durch ein Substantiv substituierbar ist.
2. Beide Varianten treffen sich auf Stufe II und III dann, wenn Sa → Abstr ist. Dort stehen auch nebeneinander: „Er merkt den Betrug" (V 1) – „Er merkt sich den Betrug" (V 2).
3. Zum Verhältnis zu „bemerken" vgl. Anm. 1 zu „bemerken".

bemerken

I. bemerken$_{2+(1)=3}$ (V 1 = wahrnehmen)
II. bemerken → Sn, Sa/NS$_{daß, ob, w}$, (pS)
III. Sn → Hum (*Der Lehrer* bemerkt das Kind.)
  Sa → keine Selektionsbeschränkungen (Wir bemerken *den Mann, den Hund, das Buch, den Fehler, das Rauschen*.)
  NS → Act (Er bemerkt, *daß sich ein Mann nähert / ob sich ein Mann nähert / wer sich nähert*.)
  p = an, pSd → Act (Er bemerkt den Defekt *am Klappern der Maschine*.)

I. bemerken$_{2+(1)=3}$ (V 2 = sagen)
II. bemerken → Sn, Sa/NS$_{daß}$, (pS)
III. Sn →   Hum (*Der Lehrer* bemerkt einige Worte.)
    Sa →   Abstr (Die Kommission bemerkt *einige Worte*.)
    NS →   Act (Er bemerkt, *daß er einen Fehler begangen hat*.)
    p = zu,
    pSd →   keine Selektionsbeschränkungen (Er bemerkt einige Worte *zu der Frau, zu dem Hund, zu der Klasse, zum Opernhaus, zu dem Thema, zum Schwimmen*.)

Anmerkungen:
1. Vergleichbar der Bedeutung nach sind „merken" (V 1) und „bemerken" (V 1). Sie haben ein gemeinsames Anwendungsgebiet dann, wenn Sa → Abstr ist („Wir merken *seine Absicht*" – „Wir bemerken *seine Absicht*") und wenn NS$_{daß}$ erscheint („Wir merken, *daß er rot wird*" – „Wir bemerken, *daß er rot wird*").
2. Bei V 2 von „bemerken" muß unterschieden werden p = zu als Empfänger der Mitteilung („Er bemerkt *zu dem Lehrer* einige Worte") und p = zu als Objekt der Mitteilung („Er bemerkt *zu dem Lehrer, zu dem Hund, zu dem Schrank* einige Worte"). Im zweiten Falle bestehen keine Selektionsbeschränkungen für pSd.

öffnen

I. öffnen$_2$ (V 1 = aufmachen)
II. öffnen → Sn, Sa
III. Sn →   Hum (*Der Junge* öffnet die Tür.)
    Sa →   −Anim (Er öffnet *die Büchse*.)

I. öffnen$_1$ (V 2 = aufgemacht werden, aufmachen)
II. öffnen → Sn
III. Sn →   −Anim (*Das Kaufhaus* öffnet.)

Anmerkung:
„öffnen" V 1 entspricht völlig „aufmachen" V 1, „öffnen" V 2 „aufmachen" V 2; auch bei „öffnen" stehen V 1 und V 2 in einem bestimmten transformationellen Verhältnis zueinander: „Er öffnet das Geschäft" (V 1) → „Das Geschäft öffnet" (V 2); Sa bei V 1 wird zu Sn in V 2, wobei Sn in V 1 verschwindet. Vgl. Anm. 2 zu „aufmachen".

eröffnen

I. eröffnen₂ (V1 = beginnen)
II. eröffnen → Sn, Sa
III. Sn →   1. Hum (*Der Präsident* eröffnet die Sitzung.)
            2. Abstr (als Hum) (*Die Volkskammer* eröffnet die Sitzung.)
    Sa →   1. Abstr (Er eröffnet *die Veranstaltung*.)
            2. Act (Er eröffnet *das Turnen*.)

I. eröffnen₂ (V2 = einmalig aufmachen, der Öffentlichkeit zugänglich machen)
II. eröffnen → Sn, Sa
III. Sn →   1. Hum (*Der Minister* eröffnet das Institut.)
            2. Abstr (als Hum) (*Die Konsumgenossenschaft* eröffnet mehrere Geschäfte.)
    Sa →   −Anim (Der Rechtsanwalt eröffnet *das Testament*.)

I. eröffnen₃ (V3 = sagen, mitteilen)
II. eröffnen → Sn, Sd, Sa/NS$_{daß,\ ob,\ w}$/Inf
III. Sn →   1. Hum (*Der Direktor* eröffnete ihm seine Absichten.)
            2. Abstr (als Hum) (*Die Akademie* eröffnete den Anwesenden ihre Pläne.)
    Sd →   1. Hum (Der Lehrer eröffnete *den Schülern* seine Absichten.)
            2. Abstr (als Hum) (Der Minister eröffnete *den Instituten* neue Perspektiven.)
    Sa →   Abstr (Er eröffnet mir *seine Absichten*.)
    NS →   Act (Er eröffnet mir, *daß er wegfährt / ob er wegfährt / wer wegfährt*.)
    Inf →   Act (Er eröffnete mir, *wegfahren zu müssen*.)

I. eröffnen$_{2+(1)=3}$ (V4 = aufschließen, auftun)
II. eröffnen → Sn, Sa, (Sd)
III. Sn →   keine Selektionsbeschränkungen (*Der Direktor, das Pferd, die Direktion, die Ölleitung, die Technik, das Schwimmen* eröffnet neue Möglichkeiten.)

Sa → Abstr (Die Technik eröffnet der Wissenschaft *neue Möglichkeiten.*)
Sd → 1. Hum (Der Staat eröffnet *den Studenten* gute Entwicklungsmöglichkeiten.)
2. Abstr (als Hum) (Der Staat eröffnet *den Instituten* große Perspektiven.)

Anmerkungen:
1. Aus V 4 entsteht durch Transformation der Typ „Gute Entwicklungsmöglichkeiten eröffneten sich den Studenten" (d. h. „sich eröffnen$_{1(2)}$"), wobei Sa des nichtreflexiven Satzes zu Sn des reflexiven Satzes wird.
2. Da sowohl bei V 3 als auch bei V 4 als Sa Abstr erscheint, treten Homonymien auf, wenn Sn → Hum: „Der Minister eröffnete der Bevölkerung neue Perspektiven" kann im Sinne von V 3 (= ‚mitteilen') und im Sinne von V 4 (= ‚auftun') interpretiert werden; im ersten Falle ist Sa durch NS substituierbar, im zweiten Falle ist Sd eliminierbar.

anfangen

I. anfangen$_{1+(1)=2}$ (V 1 = etwas beginnen)
II. anfangen → Sn, (Sa/pS/NS$_{daß}$/Inf)
III. Sn → 1. +Anim (*Der Junge* fängt an zu essen. *Der Hund* fängt an zu fressen.)
2. Abstr (als Hum) (*Das Institut* fängt an zu arbeiten.)
Sa → 1. Act (Er fängt *das Gespräch, das Schreiben* an.)
2. Abstr (Er fängt *dieses Kapitel, die Arbeit* an.)
p = mit, von,
pSd → keine Selektionsbeschränkungen (Er fängt *mit / von seinem Freund, mit / von seinem Hund, mit / von seinem Institut, mit / von seinen Büchern, mit / von seinen Vorschlägen, mit / von seiner Arbeit* an.)
NS → Act (Er fängt damit an, *daß er berichtet.*)
Inf → Act (Er fängt an *zu berichten.*)

I. anfangen$_{1+(1)=2}$ (V 2 = einsetzen)
II. anfangen → Sn, (pS/Inf)
III. Sn → 1. −Anim (*Das Gelände* fängt hier an.)
2. Abstr (*Die Schule* fängt an.)
3. Act (*Das Schwimmen* fängt an.)
p = alle lokalen und temporalen Präpositionen,

pS → 1. Loc (Die Straße fängt *an dieser Stelle* an.)
2. Temp (Die Schule fängt *in 14 Tagen* an.)
Inf → Act (Die Arbeit fängt an *anzustrengen*.)

Anmerkungen:
1. Beide Varianten müssen getrennt werden auf Grund des Unterschiedes der beiden Sätze „*Er* fängt die Arbeit an" – „*Die Arbeit* fängt an". Im Bereich von Sn sind beide Varianten auch deutlich abgrenzbar.
2. Bei V 1 sind die vier alternativen Mitspieler substituierbar: „Er fängt *die Arbeit* an" – „Er fängt an *zu arbeiten*" – „Er fängt *mit der Arbeit* an" – „Er fängt damit an, *daß er arbeitet*". Dabei ist der Satz „Er fängt *mit seiner Arbeit* an" (d. h. wenn pSd → Act oder Abstr) homonym: 1. = ‚er fängt *seine Arbeit* an', 2. = ‚er fängt *von seiner Arbeit* an'.

beginnen

I. beginnen$_{1+(1)=2}$ (V 1 = anfangen, einsetzen)
II. beginnen → Sn, (pS/NS$_{daß}$/Inf)
III. Sn → 1. Abstr (*Die Schwierigkeiten* begannen.)
2. Act (*Das Turnen* beginnt.)
p = mit,
pSd → 1. Abstr (Die Feier begann *mit den Auszeichnungen*.)
2. Act (Das Sportfest beginnt *mit dem Laufen*.)
NS → Act (Das Fest beginnt damit, *daß eine Staffel läuft*.)
Inf → Act (Die Ereignisse begannen *zu beunruhigen*.)

I. beginnen$_2$ (V 2 = etwas anfangen)
II. beginnen → Sn, Sa/pS/Inf/NS$_{daß}$
III. Sn → 1. +Anim (*Das Kind, die Katze* beginnt zu laufen.)
2. Abstr (als Hum) (*Das Ministerium* beginnt die Arbeit.)
Sa → 1. Abstr (Er beginnt *den Vortrag*.)
2. Act (Er beginnt *das Schwimmen* mit einem Sprung.)
p = mit,
pSd → 1. Abstr (Er begann *mit dem Vortrag*.)
2. Act (Er beginnt *mit Laufen*.)
Inf → Act (Das Kind beginnt *zu sprechen*.)
NS → Act (Das Kind beginnt damit, *daß es spricht*.)

Anmerkungen:
1. Wenn bei V 1 Sn → Abstr, kann es auch durch Inf substituiert werden: „*Die Schwierigkeiten* beginnen" – „Es beginnt *schwierig zu werden*". Dasselbe gilt bei Witterungserscheinungen: „*Der Regen* beginnt" – „Es beginnt *zu regnen*". In solchen Fällen tritt obligatorisch „es" auf, das auch erhalten bleibt, wenn Inf vor das Verb tritt.
2. Bei V 2 sind Sa, Inf, NS und pS alternativ möglich: „Er beginnt *das Spiel*" – „Er beginnt *zu spielen*" – „Er beginnt damit, *daß er spielt*" – „Er beginnt *mit dem Spiel*". Ist aber Sa der 2. (obligatorische) Mitspieler, kann zusätzlich pS als 3. (fakultativer) Mitspieler auftreten: „Er beginnt die Stunde *mit einem Lied*".
3. Hinsichtlich pS bei V 2 sind offensichtlich zwei Fälle zu unterscheiden: „Er beginnt den Tag *mit seinem Sohn*" (pS ist freie Angabe und bezeichnet den begleitenden Umstand) – „Er beginnt den Tag *mit der Arbeit*" (pS ist fakultativer Mitspieler und meint das Objekt).
4. Zwischen der (intransitiven) V 1 und der (transitiven) V 2 bestehen bestimmte Beziehungen: Sn bei V 1 entspricht Sa, pS, Inf oder NS bei V 2 („*Die Arbeit* beginnt" – „Er beginnt *die Arbeit*" – „Er beginnt *mit der Arbeit*" – „Er beginnt *zu arbeiten*" – „Er beginnt damit, *daß er arbeitet*".). Dieser transformationell faßbaren Beziehung entsprechen auch die Distributionsunterschiede auf Stufe III.

schließen

I. schließen$_1$ (V 1 = geschlossen werden können)
II. schließen → Sn
III. Sn →   –Anim (*Die Tür* schließt.)

I. schließen$_{1+(1)=2}$ (V 2 = enden)
II. schließen → Sn, (pS/NS$_{daß}$)
III. Sn →   Abstr (*Das Fest* schließt mit einem geselligen Beisammensein.)

p = mit,
pSd →   1. Abstr (Die Versammlung schließt *mit einem Lied.*)
                2. Act (Der Artikel schließt *mit einer Aufforderung.*)
NS →   Act (Die Feier schließt damit, *daß ein Lied gesungen wird.*)

I. schließen$_2$ (V 3 = zumachen)
II. schließen → Sn, Sa
III. Sn →   1. Hum (*Der Freund* schließt die Tür.)
                2. Abstr (als Hum) (*Der Staat* schließt seine Grenzen.)
Sa →   –Anim (Der Freund schließt *die Tür.*)

I. schließen₂ (V 4 = abschließen)
II. schließen → Sn, Sa
III. Sn →　　　　　　1. Hum (*Die Minister* schließen einen Vertrag.)
　　　　　　　　　　 2. Abstr (als Hum) (*Die Staaten* schließen einen Vertrag.)
　　Sa →　　　　　　Abstr (Sie schließen *einen Vertrag*.)

I. schließen₂ (V 5 = beenden)
II. schließen → Sn, Sa
III. Sn →　　　　　　Hum (*Der Direktor* schloß die Versammlung.)
　　Sa →　　　　　　Act (Er schloß *die Vorlesung*.)

I. schließen₃ (V 6 = befestigen)
II. schließen → Sn, Sa, pS
III. Sn →　　　　　　Hum (*Der Lehrer* schließt das Fahrrad an das Geländer.)
　　Sa →　　　　　　±Anim (Sie schließen *den Verbrecher, das Raubtier* in Ketten, *das Fahrrad* an das Geländer.)
　　p = an, in
　　Wenn p = an,
　　pSa →　　　　　　−Anim (Loc) (Er schließt das Fahrrad *an das Geländer*.)
　　Wenn p = in,
　　pSa →　　　　　　−Anim (Er schließt den Verbrecher *in Ketten*.)

I. schließen₃ (V 7 = umfassen)
II. schließen → Sn, Sa, pS
III. Sn →　　　　　　Hum (*Das Mädchen* schließt ihn in ihre Arme.)
　　Sa →　　　　　　Hum (Sie schließt *den Freund* in ihre Arme.)
　　p = in,
　　pSa →　　　　　　−Anim (Körperteil) (Sie schließt ihn *in die Arme*.)

I. schließen₂₊₍₁₎₌₃ (V 8 = Schlußfolgerung ziehen)
II. schließen → Sn, (p₁S), p₂S/NS_{daß, ob, w}
III. Sn →　　　　　　1. Hum (*Der Richter* schließt auf Mord.)
　　　　　　　　　　 2. Abstr (als Hum) (*Das Gericht* schließt auf Mord.)
　　p₁ = aus,
　　p₁Sd →　　　　　　1. Abstr (Wir schließen *aus seinen Worten* auf einen Verdacht.)
　　　　　　　　　　 2. Act (Wir schließen *aus seiner Aussage* auf Mord.)

p₂ = auf,
p₂Sa →   Abstr (Er schließt *auf einen Verdacht*.)
NS →   Act (Wir schließen aus seinen Worten, *daß er zu einer Zusammenarbeit bereit ist* / *ob er zu einer Zusammenarbeit bereit ist* / *wer zu einer Zusammenarbeit bereit ist*.)

Anmerkungen:

1. Die Trennung dieser acht Varianten erscheint nötig nicht allein wegen der Bedeutung (obwohl sich auch diese klar abgrenzen läßt), sondern auch wegen des distributionellen Reflexes auf den drei Stufen unseres Apparates und der sonst nicht gewährleisteten Kombinierbarkeit. V 1 und V 2 unterscheiden sich schon auf Stufe I und II, V 3 , V 4 und V 5 auf Stufe III durch Sa (bei V 3 → −Anim, bei V 4 → Abstr, bei V 5 → Act), V 6 und V 7 durch die Art der Präposition und ein spezifisches semantisches Merkmal (auf Stufe III), V 8 von allen anderen schon auf Stufe I und II.

2. V 1 verhält sich zu V 3 wie V 2 zu V 5: Sie stehen im Verhältnis des intransitiven Zustandsverbs zum transitiven Handlungsverb; Sn bei V 1 und V 2 wird zu Sa bei V 3 und V 5 („*Die Tür* schließt" – „Er schließt *die Tür*"; „*Die Versammlung* schließt" –„Er schließt *die Versammlung*").

aufschließen

I. aufschließen$_{1+(1)=2}$ (V 1 = mit dem Schlüssel öffnen)
II. aufschließen → Sn, (Sa)
III. Sn →   Hum (*Der Lehrer* schließt auf.)
    Sa →   1. −Anim (Er schließt *die Tür* auf.)
              2. −Anim (Raum) (Er schließt *das Haus* auf.)

I. aufschließen$_2$ (V 2 = auflösen)
II. aufschließen → Sn, Sa
III. Sn →   1. Hum (*Der Chemiker* schließt die Zellulose auf.)
             2. −Anim (*Die Säure* schließt die Nahrung auf.)
             3. Abstr (*Der Prozeß* schließt die Zellulose auf.)
    Sa →   −Anim (Die Säure schließt *die Nahrung* auf.)

I. aufschließen$_1$ (V 3 = aufrücken)
II. aufschließen → Sn

III. Sn →　　　　　1. Hum (*Die Soldaten* schließen auf.)
　　　　　　　　　2. Abstr (als Hum) (*Der Betrieb* schloß auf [im Wettbewerb].)

Anmerkungen:
1. Der bei V 1 erscheinende Dativ („Er schließt *dem Arzt* die Tür auf") muß wohl als freier Dativus commodi verstanden werden.
2. Homonymie entsteht, wenn Sn → Hum; der Satz „*Der Soldat* schloß auf" kann im Sinne von V 1 (= ‚öffnete') und im Sinne von V 3 (= ‚rückte auf') verstanden werden. Das ist jedoch nicht möglich, wenn Sn → Abstr (als Hum), da in diesem Falle stets V 3 gemeint ist.

beschließen

I. beschließen$_2$ (V 1 = sich entscheiden)
II. beschließen → Sn, Sa/NS$_{daß}$/Inf
III. Sn →　　　　　1. Hum (*Wir* beschließen zu kommen.)
　　　　　　　　　2. Abstr (als Hum) (*Das Parlament* beschließt das Gesetz.)
　　Sa →　　　　　1. Abstr (Das Parlament beschließt *das Gesetz*.)
　　　　　　　　　2. Act (Wir beschließen *die Reise, die Rückkehr*.)
　　NS →　　　　　Act (Wir beschließen, *daß wir nach Hause zurückkehren*.)
　　Inf →　　　　　Act (Wir beschließen, *nach Hause zurückzukehren*.)

I. beschließen$_{2+(1)=3}$ (V 2 = beenden)
II. beschließen → Sn, Sa, (pS)
III. Sn →　　　　　1. Hum (*Er* beschließt sein Tagewerk [mit einem Spaziergang].)
　　　　　　　　　2. Abstr (als Hum) (*Die Akademie* beschließt die Sitzung mit einer Ehrung.)
　　Sa →　　　　　Abstr (Die Akademie beschließt *die Sitzung* mit einer Ehrung.)
　　p = mit,
　　pSd →　　　　1. −Anim (Man beschloß die Tagung *mit einem Imbiß*.)
　　　　　　　　　2. Abstr (Er beschloß seine Rede *mit einem Zitat*.)
　　　　　　　　　3. Act (Er beschloß die Sitzung *mit einem Scherz*.)
　　NS →　　　　　Act (Er beschloß die Tagung damit, *daß er zum Essen einlud*.)

beenden

I. beenden$_2$
II. beenden → Sn, Sa
III. Sn → 1. Hum (*Der Student* beendet die Lektüre.)
2. Abstr (als Hum) (*Der Betrieb* beendet die Entwicklungsarbeiten.)
3. Abstr (*Ein Lied* beendete die Feier.)
4. Act (*Das Schwimmen* beendete den Tag.)
Sa → 1. Abstr (Er beendet *die Feier*.)
2. Act (Sie beendeten *das Schwimmen*.)

abstimmen

I. abstimmen$_{1+(1)=2}$ (V1 = die Mehrheit feststellen)
II. abstimmen → Sn, (pS/NS$_{w, ob}$)
III. Sn → 1. Hum (*Die Klasse* stimmte ab.)
2. Abstr (als Hum) (*Die Volkskammer* stimmte ab.)
p = über,
pSa → 1. Hum (Wir stimmen *über die neuen Kandidaten* ab.)
2. Abstr (Die Klasse stimmte *über den Vorschlag* ab.)
NS → Act (Sie stimmten [darüber] ab, *wer ins Präsidium kommt / ob er ins Präsidium kommt.*)

I. abstimmen$_{2+(1)=3}$ (V2 = einstellen, absprechen)
II. abstimmen → Sn, Sa, (pS)
III. Sn → 1. Hum (*Der Funker* stimmte das Gerät ab.)
2. Abstr (als Hum) (*Der Staat* stimmte die Verträge mit dem Nachbarstaat ab.)
Sa → 1. −Anim (Er stimmte *das Gerät* ab.)
2. Abstr (Der Staat stimmte *seine Interessen* ab.)
3. Sa = Sn (Refl) (Wir stimmten *uns* mit den Freunden ab.)

p = auf, mit
Wenn p = auf,
pSa →   Abstr (Er stimmte das Gerät *auf die richtige Wellenlänge* ab.)

Wenn p = mit,
pSd →   1. Hum (Der Betrieb stimmte die Verträge *mit dem Partner* ab.)
    2. Abstr (als Hum) (Er stimmte alles *mit dem Betrieb* ab.)

Anmerkung:

Wenn bei V 2 Sa → —Anim, dann bleibt das beschränkt auf wenige Möglichkeiten wie Funkgerät, Antenne, Radio u. ä.

sich entschließen

  I. sich entschließen$_2$
 II. sich entschließen → Sn, pS/NS$_{daß}$/Inf
III. Sn →   1. Hum (*Der Kollege* entschließt sich zu der Fahrt.)
    2. Abstr (als Hum) (*Die Regierung* entschließt sich zu dem Vertrag.)

p = zu, für
Wenn p = zu,
pSd →   Act (Sie entschließt sich *zum Kauf des Mantels*.)
NS →   Act (Wir entschließen uns [dazu], *daß wir in diesem Sommer nicht in den Urlaub fahren*.)

Wenn p = für,
pSa →   keine Selektionsbeschränkungen (Er entschließt sich *für das blonde Mädchen, für diesen Hund, für das Leipziger Institut, für das Buch, für jene Begründung, für das Schwimmen*.)

Inf →   Act (Er entschließt sich *zu arbeiten*.)

Anmerkung:

pS, NS und Inf sind weithin austauschbar („Ich entschließe mich *für die Rückkehr, zur Rückkehr nach Hause*" – „Ich entschließe mich, *daß ich nach Hause zurückkehre*" – „Ich entschließe mich, *nach Hause zurückzukehren*").

einschließen

I. einschließen$_{2+(1)=3}$ (V1 = verschließen)
II. einschließen → Sn, Sa, (pS)
III. Sn →   Hum (*Der Lehrer* schließt die Hefte ein.)
    Sa →   ±Anim (Er schließt *das Kind, den Hund, die Hefte* ein.)
    p = in,
    pS →
        1. Dir (Er schließt das Kind *in das Zimmer* ein.)
        2. Loc (Er schließt das Kind *in dem Zimmer* ein.)

I. einschließen$_2$ (V2 = umschließen, belagern)
II. einschließen → Sn, Sa
III. Sn →   1. Hum (*Die Soldaten* schließen die Stadt ein.)
        2. −Anim (*Die Berge* schließen das Land ein.)
    Sa →   1. Hum (Sie schließen *die Soldaten* ein.)
        2. −Anim (Loc) (Sie schließen *die Stadt, die Festung* ein.)

I. einschließen$_2$ (V3 = enthalten)
II. einschließen → Sn, Sa/NS$_{daß,\ ob,\ w}$
III. Sn →   Abstr (*Der Befehl* schließt ein, daß wir aufbrechen müssen.)
    Sa →   1. Abstr (Das Thema schließt *viele Möglichkeiten* ein.)
        2. Act (Der Befehl schließt *das Hinüberschwimmen* ein.)
    NS →   Act (Der Befehl schließt ein, *daß wir hinüberschwimmen müssen / ob wir hinüberschwimmen müssen / wer hinüberschwimmen muß.*)

Anmerkungen:
1. Die drei Varianten unterscheiden sich nicht nur in der Bedeutung (V 1 und V 2 konkret, V 3 abstrakt), sondern auch auf Stufe II durch pS bzw. NS.
2. Allerdings ist auch bei V 2 pS möglich, wenn Sa → Hum bzw. Abstr (als Hum) („Sie schließen die Soldaten, die Armee *in der Stadt* ein"). In diesem Falle ist es jedoch loser mit dem Verb verknüpft und wohl als freie Angabe zu verstehen.
3. In einzelnen Fällen muß bei V 2 pS sogar stehen, wenn Sa → −Anim (−Loc): „Wir schließen das Wort *in Klammern*, den Satz *in Gedankenstriche* ein".

verschließen

I. verschließen$_{2+(1)=3}$ (V1 = einschließen, zuschließen)
II. verschließen → Sn, Sa, (Sd)
III. Sn →   1. Hum (*Der Junge* verschließt das Tor.)
              2. Abstr (*Sein mürrisches Wesen* verschließt ihm manches Herz.)
    Sa →   1. −Anim (Er verschließt *das Tor*.)
              2. Abstr (Dieses Ereignis verschließt uns *viele Hoffnungen*.)
              3. −Anim (Körperteil) (Die Angst verschließt ihm *den Mund*.)
    Sd →   +Anim (Der Wärter verschloß *dem Gefangenen, dem Löwen* das Gitter.)

I. sich verschließen$_2$ (V2 = ablehnen, nicht anhören)
II. sich verschließen → Sn, Sd/pS/NS$_{daß}$/Inf
III. Sn →   1. Hum (*Der Schüler* verschließt sich ihrer Bitte.)
              2. Abstr (als Hum) (*Das Ministerium* verschließt sich ihrer Bitte.)
    Sd →   1. Hum (Das Mädchen verschließt sich *seinem Freund*.)
              2. Abstr (Das Mädchen verschließt sich *seinen Wünschen*.)
    p = gegen,
    pSa →   1. Hum (Er verschließt sich *gegen seinen Freund*.)
              2. Abstr (Sie verschließt sich *gegen seine Worte*.)
    NS →   Act (Er verschließt sich dagegen, *daß er kritisiert wird*.)
    Inf →   Act (Er verschließt sich dagegen, *kritisiert zu werden*.)

Anmerkungen:

1. Wenn bei V 1 Sn → Abstr, ist Sd obligatorisch („*Die Angst verschließt den Mund"); allerdings ist Sd in vielen Fällen dieser Art als possessiver Dativ zu deuten („Die Angst verschließt *ihm* den Mund" – „Die Angst verschließt *seinen* Mund"). Sn → Abstr schließt Sa → −Anim aus.

2. Das Erscheinen von Sd bei V 1 führt zu Homonymien: Der Satz „Ich verschließe *ihm* die Tür" kann meinen 1. = ‚vor ihm' (fakultative Valenz), 2. = ‚für ihn' (freie Angabe).

zuschließen

I. zuschließen$_{1+(1)=2}$
II. zuschließen → Sn, (Sa)
III. Sn →   Hum (*Der Junge* schließt zu.)
    Sa →   −Anim (Der Junge schließt *die Tür* zu.)

rauben

I. rauben$_{2+(1)=3}$
II. rauben → Sn, Sa, (Sd)
III. Sn →   keine Selektionsbeschränkungen (*Der Bandit* raubt das Geld. *Das Tier* raubt die Küken. *Die Bande* raubt die Gelder. *Die Wohnung, die Krankheit, das Schlafen* raubt ihm Zeit.)
    Sa →   1. ±Anim (Er raubt ihm *den Freund, den Hund, das Geld.*)
                2. Abstr (Er raubt ihm *die Zeit.*)
    Sd →   1. +Anim (Er raubt *dem Freund* die Zeit. Er raubt *dem Hund* die Jungen.)
                2. Abstr (als Hum) (Er raubte *dem Betrieb* viele Gelder.)

Anmerkungen:
1. Aus den semantischen Umgebungen wird die Rolle des Dativs als semantischer Zielpunkt, als „Sinngebung des Geschehens" (Brinkmann) deutlich.
2. Der Satz „Ich raube *ihm* das Geld" kann verschieden verstanden werden: „ihm" = 1. ‚für ihn' (er ist Auftraggeber und Nutznießer!), dann ist der Dativ eine freie Angabe; = 2. ‚von ihm weg' (er ist der Geschädigte!), dann ist Sd eine fakultative Valenz.
3. Sd wird obligatorisch, wenn Sa → Abstr („Er raubt das Geld". Aber: „*Er raubt den Schlaf").
4. Zum Verhältnis zu „berauben" vgl. Anm. 2 zu „berauben".

berauben

I. berauben$_{2+(1)=3}$
II. berauben → Sn, Sa, (Sg)
III. Sn →   1. +Anim (*Der Bandit* beraubt den Passanten, *der Fuchs* den Hund.)

Sa →   2. Abstr (als Hum) (*Die faschistische Regierung* beraubte die Juden.)
               3. Abstr (*Die Krankheit* beraubt ihn der Zeit.)
               4. Act (*Das Schlafen* beraubt ihn der Zeit.)
               1. +Anim (Die Krankheit beraubt *das Kind, den Hund* dieser Möglichkeit.)
               2. Abstr (als Hum) (Er beraubt *den Betrieb* des Geldes.)

Sg →   1. ±Anim (Er beraubt ihn *des Freundes, des Hundes, des Geldes.*)
               2. Abstr (Er beraubt ihn *seiner Möglichkeiten.*)

Anmerkungen:

1. Wenn Sn → Abstr oder Act, wird Sg obligatorisch.
2. Zwischen „rauben" und „berauben" liegt – bei gleichem semantischem Gehalt – folgende syntaktische Gliederungsverschiebung vor: Sn → Sn (als Agens), (Sd) → Sa (als Patiens), Sa → (Sg) (Gegenstand des Raubens).

schießen

  I. schießen₁ (V 1 = schußbereit oder in Tätigkeit sein)
  II. schießen → Sn
  III. Sn →   –Anim (Schußwaffe) (*Das Gewehr* schießt.)

  I. schießen₁₊₍₁₎₌₂ (V 2 = von einer Feuerwaffe aktuell Gebrauch machen)
  II. schießen → Sn, (Sa/pS)
  III. Sn →   Hum (*Der Jäger* schießt.)
      Sa →   +Anim (–Hum) (Der Jäger schießt *die Hasen.*)
      p = auf, nach
      Wenn p = auf,
      pSa →   ±Anim (Die Soldaten schießen *auf die Feinde, auf die Hasen, auf das Haus.*)
      Wenn p = nach,
      pSd →   ±Anim (Die Soldaten schießen *nach dem Feind, nach dem Hasen, nach dem Haus.*)

  I. schießen₂ (V 3 = sich schnell bewegen, schnell wachsen)
  II. schießen → Sn, pS

III. Sn →   1. Hum (*Der Junge* schießt in die Höhe.)
                    2. −Anim (*Die Tränen* schossen in ihre Augen.)
                    3. Abstr (*Das Gerücht* schoß ins Ungeheure.)
p = in, aus, durch, an ... (Richtungspräpositionen),
pS →   Dir (Die Tränen schossen *in ihre Augen*. Das Blut schoß *aus der Wunde*. Das Flugzeug schoß *durch die Luft*. Das Boot schoß *ans Ufer*.)

Anmerkungen:

1. V 1 und V 2 müssen getrennt werden, um ungrammatische Sätze wie „*Das Gewehr schoß *den Hasen*" auszuschließen: Sa kann nicht erscheinen, wenn Sn → −Anim.
2. Bei V 1 tritt Homonymie auf: Der Satz „Das Gewehr schießt" bedeutet 1. = ‚ist in Ordnung' (potentiell), 2. = ‚ist in Tätigkeit' (aktuell).
3. Bei V 2 ist als Sa beschränkt auch Abstr möglich: „Er schießt *Löcher* in die Luft, *erste Preise, Fahrkarten* u. ä.". Dabei wird Sa bisweilen gekoppelt mit pS: „Er schießt *ein Loch in die Luft*".
4. Wenn innerhalb von V 3 pS → −Anim (Körperteil), erscheint zusätzlich ein freier possessiver Dativ („Die Tränen schossen *ihr* in die Augen" − „Der Gedanke schoß *ihr* durch den Kopf").
5. In V 3 kann „schießen" einwertig werden, wenn Sn → −Anim (Kulturpflanzen, wie Kraut, Salat u. a.): „*Das Kraut* schießt". In diesen Fällen ist aber der 2. Mitspieler stets unabhängig vom Kontext eindeutig mitgedacht (= in die Höhe).

erschießen

I. erschießen$_2$
II. erschießen → Sn, Sa
III. Sn →   Hum (*Der Soldat* erschoß das Pferd.)
    Sa →   +Anim (Er erschoß *den Feind, das Pferd*.)

schreiben

I. schreiben$_1$ (V 1 = des Schreibens fähig sein [konkret, äußerlich])
II. schreiben → Sn
III. Sn →   −Anim (*Der Federhalter* schreibt.)

I. schreiben$_{1+(3)=4}$ (V 2 = etwas Sinnvolles aufzeichnen und mitteilen)
II. schreiben → Sn, (Sa), (Sd/p$_1$S), (p$_2$S)

III. Sn →   1. Hum (*Das Kind* schreibt.)
                       2. Abstr (als Hum) (*Die Regierung* schreibt an alle Nachbarstaaten.)
Sa →   −Anim (Er schreibt *einen Brief*.)
Sd →   1. Hum (Er schreibt *seinem Arzt*.)
                       2. Abstr (als Hum) (Er schreibt *dem Ministerium*.)
p_1 = an,
p_1Sa →   1. Hum (Er schreibt *an seine Mutter*.)
                       2. Abstr (als Hum) (Er schreibt *an die Betriebe*.)
p_2 = über, von
Wenn p_2 = über,
p_2Sa →   keine Selektionsbeschränkungen (Er schreibt *über die Kinder, die Wildtiere, das Institut, Kulturdenkmäler, die Landwirtschaft, das Rudern*.)
Wenn p_2 = von,
p_2Sd →   keine Selektionsbeschränkungen (Er schreibt einen Brief an seinen Freund *von seinen Kindern, seinen Hunden, dem Institut, den Kulturdenkmälern, der Landwirtschaft, dem Rudern*.)

I. schreiben$_{1+(1)=2}$ (V 3 = schriftstellerisch tätig sein)
II. schreiben → Sn, (Sa/pS)
III. Sn →   Hum (*Der Zoologe* schreibt.)
Sa →   Abstr (Er schreibt *einen Roman*.)
p = an,
pSd →   Abstr (Er schreibt *an einem Roman*.)

Anmerkungen:

1. Bei V 2 sind Sd und p_1S austauschbar und semantisch äquivalent, wenn pS den Empfänger, nicht Dir („Er schreibt *an die Wandtafel*" – dann ist es frei) meint: „Er schreibt *ihm* einen Brief" – „Er schreibt einen Brief *an ihn*".

2. Bei V 2 ist Sa allein mit Sn möglich („Wir schreiben *einen Brief*"), auch Sd und p_1S sind allein mit Sn möglich („Wir schreiben *ihm*", „Wir schreiben *an ihn*"). p_2S kann allein mit Sn stehen („Wir schreiben *über die Valenz*") oder auch kombiniert mit Sa auftreten („Wir schreiben *eine Arbeit über die Valenz*"). Wie eine Verschiebeprobe zeigt („*Über die Valenz* schreiben wir *eine Arbeit*" – „*Eine Arbeit über die Valenz* schreiben wir"), kann der zweite Fall (p_2S + Sa) aber bereits attributiv interpretiert werden. Mit Sd ist p_2S durchaus verbindbar („*Dem Freund* schreibt er *über den Urlaub* einen Brief"), insofern nicht p_2S attributiv gedeutet wird („Dem Freund schreibt er einen Brief *über den Urlaub*"). p_1S und p_2S können auch kombiniert auftreten („Wir schreiben *über den Unfall an die Zeitung*").

3. p = an steht je nach der Bedeutung bei verschiedenen Varianten:
Er schreibt *an seinen Vater* (= V 2).
Er schreibt *an seiner Dissertation* (= V 3).
p = an in V 3 ist nicht zu koppeln mit Sa und den verschiedenen p bei V 2. Deshalb ist die Variante 3 nötig.

anschreiben

I. anschreiben$_2$ (V 1 = an einen Empfänger schreiben)
II. anschreiben → Sn, Sa
III. Sn →   1. Hum (*Der Mann* schrieb seine Quartierleute an.)
           2. Abstr (als Hum) (*Die Firma* schrieb den Kunden an.)
   Sa →   1. Hum (Er schrieb *den Lehrer* an.)
           2. Abstr (als Hum) (Wir schreiben *die Firma* an.)

I. anschreiben$_2$ (V 2 = an einen Ort schreiben)
II. anschreiben → Sn, Sa
III. Sn →   Hum (*Der Schüler* schreibt die Antwort an.)
   Sa →   Abstr (Er schreibt *die Gleichung* an.)

Anmerkungen:
1. Es können Homonymien auftreten, wie z. B. „Der Lehrer schreibt den Betrieb an" (1. = ‚brieflich', 2. = ‚an die Tafel').
2. Bei V 2 kann sich die Bedeutung verschieben zu „eine nicht bezahlte Rechnung stunden": Der Wirt schreibt die Zeche an. In diesem Falle ist „anschreiben" auch einwertig möglich: Der Kaufmann schreibt an.

verschreiben

I. verschreiben$_{2+(1)=3}$ (V 1 = verordnen)
II. verschreiben → Sn, Sa, (Sd)
III. Sn →   Hum (*Der Arzt* verschreibt Tropfen.)
   Sa →   −Anim (Er verschreibt ihm *eine Salbe*.)
   Sd →   +Anim (Der Arzt verschreibt *dem Kind, dem kranken Tier* Medizin.)

I. verschreiben₂ (V2 = beim Schreiben verbrauchen)
II. verschreiben → Sn, Sa
III. Sn →   Hum (*Der Junge* verschreibt viel Papier.)
    Sa →   −Anim (Schreibmaterial) (Der Junge verschreibt *viel Papier*.)

I. sich verschreiben₁ (V3 = falsch schreiben)
II. sich verschreiben → Sn
III. Sn →   Hum (*Der Schüler* verschreibt sich.)

I. verschreiben₃ (V4 = widmen)
II. verschreiben → Sn, Sa, Sd
III. Sn →   1. Hum (*Der Gelehrte* verschreibt sich der Wissenschaft.)
                      2. Abstr (als Hum) (*Der Betrieb* verschreibt sich den neuen ökonomischen Prinzipien.)
    Sa →   1. Abstr (Er verschreibt *seine Seele, sein Leben* dem Teufel.)
                      2. Refl (Er verschreibt *sich* der Wissenschaft.)
    Sd →   1. +Anim (Er verschreibt sich *seinen Freunden, den Hunden*.)
                      2. Abstr (Er verschreibt sich *dieser Idee*.)
                      3. Act (Er verschreibt sich *dem Schwimmen*.)

Anmerkung:

Bei V 4 ist Sa meist Refl, nur in Ausnahmefällen Abstr (Seele, Arbeit u. ä.).

einladen

I. einladen₂₊₍₁₎₌₃ (V1 = zu Besuch einladen)
II. einladen → Sn, Sa, (pS)
III. Sn →   1. Hum (*Der Direktor* lädt die Kollegen ein.)
                      2. Abstr (als Hum) (*Die Direktion* lädt die Kollegen ein.)
    Sa →   1. Hum (Der Minister lädt *die Professoren* ein.)
                      2. Abstr (als Hum) (Der Minister lädt *den Senat* ein.)

p = für; nach, in; zu
Wenn p = für,
pSa → Temp (Ich lade ihn *für den Abend* ein.)
Wenn p = nach, in,
pS → Dir (Ich lade ihn *ins Kino* ein.)
Wenn p = zu,
pSd → 1. Abstr (Er lädt die Kollegen *zu einem Empfang* ein.)
2. Act (Er lädt sie *zum Turnen* ein.)

I. einladen$_{2+(1)=3}$ (V2 = in den Wagen laden)
II. einladen → Sn, Sa, (pS)
III. Sn → Hum (*Der Transportarbeiter* lädt die Kisten ein.)
Sa → −Anim (Er lädt *die Pakete* ein.)
p = in,
pSa → Dir (Er lädt die Pakete *in den Wagen* ein.)

Anmerkung:
Die Trennung in zwei Varianten erklärt sich aus der unterschiedlichen Besetzung von Sa und pS.

ausfüllen

I. ausfüllen$_2$ (V1 = sich eintragen)
II. ausfüllen → Sn, Sa
III. Sn → Hum (*Der Gast* füllt die Anmeldeformulare aus.)
Sa → −Anim (Er füllt *die Fragebogen* aus.)

I. ausfüllen$_{2+(1)=3}$ (V2 = einen leeren Raum füllen)
II. ausfüllen → Sn, Sa, (pS)
III. Sn → 1. Hum (*Der Tapezierer* füllt den Hohlraum mit Glaswolle aus.)
2. −Anim (*Glaswolle* füllt den Hohlraum aus.)
Sa → −Anim (Er füllt *die Tasche* mit Papier aus.)
p = mit,
pSd → −Anim (Er füllt die Ritzen *mit Kitt* aus.)

I. ausfüllen₂ (V 3 = erfüllen, meistern)
 II. ausfüllen → Sn, Sa
III. Sn →　　　　　　Hum (*Der Neuling* füllt seine Stellung aus.)
　　　Sa →　　　　　　Abstr (Er füllt *den Posten* aus.)

  I. ausfüllen₂ (V 4 = erfüllen, beschäftigen)
 II. ausfüllen → Sn, Sa
III. Sn →　　　　　　1. Abstr (*Der Gedanke* füllt ihn aus.)
　　　　　　　　　　　2. Act (*Die Arbeit* füllt den Mann aus.)
　　　Sa →　　　　　　Hum (Die Idee füllt *den Studenten* aus.)

  I. ausfüllen₂₊₍₁₎₌₃ (V 5 = nutzen)
 II. ausfüllen → Sn, Sa, (pS)
III. Sn →　　　　　　1. Hum (*Der Reisende* füllt die Wartezeit mit Lesen aus.)
　　　　　　　　　　　2. Act (*Das Lesen* füllt die Wartezeit aus.)
　　　Sa →　　　　　　Temp (Er füllt *die Zeit* mit Grübeln aus.)
　　　p = mit,
　　　pSd →　　　　　Act (Er füllt die Ruhepause *mit Rauchen* aus.)

Anmerkungen:
1. Sa bei V 1 bleibt beschränkt auf Wörter wie Papiere, Rezepte, Formulare, Fragebogen u. ä.
2. Die Austauschmöglichkeit von pS und Sn bei V 2 erweist pS als Aktanten. Wenn Sn → −Anim, dann ist pS unmöglich.
3. Bei V 3 bleibt Sa beschränkt auf Wörter wie Stellung, Aufgabe, Posten u. ä.
4. V 4 kann in gewisser Weise als Umkehrung von V 3 verstanden werden:
Er füllte seine Stellung aus.　　(= V 3)
Seine Stellung füllte ihn aus.　　(= V 4)

anmelden

  I. anmelden₂₊₍₁₎₌₃
 II. anmelden → Sn, Sa, (pS)
III. Sn →　　　　　　Hum (*Die Mutter* meldet das Kind an.)
　　　Sa →　　　　　　1. +Anim (Er meldet *das Kind, den Hund* an.)
　　　　　　　　　　　2. −Anim (Er meldet *das Auto* an.)
　　　　　　　　　　　3. Abstr (Er meldet *seine Ansprüche* an.)
　　　　　　　　　　　4. Sa = Sn (Refl) (Er meldet *sich* an.)

p = bei, in, auf, zu
Wenn p = bei,
pSd → 1. Hum (Er meldet ihn *beim Schulleiter* an.)
2. Abstr (als Hum) (Er meldet sich *beim Ministerium* an.)
Wenn p = in,
pSd → Loc (Er meldet sich *in der Schule* an.)
Wenn p = auf,
pSd → Loc (Er meldet sich *auf der Universität* an.)
Wenn p = zu,
pSd → Act (Er meldet sich *zur Untersuchung* an.)

lesen

I. lesen$_{1+(1)=2}$ (V 1 = Schrift lesen)
II. lesen → Sn, (Sa/pS/NS$_{daß, ob, w}$)
III. Sn → Hum (*Der Vater* liest.)
Sa → −Anim (Er liest *ein Buch, einen Brief.*)
p = in,
pSd → −Anim (Er liest *in einem Buch.*)
NS → Act (Er liest, *daß der Sportler den Wettkampf gewonnen hat / ob der Sportler den Wettkampf gewonnen hat / wer den Wettkampf gewonnen hat.*)

I. lesen$_2$ (V 2 = sammeln, auslesen)
II. lesen → Sn, Sa
III. Sn → Hum (*Der Bauer* liest Kartoffeln.)
Sa → −Anim (Die Mutter liest *Erbsen.*)

Anmerkungen:
1. Bei V 1 ist pS Mitspieler, weil es substituierbar durch Sa ist: „Er liest *in der Zeitung*" − „Er liest *die Zeitung*".
2. Bei V 1 kann Sa keinen weiteren (3.) Mitspieler neben sich haben, wohl aber können pS und NS kombiniert werden: „Er liest *in der Zeitung, wer gestorben ist*". In diesem Falle wird aber pS frei; es wird zur Ortsangabe.
3. V 2 ist beschränkt, da Sa begrenzt ist; ist Sa Kartoffeln, Ähren, Waldfrüchte, Wein u. a., dann hat „lesen" die Bedeutung von ‚sammeln'; ist Sa aber Erbsen, Linsen u. ä., dann meint „lesen" soviel wie ‚auslesen'.

rechnen

I. rechnen$_{1+(1)=2}$ (V1 = Zahlengrößen verbinden)
II. rechnen → Sn, (Sa)
III. Sn → Hum (*Der Lehrer* rechnet.)
    Sa → Abstr (Er rechnet *eine Aufgabe, eine Gleichung.*)

I. rechnen$_2$ (V2 = einplanen, sich verlassen auf)
II. rechnen → Sn, pS/NS$_{daß}$/Inf
III. Sn → 1. Hum (*Der Arzt* rechnet mit vielen Patienten.)
            2. Abstr (als Hum) (*Das Institut* rechnet auf seine Kollegen.)
    p = mit, auf
    Wenn p = mit,
    pSd → keine Selektionsbeschränkungen (Er rechnet *mit seinen Freunden, mit den Tieren, mit der Polizei, mit den Büchern, mit seiner Kraft, mit dem Ausscheiden.*)
    Wenn p = auf,
    pSa → 1. Hum (Er rechnet *auf seinen Freund.*)
            2. Abstr (als Hum) (Er rechnet *auf die Polizei.*)
            3. Abstr (Er rechnet *auf ihre Hilfe.*)
    NS → Act (Er rechnet [damit / darauf], *daß sie pünktlich kommt.*)
    Inf → Act (Er rechnet [damit/darauf], *die Prüfung zu bestehen.*)

I. rechnen$_2$ (V3 = zählen, gehören)
II. rechnen → Sn, pS
III. Sn → keine Selektionsbeschränkungen (*Der Arbeiter* rechnet zu den besten Mitarbeitern, *der Hund* zu den Haustieren, *die Akademie* zu den besten Forschungsinstituten, *das Brot* zu den Grundnahrungsmitteln, *sein Einfall* zu den besten Ideen, *das Schwimmen* zu den gesündesten Sportarten.)
    p = zu,
    pSd → keine Selektionsbeschränkungen (Er rechnet *zu den besten Kollegen, zu den Haustieren, zur Leitung.* Das Bett rechnet *zu den wichtigsten Möbeln,* diese Idee *zu seinem Vorschlag,* diese Bewegung *zum Rückenschwimmen.*)

I. rechnen₃ (V 4 = zählen, bewerten)
II. rechnen → Sn, Sa, pS
III. Sn → 1. Hum (*Der Direktor* rechnet ihn zu den fähigsten Arbeitern.)
 2. Abstr (als Hum) (*Das Institut* rechnet ihn zu den besten Mitarbeitern.)

Sa → keine Selektionsbeschränkungen (Er rechnet *den Freund* zu den besten Mitarbeitern, *den Hund* zu den klügsten Tieren, *die Akademie* zu den besten Forschungsinstituten, *das Brot* zu den Grundnahrungsmitteln, *seine Konzeption* zu den besten Plänen, *das Schwimmen* zu den anstrengendsten Tätigkeiten.)

p = zu,
pSd → keine Selektionsbeschränkungen (Er rechnet den Freund *zu den besten Mitarbeitern*, den Hund *zu den klügsten Tieren*, die Akademie *zu den besten Forschungsinstituten*, das Brot *zu den Grundnahrungsmitteln*, seine Konzeption *zu den besten Plänen*, das Schwimmen *zu den anstrengendsten Tätigkeiten*.)

Anmerkungen:

1. Bei V 2 sind pS (p = mit) und NS semantisch äquivalent („Er rechnet *mit seiner Ankunft*" – „Er rechnet damit, *daß er ankommt*"). Wenn p = mit und pSd → Hum bzw. Abstr (als Hum), besteht kaum ein Unterschied zu pSa (p = auf): „Er rechnet *mit seinem Freund*" – „Er rechnet *auf seinen Freund*".

2. Bei V 3 haben Sn und pS nur insofern keine Selektionsbeschränkungen, als pS immer in der gleichen Kategorie erscheinen muß wie Sn. Dasselbe Verhältnis gilt zwischen Sa und pS bei V 4.

3. Zwischen V 3 und V 4 besteht ein bestimmtes Verhältnis, das transformationell formuliert werden kann: Sn bei V 3 entspricht Sa bei V 4, pS entspricht sich bei V 3 und V 4, Sn tritt bei V 4 zusätzlich als wertendes, beurteilendes Agens auf („Er rechnet zu den besten Mitarbeitern" – „*Wir* rechnen ihn zu den besten Mitarbeitern").

sagen

I. sagen$_{2+(1)=3}$
II. sagen → Sn, Sa/NS$_{daß,\ ob,\ w}$, (Sd/pS)
III. Sn → 1. Hum (*Mein Freund* sagt mir, daß er kommt.)
 2. Abstr (als Hum) (*Die Polizei* sagt dem Fahrer, wer mitfahren darf.)

Sa →	3. Abstr (*Diese Theorie* sagt uns wenig.)
	1. −Anim (Er sagt mir *den Bahnsteig, den Eingang zum Friedhof.*)
	2. Abstr (Er sagt uns *seine Meinung.*)
NS →	Act (Er sagt mir, *daß er kommt / ob er kommt / wer kommt.*)
Sd →	1. Hum (Wir sagen *dem Freund* die Meinung.)
	2. Abstr (als Hum) (Wir sagen *der Leitung* die Meinung.)
p = zu, über, von	
Wenn p = zu,	
pSd →	keine Selektionsbeschränkungen (Er sagt *zu uns, zu diesem Kollegen, zu diesem Hund, zu diesem Institut, zu diesem Buch, zu diesem Problem, zum Schwimmen* seine Meinung.)
Wenn p = über,	
pSa →	keine Selektionsbeschränkungen (Er sagt *über mich, über den Hund, über den Staat, über das Buch, über das Schwimmen* die Wahrheit.)
Wenn p = von,	
pSd →	keine Selektionsbeschränkungen (Er sagt *von mir, von dem Hund, von dem Staat, von dem Buch, von dem Problem, vom Schwimmen,* daß ...)

Anmerkungen:

1. Das Vorhandensein oder Nichtvorhandensein von Sd als 3., fakultativem Mitspieler nuanciert die Bedeutung des Verbs: Wenn Sd nicht vorhanden ist, dann = ‚aussprechen', ‚sprechen'; wenn Sd vorhanden ist, dann = ‚mitteilen' (auf Empfänger gerichtet).
2. Wenn p = *zu*, können zwei Bedeutungen des Satzes erscheinen: pSd kann Empfänger oder Gegenstand des Sagens sein; im ersten Falle ist nur Hum, im zweiten Falle sind alle Umgebungen möglich. Tritt Hum auf, können deshalb Homonymien entstehen: „Er sagt *zu dem Freund* seine Meinung" (1. = ‚dem Freund', 2. = ‚über den Freund').
3. Wenn p = *über* und p = *von* (bzw. p = *zu* mit der zweiten Bedeutung), sind die Äußerungen semantisch weitgehend äquivalent; in allen Fällen kann aber als Sa nur Abstr, nicht −Anim auftreten („*Er sagt das Haus über uns"). In allen drei Fällen ist die Beziehung von pS zu Sa nahezu attributiv (im Gegensatz zu pS, wenn p = *zu* in der ersten Bedeutung).
4. Sa → −Anim in Kombination mit Sd („Er sagt mir *den Weg*") ist beschränkt auf Markierungen von Wegstrecken und schließt Gegenstände aus („*Er sagt mir *den Bleistift*").
5. Zum Verhältnis „sagen" – „sprechen" – „reden" vgl. die Anmerkungen zu „reden".
6. Zur Rolle von Sd als Personenkasus vgl. Anm. 1 zu „beantworten".

versagen

  I. versagen$_1$ (V 1 = nicht funktionieren)
  II. versagen → Sn
  III. Sn →   1. +Anim (*Der Turner, das Pferd* versagte.)
                2. −Anim (*Der Apparat* versagte.)
                3. Abstr (als Hum) (*Der Betrieb* versagte.)
                4. Abstr (*Sein Gedächtnis* versagte.)

  I. versagen$_3$ (V 2 = verweigern)
  II. versagen → Sn, Sa, Sd
  III. Sn →   1. Hum (*Der Vater* versagte dem jungen Mann die Hand seiner Tochter.)
                2. Abstr (als Hum) (*Die Regierung* versagte dem Unternehmen ihre Zustimmung.)
      Sa →   1. Hum (Er versagte ihm *seine Tochter*.)
                2. −Anim (Körperteil) (Die Natur hatte ihr *ein hübsches Gesicht* versagt.)
                3. Abstr (Er versagte dem Plan *seine Zustimmung*.)
                4. Sa = Sn (Refl) (Die Frau versagte *sich*.)
      Sd →   1. Hum (Er versagte *ihm* seine Tochter.)
                2. Abstr (Ich versage *dem Vorschlag* meine Zustimmung.)
                3. Sd = Sn (Refl) (Er versagte *sich* eine Entgegnung.)

Anmerkung:
Wenn bei V 2 Sa = Refl, dann ist Sn stets „Frau", „Mädchen", und die Bedeutung verschiebt sich zu „sich nicht hingeben".

sprechen

  I. sprechen$_{1+(2)=3}$
  II. sprechen → Sn, (Sa/pS)
  III. Sn →   1. Hum (*Der Richter* spricht das Urteil.)
                2. Abstr (*Die Wahrheit* spricht aus seinen Worten.)
      Sa →   1. Hum (Ich spreche *den Lehrer* morgen.)
                2. Abstr (Wir sprechen *drei Sprachen, die Wahrheit*.)
  p = mit, zu, vor; von, über; für, gegen; aus
  Wenn p = mit,
  pSd →   1. Hum (Ich spreche *mit dem Lehrer, mit den Leuten*.)
                2. Abstr (als Hum) (Er spricht *mit der Direktion*.)

Wenn p = zu, pSd →		1. Hum (Ich spreche *zu dem Kind, zu den Leuten.*)
		2. Abstr (als Hum) (Er spricht *zu der Direktion.*)
Wenn p = vor, pSd →		1. Hum (Ich spreche *vor dem Lehrer, vor den Leuten.*)
		2. Abstr (als Hum) (Er spricht *vor der Direktion.*)
Wenn p = von, pSd →		keine Selektionsbeschränkungen (Wir sprechen *von dem Freund, von dem Hund, von dem Staat, von dem Buch, von dem Problem, von dem Schwimmen.*)
Wenn p = über, pSa →		keine Selektionsbeschränkungen (Wir sprechen mit den Studenten *über den Freund, über den Hund, über den Staat, über das Buch, über das Problem, über das Schwimmen.*)
Wenn p = für, pSa →		keine Selektionsbeschränkungen (Diese Tatsache spricht *für den Lehrer, für den Hund, für die Abteilung, für das Buch, für sein Ansehen, für das Schwimmen, für sein Ideal.*)
Wenn p = gegen, pSa →		keine Selektionsbeschränkungen (Die Tatsache spricht *gegen den Lehrer, gegen den Hund, gegen die Abteilungsleitung, gegen das Buch, gegen sein Ansehen, gegen das Schwimmen, gegen sein Ideal.*)
NS →		Act (Diese Tatsache spricht dafür / dagegen, *daß er Recht hat.*)
Wenn p = aus, pSd →		1. Hum (Die Wahrheit spricht *aus dem Kind.*)
		2. −Anim (Die Wahrheit spricht *aus diesem Buch.*)
		3. Abstr (Die Wahrheit spricht *aus seinen Worten.*)

Anmerkungen:

1. Wenn Sa → Hum, ist es semantisch äquivalent mit pS (p = mit): „Ich spreche *ihn*" – „Ich spreche *mit ihm*". Weiterhin sind äquivalent p = zu und p = vor, p = von und p = über.

2. Sn → Abstr ist nur möglich, wenn p = aus, für, gegen; in allen anderen Fällen ist Sn → Hum oder Abstr (als Hum).

3. Ein auftauchendes Adj kann nicht als Mitspieler im Sinne der syntaktischen Valenz aufgefaßt werden. Es kann Mod sein (Er spricht *laut*) oder Temp (Er spricht *lange*); im

letzten Falle ist die Verbindung zum Verb sehr lose (Er arbeitet, ißt, schwimmt, schreibt *lange*). Im ersten Falle bleibt auffällig, daß Temp bei „sagen" aus Gründen der semantischen Verträglichkeit nicht möglich ist: *Er sagt *lange*, daß..." Vgl. auch Anm. 1 zu „reden".

4. Wenn p = *mit*, dann müssen zwei Fälle unterschieden werden:

a) „Er spricht *mit dem Freund*": pS → Hum oder Abstr (als Hum), substituierbar durch Sa (wenn Sa → Hum); präpositionales Objekt im traditionellen und fakultativer Mitspieler in unserem Sinne.

b) „Er spricht *mit Begeisterung*": pS ist Adverbialbestimmung im traditionellen Sinne und für uns kein Mitspieler, da frei hinzufügbar auch in anderen Fällen („Er arbeitet, ißt, turnt, schwimmt *mit Begeisterung*").

5. Die fakultative Dreiwertigkeit entsteht durch die Koppelung von p = *mit* und p = *über, von*: „Er spricht *mit dem Lehrer über dieses Problem / von diesem Problem*".

6. Zum Verhältnis „sagen" – „sprechen" – „reden" vgl. die Anmerkungen zu „reden".

besprechen

I. besprechen$_{2+(1)=3}$ (V1 = erörtern)
II. besprechen → Sn, Sa, (pS)
III. Sn →   1. Hum (*Die Studenten* besprechen den Plan.)
                       2. Abstr (als Hum) (*Die Regierung* bespricht ihr Vorgehen.)
    Sa →   1. Abstr (Sie besprechen *den Plan*.)
                       2. Act (Sie besprechen *ihr Vorgehen*.)
    p = mit,
    pSd →   Hum (Er besprach den Plan *mit der Klasse*.)

I. besprechen$_2$ (V2 = sprechen auf etwas)
II. besprechen → Sn, Sa
III. Sn →   Hum (*Der Reporter* bespricht das Band.)
     Sa →   −Anim (Der Schauspieler bespricht *die Platte*.)

Anmerkungen:

1. Bei V 1 entspricht Sa pS bei „sprechen" (p = über, von).

2. Wenn bei V 1 Sn → Sing (kein Kollektivbegriff) ist, so sind drei Mitspieler obligatorisch: *Peter bespricht den Plan.
Die Klasse bespricht den Plan.
Peter bespricht den Plan mit Max.
Die Schüler besprechen den Plan.

3. Bei V 2 bleibt Sa beschränkt auf wenige Substantive (Platte, Band u. ä.).

versprechen

I. versprechen$_{2+(1)-3}$ (V1 = zusichern)
II. versprechen → Sn, Sa/NS$_{daß}$/Inf, (Sd)
III. Sn →   1. Hum (*Der Mann* versprach ihr Treue.)
            2. Abstr (als Hum) (*Die Regierung* versprach Abhilfe.)
Sa →   1. Anim (−Hum) (Sie versprach dem Kind *einen Hund*.)
            2. −Anim (Sie versprach dem Kind *eine Puppe*.)
            3. Abstr (Sie versprach *Hilfe*.)
NS →   Act (Er versprach, *daß er käme*.)
Inf →   Act (Er versprach, *bald zu kommen*.)
Sd →   1. Hum (Er versprach *dem Kind* eine Puppe.)
            2. Abstr (als Hum) (Er versprach *dem Betrieb*, pünktlich zu sein.)

I. versprechen$_2$ (V2 = andeuten)
II. versprechen → Sn, Sa
III. Sn →   1. −Anim (*Der Roggen* verspricht eine gute Ernte.)
            2. Abstr (*Sein Zustand* verspricht nichts Gutes.)
            3. Act (*Sein Benehmen* verspricht nichts Gutes.)
Sa →   Abstr (Die Abendröte verspricht *gutes Wetter*.)

I. versprechen$_2$ (V3 = hoffen lassen)
II. versprechen → Sn, Inf
III. Sn →   1. Hum (*Der Student* verspricht sich zu entwickeln.)
            2. Abstr (als Hum) (*Die Institution* verspricht sich zu entwickeln.)
Inf →   Act (Das Mädchen verspricht *sich zu entfalten*.)

I. sich versprechen$_1$ (V4 = falsch sprechen)
II. sich versprechen → Sn
III. Sn →   Hum (*Der Reporter* verspricht sich.)

Anmerkungen:

1. Wenn bei V 1 Sa → Abstr, dann ist das Verb meist zweiwertig; wenn Sa → ±Anim, dann ist es dreiwertig.
2. Bei V 2 verlangt Sa meist ein Attribut: *Der Roggen verspricht eine Ernte. Oft ersetzt das Kompositum das Attribut: Der Roggen verspricht *eine Rekordernte*.

telefonieren

I. telefonieren$_{1+(2)=3}$
II. telefonieren → Sn, (p$_1$S), (p$_2$S)
III. Sn →　　　　　Hum (*Der Reiseleiter* telefonierte.)
　　p$_1$ = nach,
　　p$_1$Sd →　　　1. Hum (Er telefonierte *nach einem Arzt.*)
　　　　　　　　　2. −Anim (Er telefonierte *nach einem Auto.*)
　　　　　　　　　3. Abstr (Er telefonierte *nach einer Auskunft.*)
　　p$_2$ = in, nach, über ... (Richtungspräpositionen),
　　p$_2$S →　　　Dir (Er telefonierte *in die Stadt* nach einem Arzt.)

reden

I. reden$_{1+(1)=2}$
II. reden → Sn, (Sa/pS/NS$_{daß}$)
III. Sn →　　　　　Hum (*Der Lehrer* redet.)
　　Sa →　　　　　Abstr (Er redet *die Wahrheit, kein Wort.*)
　　p = mit, zu, vor; von, über
　　Wenn p = mit,
　　pSd →　　　　Hum (Er redet *mit dem Lehrer.*)
　　Wenn p = zu,
　　pSd →　　　　Hum (Er redet *zu seinen Mitarbeitern.*)
　　Wenn p = vor,
　　pSd →　　　　Hum (Er redet *vor seinen Mitarbeitern.*)
　　Wenn p = von,
　　pSd →　　　　keine Selektionsbeschränkungen (Wir reden *von dem Freund, von dem Hund, von dem Staat, von dem Buch, von dem Problem, vom Schwimmen.*)
　　NS →　　　　　Act (Wir reden davon, *daß er bald kommt.*)
　　Wenn p = über,
　　pSa →　　　　keine Selektionsbeschränkungen (Wir reden *über den Freund, über den Hund, über den Staat, über das Buch, über das Problem, über das Schwimmen.*)
　　NS →　　　　　Act (Wir reden darüber, *daß er bald in Rente geht.*)

Anmerkungen:

1. Zur Frage, ob Adj (als Mod und Temp) als Mitspieler zu deuten ist, vgl. Anm. 3 zu „sprechen". Wie dort ist auch möglich „Er redet *lange*". Aber: „*Er redet *lange, daß ...*".

2. Am offenkundigsten sind die Unterschiede zwischen „sagen" einerseits (mit NS und Sd möglich) und „sprechen" und „reden" andererseits (mit Sd nicht möglich, aber mit freiem Adj): „*Er sagt *lange*, daß ..." – „Er spricht (redet) *lange*". Im Unterschied zu „sprechen" und „reden" fordert „sagen" immer einen Mitspieler mehr (meist NS, seltener Sa). „sagen" ist objekt- bzw. inhaltsgerichteter, „reden" und „sprechen" dagegen akzentuieren den Vorgang selbst stärker.

3. Wenn Sa auftritt, ist Abstr bei allen drei Verben möglich, −Anim nur bei „sagen", Hum nur bei „sprechen".

4. Die Unterschiede zwischen „reden" und „sprechen" sind weniger deutlich distributionell greifbar: Wenn Sn → Abstr, dann immer „sprechen" (nicht „reden"), wenn Sa → Hum, dann immer „sprechen" (nicht „reden"), wenn p = *aus*, dann immer „sprechen" (nicht „reden"). Da der distributionelle Unterschied gering ist, sind beide Verben praktisch auch oft austauschbar. Die geringen Distributionsunterschiede („sprechen" läßt abstraktere Umgebungen zu) weisen auf einen Stilunterschied, d. h. auf eine höhere Stilschicht bei „sprechen".

5. Die oben genannten Präpositionen „*mit*", „*zu*" und „*vor*" können gekoppelt werden mit „*von*" und „*über*": „Er redet *mit ihm über seinen Freund*". Dadurch entsteht fakultative Dreiwertigkeit (vgl. auch Anm. 5 zu „sprechen").

diskutieren

I. diskutieren$_{1+(2)-3}$
II. diskutieren → Sn, (Sa/p$_1$S/NS$_{daß, w, ob}$), (p$_2$S)
III. Sn →   1. Hum (*Die Studenten* diskutieren.)
              2. Abstr (als Hum) (*Die VEBs* diskutieren den Plan.)
   Sa →   Abstr (Sie diskutieren *die Aufgaben.*)
   p$_1$ = über

   p$_1$Sa →   keine Selektionsbeschränkungen (Sie diskutieren *über den Studenten, die Schafe, die Messemagistrale, einen Vorschlag, den Institutsrat, das Boxen.*)

   NS →   Act (Sie diskutieren darüber, *daß die Leistungen nachgelassen haben / wer die Funktion übernehmen soll / ob eine Leistungsverbesserung möglich ist.*)

   p$_2$ = mit
   p$_2$Sd →   Hum (Er diskutierte *mit seinem Freund* die Probleme.)

Anmerkung:

Es schließen einander aus Sa und p$_1$S: Die Studenten diskutieren den Plan *über die Kulturaufgaben* (= Attribut), Sa und NS: *Die Studenten diskutieren den Plan, daß sie sich verbessern wollen.)

rufen

I. $rufen_{1+(2)-3}$ (V 1 = anrufen [konkret])
II. rufen → Sn, (Sa/p_1S/$NS_{daß}$), (p_2S)
III. Sn → Hum (*Der Vater* ruft.)
 Sa → +Anim (Er ruft *den Freund, die Katze*.)
 p_1 = nach,
 p_1Sd → 1. +Anim (Er ruft *nach dem Freund, nach dem Pferd*.)
   2. −Anim (Er ruft *nach dem Essen*.)
 NS → Act (Die Polizei ruft, *daß der Dieb stehenbleiben soll*.)
 p_2 = zu,
 p_2Sd → Abstr (Er ruft sie *zu Tisch*.)

I. $rufen_{1+(1)-2}$ (V 2 = ermahnen [übertragen])
II. rufen → Sn, (Sa)
III. Sn → 1. Abstr (als Hum) (*Der Staat* ruft seine Bürger.)
   2. Abstr (*Die Pflicht* ruft.)
 Sa → Hum (Die Pflicht ruft *die Soldaten*.)

I. $rufen_3$ (V 3 = erinnern)
II. rufen → Sn, Sa, pS
III. Sn → 1. Hum (*Der Vater* ruft dem Sohn die letzte Aussprache ins Gedächtnis.)
   2. Abstr (als Hum) (*Das Institut* ruft dem Studenten seine Aufgaben in Erinnerung.)
 Sa → Abstr (Er ruft ihm *die Arbeit* ins Bewußtsein.)
 p = in,
 pSa → Abstr (Er ruft ihm sein Versprechen *ins Gedächtnis*.)

Anmerkungen:

1. Bei V 1 kann p_2S nur auftreten, wenn als 2. Mitspieler Sa, nicht aber, wenn als 2. Mitspieler p_1S oder NS erscheint.
2. Bei V 3 ist pS auf wenige abstrakte Substantive beschränkt (Erinnerung, Gewissen, Gedächtnis u. ä.).
3. Der bei V 3 auftauchende Dativ muß als frei angesprochen werden: „Der Vater ruft *dem Sohn* die Aussprache in das Gedächtnis" – „Er ruft die Aussprache in das Gedächtnis *des Sohnes*".

anrufen

I. anrufen$_{1+(1)=2}$ (V1 = telefonieren)
II. anrufen → Sn, (pS/Sa)
III. Sn →   1. Hum (*Der Direktor* ruft an.)
           2. Abstr (als Hum) (*Die Direktion* ruft an.)
p = bei, in ... (lokale Präpositionen),
pSd →   Loc (Er ruft *bei seinem Freund* an.)
Sa →   1. Hum (Er ruft *den Arzt* an.)
        2. Abstr (als Hum) (Er ruft *seinen Betrieb* an.)

I. anrufen$_2$ (V2 = rufen)
II. anrufen → Sn, Sa
III. Sn →   Hum (*Das Mädchen* ruft den Fremden an.)
Sa →   Hum (Er ruft *den Fährmann* an.)

I. anrufen$_3$ (V3 = bitten)
II. anrufen → Sn, Sa, pS
III. Sn →   1. Hum (*Die Frau* ruft das Gericht um Hilfe an.)
           2. Abstr (als Hum) (*Der Betrieb* ruft den Anwalt um Schlichtung an.)
Sa →   1. Hum (Er ruft *den Freund* um Hilfe an.)
        2. Abstr (als Hum) (Er ruft *das Gericht* um Hilfe an.)
p = um,
pSa →   Abstr (Er ruft den Schiedsmann *um Unterstützung* an.)

Anmerkungen:

1. Zwischen V 1 und V 2 ergeben sich Homonymien dann, wenn Sn → Hum und Sa → Hum sind: Er ruft den Arzt an.
2. Im Satz „Die Frau ruft das Gericht an" kann pS auch weggelassen werden; der Satz wird jedoch mehrdeutig (= V 1 oder V 3).

klingeln

I. klingeln$_1$
II. klingeln → Sn
III. Sn →   1. Hum (*Der Freund* klingelt.)
           2. −Anim (*Das Telefon* klingelt.)

Anmerkung:
„klingeln" kann auch nullwertig auftreten: Es klingelt.

pfeifen

I. pfeifen₁ (V1 = ein schrilles Geräusch verursachen)
II. pfeifen → Sn
III. Sn → −Anim (*Der Wind, die Lokomotive* pfeift.)

I. pfeifen₁₊₍₂₎₌₃ (V2 = mit den Lippen, dem Schnabel ein Geräusch verursachen)
II. pfeifen → Sn, (Sa), (Sd/pS)
III. Sn → +Anim (*Der Mann, der Vogel* pfeift.)
    Sa → Abstr (Der Junge pfeift *ein Lied*.)
    Sd → +Anim (Ich pfeife *dem Freund, dem Hund*.)
    p = für,
    pSa → +Anim (Ich pfeife *für den Freund, den Hund* ein Signal.)

Anmerkung:
Bei V 2 ist Sn → +Anim (−Hum) auf wenige Tiere beschränkt.

berichten

I. berichten₁₊₍₂₎₌₃
II. berichten → Sn, (Sd), (Sa/pS/NS_{daß, ob, w})
III. Sn → 1. Hum (*Der Lehrer* berichtet den Kollegen über die Reise.)
          2. Abstr (als Hum) (*Die Presse* berichtet.)
    Sd → 1. Hum (Er berichtet *seinem Freund* von seiner Fahrt.)
          2. Abstr (als Hum) (Das Institut berichtet *der Öffentlichkeit*.)
    Sa → Abstr (Er berichtet *das Erlebnis, das Ergebnis der Untersuchungen*.)
    p = von, über
    Wenn p = von,
    pSd → keine Selektionsbeschränkungen (Wir berichten *von dem Forscher, von dem Hund, von der Akademie, von dem Erlebnis, von der Reise, von den Möbeln, von dem Turnen*.)

Wenn p = über,
pSa → keine Selektionsbeschränkungen (Wir berichten *über den Forscher, über den Hund, über die Akademie, über das Erlebnis, über die Reise, über die Möbel, über das Turnen.*)
NS → Act (Er berichtet [davon/darüber], *daß er die Aufgabe erfüllt hat / ob er die Aufgabe erfüllt hat / wer die Aufgabe erfüllt hat.*)

Anmerkung:
Zum Verhältnis zu „erzählen" vgl. die Anmerkungen zu „erzählen".

erzählen

I. erzählen$_{1+(2)=3}$
II. erzählen → Sn, (Sd), (Sa/pS/NS$_{daß,\ ob,\ w}$)
III. Sn → Hum (*Der Lehrer* erzählt dem Kind ein Märchen.)
Sd → Hum (Der Vater erzählt *dem Kind* ein Märchen.)
Sa → Abstr (Er erzählt *den Inhalt.*)
p = von, über
Wenn p = von,
pSd → keine Selektionsbeschränkungen (Er erzählt [ihm] *von einem Mann, von einem Tier, von der Akademie, von einem Baum, von fernen Zeiten, von dem Schwimmen.*)
Wenn p = über,
pSa → keine Selektionsbeschränkungen (Er erzählt [ihm] *über einen Mann, über ein Tier, über die Akademie, über einen Baum, über ferne Zeiten, über das Schwimmen.*)
NS → Act (Er erzählt [davon/darüber], *daß er ihn angetroffen hat / ob er ihn angetroffen hat / wen er angetroffen hat.*)

Anmerkungen:
1. „berichten" und „erzählen" haben sowohl syntaktisch als auch semantisch nahezu gleiche Umgebungen, so daß ihr Unterschied weniger syntaktisch als vielmehr semantisch beschrieben werden kann.
2. Gemeinsam ist ihnen, daß Sa, NS und pS alternativ möglich und gegenseitig substituierbar sind, daß aber Sd fakultativ zu allen drei Möglichkeiten treten kann: „Ich berichte (*ihm*) *mein Erlebnis*" – „Ich berichte (*ihm*), *was ich erlebt habe*" – Ich berichte (*ihm*) *über mein Erlebnis*".

schildern

I. schildern$_{2+(1)=3}$
II. schildern → Sn, Sa/NS$_w$, (Sd)
III. Sn →   Hum (*Das Kind* schildert eine Reise.)
   Sa →   1. Abstr (Er schildert *den Inhalt eines Buches*.)
           2. Act (Er schildert *eine Reise*.)
   NS →   Act (Das Kind schildert, *wer ihm half*.)
   Sd →   Hum (Er schildert *dem Freund* die Reise.)

kennzeichnen

I. kennzeichnen$_{2+(1)=3}$
II. kennzeichnen → Sn, Sa, (pS/pAdj)
III. Sn →   1. Hum (*Der Schriftsteller* kennzeichnet sein Verhalten.)
           2. Abstr (als Hum) (*Die Regierung* kennzeichnet die Taktik des Gegners.)
           3. Abstr (*Sein Verhalten* kennzeichnet ihn als feige.)
           4. Act (*Sein Laufen* kennzeichnet ihn als Favoriten.)
   Sa →   keine Selektionsbeschränkungen (Er kennzeichnet *den Helden* als tapfer, *den Hund, das Institut, das Buch, die Idee, das Schwimmen* als nützlich.)
   p = als,
   pSa →   1. +Anim (Sein Verhalten kennzeichnet ihn *als jungen Mann, als junges Tier*.)
           2. Abstr (als Hum) (Er kennzeichnet die Presse *als Institution im Dienste der Wahrheit*.)
           3. Abstr (Er kennzeichnet sein Verhalten *als Feigheit*.)
   p = als,
   pAdj →   Mod (Er kennzeichnet das Schwimmen *als nützlich*.)

Anmerkung:

Wenn Sn → Abstr oder Act, ist Sa → Hum. Sa ist nur dann ohne Selektionsbeschränkungen, wenn Sn → Hum oder Abstr (als Hum) und 3. Mitspieler pAdj. Die semantische Kategorie von pS entspricht meist der von Sa.

diktieren

I. diktieren$_{1+(2)-3}$ (V1 = ansagen)
II. diktieren → Sn, (Sa), (Sd)
III. Sn → Hum (*Der Lehrer* diktiert.)
    Sa → Abstr (Er diktiert *eine Einladung*.)
    Sd → Hum (Der Chef diktiert *seiner Sekretärin*.)

I. diktieren$_{2+(1)-3}$ (V2 = aufzwingen)
II. diktieren → Sn, Sa/NS$_{daß, ob, w}$, (Sd)
III. Sn → 1. Hum (*Der Sieger* diktiert seine Bedingungen.)
        2. Abstr (als Hum) (*Die Regierung* diktiert ihre Bedingungen.)
        3. Abstr (*Die neue Situation* diktiert sein Verhalten.)
    Sa → Abstr (Er diktiert ihnen *seine Entschlüsse*.)
    NS → Act (Er diktiert, *daß die Gäste eingeladen werden / ob die Gäste eingeladen werden / wer eingeladen wird*.)
    Sd → 1. Hum (Er diktiert *seinem Freund* die Konzeption.)
        2. Abstr (als Hum) (Er diktiert *dem Land* den Frieden.)

Anmerkungen:

1. Bei V 1 ist sowohl Sa als auch Sd allein mit Sn möglich; Sa und Sd können aber auch gekoppelt werden: „Er diktiert *der Sekretärin den Brief*".
2. Da sich die Umgebungen von V 1 und V 2 z. T. decken, entstehen vielfach Homonymien: „Er diktiert seine Bedingungen".

nennen

I. nennen$_3$ (V1 = bezeichnen)
II. nennen → Sn, Sa$_1$, Sa$_2$/Adj
III. Sn → 1. Hum (*Der Lehrer* nennt den Schüler einen Faulpelz.)
        2. Abstr (als Hum) (*Die Polizei* nennt den Dieb einen Verbrecher.)
    Sa$_1$ → keine Selektionsbeschränkungen (Er nennt *den Mann* seinen Bruder, *das Pferd* ein nützliches Tier, *die Akademie* eine wissenschaftliche Institution, *den Schreibtisch* ein wichtiges Möbelstück, *diese Frage* eine zentrale Problemstellung, *sein Singen* ein Brummen.)

Sa₂ → keine Selektionsbeschränkungen (Er nennt den Mann *seinen Bruder*, das Pferd *ein nützliches Tier*, die Akademie *eine wissenschaftliche Institution*, den Schreibtisch *ein wichtiges Möbelstück*, diese Frage *eine zentrale Problemstellung*, sein Singen *ein Brummen*.)

Adj → Mod (Er nennt seinen Freund *faul*.)

I. nennen$_{2+(1)=3}$ (V 2 = erwähnen, mitteilen)
II. nennen → Sn, Sa, (Sd)
III. Sn → 1. Hum (*Der Polizist* nennt die Straße.)
2. Abstr (als Hum) (*Die Regierung* nennt die nächsten Aufgaben.)
3. Abstr (*Der Beschluß* nennt die nächsten Aufgaben.)

Sa → keine Selektionsbeschränkungen (Der Student nennt *den Forscher, das Säugetier, den Betrieb, das Buch, das Problem, das Schwimmen*.)

Sd → 1. Hum (Er nennt *dem Professor* die Formel.)
2. Abstr (als Hum) (Er nennt *der Kommission* die Namen.)

Anmerkungen:

1. Bei V 1 ist die Selektion für Sa₁ und Sa₂ insofern begrenzt, als nur die gleichen Kategorien miteinander gekoppelt werden können, es sei denn, Sa₂ → Abstr („Er nennt sein Kind, das Pferd, seine Uhr *den wertvollsten Besitz*").

2. Als Sn taucht bei V 2 Abstr nicht durchgehend auf, vereinzelt erscheint es sogar bei V 1: „*Der Vertrag* nennt das Lärmen unzulässig". Vereinzelt kann sogar −Anim (Inschrift) als Sn erscheinen: „*Das Denkmal* nennt den Gelehrten einen Wohltäter der Menschheit".

heißen

I. heißen₂ (V 1 = einen Namen tragen)
II. heißen → Sn₁, Sn₂
III. Sn₁ → keine Selektionsbeschränkungen (*Dieses Mädchen* heißt Inge, *dieses Tier* Chamäleon, *diese Institution* „Liga für Völkerfreundschaft", *dieses Flugzeug* Il 18, *diese philosophische Kategorie* Zufall, *dieses Schwimmen* Kraulen.)

Sn₂ → keine Selektionsbeschränkungen (Dieses Mädchen heißt *Inge*, dieses Tier *Chamäleon*, diese Institution „*Liga für Völkerfreundschaft*", dieses Flugzeug *Il 18*, diese philosophische Kategorie *Zufall*, dieses Schwimmen *Kraulen*.)

I. heißen₁ (V 2 = es bedeutet, wird gesagt; meist in der 3. Pers. Sing. Neutr.)
II. heißen → NS_daß
III. NS → Act (Es heißt, *daß er zurückgekehrt ist*. Das heißt, *daß er zurückgekehrt ist*.)

Anmerkungen:

1. Bei V 1 erscheinen meist Eigennamen und Titel als Sn₂, zumindest wenn Sn₁ → ±Anim oder Abstr (als Hum) ist. Sonst muß Sn₂ in der semantischen Kategorie Sn₁ entsprechen.
2. Bei V 2 taucht „es" oder „das" auf; beide unbestimmte Pronomina sind aber keine Mitspieler, da sie nicht durch ein Substantiv substituierbar sind. Sie ergeben eine verschiedene Bedeutung des Verbs: Taucht „das" oder „was" auf, = ‚bedeuten'; erscheint „es", = ‚man behauptet', ‚es wird gesagt', ‚es geht das Gerücht'.
3. Zusätzlich zu V 1 und V 2 taucht „heißen" – heute seltener – in der Bedeutung von ‚nennen' („Der Lehrer heißt den Schüler einen Faulpelz/faul", „Das heiße ich Mut/mutig") oder in der Bedeutung von ‚auffordern' („Die Polizei heißt ihn vorsprechen/vorzusprechen") auf.

unterhalten

I. unterhalten₂ (V 1 = sorgen für, aushalten)
II. unterhalten → Sn, Sa
III. Sn → 1. Hum (*Der Direktor* unterhält zwei Autos.)
2. Abstr (als Hum) (*Der Staat* unterhält seine Beamten.)
Sa → ±Anim (Er unterhält *zwei Kinder, zwei Pferde, zwei Autos*.)

I. unterhalten₂ (V 2 = zerstreuen, amüsieren)
II. unterhalten → Sn, Sa
III. Sn → 1. +Anim (*Der Schriftsteller, der Hund* unterhält die Gesellschaft.)
2. Abstr (*Der Vortrag* unterhält die Anwesenden.)
3. Act (*Das Singen* unterhält die Gäste.)
Sa → 1. Hum (Er unterhält *seine Freunde*.)
2. Refl (Er unterhält *sich* und seine Freunde.)

I. sich unterhalten$_{1+(2)=3}$ (V3 = ein Gespräch führen)
II. sich unterhalten → Sn, (p$_1$S/NS$_{daß}$), (p$_2$S)
III. Sn →　　　　　　Hum (*Die Freunde* unterhalten sich)
　p$_1$ = über,
　p$_1$Sa →　　　　　keine Selektionsbeschränkungen (Wir unterhalten uns *über den Schauspieler, den Hund, das Institut, das Buch, diese Idee, das Kegeln.*)
　NS →　　　　　　Act (Wir unterhalten uns darüber, *daß es regnet.*)
　p$_2$ = mit,
　p$_2$Sd →　　　　　Hum (Wir unterhalten uns *mit dem Besucher* über Leipzig.)

Anmerkungen:
1. Die drei Varianten unterscheiden sich nicht nur semantisch durch ihre Bedeutungen, sondern auch syntaktisch durch ihre Umgebungen. Wo sich V 1 und V 2 überschneiden (d. h. mit gleicher Distribution vorkommen) – das ist dann der Fall, wenn sowohl Sn als auch Sa → Hum sind – entstehen doppeldeutige Sätze, die im Sinne von V 1 und V 2 interpretiert werden können: „Er unterhält die beiden Frauen".
2. Refl erscheint obligatorisch bei V 3, fakultativ bei V 2 (immer dann, wenn Sa = Sn ist) und z. T. auch bei V 1 („Er unterhält *sich* [durch seine Arbeit]"). Während bei V 3 Refl nicht als Mitspieler gewertet wird (es ist nicht durch ein Substantiv substituierbar), gilt es bei V 2 (und V 1) als Mitspieler: Es ist auch kein syntaktischer Unterschied zwischen den Sätzen „Er unterhält *sie* mit dem Spiel" – „Er unterhält *sich* mit dem Spiel". Bei V 2 ist Refl nur möglich, wenn Sn → Hum.
3. Bei V 2 handelt es sich um das reflexive „sich", bei V 3 im Plural um das reziproke „sich". Im Singular ist V 3 zweiwertig („Ich unterhalte mich mit ihm". Aber: „*Ich unterhalte mich"), im Plural aber einwertig („Wir unterhalten uns"). Im Singular gilt als obligatorischer Mitspieler pS nur, wenn p = *mit*, nicht wenn p = *über* ist („*Ich unterhalte mich *über das Buch*"). Im Plural gilt pS als fakultativer Mitspieler, gleichgültig ob p = *mit* oder p = *über* ist.

sperren

I. sperren$_2$ (V 1 = abriegeln, untersagen)
II. sperren → Sn, Sa
III. Sn →　　　1. Hum (*Der Polizist* sperrt die Straße.)
　　　　　　　2. Abstr (als Hum) (*Die Polizei* sperrt die Brücke.)
　Sa →　　　　1. –Anim (Die Polizei sperrt *den Übergang*.)
　　　　　　　2. Abstr (Die Bank sperrt *das Konto*.)
　　　　　　　3. Act (Der Feind sperrt *die Zufuhr zur Stadt*.)

I. sperren₂ (V2 = zeitweilig ausschließen)
II. sperren → Sn, Sa
III. Sn →   1. Hum (*Der Arzt* sperrte den Fahrer.)
                       2. Abstr (als Hum) (*Der Sportklub* sperrte den Fahrer.)
    Sa →   +Anim (Der Verband sperrte *den Läufer, das Pferd.*)

I. sperren₁ (V3 = unverschließbar sein)
II. sperren → Sn
III. Sn →   −Anim (*Die Bodentür* sperrt.)

I. sperren₃ (V4 = einschließen)
II. sperren → Sn, Sa, pS
III. Sn →   Hum (*Der Bauer* sperrt die Hühner in den Stall.)
    Sa →   +Anim (Er sperrt *die Gefangenen* in die Zellen, *die Hühner* in den Stall.)
    p = in,
    pSa →   −Anim (Loc) (Er sperrt sie *in den Käfig.*)

I. sich sperren₂ (V5 = sich wehren)
II. sich sperren → Sn, pS/NS_daß/Inf
III. Sn →   1. Hum (*Der Rentner* sperrt sich gegen die Bezahlung.)
                       2. Abstr (als Hum) (*Das Institut* sperrt sich gegen die Veränderung.)
    p = gegen,
    pSa →   1. Hum (Er sperrt sich *gegen das Mädchen.*)
                       2. Abstr (als Hum) (Er sperrt sich *gegen diese Familie.*)
                       3. Abstr (Er sperrt sich *gegen diese These.*)
                       4. Act (Er sperrt sich *gegen die Bezahlung.*)
    NS →   Act (Er sperrt sich [dagegen], *daß jeder etwas bezahlt.*)
    Inf →   Act (Er sperrt sich [dagegen], *etwas zu bezahlen.*)

Anmerkung:
Bei V 3 ist Sn beschränkt auf Substantive wie Tür, Schublade, Schrank, Fenster, Tor u. ä.

versperren

I. versperren$_2$
II. versperren → Sn, Sa
III. Sn → ±Anim (*Der Betrunkene, die Kuh* versperrt den Weg. *Baumstämme* versperren die Straße.)
Sa → 1. −Anim (Trümmer versperrten *den Eingang.*)
2. Act (Er versperrte *die Sicht.*)

Anmerkungen:
1. Zu „versperren" tritt oft ein zusätzlicher freier Dativ („Er versperrte *mir* die Sicht").
2. Sa → Act erscheint nur beschränkt möglich, substantivierte Infinitive tauchen kaum auf.

teilen

I. teilen$_{2+(1)=3}$ (V1 = zerlegen, trennen)
II. teilen → Sn, Sa, (pS)
III. Sn → 1. Hum (*Die Mutter* teilt den Apfel.)
2. Abstr (als Hum) (*Der Betrieb* teilt die Aufgaben.)
3. Abstr (*Die Anordnung* teilte die Stadt in mehrere Bezirke.)
Sa → 1. Hum (Die Lehrerin teilt *die Klasse.*)
2. Abstr (als Hum) (Man teilte *die Fakultät.*)
3. −Anim (Sie teilt *den Apfel.*)
4. Abstr (Die Lehrerin teilt *die Aufgabe.*)
p = in,
pSa → 1. Hum (Die Lehrerin teilt die Klasse *in Gruppen.*)
2. Abstr (als Hum) (Man teilte das Institut *in zwei Institute.*)
3. −Anim (Sie teilt das Fleisch *in Scheiben.*)
4. Abstr (Sie teilt die Aufgaben *in Komplexe.*)

I. teilen$_3$ (V2 = etwas mit jemandem teilen)
II. teilen → Sn, Sa, pS
III. Sn → 1. Hum (*Der Mann* teilt den Gewinn mit uns.)
2. Abstr (als Hum) (*Das Institut* teilt das Gebäude mit der Organisation.)
Sa → 1. −Anim (Er teilt *das Essen* mit uns.)
2. Abstr (Er teilt *die Verantwortung* mit uns.)

    p = mit,
    pSd →   1. Hum (Er teilt das Essen *mit dem Nachbarn*.)
                     2. Abstr (als Hum) (Er teilt die Verantwortung *mit dem Institut*.)

I. sich teilen$_{2+(1)=3}$ (V3 = sich mit jemandem in etwas teilen)
II. sich teilen → Sn, p$_1$S, (p$_2$S)
III. Sn →   1. Hum (*Die Lehrer* teilen sich in die Arbeit.)
              2. Abstr (als Hum) (*Das Institut* teilt sich mit dem Betrieb in die Aufgaben.)
   p$_1$ = in,
   p$_1$Sa →   Abstr (Wir teilen uns mit ihm *in die Verantwortung*.)
   p$_2$ = mit,
   p$_2$Sd →   1. Hum (Er teilt sich *mit seinem Mitarbeiter* in die Arbeit.)
              2. Abstr (als Hum) (Er teilt sich *mit dem Institut* in die Arbeit.)

Anmerkungen:

1. Bei V 1 hängt die semantische Kategorie für pS von der für Sa ab: Wenn Sa → —Anim. ist auch pS → —Anim; wenn Sa → Hum, ist auch pS → Hum usw.
2. Obwohl sowohl bei V 1 als auch bei V 2 als Sa → Abstr erscheint, schließen sich die beiden Klassen aus („*Er teilt die Verantwortung in drei Teile").
3. Bei V 3 wird der 3. Mitspieler im Singular obligatorisch: „Wir teilen uns (*mit ihm*) in die Arbeit". Aber: „*Ich teile mich in die Arbeit".
4. Im Plural kann bei V 3 „sich" fakultativ durch „einander" ersetzt werden.

austeilen

I. austeilen$_{2+(1)=3}$
II. austeilen → Sn, Sa, (pS)
III. Sn →   Hum (*Der Lehrer* teilt die Hefte aus.)
    Sa →   1. —Anim (Die Mutter teilt *das Essen* aus.)
              2. Abstr (Der Lehrer teilt *Rügen, schlechte Noten* aus.)
   p = unter, an
   Wenn p = unter,
   pSa/pSd →   Hum (Er teilt Abzeichen *unter die Kinder, unter den Kindern* aus.)
   Wenn p = an,
   pSa →   Hum (Er teilt Abzeichen *an die Kinder* aus.)

einteilen

I. einteilen$_{2+(1)=3}$
II. einteilen → Sn, Sa, (pS)
III. Sn →   1. Hum (*Der Bauer* teilt seinen Vorrat ein.)
           2. Abstr (als Hum) (*Die Verwaltung* teilt die Materialien ein.)
   Sa → keine Selektionsbeschränkungen (Er teilt *die Kinder, die Hunde, das Institut* [in 2 Abteilungen], *das Essen, die Arbeit, das Schwimmen* [in 2 Etappen] ein.)
   p = in,
   pSa → Mod (Er teilt die Schüler *in Gruppen* ein.)

Anmerkung:
Der auftretende Dativ („Er teilt *sich* die Arbeit ein") muß wohl als freier Dativus commodi gedeutet werden.

mitteilen

I. mitteilen$_{2+(1)=3}$ (V1 = informieren)
II. mitteilen → Sn, Sa/NS$_{daß, w}$, (Sd)
III. Sn →   1. Hum (*Der Direktor* teilt das Ergebnis mit.)
           2. Abstr (als Hum) (*Die Institutsleitung* teilt das Ergebnis mit.)
   Sa → Abstr (Sie teilen den Schülern *die Ergebnisse* mit.)
   NS → Act (Sie teilen mit, *daß alles geklappt hat / wer kommen wird.*)
   Sd → Hum (Sie teilten *dem Direktor* mit, daß alles klappt.)

I. sich mitteilen$_2$ (V2 = sich offenbaren, ausbreiten)
II. sich mitteilen → Sn, Sd
III. Sn →   1. Hum (*Der Verliebte* teilte sich dem Mädchen mit.)
           2. Abstr (*Die Hitze* teilte sich dem Raume mit.)
   Sd → 1. Hum (Sie teilte sich *dem Verlobten* mit.)
           2. −Anim (Die Kälte teilte sich *dem ganzen Hause* mit.)

Anmerkungen:
1. Wenn bei V2 Sn Hum, dann auch Sd → Hum; wenn Sn → Abstr, dann Sd −Anim.

2. In V 2 können die beiden angegebenen Bedeutungen klar durch die Umgebungen unterschieden werden:

Sn → Hum = sich offenbaren
Sn → Abstr = sich ausbreiten

verteilen

I. verteilen$_{2+(1)=3}$
II. verteilen → Sn, Sa, (pS)
III. Sn →   1. Hum (*Der Lehrer* verteilt die Bücher.)
              2. Abstr (als Hum) (*Der Betrieb* verteilt die Wohnungen.)

Sa →   1. ±Anim (Der Lehrer verteilt *die Schüler*, der Tierpfleger *die Pferde*, die Mutter *das Obst*.)
              2. Abstr (Der Lehrer verteilt *schlechte Noten*.)
              3. Refl (Die Menschen verteilen *sich*.)

p = auf, an, unter
Wenn p = auf,
pSa →   1. ±Anim (Sie verteilen das Essen *auf die Kinder*, die Futterrationen *auf die Tiere*, die Fahnen *auf die Häuser*.)
              2. Abstr (als Hum) (Sie verteilten die Aufgaben *auf die Betriebe*.)

Wenn p = an,
pSa →   1. ±Anim (Sie verteilen das Essen *an die Kinder*, die Futterrationen *an die Tiere*, die Fahnen *an die Häuser*.)
              2. Abstr (als Hum) (Sie verteilen die Aufgaben *an die Betriebe*.)

Wenn p = unter,
pSa/pSd →   1. ±Anim (Sie verteilen das Essen *unter die Kinder / unter den Kindern*, die Futterrationen *unter die Tiere / unter den Tieren*.)
              2. Abstr (als Hum) (Sie verteilen die Aufgaben *unter die Betriebe / unter den Betrieben*.)

Anmerkung:

Wenn Sa = Sn ist, wird Sa → Refl; in diesem Falle ist als Sn nicht nur Hum und Abstr (als Hum), sondern auch ±Anim möglich („*Die Tiere, die Leitungen* verteilen sich").

treiben

I. treiben₂ (V1 = ausüben, begehen)
II. treiben → Sn, Sa
III. Sn →   1. Hum (*Der Lehrer* treibt Sport.)
           2. Abstr (als Hum) (*Das Land* treibt Handel.)
Sa →   Abstr (−Art) (Er treibt *Sport, Musik, Handel, Blutschande, Unzucht, Unsinn, Kindereien.*)

I. treiben₃ (V2 = etwas bzw. jemanden auf ein Ziel zu bewegen)
II. treiben → Sn, Sa, pS
III. Sn →   keine Selektionsbeschränkungen (*Der Bauer* treibt die Kühe auf das Feld. *Die Wölfe* treiben das Wild vor sich her. *Die Armee* treibt den Feind aus dem Land, *der Wind* die Blätter durch die Straßen, *der Hunger* die Wölfe in die Stadt, *das Pfeifen* die Leute auf die Straße.)
Sa →   ±Anim (Die Polizei treibt *die Ruhestörer* in eine Seitenstraße, der Hirt *das Vieh* auf die Weide, der Handwerker *den Nagel* in die Wand.)
p = Richtungspräpositionen,
pS →   Dir (Er treibt das Vieh *auf die Weide*.)

I. treiben₁₊₍₁₎₌₂ (V3 = sich fortbewegen, bewegt werden)
II. treiben → Sn, (pS)
III. Sn →   ±Anim (*Der Mann, der Hund* treibt auf den Wellen. *Das Holz, das Schiff* treibt den Fluß hinab.)
p = lokale Präpositionen,
pS →   Loc (Der Mann treibt *auf dem Wasser*.)

I. treiben₁₊₍₁₎₌₂ (V4 = wachsen, gären)
II. treiben → Sn, (Sa)
III. Sn →   −Anim (*Pflanzen* treiben, *Hefe* treibt.)
Sa →   −Anim (Pflanzen treiben *Knospen*. Hefe treibt *den Teig*.)

Anmerkungen:
1. Vereinzelt ist bei V2 auch Abstr als Sa möglich („Er treibt *die Frechheit* ins Extrem"). Wenn Sn → Act, ist Sa auf +Anim beschränkt. Wenn Sa → −Anim, dann ist Sn auf

Hum beschränkt. Aber: „*Der Wind, das Gerücht, das Pfeifen treibt die Keile in das Holz".

2. „treiben" kann auch obligatorisch dreiwertig – mit Sn, Sa und Adj – auftreten: „Er treibt es (die Unzucht, die Völlerei, die Sache) schlimm".

betreiben

   I. betreiben$_2$
   II. betreiben → Sn, Sa
   III. Sn →   1. Hum (*Der Wissenschaftler* betreibt seine Studien.)
                   2. Abstr (als Hum) (*Die Firma* betreibt eine Kunstsammlung.)
      Sa →   Abstr (Er betreibt *keine Sportart, ein Geschäft, einen schwunghaften Handel, die Drucklegung seines Buches*.)

Anmerkung:
Sn → Abstr (als Hum) bleibt beschränkt auf Wirtschafts- und Handelsinstitutionen und schließt gesellschaftliche Einrichtungen aus.

treten

   I. treten$_2$ (V 1 = sich fortbewegen, einen Raum betreten)
   II. treten → Sn, pS
   III. Sn →   Hum (*Der Lehrer* tritt in das Zimmer.)
      p = Richtungspräpositionen,
      pS →   Dir (Er tritt *in das Zimmer, vor seinen Freund*.)

   I. treten$_2$ (V 2 = stoßen, berühren)
   II. treten → Sn, Sa/pS
   III. Sn →   +Anim (*Der Junge, das Pferd* trat mich.)
      Sa →   +Anim (Er trat *seinen Freund, die Katze*.)
      p = auf, gegen,
      pSa →   –Anim (Er tritt *auf seine Ferse, gegen sein Bein, gegen die Wand*.)

   I. treten$_2$ (V 3 = mit den Füßen betätigen)
   II. treten → Sn, Sa

III. Sn →   +Anim (*Der Junge, das Wild* tritt einen Weg.)
　Sa →   1. −Anim (Er tritt *das Pedal*.)
　　　　　　　　2. Abstr (Er tritt *den Takt* zur Melodie.)

Anmerkung:
Bei V 2 – die offensichtlich in der Mitte zwischen V 1 und V 3 steht – erscheint ein zusätzlicher freier, possessiver Dativ, wenn pS → −Anim (Körperteil): „Ich trete *meinem Freund* auf die Füße". In der gleichen Position wie dieser „teilnehmende" Dativ kann auch der objektive, versachlichende Akkusativ stehen („Ich trete *meinen Freund* auf die Füße"). In solchen Fällen, in denen mehrere Kasus in der gleichen Position (d. h. unabhängig von der Rektion durch übergeordnete Wörter) auftreten, wird der Blick für bestimmte Kasusinhalte frei. Beide Formen unterscheiden sich auch in der Perfektbildung („Ich *bin* meinem Freund auf den Fuß getreten" – „Ich *habe* meinen Freund auf den Fuß getreten"): Im ersten Falle ist Sd frei (= ‚auf den Fuß *des Freundes*'), im zweiten Falle ist pS frei. Das Objekt des Tretens erscheint als Sa, wenn +Anim, als pS, wenn −Anim („*Er tritt *den Tisch*", „*Er tritt *gegen den Freund*"). Wenn pS erscheint, obwohl +Anim vorhanden ist, verschiebt sich die Bedeutung nach V 1 hin: „Er tritt *auf den Verunglückten, vor den Lehrer*".

abtreten

I. abtreten₁ (V 1 = sich entfernen, zurücktreten)
II. abtreten → Sn
III. Sn →   Hum (*Der Redner* trat ab.)

I. abtreten$_{2+(1)=3}$ (V 2 = abgeben, überlassen)
II. abtreten → Sn, Sa, (Sd/pS)
III. Sn →   1. Hum (*Der Vater* tritt seinen Platz ab.)
　　　　　　　2. Abstr (als Hum) (*Der Staat* tritt Land ab.)
　Sa →   1. −Anim (Er tritt mir *seine Karte* ab.)
　　　　　　　2. Abstr (Er tritt mir *seine Rechte* ab.)
　Sd →   1. Hum (Er tritt *seinem Freund* den Platz ab.)
　　　　　　　2. Abstr (als Hum) (Er tritt *der Organisation* den
　　　　　　　　　Anteil ab.)
　p = an,
　pSa →   1. Hum (Er tritt den Platz *an den Freund* ab.)
　　　　　　　2. Abstr (als Hum) (Er tritt den Platz *an die Gruppe*
　　　　　　　　　ab.)

I. abtreten₂ (V 3 = durch Treten vom Ganzen lösen)
II. abtreten → Sn, Sa
III. Sn →   Hum (*Der Freund* trat ihm den Absatz ab.)
    Sa →   −Anim (Er tritt ihr *den Saum, die Schleppe, den Schleier, den Absatz* ab.)

I. sich abtreten₂ (V 4 = abstreichen)
II. sich abtreten → Sn, Sa
III. Sn →   Hum (*Der Arzt* tritt sich die Füße ab.)
    Sa →   −Anim (Er tritt sich *den Staub* ab.)

Anmerkungen:
1. Bei V 2 sind Sd und pS semantisch äquivalent: „Er tritt *dem Freund* das Buch ab" − Er tritt das Buch *an den Freund* ab".
2. Der bei V 3 häufig auftretende Dativ ist ein possessiver Dativ und deshalb frei („Er tritt *ihr* den Absatz ab" − „Er tritt *ihren* Absatz ab"). Trotzdem treten in solchen Fällen natürlich Homonymien mit V 2 auf: „Sie trat *ihr* den Schleier ab" (1. = ‚abgeben', 2. = ‚vom Ganzen lösen').
3. Bei V 4 ist Refl Dativ („Ich trete *mir* die Schuhe ab"). Sa kann nur erscheinen als Körperteil (Füße), Kleidungsstück (Schuhe) oder Mat (Schnee).

auftreten

I. auftreten$_{1+(1)=2}$ (V 1 = sich zeigen)
II. auftreten → Sn, (pS)
III. Sn →   +Anim (*Die Sänger* treten in der Oper, *die Tiere* im Zirkus auf.)
    p = in, als
    Wenn p = in,
    pSd →   Loc (Er tritt *im Theater* auf.)
    Wenn p = als,
    pSn →   Hum (Er tritt *als Schauspieler* auf.)

I. auftreten$_{1+(1)=2}$ (V 2 = vorkommen)
II. auftreten → Sn, (pS)
III. Sn →   1. ±Anim (−Hum) (*Eisen* tritt bei uns nicht auf. *Der Kartoffelkäfer* tritt bei uns auf.)
               2. Abstr (*Diese Krankheit* tritt selten auf.)

p = in, bei	
Wenn p = in,	
pSd →	1. Loc (*In Europa* treten die Pocken nicht auf.)
	2. Temp (*In der Gegenwart* treten die Pocken auf.)
Wenn p = bei,	
pSd →	Hum (*Bei den Kindern* traten Pocken auf.)

I. auftreten$_2$ (V 3 = sich benehmen, handeln)
II. auftreten → Sn, Adj
III. Sn → Hum (*Der Ausländer* tritt entschieden auf.)
    Adj → Mod (Er trat *sicher, entschieden* auf.)

I. auftreten$_{1+(1)=2}$ (V 4 = mit dem Fuß auftreten im ursprünglichen Sinne)
II. auftreten → Sn, (pS)
III. Sn → +Anim (*Der kranke Mann, der kranke Hund* trat mit dem ganzen Fuß auf.)
    p = mit,
    pSd → −Anim (Körperteil) (Er tritt *mit der Fußsohle* auf.)

I. auftreten$_2$ (V 5 = als Gegner in Erscheinung treten)
II. auftreten → Sn, pS
III. Sn → Hum (*Der Angegriffene* trat gegen seine Widersacher auf.)
    p = gegen,
    pSa → 1. Hum (Er trat *gegen seinen Kontrahenten* auf.)
           2. Abstr (Er trat *gegen den Unsinn* auf.)
           3. Act (Er tritt *gegen das Rauchen* auf.)
           4. Abstr (als Hum) (Er trat *gegen den Sportklub* auf.)

Anmerkung:

Da „auftreten" in verschiedenen Varianten obligatorisch einwertig ist, können Homonymien auftreten: Der Satz „Es tritt auf" kann verstanden werden im Sinne von V 1 (= ‚das Kind tritt als Schauspieler auf'), von V 2 (= ‚das Leiden tritt auf') oder von V 4 (= ‚das Kind tritt mit dem Fuß auf'). Der Satz „Er trat sicher auf" kann interpretiert werden im Sinne von V 1 (= ‚Er trat vermutlich als Schauspieler auf'), von V 3 (= ‚Er verhielt sich sicher') und von V 4 (= ‚Er trat mit sicherem Fuße auf').

betreten

   I. betreten$_2$
   II. betreten → Sn, Sa
   III. Sn →   Hum (*Der Arzt* betritt das Haus.)
       Sa →   −Anim (Loc) (Er betritt *das Haus*.)

eintreten

   I. eintreten$_{1+(1)=2}$ (V1 = hineingehen, betreten)
   II. eintreten → Sn, (pS)
   III. Sn →   Hum (*Der Arzt* tritt ein.)
      p = in, bei
      Wenn p = in,
      pSa →   1. Abstr (als Hum) (Er tritt *in die Gewerkschaft* ein.)
                      2. Dir (Raum) (Er tritt *in das Haus* ein.)
      Wenn p = bei,
      pSd →   Hum (Er tritt *bei seinem Freund* ein.)

   I. eintreten$_2$ (V2 = beginnen)
   II. eintreten → Sn, pS
   III. Sn →   1. Hum (*Die Delegierten* traten in die Diskussion ein.)
                      2. Abstr (als Hum) (*Das Gericht* trat in die Beratung ein.)
      p = in,
      pSa →   Abstr (Sie traten *in eine Pause* ein.)

   I. eintreten$_1$ (V3 = geschehen, sich ereignen)
   II. eintreten → Sn/NS$_w$
   III. Sn →   Abstr (*Der Tod, die Dunkelheit, die Besserung* trat ein.)
      NS →   Act (*Was wir erhofft hatten*, trat ein.)

   I. eintreten$_2$ (V4 = verteidigen)
   II. eintreten → Sn, pS/NS$_{daß}$/Inf
   III. Sn →   1. Hum (*Der Lehrer* tritt für den Schüler ein.)
                      2. Abstr (als Hum) (*Die Gewerkschaft* tritt für die Arbeiter ein.)

p = für,	
pSa →	1. Hum (Er tritt *für die Arbeiter* ein.)
	2. Abstr (als Hum) (Er tritt *für die Regierung* ein.)
	3. −Anim (Er tritt *für die Bücher* ein.)
	4. Abstr (Er tritt *für den Vorschlag* ein.)
	5. Act (Er tritt *für das Schwimmen* ein.)
NS →	Act (Er tritt dafür ein, *daß die Unterstützung gezahlt wird.*)
Inf →	Act (Er tritt dafür ein, *die Unterstützung zu zahlen.*)

I. sich eintreten$_2$ (V 5 = sich hineintreten)
II. sich eintreten → Sn, Sa
III. Sn →   +Anim (*Das Kind, der Hund* tritt sich einen Splitter ein.)
    Sa →   −Anim (Er tritt sich *Glas* ein.)

Anmerkungen:
1. Bei V 2 ist pS obligatorisch, bei V 1 jederzeit fakultativ hinzufügbar.
2. Refl bei V 5 ist Dativ („Du trittst *dir* die Schuhe ein").

vertreten

I. vertreten$_2$ (V 1 = Stellvertreter sein)
II. vertreten → Sn, Sa
III. Sn →   1. Hum (*Der Lehrer* vertritt seinen Kollegen.)
                  2. Abstr (als Hum) (*Das Institut* vertritt die Universität.)
    Sa →   1. Hum (Der Lehrer vertritt *seinen Kollegen.*)
                  2. Abstr (als Hum) (Das Institut vertritt *die Universität.*)

I. vertreten$_2$ (V 2 = für etwas einstehen)
II. vertreten → Sn, Sa
III. Sn →   1. Hum (*Der Lehrer* vertritt seine Anschauung.)
                  2. Abstr (als Hum) (*Die Organisation* vertritt unsere Meinung.)
                  3. Abstr (*Die These* vertritt unsere Meinung.)
    Sa →   Abstr (Er vertritt *unsere Meinung.*)

I. vertreten₃ (V 3 = sich in den Weg stellen)
II. vertreten → Sn, Sa, Sd
III. Sn → Hum (*Der Jäger* vertritt ihm den Weg.)
   Sa → Abstr (Er vertritt ihm *den Weg*.)
   Sd → Hum (Er vertritt *seinem Freund* den Weg.)

I. sich vertreten₂ (V 4 = sich verstauchen)
II. sich vertreten → Sn, Sa
III. Sn → +Anim (*Das Kind* vertritt sich den Fuß, *der Hund* die Pfote.)
   Sa → −Anim (Körperteil) (Das Kind vertritt sich *den Fuß*.)

Anmerkungen:
1. Im Unterschied zu V 1 ist bei V 2 Sa auf Abstr beschränkt. Der Satz „Er vertritt die Regierung" kann im Sinne von V 1 (= ‚ist Stellvertreter für sie') und von V 2 (= ‚tritt für sie ein') verstanden werden.
2. Bei V 2 ist Abstr als Sn beschränkt (Film, Buch, Stück, These usw.); gemeint ist im Grunde Hum in dem Film, Buch usw.
3. Bei V 3 ist Sa beschränkt auf Weg.
4. Zu V 4 gibt es den phraseologischen Sonderfall „Wir vertreten uns die Füße" (= ‚bewegen uns').
5. Bei V 4 bleibt Sa auf Fuß, Pfote u. ä. beschränkt.

warten

I. warten$_{1+(1)=2}$ (V 1 = harren, erwarten)
II. warten → Sn, (pS/NS$_{daß, ob, w}$/Inf)
III. Sn → 1. +Anim (*Der Freund, der Hund* wartet.)
   2. Abstr (als Hum) (*Das Ministerium* wartet.)
   3. −Anim (Fahrzeug) (*Das Auto* wartet.)
   4. Abstr (*Die Arbeit* wartet auf uns.)
   p = auf,
   pSa → keine Selektionsbeschränkungen (Er wartet *auf den Freund, auf den Hund, auf ein neues Institut, auf das Flugzeug, auf das Ende, auf das Schwimmen*.)
   NS → Act (Er wartet [darauf], *daß ich komme / ob ich komme / wer kommt*.)
   Inf → Act (Er wartet [darauf], *gefragt zu werden*.)

I. warten₂ (V2 = pflegen)
II. warten → Sn, Sa
III. Sn →　　　　　　Hum (*Der Schlosser* wartet den Wagen.)
　　Sa →　　　　　　1. +Anim (Er wartet *den Kranken, die Hunde.*)
　　　　　　　　　　2. −Anim (Er wartet *die Maschine.*)

Anmerkung:

Wenn bei V 1 Sn → Abstr, ist pS obligatorisch und NS nicht zulässig.

abwarten

I. abwarten₁₊₍₁₎₌₂
II. abwarten → Sn, (Sa/NS_{ob, w})
III. Sn →　　　　　　1. Hum (*Der Mann* wartet ab.)
　　　　　　　　　　2. Abstr (als Hum) (*Die Akademie* wartet ab, wer
　　　　　　　　　　　　sich bewerben wird.)
　　Sa →　　　　　　1. ±Anim (−Hum) (Der Jäger wartet *die Hirsche,*
　　　　　　　　　　　　der Mann *den Brief* ab.)
　　　　　　　　　　2. Abstr (Er wartet *die Nachricht, den Geburtstag*
　　　　　　　　　　　　ab.)
　　　　　　　　　　3. Act (Er wartet *das Turmspringen* ab.)
　　NS →　　　　　　Act (Er wartet ab, *ob sie sich meldet* / *wer sich
　　　　　　　　　　　　meldet.*)

Anmerkung:

Wenn Sn → Abstr (als Hum), ist Sa auf −Anim und Abstr beschränkt.

erwarten

I. erwarten₂
II. erwarten → Sn, Sa/NS_{daß}/Inf
III. Sn →　　　　　　1. Hum (*Der Freund* erwartet uns.)
　　　　　　　　　　2. Abstr (als Hum) (*Das Institut* erwartet Besuch.)
　　　　　　　　　　3. Abstr (*Viel Arbeit* erwartet uns.)
　　Sa →　　　　　　keine Selektionsbeschränkungen (Er erwartet *den
　　　　　　　　　　　　Freund, den Hund, die Kommission, den
　　　　　　　　　　　　Brief, einen Beschluß, das Schwimmen.*)
　　NS →　　　　　　Act (Wir erwarten, *daß er kommt.*)
　　Inf →　　　　　　Act (Er erwartet, *eingeladen zu werden.*)

Anmerkung:

Wenn Sn → Abstr, ist NS nicht zulässig.

holen

    I. holen$_{2+(1)-3}$
    II. holen → Sn, Sa, (pS)
    III. Sn →   1. Hum (*Der Rentner* holt die Polizei.)
                        2. Abstr (als Hum) (*Der Betrieb* holt ihn aus dem Urlaub.)
    Sa →   ±Anim (Er holt *seinen Freund, den Hund, ein Buch.*)
    p = aus, in ... (Richtungspräpositionen),
    pS →   Dir (Er holt das Buch *aus der Bücherei*, die Kinder *in die Stube.*)

Anmerkungen:

1. In seltenen Fällen ist pS nicht möglich („Er holt Luft, Atem"); Sa erscheint dann als Abstr (−Art).
2. Ein erscheinender Dativ ist bei „holen" − im Unterschied zu „bringen" − wohl als freier Dativus commodi zu werten („Ich hole *ihm* das Buch" = ‚für ihn', ‚in seinem Interesse', ‚in seinem Auftrag'). Trotzdem scheint ein Grenzfall vorzuliegen, da Sd hier sowohl Auftraggeber als auch Empfänger ist. Dieser Dativ wird syntaktisch relevant, wenn er reflexiv wird; denn in diesem Falle kann Sa auch als Abstr erscheinen („Er holt sich *den Tod, die Krankheit, den ersten Preis*").

abholen

    I. abholen$_{2+(1)-3}$
    II. abholen → Sn, Sa, (pS)
    III. Sn →   Hum (*Der Bote* holt den Brief ab.)
    Sa →   1. Hum (Er holt *die Freundin* ab.)
                      2. Anim (Er holt *den Hund* ab.)
                      3. −Anim (Er holt *das Paket* ab.)
    p = von, auf, an,
    pSd →   Loc (Er holt sie *von der Post* ab.)

mitbringen

    I. mitbringen$_{2+(1)-3}$
    II. mitbringen → Sn, Sa, (Sd)
    III. Sn →   1. Hum (*Der Vater* bringt Geschenke mit.)
                      2. −Anim (*Das Wasser* bringt Geröll mit.)

Sa → 1. Hum (Er bringt *seine Freundin* mit.)
2. +Anim (Er bringt *seinen Hund* mit.)
3. −Anim (Er bringt *Geschenke* mit.)
4. Abstr (Er bringt *Neuigkeiten* mit.)
Sd → 1. +Anim (Er bringt *dem Kind* Kuchen, *dem Hunde* Knochen mit.)
2. Abstr (als Hum) (Er bringt *der Firma* neue Aufträge mit.)

Anmerkung:
Sn → −Anim bleibt beschränkt auf wenige Wörter wie Wasser, Sturm u. ä.

tragen

I. tragen$_{2+(1)-3}$ (V1 = transportieren)
II. tragen → Sn, Sa, (pS)
III. Sn → +Anim (*Der Mann* trägt den Koffer, *die Wölfin* trägt ihr Junges.)
Sa → 1. +Anim (Er trägt *das Kind, die Katze.*)
2. −Anim (Er trägt *den Koffer.*)
p = nach, in, zu ... (Richtungspräpositionen),
pS → Dir (Er trägt den Koffer *zum Auto.*)

I. tragen$_2$ (V2 = anhaben, sich kleiden)
II. tragen → Sn, Sa
III. Sn → Hum (*Die Frau* trägt Schmuck.)
Sa → −Anim (Er trägt *einen Ring.*)

I. tragen$_2$ (V3 = haben, ertragen)
II. tragen → Sn, Sa
III. Sn → 1. Hum (*Der Arzt* trägt die Verantwortung.)
2. Abstr (als Hum) (*Der Betrieb* trägt die Kosten.)
Sa → Abstr (Er trägt *die Schuld.*)

I. tragen$_2$ (V4 = haben, halten)
II. tragen → Sn, Sa
III. Sn → −Anim (*Die Säulen* tragen das Dach.)
Sa → −Anim (*Das Paket* trägt *einen Stempel.*)

Anmerkung:
Sa bei V 2 bleibt beschränkt auf Kleidungsstücke, Schmuck, Orden u. ä.

packen

   I. packen₃ (V1 = einpacken)
  II. packen → Sn, Sa, pS
 III. Sn → Hum (*Der Urlauber* packt den Mantel in den Koffer.)
       Sa → ±Anim (Er packt *das Kind, den Hund, das Instrument* in eine Decke.)
       p = auf, in, unter ... (Richtungspräpositionen),
       pSa → Dir (Er packt die Bücher *in eine Kiste.*)

   I. packen₂ (V2 = ergreifen, [konkret])
  II. packen → Sn, Sa
 III. Sn → +Anim (*Der Polizist, der Hund* packt den Verbrecher.)
       Sa → ±Anim (Er packt *das Kind, den Hund, den Stein.*)

   I. packen₂ (V3 = interessieren, fesseln, [übertragen])
  II. packen → Sn, Sa
 III. Sn → 1. Hum (*Der Redner* packt ihn.)
            2. Abstr (*Das Problem* packt ihn.)
       Sa → Hum (Die Erinnerung packt *den Greis.*)

Anmerkungen:

1. Wenn bei V1 Sa → −Anim (= Behälter), liegt Zweiwertigkeit vor. Es kann sogar formale Einwertigkeit auftreten: Er packt. In diesem Falle wird aber der 2. Mitspieler mitgedacht: Er packt sein Reisegepäck. Die Bedeutung verschiebt sich in diesem Falle zu „fertigmachen".

2. Wenn bei V3 Sn → −Anim, dann ist „packen" unzulässig und nur „interessieren" möglich. Wenn Sn → Abstr, dann besteht zwischen „packen" und „interessieren" echte Austauschbarkeit.

3. Homonymie zwischen V2 und V3 kann nur auftreten, wenn Sn → Hum und Sa → Hum sind: Der Redner packt den Zuhörer (1. interessieren, 2. ergreifen, [konkret]).

schicken

   I. schicken₂₊₍₂₎₋₄ (V1 = senden)
  II. schicken → Sn, Sa, (Sd/p₁S), (p₂S)
 III. Sn → 1. Hum (*Der Freund* schickt einen Brief.)

Sa →   2. Abstr (als Hum) (*Das Wohnungsamt* schickt eine Einweisung.)
    1. ±Anim (Er schickt *ein Kind, einen Hund, ein Buch.*)
    2. Abstr (Er schickt *einen Gruß.*)

Sd →   1. Hum (Er schickt *seinem Vater* einen Gruß.)
    2. Abstr (als Hum) (Er schickt *dem Institut* ein Präparat.)

p_1 = an,
p_1Sa →   1. Hum (Er schickt einen Gruß *an seinen Vater.*)
    2. Abstr (als Hum) (Er schickt das Präparat *an das Institut.*)

p_2 = in, nach ... (Richtungspräpositionen),
p_2S →   Dir (Er schickt seinem Sohn einen Gruß *in das Zeltlager.*)

I. schicken$_2$ (V2 = holen lassen)
II. schicken → Sn, pS
III. Sn →   1. Hum (*Der Lehrer* schickt nach dem Arzt.)
    2. Abstr (als Hum) (*Der Betrieb* schickt nach dem Arzt.)

p = nach,
pSd →   Hum (Der Vater schickt *nach dem Elektriker.*)

I. sich schicken$_{1+(1)=2}$ (V3 = sich gehören)
II. sich schicken → Sn/NS$_{daß}$/Inf, (pS)
III. Sn →   Abstr (*Höflichkeit* gegenüber alten Menschen schickt sich.)
NS →   Act (Es schickt sich, *daß man zu alten Menschen höflich ist.*)
Inf →   Act (Es schickt sich, *zu alten Menschen höflich zu sein.*)

p = für,
pSa →   1. Hum (Es schickt sich *für einen jungen Menschen,* zu alten Menschen höflich zu sein.)
    2. Abstr (als Hum) (Es schickt sich *für das Institut,* die Delegation zu begrüßen.)

I. sich schicken$_2$ (V4 = sich fügen)
II. sich schicken → Sn, pS

III. Sn →　　　　　1. Hum (*Der Gefangene* schickt sich in seine Lage.)
　　　　　　　　　2. Abstr (als Hum) (*Die Kommission* schickt sich in
　　　　　　　　　　　die neue Lage.)
　p = in,
　pSa →　　　　　Abstr (Er schickt sich *in die Umstände.*)

Anmerkungen:

1. Bei V 1 muß p = *an* oder *zu* gewählt werden, wenn pS → Hum oder Abstr (als Hum); p = *nach* wird gewählt bei Ländernamen (−Art), p = *in* bei Ländernamen (+ Art): „Ich schicke ihn *nach England*", „Ich schicke ihn *in die Schweiz*".
2. Bei V 3 ist „es" Platzhalter und verschwindet, wenn NS vor das Verb tritt: „*Daß er raucht*, schickt sich nicht".
3. Wenn bei V 4 pS nicht ausgedrückt ist („Er schickt sich"), ist es unabhängig vom Kontext stets eindeutig mitgedacht (= in seine Lage).

reparieren

　I. reparieren$_2$
　II. reparieren → Sn, Sa
　III. Sn →　　　　　1. Hum (*Der Schlosser* repariert den Wagen.)
　　　　　　　　　　2. Abstr (als Hum) (*Der Betrieb* repariert den Wagen.)
　　Sa →　　　　　1. −Anim (Er repariert *den Wagen.*)
　　　　　　　　　　2. Abstr (Er repariert *den Schaden.*)

Anmerkung:

Sa → Abstr bleibt beschränkt auf die Wörter *Schaden* und *Defekt*.

überholen

a) überholen, überholte, hat überholt

　I. überholen$_{1+(1)=2}$ (V 1 = vorbeigehen, vorbeifahren)
　II. überholen → Sn, (Sa)
　III. Sn →　　　　　1. Hum (*Der Läufer* überholt.)
　　　　　　　　　　2. −Anim (*Das Fahrzeug* überholt.)
　　Sa →　　　　　1. Hum (Er überholt *den anderen Läufer.*)
　　　　　　　　　　2. −Anim (Er überholt *das Auto.*)

I. überholen₂ (V2 = erneuern, reparieren)
II. überholen → Sn, Sa
III. Sn →   Hum (*Der Schlosser* überholt das Auto.)
   Sa →   −Anim (Der Schlosser überholt *den Motor.*)

Anmerkung:
Zwischen V 1 und V 2 kann Homonymie auftreten: „Der Fahrer überholt den Wagen".

b) überholen, holte über, hat übergeholt (ans andere Ufer holen)
I. überholen₂
II. überholen → Sn, Sa
III. Sn →   1. Hum (*Der Fährmann* holte die Gruppe über.)
              2. −Anim (Fahrzeug) (*Die Fähre* holte die Gruppe über.)
   Sa →   1. +Anim (Der Fährmann holte *die Kinder, die Tiere* über.)
              2. −Anim (Er holte *die Kisten* über.)

Anmerkung:
Von b) muß geschieden werden „holen über" („über" als Präposition): Er holte das Kind über die Straße. Vgl. dazu Anm. 2 zu „übersetzen".

senden

a) senden, sendete / sandte, hat gesendet / gesandt (= schicken)

I. senden$_{2+(2)-4}$
II. senden → Sn, Sa, (Sd/p₁S), (p₂S)
III. Sn →   1. Hum (*Der Freund* sandte einen Brief.)
             2. Abstr (als Hum) (*Der Betrieb* sendete eine Mahnung.)
   Sa →   1. ±Anim (Er sendete *ein Kind, einen Hund, ein Buch.*)
             2. Abstr (Er sandte *einen Gruß.*)
   Sd →   1. Hum (Er sandte *seinem Vater* einen Gruß.)
             2. Abstr (als Hum) (Er sandte *dem Institut* das Präparat.)

p_1 = an,
$p_1Sa \rightarrow$ 	1. Hum (Er sendet einen Gruß *an seinen Vater.*)
	2. Abstr (als Hum) (Er sandte ein Muster *an den Betrieb.*)
p_2 = in, nach ... (Richtungspräpositionen),
$p_2S \rightarrow$ 	Dir (Er sandte seinem Sohn einen Gruß *in das Lager.*)

b) senden, sendete, hat gesendet (= ausstrahlen)

I. senden$_{1+(1)=2}$
II. senden → Sn, (Sa)
III. Sn → 	Hum (*Der Funker* sendet.)
   Sa → 	1. −Anim (Der Funker sendet *ein Telegramm.*)
	2. Abstr (Der Funker sendet *Notrufe*, das Radio *ein Hörspiel.*)

Anmerkungen:

1. Zwischen a) und b) gibt es Berührungen, wenn Sa als −Anim („Er sendet *ein Telegramm*") oder Abstr („Er sendet *Grüße*") erscheint.

2. Viel stärkere Berührungen ergeben sich zwischen „senden" (a) und „schicken" (V 1), die aber nicht immer auszutauschen sind. Wenn bei „senden" Sa → −Anim, ist es - im Unterschied zu „schicken" - auf postalische Gegenstände beschränkt („Er schickt/sendet einen Brief"). Im Unterschied zu „schicken" bedeutet „senden" entweder ‚postalisch verschicken', wenn Sa → +Anim (−Hum) oder −Anim („Er sendete die Hühner, die Pakete"), oder ‚als Sendbote entsenden', wenn Sa → Hum („Er sendete seinen Vertreter an die Unglücksstelle").

passen

I. passen$_{1+(1)=2}$ (V 1 = maßgerecht sein)
II. passen → Sn, (Sd/pS)
III. Sn → 	−Anim (*Der Anzug* paßt.)
    Sd → 	+Anim (Das Kleid paßt *der Schwester*, der Maulkorb *dem Hund.*)
    p = in, auf ... (Richtungspräpositionen),
    pS → 	−Anim (Der Stiel paßt *in die Axt*, die Schraube *in das Loch*, die Mutter *auf die Schraube.*)

I. passen₂ (V2 = harmonieren)
II. passen → Sn/NS_daß, pS
III. Sn →   1. ±Anim (*Diese Frau, der Hund, das Auto* paßt zu ihm.)
                   2. Abstr (*Diese Einstellung* paßt zu ihm.)
                   3. Act (*Das Radfahren* paßt zu ihm.)
NS →   Act (*Daß er gut arbeitet*, paßt zu ihm.)
p = zu, in
Wenn p = zu,
pSd →   keine Selektionsbeschränkungen (Das paßt *zu diesem Lehrer, zu diesem Hund, zu diesem Betrieb, zu diesem Auto, zum Schwimmen, zu seiner Einstellung*.)
Wenn p = in,
pSa →   1. Abstr (als Hum) (Er paßt *in das Institut*.)
                   2. Abstr (Das paßt *in meinen Plan, in diese Gesellschaft, in seine Sammlung*.)

I. passen₃ (V3 = einsetzen)
II. passen → Sn, Sa, pS
III. Sn →   Hum (*Der Arbeiter* paßt das Stück in das Rohr.)
Sa →   −Anim (Er paßt *den Deckel* auf den Topf.)
p = in, auf ... (Richtungspräpositionen),
pS →   Dir (Er paßt den Schlüssel *in das Schloß*, den Deckel *auf den Topf*.)

I. passen₁ (V4 = ein Spiel vorübergehen lassen, aufgeben)
II. passen → Sn
III. Sn →   Hum (*Der Skatspieler* paßt.)

Anmerkungen:
1. Bei V 1 sind Sd (bei +Anim) und pS (bei −Anim) alternativ möglich und schließen einander aus („*Das Kleid paßt *auf die Schwester*" − „*Der Stiel paßt *der Axt*").
2. Vereinzelt ist bei V 1 auch Hum oder Abstr als Sn möglich. Wenn Hum erscheint, wird der 2. Mitspieler obligatorisch („Der Patient paßt *der Schwester*", „Der Mann paßt *in das Auto*"); steht er nicht, handelt es sich automatisch um V 4. Wenn Abstr erscheint, kann als 2. Mitspieler nur Sd (nicht pS) auftreten („Diese Einstellung paßt *meinem Freund*"); Sd kann nur in manchen Fällen eliminiert werden („Diese Zeit paßt *ihm*" − „Diese Zeit paßt". Aber: „*Seine Einstellung paßt").

3. Wenn bei V 2 p = *in* erscheint, ist es substituierbar durch p = *zu* („Das paßt *in meinem Plan*" – „Das paßt *zu meinem Plan*"). Das ist bei V 1 nicht möglich („*Die Schraube paßt zu dem Loch"), es sei denn, die Bedeutung ändert sich nach V 2 hin, vom Angemessensein in der Größe (V 1) zum Angemessensein in Farbe, Qualität usw. (V 2). So stehen nebeneinander „Der Stiel paßt *in die Axt*" (V 1) – „Der Stiel paßt *zur Axt*" (V 2), „Der Mann paßt *in das Auto*" (V 1) – „Der Mann paßt *zu dem Auto*" (V 2), „Der Schuh paßt *(der Frau)*" (V 1) – „Der Schuh paßt *zu der Frau*" (V 2), „Diese Einstellung paßt *meinem Freund* nicht" (V 1) – „Diese Einstellung paßt nicht *zu meinem Freund*" (V 2).

4. Auch bei V 2 kann ein Dativ auftreten, aber nicht, wenn p = *zu* ist („*Das paßt *mir* zum Anzug"), wohl aber, wenn p = *in* ist; dieser Dativ ist jedoch – im Unterschied zu V 1 – als frei anzusehen („Das paßt *mir* in den Kram" – „Das paßt in *meinen* Kram").

5. Bei V 3 ist Sa meist Teil eines Ganzen.

abpassen

I. abpassen$_2$ (V 1 = treffen wollen)
II. abpassen → Sn, Sa
III. Sn → 1. Hum (*Der Schüler* paßte den Lehrer ab.)
  2. Abstr (als Hum) (*Die Regierung* paßte einen günstigen Augenblick ab.)
Sa → 1. Hum (Er paßte *seinen Freund* ab.)
  2. Abstr (Er paßte *den günstigsten Moment* ab.)
  3. Act (Er paßte *das Vorbeifahren des Zuges* ab.)

I. abpassen$_2$ (V 2 = abmessen)
II. abpassen → Sn, Sa
III. Sn → Hum (*Die Schneiderin* paßte die Länge des Rockes ab.)
Sa → Abstr (Sie paßte *die Länge der Hose* ab.)

verpassen

I. verpassen$_2$
II. verpassen → Sn, Sa
III. Sn → Hum (*Der Reisende* verpaßte den Zug.)
Sa → 1. Hum (Er verpaßte *seinen Freund*.)
  2. Abstr (Er verpaßte *die Gelegenheit*.)
  3. Act (Er verpaßte *die Abfahrt*.)

gelingen

I. gelingen$_{1+(1)=2}$
II. gelingen → Sn/Inf, (Sd)
III. Sn →   1. −Anim (*Der Kuchen* gelingt.)
            2. Abstr (*Die Flucht* gelingt.)
            3. Act (*Der Absprung* gelingt.)
   Inf →   Act (*Aufzusteigen* gelang der Mannschaft.)
   Sd →   1. Hum (Die Flucht gelang *dem Gefangenen*.)
            2. Abstr (als Hum) (*Der Direktion* gelingt die Überraschung.)

donnern

I. donnern$_0$ (V1 = gewittern)
II. donnern →
III. →   (Es donnert.)

I. donnern$_{1+(1)=2}$ (V2 = lärmen)
II. donnern → Sn, (pS)
III. Sn →   1. Hum (*Der Lehrer* donnert.)
           2. −Anim (*Die Kanonen* donnern.)
   p = über, an... (lokale Präpositionen),
   pS →   Loc (Der Zug donnert *über die Brücke, in die Halle.*
              Er donnert *an die Tür*.)

Anmerkung:
Wenn bei V2 Sn → Hum, bedeutet das Verb ‚brüllen', wenn es einwertig steht; es bedeutet ‚laut schlagen', wenn es zweiwertig steht; Sn → −Anim ist auf schwere Fahrzeuge (dann zweiwertig) oder auf schwere Feuerwaffen (dann einwertig) beschränkt.

blitzen

I. blitzen$_0$ (V1 = plötzlich aufleuchten)
II. blitzen →
III. →   (Es blitzt.)

I. blitzen$_1$ (V 2 = glänzen)
II. blitzen → Sn
III. Sn →　　　　　　　−Anim (*Die Augen, die Scheiben* blitzen.)

Anmerkungen:
1. Wenn bei V 2 vereinzelt Abstr als Sn auftaucht, ist ein 2. Mitspieler obligatorisch: „Leidenschaft blitzt *aus seinen Augen*".
2. Wenn Sn → −Anim kein Körperteil ist, verschiebt sich die Bedeutung zu ‚sauber sein'.

frieren

I. frieren$_{0+(1)=1}$ (V 1 = gefrieren)
II. frieren → (Sn)
III. →　　　　　　(Es friert.)
　　Sn →　　　　　−Anim (*Der Boden* friert.)

I. frieren$_{1+(1)=2}$ (V2 = Kälte empfinden)
II. frieren → Sn/Sa, (pS)
III. Sn →　　　　　+Anim (*Der Sportler, der Vogel* friert.)
　　Sa →　　　　　+Anim (*Den Sportler, den Vogel* friert an die Füße.)
　　p = an,
　　pSa →　　　　−Anim (Der Sportler friert *an die Füße*.)
　　pSd →　　　　−Anim (Der Sportler friert *an den Füßen*.)

Anmerkungen:
1. Bei V 1 hat −Anim meist (aber nicht immer) das Merkmal [flüssig]. Mit Frieren ist immer Wasser gemeint.
2. Wenn bei V 2 statt Sn/Sa Sd auftritt, tritt folgende Gliederungsverschiebung ein: Sn/Sa → Sd, pS → Sn = *Der Sportler / den Sportler* friert an die Füße → Dem Sportler frieren die Füße. Entsprechend verschiebt sich auch die Semantik der Mitspieler. Sn muß in diesem Falle den Körperteil ausdrücken, Sd wird zum (freien) possessiven Dativ der Person, zu der der Körperteil gehört.
3. Bei V 2 stehen pSa und pSd alternativ: Der Sportler friert *an die Füße / an den Füßen*. Dabei gilt heute pSa als landschaftlich begrenzt.

regnen

I. regnen$_{0+(1)=1}$
II. regnen → (Sn/Sa)
III. →   (Es regnet.)
   Sn →   −Anim (*Die Wolke* regnete.)
   Sa →   −Anim (Es regnet *Asche, Bindfäden*.)

schneien

I. schneien$_0$
II. schneien →
III. →   (Es schneit.)

brennen

I. brennen$_1$ (V1 = leuchten, als Beleuchtung dienen)
II. brennen → Sn
III. Sn →   −Anim (*Die Lampe* brennt.)

I. brennen$_2$ (V2 = zur Beleuchtung verwenden)
II. brennen → Sn, Sa
III. Sn →   Hum (*Der Nachtwächter* brannte zwei Lampen.)
    Sa →   −Anim (Er brannte *nur eine Kerze*.)

I. brennen$_1$ (V3 = in Flammen stehen = [aktuell], brennbar sein = [potentiell])
II. brennen → Sn
III. Sn →   ±Anim (*Das Kind, die Katze, das Haus* brennt.)

I. brennen$_{2+(1)=3}$ (V4 = verwandeln in, herstellen)
II. brennen → Sn, Sa, (pS)
III. Sn →   1. Hum (*Der Chemiker* brennt Branntwein.)
                  2. Abstr (als Hum) (*Der Betrieb* brennt Branntwein.)
    Sa →   −Anim (Mat) (Die Firma brennt *Kalk*.)
    p = aus, zu,
    pSd →   −Anim (Er brennt *aus Kartoffeln* Sprit.)

I. brennen₃ (V 5 = einbrennen)
II. brennen → Sn, Sa, pS
III. Sn → Hum (*Der Meister* brennt sein Zeichen in die Ware.)
    Sa → −Anim (Er brannte *sein Warenzeichen* in den Stuhl.)
    p = in,
    pSa → − Anim (Er brannte ein Loch *in die Tischdecke.*)
    des Bullen.)

I. brennen₁ (V 6 = schmerzen, Schärfe, Hitze verspüren)
II. brennen → Sn
III. Sn → 1. −Anim (Körperteil) (*Die Fußsohle* brennt.)
          2. −Anim (Mat) (*Pfeffer* brennt.)
          3. Abstr (*Die Schmerzen* brennen.)

I. brennen₂ (V 7 = ungeduldig sein)
II. brennen → Sn, pS
III. Sn → Hum (*Der Prüfling* brennt vor Ungeduld.)
    p = vor,
    pSd → Abstr (Caus) (Der Schüler brennt *vor Eifer.*)

Anmerkungen:
1. Bei V 1 bleibt Sn beschränkt auf wenige Beleuchtungskörper wie Lampe, Licht, Kerze, Gas u. ä.
2. Sa bei V 2 ist auf wenige Wörter wie Lampe, Leuchte beschränkt.
3. Bei V 3 ist Sn → +Anim stets aktuell verwendet (Das Kind brennt = Es steht in Flammen.), ebenfalls Sn → −Anim (+Art) (Der Schuppen / das Holz brennt.), hingegen wird Sn → −Anim (−Art) potentiell verwendet (Holz / Benzin / Fett brennt.).
4. Wenn bei V 4 p = *aus*, dann bezeichnet pSd den Eingangsstoff, wenn p = *zu*, bezeichnet pSd das Endprodukt.
5. Bei V 6 ist im begrenzten Umfange pS möglich: Der Rücken brennt *vor Schmerzen*. Als Sn ist auch „Sonne" möglich: Die Sonne brennt.

sich besinnen

I. sich besinnen₁₊₍₁₎₌₂
II. sich besinnen → Sn, (pS/NS_{daß, ob, w}/Inf)
III. Sn → 1. Hum (*Der Arzt* besinnt sich.)
          2. Abstr (als Hum) (*Das Institut* besinnt sich.)

p = auf,	
pSa →	Abstr (Der Arzt besinnt sich *auf eine besondere Therapie*.)
NS →	Act (Er besinnt sich nicht [darauf], *daß er davon gesprochen hat / ob er davon gesprochen hat / wer davon gesprochen hat*.)
Inf →	Act (Er besinnt sich [darauf], *davon gesprochen zu haben*.)

sich schämen

I. sich schämen$_{1+(2)=3}$
II. sich schämen → Sn, (Sg/NS$_{daß}$/Inf), (pS)

III. Sn →	Hum (*Das Kind* schämt sich.)
Sg →	1. Hum (Er schämt sich *seines Sohnes*.)
	2. −Anim (Er schämt sich *der zerrissenen Hose*.)
	3. Act (Er schämt sich *seines Versagens*.)
	4. Abstr (Er schämt sich *dieses Gedankens*.)
NS →	Act (Er schämte sich, *daß er die Prüfung nicht bestanden hatte*.)
Inf →	Act (Er schämte sich, *die Prüfung nicht bestanden zu haben*.)
p = vor,	
pSd →	Hum (Er schämte sich *vor seinen Kollegen*, daß er die Prüfung nicht bestanden hatte.)

überlegen

a) sich überlegen, überlegte, hat überlegt

I. (sich) überlegen$_2$
II. sich überlegen → Sn, Sa/NS$_{daß, w, ob}$

III. Sn →	1. Hum (*Das Kind* überlegte sich die Sache.)
	2. Abstr (als Hum) (*Der Betrieb* überlegte die Entscheidung.)
Sa →	Abstr (Er überlegte sich *den Fall*.)
NS →	Act (Er überlegte sich, *daß er zusagen könne / wer mitmachen müsse / ob er zusagen könne*.)

b) überlegen, legte über, hat übergelegt

   I. überlegen$_3$
  II. überlegen → Sn, Sa, Sd
 III. Sn →   Hum (*Der Reiter* legte dem Pferd eine Decke über.)
      Sd →   +Anim (Er legte *dem Kind, dem Hund* eine Decke über.)
      Sa →   −Anim (Er legte dem Kind *einen Mantel* über.)

Anmerkung:
Bei b) bleibt Sa beschränkt auf Textilien wie Decke, Mantel u. ä.

sich bewerben

   I. sich bewerben$_2$
  II. sich bewerben → Sn, pS
 III. Sn →   1. Hum (*Der Lehrer* bewirbt sich um das Amt.)
                    2. Abstr (als Hum) (*Der Betrieb* bewirbt sich um Aufträge.)
     p = um,
     pSa →   1. Hum (Er bewirbt sich *um das Mädchen*.)
                    2. Abstr (Er bewirbt sich *um die Stelle*.)

Anmerkungen:
1. Wenn „bewerben" einwertig erscheint („Er bewirbt sich an der Universität"), ist offensichtlich pS (= um eine Stelle) immer unabhängig vom Kontext eindeutig fixiert; die zusätzliche Präpositionalgruppe (= an der Universität) muß wohl als freie Angabe verstanden werden.
2. Wenn Sn → Abstr (als Hum), erscheint pS → Abstr.

sich erkälten

   I. sich erkälten$_{1+(1)=2}$
  II. sich erkälten → Sn, (Sa)
 III. Sn →   +Anim (*Das Kind, der Hund* erkältete sich.)
      Sa →   −Anim (Körperteil) (Das Kind erkältete sich *den Magen*.)

Anmerkung:
Wenn das Verb einwertig auftritt, ist Refl Akkusativ („Du erkältest *dich*"); tritt es aber zweiwertig auf, ist Refl Dativ („Du erkältest *dir* den Magen"). Es ist möglich, im zweiten Falle Refl als freien Dativ aufzufassen („Du erkältest *deinen* Magen"); dieser Dativ ist jedoch auf Refl beschränkt und nicht durch ein Substantiv substituierbar („*Er erkältet *seinem Freund* den Magen").

sich ereignen

I. sich ereignen$_2$
II. sich ereignen → Sn, pS
III. Sn →   Abstr (*Der Unfall* ereignete sich gestern.)
    p = an, in, wegen, unter ... (ohne Beschränkung),
    pS →   1. Temp (Der Mord ereignete sich *an einem Montag.*)
                  2. Loc (Der Mord ereignete sich *im Nachbardorf.*)
                  3. Caus (Der Mord ereignete sich *wegen Eifersucht.*)
                  4. Mod (Der Mord ereignete sich *unter strenger Geheimhaltung.*)

Anmerkung:
Ob der 2. Mitspieler auftritt, scheint mit der Wortstellung zusammenzuhängen: Ist Sn in Spitzenstellung, ist das Verb meist zweiwertig („Der Mord ereignete sich nachts"); steht aber „es" als Platzhalter für den Nominativ am Anfang, ist die Einwertigkeit durchaus normal („Es ereignete sich ein Mord", „Es ereignete sich der dritte Mord"). Vgl. Anm. zu „sich begeben".

sich erholen

I. sich erholen$_{1+(1)=2}$
II. sich erholen → Sn, (pS)
III. Sn →   ±Anim (*Der Kranke, der Hund, die Pflanze* erholt sich.)
    p = von,
    pSd →   1. Abstr (Er erholt sich *von der Krankheit.*)
                 2. Act (Er erholt sich *von dem Schwimmen.*)

Anmerkung:
Sn → −Anim ist beschränkt auf Pflanzen und ist nicht kombinierbar mit pS → Act.

sich weigern

I. sich weigern$_{1+(1)=2}$
II. sich weigern → Sn, (Inf)
III. Sn →   1. Hum (*Der Arzt* weigert sich.)
            2. Abstr (als Hum) (*Das Gericht* weigert sich, den Zeugen zu hören.)
   Inf →   Act (Der Arzt weigert sich *zu kommen*.)

verbergen

I. verbergen$_{2+(1)=3}$
II. verbergen → Sn, Sa, (pS)
III. Sn →   1. Hum (*Der Flüchtling* verbarg sich vor den Verfolgern.)
            2. −Anim (*Der Vorhang* verbarg die Tür.)
            3. Abstr (*Seine Worte* verbargen seine Gedanken.)
   Sa →   1. +Anim (Er verbirgt *das Kind, die Katze*.)
            2. −Anim (Er verbirgt *seinen Raub*.)
            3. Abstr (Er verbirgt *seinen Kummer*.)
            4. Sa = Sn (Refl) (Er verbarg *sich* vor seinen Feinden.)
   p = vor,
   pSd →   Hum (Er verbarg das Geschenk *vor seiner Frau*.)

verheimlichen

I. verheimlichen$_{2+(1)=3}$
II. verheimlichen → Sn, Sa, (pS/Sd)
III. Sn →   1. Hum (*Der Angestellte* verheimlichte seine Vorstrafe.)
            2. Abstr (als Hum) (*Der Rat der Stadt* verheimlichte die Seuchengefahr.)
   Sa →   Abstr (Er verheimlichte *seine Krankheit*.)
   p = vor,
   pSd →   Hum (Er verheimlichte die Krankheit *vor seiner Frau*.)
   Sd →   Hum (Er verheimlichte *seiner Frau* den Kummer.)

Anmerkung:

„verheimlichen" und „verbergen" unterscheiden sich nicht nur in ihren syntaktischen Mitspielern, sondern weichen auch voneinander ab in der semantischen Verteilung bei Sa.

verweigern

I. verweigern$_{2+(1)=3}$
II. verweigern → Sn, Sa, (Sd)
III. Sn →   1. Hum (*Der Angeklagte* verweigerte die Aussage.)
                  2. Abstr (als Hum) (*Die Regierung* verweigerte die Einreise.)
Sa →   Abstr (Er verweigerte *die Auskunft*.)
Sd →   1. Hum (Er verweigerte *dem Lehrer* den Gehorsam.)
                  2. Abstr (als Hum) (Er verweigerte *dem Gericht* die Herausgabe der Beweise.)

retten

I. retten$_{2+(2)=4}$
II. retten → Sn, Sa, (p$_1$S), (p$_2$S)
III. Sn →   1. +Anim (*Der Junge, der Hund* rettete das Kind.)
                  2. Abstr (als Hum) (*Die Regierung* rettete den Frieden.)
Sa →   1. +Anim (Er rettete *die Kinder, die Tiere*.)
                  2. −Anim (Er rettete *die Möbel*.)
                  3. Abstr (Er rettet *die Stimmung*.)
                  4. Sa = Sn (Refl) (Er rettete *sich*.)
p$_1$ = aus,
p$_1$Sd →   1. −Anim (Er rettete das Kind *aus dem Wasser*.)
                  2. Abstr (Er rettete das Kind *aus der Gefahr*.)
p$_2$ = in, hinter, über, unter ... (Richtungspräpositionen),
p$_2$Sa →   Dir (Er rettete sich vor ihm *in das Haus*.)

schützen

I. schützen$_{2+(1)=3}$
II. schützen → Sn, Sa, (pS)
III. Sn →   1. +Anim (*Der Mann, der Hund* schützte die Frau.)
                  2. Abstr (als Hum) (*Die Regierung* schützt die Kulturdenkmäler vor dem Verfall.)
                  3. −Anim (*Die Wartehalle* schützt die Passanten.)
                  4. Abstr (*Seine Popularität* schützte ihn vor Nachstellungen.)

Sa →   1. ±Anim (Er schützt *die Kinder, die Vögel, die Kulturdenkmäler.*)
                        2. Abstr (als Hum) (Die Freundschaftsverträge schützen *die Regierung* vor einem Überfall.)

p = vor,
pSd →   1. Hum (Er schützt das Kind *vor dem Jungen.*)
                        2. −Anim (Das Haus schützt uns *vor dem Regen.*)
                        3. Act (Die Gemeinschaft schützt ihn *vor der üblen Nachrede.*)
                        4. Abstr (Seine Beliebtheit schützt ihn *vor der Strafe.*)

verteidigen

I. verteidigen$_{2+(1)=3}$
II. verteidigen → Sn, Sa, (pS)
III. Sn →   1. +Anim (*Der Mann, der Hund* verteidigt die Frau.)
                        2. Abstr (als Hum) (*Die Regierung* verteidigt ihren Standpunkt.)
Sa →   1. +Anim (Er verteidigt *das Kind, die Katze.*)
                        2. Abstr (Er verteidigt *seinen Standpunkt.*)
                        3. Abstr (als Hum) (Er verteidigt *seinen Sportklub.*)
                        4. Sa = Sn (Refl) (Er verteidigt *sich.*)
p = vor,
pSd →   1. +Anim (Er verteidigt das Kind *vor dem Fremden, dem Hund.*)
                        2. Abstr (Er verteidigt die Partei *vor den Schmähungen der Gegner.*)
                        3. Abstr (als Hum) (Er verteidigt die Freiheit *vor der Reaktion.*)

wundern

I. sich wundern$_{1+(1)=2}$ (V1 = verwundert sein)
II. sich wundern → Sn, (pS/NS$_{daß}$/Inf)
III. Sn →   Hum (*Das Kind* wundert sich.)

p = über,
pSa → keine Selektionsbeschränkungen (Er wundert sich *über den Lehrer, über den Hund, über den Stadtrat, über die Wurst, über seine Vergeßlichkeit, über das Schwimmen.*)
NS → Act (Ich wundere mich [darüber], *daß er das schafft.*)
Inf → Act (Ich wundere mich [darüber], *ihn zu sehen.*)

I. wundern$_2$ (V2 = erstaunen)
II. wundern → Sn/NS$_{daß}$/Inf, Sa
III. Sn → 1. Abstr (*Der Vorfall* wundert mich.)
2. Act (*Das Geschrei* wundert mich.)
NS → Act (*Daß er das nicht weiß*, wundert mich.)
Inf → Act (*Ihn zu sehen* wundert mich.)
Sa → Hum (Das Geräusch zu hören wundert *das Kind.*)

Anmerkung:
Zur Struktur der Umgebungen bei den Verben der „Gemütsbewegung" vgl. Anm. 1 und 4 zu „freuen".

bewundern

I. bewundern$_2$
II. bewundern → Sn, Sa
III. Sn → 1. Hum (*Der Schüler* bewundert den Lehrer.)
2. Abstr (als Hum) (*Das Ministerium* bewundert seine Leistungen.)
Sa → keine Selektionsbeschränkungen (Er bewundert *den Freund, das Pferd, den Chor, die Wohnung, seine Fähigkeiten, sein Schwimmen.*)

Alphabetisches Sachregister

A

abbauen 131
abfahren 240
abführen 288
abgeben 313
abgewöhnen 230
abhängen 328
abheben 373
abholen 434
ablegen 340
abpassen 442
abstimmen 389
abtreten 427
abwarten 433
abwehren 205
abweisen 299
achten 101
anbauen 132
anbieten 181
anbinden 375
ändern 152
androhen 204
anfahren 241
anfangen 383
anführen 289
anfragen 104
angehören 153
angewöhnen 230
angreifen 215
ängstigen 193
anhaben 259
anhängen 329
anklagen 222
ankommen 252
anlegen 340
anmelden 400
annehmen 320
anordnen 285
anprobieren 307
anrufen 412
anschreiben 397
ansehen 140

anstellen 344
anstrengen 195
antworten 106
anvertrauen 226
anziehen 276
arbeiten 108
ärgern 190
aufbauen 132
auffordern 175
aufführen 290
aufmachen 271
aufregen 194
aufschließen 387
aufsetzen 333
auftreten 428
ausführen 291
ausfüllen 399
aushungern 364
auslachen 207
ausnutzen/ausnützen 160
ausruhen 360
aussehen 142
austeilen 422
ausziehen 277

B

backen 111
bauen 130
beachten 102
beantworten 106
bearbeiten 109
beauftragen 285
bedanken, sich 171
bedrängen 214
bedrohen 205
beeilen, sich 231
beenden 389
beerben 281
befehlen 284
befinden 303
befolgen 311

befragen 104
befreien 367
begeben, sich 314
begegnen 309
beginnen 384
begleiten 237
begrüßen 182
beherrschen 361
behindern 362
beibringen 166
bekämpfen 365
beklagen 223
bekommen 253
belästigen 214
beleidigen 210
bemächtigen, sich 369
bemerken 380
beneiden 206
benutzen/benützen 160
beobachten 146
berauben 393
berichten 413
berücksichtigen 102
beschäftigen 121
beschimpfen 207
beschließen 388
beschreiben 147
beschuldigen 223
besetzen 334
besichtigen 142
besinnen, sich 446
besitzen 352
besorgen 225
besprechen 407
bestehen 354
bestellen 345
bestrafen 212
bestreiten 202
besuchen 306
beteiligen 320
beteuern 350
betrachten 145
betrauen 227

betrauern 229
betreiben 426
betreten 430
betrügen 219
beunruhigen 213
beurteilen 149
bewegen 249
bewerben, sich 448
bewerten 146
bewundern 453
bezahlen 372
bilden 135
bitten 173
blicken 136
blitzen 443
brauchen 156
brechen 163
brennen 445
bringen 165
bügeln 113

D

danken 170
darstellen 350
denken 182
dienen 161
diktieren 410
diskutieren 410
donnern 443
drohen 203
durchführen 293
dürfen 260

E

eilen 231
einarbeiten 109
einbauen 133
einbilden, sich 136
einführen 293
eingehen 233
einkaufen 371
einladen 398
einlassen 266
einschlafen 124
einschließen 391
einschüchtern 214
einsetzen 334

einsteigen 238
einteilen 423
eintreten 430
einzahlen 372
empfangen 254
empfehlen 174
entdecken 304
enterben 281
entgegnen 107
entschließen, sich 390
entschuldigen 173
entstehen 357
enttäuschen 196
entwickeln 357
erbauen 134
erben 280
erblicken 137
ereignen, sich 449
erfahren 242
erfinden 304
erfragen 105
erfreuen 198
ergeben 315
erhalten 325
erholen, sich 449
erinnern 184
erkälten, sich 448
erkämpfen 365
erkennen 378
erklären 301
erlauben 176
erleben 129
eröffnen 382
erreichen 366
erringen 367
erschießen 395
erschrecken 196
erwachen 129
erwarten 433
erwidern 107
erzählen 414
erzeugen 274
erzielen 367
essen 125

F

fahren 239
fallen 281
fällen 120

fehlen 283
feiern 126
feststellen 346
finden 302
fliegen 248
fluchen 211
folgen 310
fordern 174
fragen 103
freuen 197
frieren 444
frühstücken 125
führen 287
fürchten 192

G

geben 312
gebrauchen 156
gefallen 283
gehen 232
gehören 153
gelingen 443
getrauen, sich 227
gewinnen 368
gewöhnen 229
glauben 185
gratulieren 171
grenzen 360
gründen 275
grüßen 181

H

haben 257
hängen 327
halten 321
hassen 193
heißen 417
helfen 178
hereinkommen 255
herrschen 361
herstellen 347
hinausgehen 234
hinaussehen 142
hindern 362
hoffen 188
holen 434

hören 152
hungern 363

I

interessieren 200
irren 220

K

kämmen 115
kämpfen 364
kaufen 370
kennen 378
kennzeichnen 415
klagen 221
klären 300
klingeln 412
kochen 118
kommen 250
können 261
konstatieren 350
kosten 119
kränken 209
kürzen 117

L

langweilen 191
lassen 264
laufen 243
leben 128
legen 338
lehren 167
leiten 295
lenken 295
lernen 168
lesen 401
lieben 193
liegen 358
loben 178
lösen 374

M

machen 267
meiden 208

meinen 186
merken 379
messen 147
mißachten 103
mißbrauchen 157
mißtrauen 228
mitbringen 434
mitkommen 255
mitteilen 423
müssen 262

N

nachdenken 184
nachgeben 316
nachsehen 142
nachstellen 347
nähen 112
nehmen 317
nennen 416
nicken 181
nutzen/nützen 159

O

öffnen 381

P

packen 436
passen 440
pfeifen 413
prüfen 349
prügeln 218
putzen 115

Q

quälen 212

R

rasieren 115
rauben 393

rauchen 125
rechnen 402
reden 409
regnen 445
reisen 246
reizen 209
reparieren 438
repräsentieren 351
retten 451
ringen 218
rufen 411

S

sagen 403
schaffen 275
schämen, sich 447
schauen 138
scheinen 263
schenken 180
schicken 436
schießen 394
schildern 415
schimpfen 210
schlafen 123
schleifen 114
schließen 385
schmecken 120
schneiden 116
schneien 445
schreiben 395
schützen 451
sehen 139
senden 439
setzen 330
siegen 366
sitzen 352
sollen 263
sorgen 224
sparen 373
sperren 419
spielen 126
sprechen 405
springen 246
stehen 353
stellen 342
sterben 129
sticken 112
stören 220
strafen 211

streiken 206
streiten 201
streuen 114
studieren 168
suchen 305

T

täuschen 216
teilen 421
teilnehmen 319
telefonieren 409
terrorisieren 215
tragen 435
trauen 225
trauern 229
träumen 188
treffen 307
treiben 425
treten 426
trinken 125
tun 273

U

üben 170
überarbeiten 110
überholen 438
überlegen, sich 447
überlisten 217
übersetzen 169
umspringen 247
umziehen 278
umzingeln 215
unterhalten 418
unterscheiden 150
unterstützen 178
untersuchen 307
unterziehen 278
urteilen 148

V

verabschieden 238
verachten 101

verarbeiten 111
verbauen 134
verbergen 450
verbinden 376
verdächtigen 208
verdammen 207
verdanken 172
verdienen 162
vererben 281
verfolgen 311
verfügen 286
verführen 294
vergehen 235
vergessen 201
verheimlichen 450
verhindern 363
verhungern 364
verkaufen 371
verklagen 223
verlassen 267
verlaufen 244
vermuten 187
verordnen 287
verpassen 442
verraten 219
versagen 405
verschlafen 124
verschließen 392
verschreiben 397
versehen 143
versetzen 336
versperren 421
verspotten 207
versprechen 408
verstehen 355
verteidigen 452
verteilen 424
vertreten 431
verurteilen 150
verweigern 451
verwenden 157
verzichten 179
vorbeigehen 236
vorbereiten 122
vorschlagen 177
vorsehen 144
vorsetzen 338
vorstellen 348

W

wachsen 128
wählen 306
wandern 245
warten 432
waschen 113
wecken 130
weglaufen 245
wehren 213
weichen 370
weigern, sich 450
weisen 298
werden 259
werfen 247
widmen 179
wiederholen 168
wiegen 117
wischen 112
wissen 377
wohnen 127
wundern 452
wünschen 189

Z

zanken 211
zeigen 296
zerbrechen 164
zugeben 316
zuhören 155
zumachen 272
zürnen 217
zurückfahren 242
zurückgehen 236
zurückhalten 326
zurückkehren 257
zurückkommen 256
zurückziehen 279
zuschließen 393
zutrauen 228
zwingen 176
zurückweisen 300